National Competency Standards

OrCAD를 이용한

PCB 설계 및 응용

남상엽 · 서춘원 · 동성수 · 원영진 공저

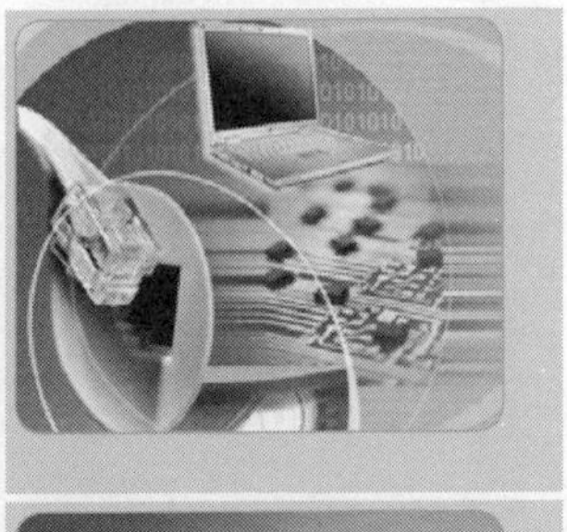

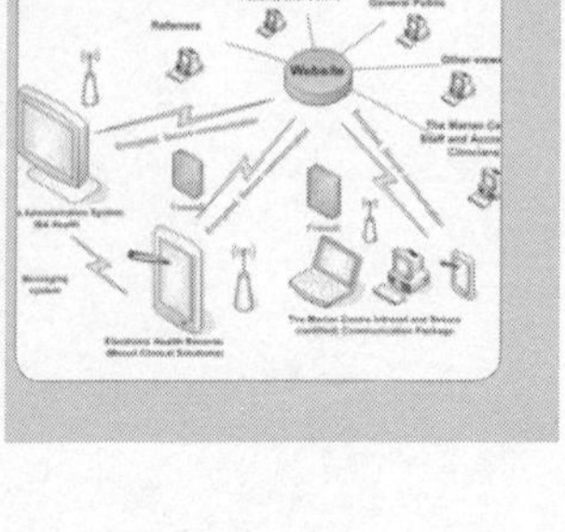

도서출판 상 학 당

欲爲大者 當爲人役

크고자 하거든 남을 섬기라

LM19220206_13v1.4

대분류	중분류	소분류	세분류	능력단위
전기전자/19	전자기기 개발/2	산업용 전자기기 개발/2	산업용 전자기기 하드웨어 개발/02	회로기능개발/06 (PCB 설계하기)/13V1.4
				LM19220206_13v1.4

OrCAD를 이용한

PCB 설계 및 응용

머리말

전열기판 위에 전기적 신호를 전달할 수 있는 도체(보통, 구리) 패턴(pattern)을 형성시킨 것으로 전자부품을 탑재하기 위하여 전자회로를 구성하여 작동한다.

페놀/에폭시 등의 절연판 위에 구리 등의 동박(Copper Foil)을 부착시킨 다음, 회로 배선에 따라 에칭하여 필요한 회로를 구성하고, 회로간 연결 및 부품탑재를 위한 홀(Hole)을 형성하여 만든 전자회로기판인 PCB이다. 인체의 신경에 비유되는 PCB는 소형 가전제품에서부터 첨단 이동통신기기에 이르기까지 모든 전자기기에 사용되는 핵심 부품이다.

PCB 산업은 고객 지향적 수주산업이고 대규모 장치 산업으로 핵심기술을 집약한 전후방 집약 산업으로써 고부가 핵심부품 산업이다. 전자산업의 질적·양적 성장에 따라서 PCB의 수요 증가가 증가하고 있다. 전자산업과 PCB 산업의 발전은 정비례 관계이고 2013년 세계 전자산업 시장은 1조 9천억불이며, PCB의 시장점유율은 3.3% 차지하고 아시아 지역이 전세계 PCB 시장의 90% 점유하고 있고, 한국은 2013년 기준으로 국가별로 3위(16%), 지역별로 2위(14%) 생산하고 있는 산업이다.

이 교재는 OrCAD를 이용하여 회로도 작성(Schematic Drawing)과 PCB 설계를 한다.

회로도 작성은 전자부품소자의 기호나 연결상태를 전기적인 규약에 맞게 전기전자 회로도면으로 보기 편리하게 그림으로 표시한 것이다. 이러한 회로도는 PCB 설계를 하기 위한 기초적인 정보를 제공하고 회로기능별로 전기적인 연결상태를 확인할 수 있는 도면이 된다.

PCB 설계(PCB Design)는 완성된 회로도에서 부품의 크기정보와 부품과 부품 간의 연결정보를 추출하여 전자규격에 맞게 OrCAD(CAD Tool)를 이용해 부품의 배치와 배선작업으로 설계하는 단계이다. 배선작업이 완료되면 에러 체크 후 PCB 기판을 제조할 수 있는 생산 데이터를 생성하는 PCB 아트워크(PCB Artwork)이다.

OrCAD Capture Design Entry는 오늘날 전자회로 설계분야에서 가장 보편적으로 사용되는 빠르고 강력한 업계 표준의 범용 회로설계 편집도구이다. 통합 환경에 의해 일반적인 회로도 입력은 물론 Block Diagram, 복잡한 PCB Block PCB, FPGA, CPLD 등의 설계 대상에 관계없이 입력 Tool로 사용할 수 있으며 빠르고 편리한 User Interface를 제공한다.

시스템 설계자가 새로운 아날로그 회로를 설계하거나, 기존의 PCB의 회로도면을 재구성 또는 HDL 모듈로 디지털 회로를 구성하고자 할 때, OrCAD Capture는 이러한 입력, 수정 및 검증 작업을 위한 완벽한 작업환경을 제공한다. OrCAD Capture CIS(Component Information System)는 최신 버전의 Capture에 Part List 작성기능, 대화 형식의 부품정보 시스템을 통합한 것으로 Capture의 설계도면을 벗어나지 않고, 부품 데이터베이스나 인터넷상의 온라인 부품 데이터에 접속하여 선택한 부품의 제조 관련 데이터를 검색하고 도면에 등록시킬 수 있다. 부정확한 부품 데이터의 사용으로 인한 보드의 재작업을 줄일 수 있으며, 부품의 재고부족으로 인한 제품의 출시 지연을 줄일 수 있어 예상 보다 높은 부품비용의 발생을 막을 수 있다.

이 교재는 NCS의 산업용 전자기기의 개발부분에서 회로기능 개발부문의 PCB 설계하기(19220206_13v 1.4)의 학습 모듈을 참고하여 만들 교수학습 지침서이다. 비록 특정 PCB CAD Tool인 OrCAD를 이용하여 PCB 설계의 기본개념, 부품배치, 라이브러리 작성 등을 학습을 할 수 있는 지침서이다.

이 교재의 주요 구성은 다음과 같다.

이 교재의 학습 1은 PCB 설계 이해하기, 학습 2. OrCAD Capture를 이용한 도면작성, 학습 3. PCB Footprint 생성, 학습 4. OrCAD Capture 유틸리티, 학습 5. OrCAD Capture 부가기능, 학습 6. OrCAD PCB Editor 구성 및 환경 설정, 학습 7. Constraint Manager, 학습 8. Color/Visibility, 학습 9. 부품배치, 학습 10. 배선하기, 학습 11. 마무리 작업, 부록 1. 9의 보수기 카운터 회로, 부록 2. OrCAD PCB Editor 부가기능, 부록 3. Astable Multivibrator, 부록 4. LED Counter 실습으로 구성되어 있다.

이 교재가 출간되기까지 가장 많은 지원과 아낌없는 격려를 보내주신 나인플러스 IT 박현찬 사장님께 지면을 빌려 깊은 감사의 말씀을 전하고 특히 기본이론, 실습과 프로그램에 도움을 주신 유수일 차장님과 출판 편집을 해주신 도서출판 상학당 남승우 사장님 등 관계자 여러분에게 감사의 마음을 전하고자 합니다.

이 교재에서 부족했던 점이나 기타 문의사항과 관련한 기술지원은 나인플러스 IT 홈페이지(www.npit.co.kr/전화 : 02-6123-3355)를 통해 지속적으로 지원할 계획이며, 실습에 사용한 소스 코드 및 회로도, 기타 보충 자료 또한 지속적으로 업데이트할 예정이므로 독자 여러분의 따뜻한 질책과 조언을 부탁드린다.

저자 씀

차 례

NCS-학습 모듈의 위치

대분류	19. 전기전자
중분류	2. 전자기기 개발
소분류	2. 산업용 전자기기 개발

세분류
02. 산업용 전자기기 하드웨어 개발

능력단위	학습 모듈명
01. 제품분석	
02. 요구설계	
03. 장비 호환성 검토	
04. 알고리즘 개발	
05. 시뮬레이션 소프트웨어 개발	
06. 회로기능 개발	회로기능 개발 (PCB 설계하기)
07. 플랫폼 소프트웨어 개발	
08. 시제품 목업개발	
09. 제품 품질인증	
10. 제품 신뢰성 평가	

PCB 회로설계 학습 모듈의 개요

학습 모듈의 목표 : 회로기능 개발이란 제품개발에 요구되는 기능을 구현하기 위하여 하드웨어 기능 블록도를 작성하고 주요 부품을 선정한 후 적합한 회로와 PCB 설계를 통하여 하드웨어을 검증하는 능력이다.

선수학습 : 전자회로설계, 디지털 회로설계

학습 모듈의 내용체계

학 습	학습내용	NCS 능력단위요소		
		코드 번호	요소명칭	수준
4. PCB 설계하기	4-1. 하드웨어 회로특성 파악 4-2. 기구도면 검토 4-3. PCB 설계 도구 검토 4-4. 부품 라이브러리 작성 4-5. PCB 설계	(19220206_13v1.4)	PCB 설계하기	4

핵심 용어 : 기능 블록도, 요구기능, 제품사양서, 부품 리스트, 블록도 설계, 회로설계, 하드웨어 설계, 데이터 시트, 연산증폭기, 회로 블록도, 회로설계 도구, PCB 설계, 부품 라이브러리, 부품배치, 검증요소, 치공구, 시험환경, 하드웨어 검증, 회로검증

PCB 회로설계 학습 모듈 명세서

학습명	학습내용명
1. PCB 설계 이해하기(19220206_13v1.4)	1-1. PCB의 개요 1-2. PCB의 제작과정 1-3. PCB의 회로설계
2. OrCAD Capture를 이용한 도면작성	2-1. Capture 작업환경 설정하기 2-2. 부품 배치하기 2-3. 부품 수정하기 2-4. 라이브러리 생성하기 2-5. Part 생성하기 2-6. 배선하기
3. PCB Footprint 생성	3-1. Padstack 생성하기 3-2. PCB Footprint 생성하기
4. OrCAD Capture 유틸리티	4-1. Annotate 4-2. 속성 부여하기 4-3. Assign Power Pin 이해하기 4-4. Disign Rules Check하기 4-5. Create Netlist 이해하기
5. OrCAD Capture 부가기능	5-1. OrCAD Capture 부가기능
6. OrCAD PCB Editor 구성 및 환경 설정	6-1. 환경 설정하기 6-2. Function Key / Alias 설정하기 6-3. Stroke Editor 이해하기 6-4. Board Outline 생성하기
7 Constraint Manager	7-1. Electrical Rules 이해하기 7-2. Physical Rules 이해하기 7-3. Spacing Rules 이해하기 7-4. Properties 이해하기
8. Color / Visibility	8-1. Layer 탭 이해하기 8-2. Nets 탭 이해하기
9. 부품배치	9-1. 수동 부품배치(Place Manually) 9-2. 빠르게 배치(QuickPlace)하기 9-3. 고정홀 배치하기 9-4. 부품 이동하기
10. 배선하기	10-1 배선하기
11. 마무리 작업	11-1. 치수(Dimension) 설정하기 11-2. Silkscreen 정렬하기 11-3. NC Legend 생성하기 11-4. Artwork Film 생성하기
부 록	1. 9의 보수기 카운터 회로 2. OrCAD PCB Editor 부가기능 3. 실습예제(Astable Multivibrator) 4. 실습예제(LED Counter)

학습 1	PCB 설계 이해하기(19220206_13v1.4)
학습 2	OrCAD Capture를 이용한 도면작성
학습 3	PCB Footprint 생성
학습 4	OrCAD Capture 유틸리티
학습 5	OrCAD Capture 부가기능
학습 6	OrCAD PCB Editor 구성 및 환경 설정
학습 7	Constraint Manager
학습 8	Color/Visibility
학습 9	부품배치
학습 10	배선하기
학습 11	마무리 작업

1-1 PCB의 개요

학습 목표

- PCB의 정의 및 PCB 산업현황을 파악할 수 있다.
- PCB의 종류와 그 특징을 이해할 수 있다.

필요지식

1. PCB(전자회로기판)의 개념

① 전열기판 위에 전기적 신호를 전달할 수 있는 도체(보통, 구리) 패턴(pattern)을 형성시킨 것으로 전자부품을 탑재하기 위하여 전자회로를 구성하여 작동한다.

② 페놀/에폭시 등의 절연판 위에 구리 등의 동박(Copper Foil)을 부착시킨 다음, 회로배선에 따라 에칭하여 필요한 회로를 구성하고 회로간 연결 및 부품탑재를 위한 홀(Hole)을 형성하여 만든 전자회로기판이다.

③ 인체의 신경에 비유되는 PCB(Printed Circuit Board)는 소형 가전제품에서부터 첨단 이동통신기기에 이르기까지 모든 전자기기에 사용되는 핵심부품이다.

2. PCB의 국내 · 외 역사

① 1936년에 호주의 폴 아이슬러(Pual Eisler)에 의하여 PCB를 라디오에 적용하는 것이 최초의 개발이었다.

② 1940년에 IBM에 의하여 단면 PCB가 생산되었다.

③ 1953년에 모토로라에 의하여 양면 PCB가 개발되었다.

④ 1961년 Hazltine에 의하여 다층 PCB가 생산되었다.

⑤ 1969년에 필립스에 의하여 FPC 생산되었다.

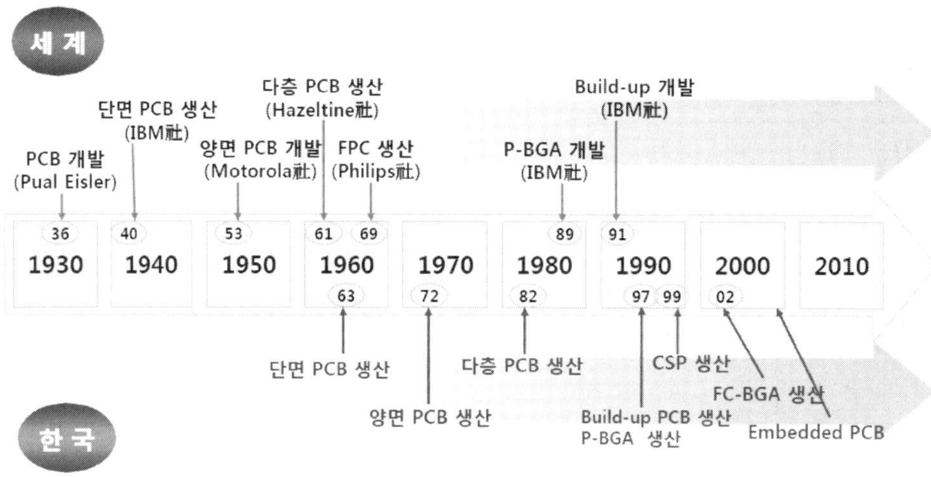

[그림 1-1] 국내 · 외 PCB 역사

3. PCB의 장 · 단점

〈표 1-1〉 PCB의 장 · 단점

PCB의 장점	PCB의 단점
① 대량 생산의 효과가 높다. ② 제품의 균일성과 신뢰성이 높다. ③ 소형 경량화에도 기여한다. ④ 회로의 특성이 안정화된다. ⑤ 잡음, 온도 등이 안정상태를 유지한다. ⑥ 오배선의 우려가 없고, 생산단가가 저렴하다. ⑦ 조립, 배선, 검사의 공정수가 감소한다. ⑧ 제조의 표준화와 자동화를 기할 수 있다. ⑨ 기기의 단위(unit)화가 가능하다.	① 결정된 회로로 설계된 PCB는 설계변경이 다른 회로에 사용하기 어렵다. ② 소량 다품종 생산이 요구되는 경우에는 제조단가가 높아진다.

수행 내용 Capture 작업환경 설정하기

재료 · 자료

- 상세 회로도면, 기구도면, A4 용지, 필기구

기기(장비 · 공구)

- 인터넷 가능한 컴퓨터, 한글 오피스, 프린터

안전 · 유의사항

- 회로동작 및 기능을 충분히 숙지하도록 한다.
- 컴퓨터에 바이러스가 침투하지 않도록 유의한다.

수행 순서

01 PCB 산업현황

(1) PCB 산업의 특징을 이해한다.

PCB 산업은 고객 지향적 수주산업이고 대규모 장치 산업으로 핵심기술을 집약한 전후방 집약 산업으로써 고부가 핵심부품 산업이다.

수주 산업	고객이 설계한 제품을 주문 받아 생산하는 고객 지향적 수주산업
대규모 장치 산업	전공정의 제조 능력을 설비가 좌우하는 **대규모 장치산업**
전후방 집약 산업	소재, 설비, 약품 등 다양한 핵심요소 기술이 집약되어 있는 전방위 산업
핵심 전자부품 산업	전자제품의 경박단소(輕薄短小)를 결정하는 고부가 핵심부품 산업

[그림 1-2] PCB 산업의 특징

(2) 세계 PCB 산업현황을 분석한다.

전자산업의 질적 · 양적 성장에 따라서 PCB의 수요가 증가하고 있다.

① 전자산업과 PCB 산업의 발전은 정비례 관계

② 2013년 세계 전자산업시장은 1조 9천억불이며, PCB의 시장점유율은 3.3% 차지

③ 아시아 지역이 전세계 PCB 시장의 90% 점유

④ 한국은 국가별로 3위(16%), 지역별로 2위(14%) 생산 (2013년 기준)

- 국가별 PCB 생산액 : 대만(30%), 일본(16%), 한국(16%), 중국(13%)
- 지역별 PCB 생산액 : 중국(45%), 한국(14%), 대만(14%), 일본(11%)

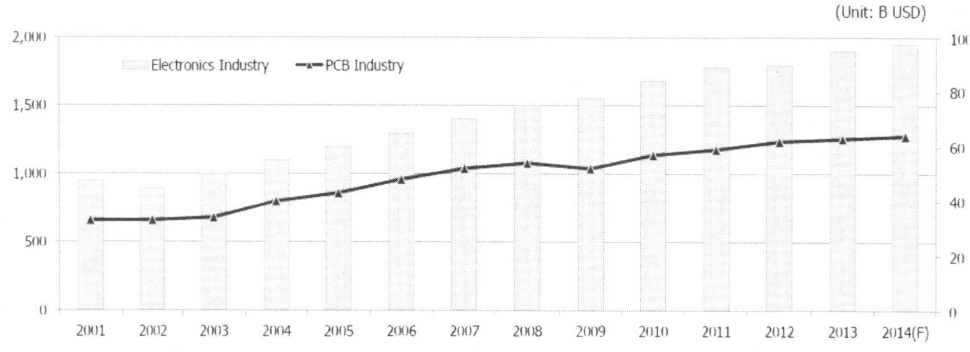

[그림 1-3] 세계 PCB 산업의 현황

(3) 국내 PCB 산업현황을 분석한다.

국내 PCB 산업의 규모는 2013년에 15조 8천억원 정도이면 매년 10% 이상 성장을 하고 있다. 전체 규모 중 PCB 제조부문은 64%이고, 후방지원 산업부문은 36%(원자재 13%, 부자재 3%, 설비 5%, 약품 3%, 외주 12%)로 구성되어 있다.

〈표 1-2〉 국내 PCB 산업

구 분	2011년	2012년		2013년	
	금액(억원)	금액(억원)	성장률(%)	금액(억원)	성장률(%)
PCB 기판	80,600	92,000	14.1	102,000	10.9
원자재	16,300	18,500	13.5	19,800	7.0
부자재	3,700	3,800	2.7	4,000	5.3
설비	6,200	7,000	12.9	7,500	7.1
약품	4,700	4,900	4.3	5,240	6.9
전문가공	17,470	18,650	6.8	20,195	8.3
합계	128,970	144,850	12.3	158,735	9.6

(4) 국내 PCB 산업구조를 분석한다.

국내 PCB 산업의 구조에 대한 분석은 PCB 기판, 원자재부문, 부자재부문, 약품부문, 설비부문, 외주부문으로 구분하여 점유율을 분석한다.

1) PCB 기판부문

〈표 1-3〉 기판부문 점유율(2013년 기준)

기판부문	점유율(%)
단/양면	8
다층	23
Build-Up	16
Flex	19
Rigid-Flex	7
Ic-Substrate	27

2) 원자재부문

〈표 1-4〉 원자재부문 점유율

원자재부문	점유율(%)
동박	21
CCL	38
Prepreg	5
RCC	1
FCCL	24
Bonding Sheet	4
Coverlay	9

3) 부자재부문

〈표 1-5〉 부자재부문 점유율

부자재부문	점유율(%)
Solder Resist	35
Dry Film	31
CNC Drill Bit	23
Router Bit	11

4) 약품부문

〈표 1-6〉 약품부문 점유율

약품부문	점유율(%)
내외층 wet	9
흑화처리	7
Desmer	6
동도금	30
금도금	32
표면처리	10
기타	7

5) 외주부문

〈표 1-7〉 외주부문 점유율

외주부문	점유율(%)
제판	2
AOI	4
Plasma	2
Drill	19
Laser Drill	5
동도금	8
인쇄	5
Masslam	11
금도금	9
표면처리	5
라우터	6
금형타발	3
전기검사	7
최종검사	8
설계	2
기타	5

6) 설비부문

〈표 1-8〉 설비부문 점유율

설비부문	점유율(%)
Wet line	6
Imaging system	9
Vacuum press	5
Drill	4
Laser Drill	5
Plating	12
Printing Inspection	4
Router	2
Automatic	10
기타	31

02 PCB 종류

(1) 층수별 분류를 분석한다.

1) 단면 PCB(Single Side PCB)

PCB가 한쪽 면에만 전자회로의 배선으로 형성한 PCB로써 사용부문은 간단한 제품, 비디오, 오디오 등에 사용한다.

2) 양면 PCB(Double Side PCB)

PCB가 양쪽 면에 전자회로의 배선으로 형성한 PCB로써 사용부문은 사무용 기기 및 교환기, 복사기, 팩시밀리 등에 사용한다.

3) 다층 PCB(Multi Layer Board(MLB) PCB)

PCB가 다층으로 전자회로의 배선으로 형성된 PCB로써 사용부문은 4층 PCB 제품은 데스크톱용 컴퓨터, 모뎀, 무선전화 등에 사용되고, 6층은 휴대용 전화기, 8층은 노트북 컴퓨터나 PDA, 워크스테이션 컴퓨터 10~12층은 CDMA용 교환기, 미니컴퓨터 12~18층은 IC 검사용 프로브카드, 교환기의 Back Panel 등이 사용되고, 40층 이상의 PCB는 대형 컴퓨터 제조에 사용된다.

(2) 외관 및 재질별 분류를 분석한다.

〈표 1-9〉 PCB 외관 및 PCB 재질별 분류

리지드(Rigid) PCB	플렉시블(Flexible) PCB	리지드-플렉시블 PCB
보통 외관형태가 딱딱하고 고정된 PCB	PCB 재질이 유연하여 휘거나 접하는 모양의 PCB	리지드 PCB와 플렉시블 PCB 2가지를 혼합한 PCB
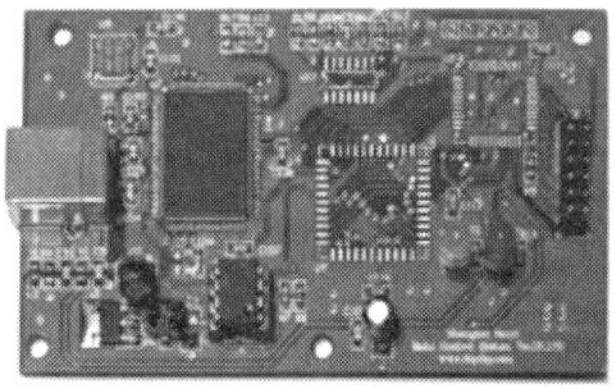	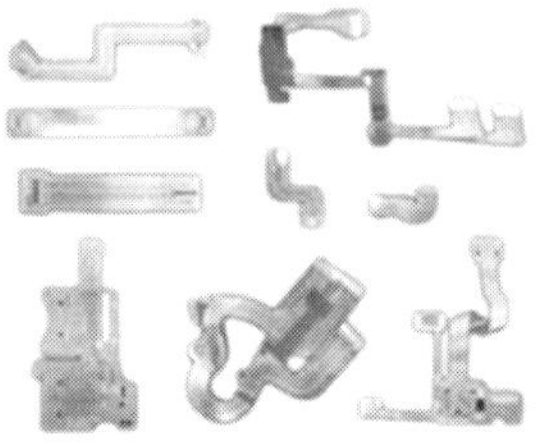	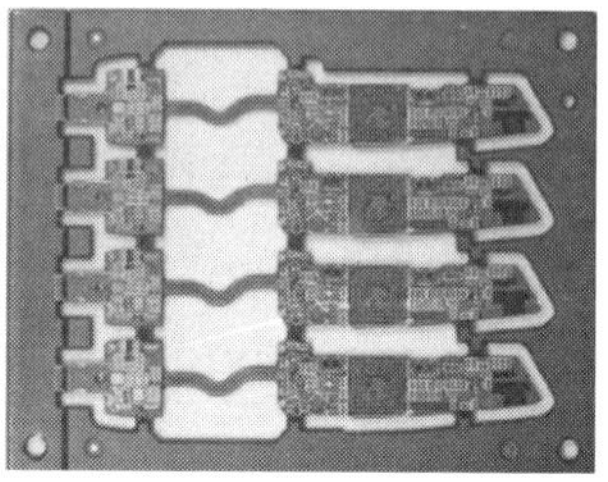

(3) IPC에 의한 분류를 분석한다.

IPC(Institute of Printed Circuit)는 PCB, 커넥터, 케이블, 패키지 및 조립에 관한 규격을 제정하고 기술자료를 공급하는 국제기구이다. PCB를 4가지 등급을 정하여 구분하고 있다.

1) CLASS 1등급

클래스 1등급은 소비재 관련 제품 등급으로 외관 불량은 그다지 문제가 되지 않고, 기능만 나오면 만족스러운 제품으로 기본 검사만 하는 PCB 등급이다.

2) CLASS 2등급

클래스 2등급은 일반 산업용 관련 제품의 등급으로 어느 정도 신뢰성이 보장되어야 하는 산업용 장비에 사용되는 PCB 등급이다.

3) CLASS 3등급

클래스 3등급은 고성능 산업용 관련 제품의 등급으로 높은 신뢰성이 요구되는 산업용 전자제품에 사용되는 PCB 등급이다.

4) CLASS 4등급

클래스 4등급은 고신뢰성 관련 제품의 등급으로 심장박동기와 같은 생명 보조장비나 연속 작동 시에 고도의 신뢰성이 요구되는 제품에 사용되는 PCB 등급이다.

(4) 부품실장 및 반도체 실장에 따른 분류를 분석한다.

1) Mother Board(부품 실장용)에 따른 분류를 재질과 층수에 따라 분류한다.

마더보드에 전자부품(IC, 저항, 콘덴서 등)을 직접 넣어서 납땜을 하여 부품을 고정시키는 방법에 따라 재질에 따라 3가지로 구분되고 층수에 따라 구분하고 있다.

[그림 1-4] 부품 실장용에 따른 분류

2) IC-Substrate(반도체 실장용)에 따른 분류를 기판형태에 따라 고정기반과 Flex 기반으로 IC 형태에 따라 분류한다.

IC의 형태인 BGA(Ball Grid Array), FC-BGA(Flip Chip BGA), CSP(Chip Scale Package), BOC(Board On Chip), SIP(System In Package), PGA(Pin Grid Array), LGA (Land Grid Array)에 따라서 구분한다.

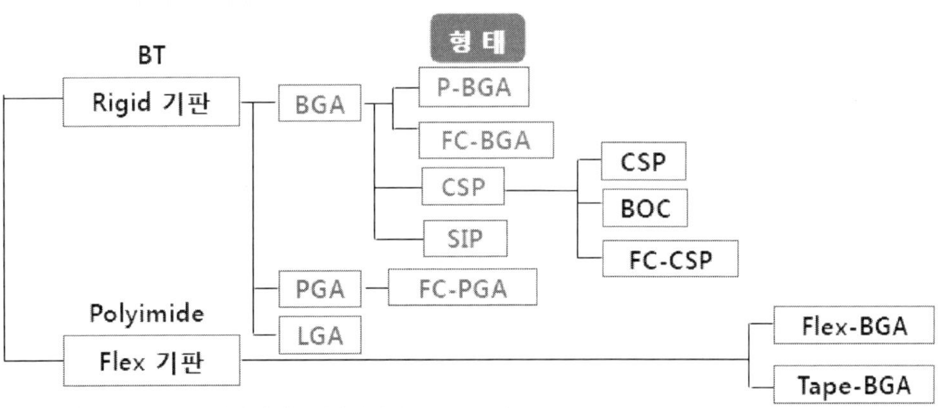

[그림 1-5] 반도체 실장용에 따른 분류

1-2 PCB의 제작과정

학습 목표	• PCB의 회로형성 방법을 이해할 수 있다. • PCB의 제조공정을 이해할 수 있다.

필요지식

1. PCB 제작순서

PCB 제작은 회로도 작성, PCB 설계, PCB 제조 및 PCB 조립까지 이루어지는 단계이다.

(1) 회로도 작성(Schematic Drawing)

회로도 작성은 전자부품소자의 기호나 연결상태를 전기적인 규약에 맞게 전기전자 회로도면으로 보기 편리하게 그림으로 표시한 것이다. 이러한 회로도는 PCB 설계를 하기 위한 기초적인 정보를 제공하고 회로기능별로 전기적인 연결상태를 확인할 수 있는 도면이 된다.

(2) PCB 설계(PCB Design)

완성된 회로도에서 부품의 크기정보와 부품과 부품간의 연결정보를 추출하여 전자규격에 맞게 캐드(CAD Tool)를 이용해 부품의 배치와 배선작업으로 설계하는 단계이다. 배선작업이 완료되면 에러 체크 후 PCB 기판을 제조할 수 있는 생산 데이터를 생성한다. PCB 아트워크(PCB Artwork)라고도 한다.

(3) PCB 제조(PCB Production)

PCB 설계에서 전기적인 에러체크를 완료한 생산 데이터, 즉 거버 데이터(Gerber Data)를 받아서 CAM 작업으로 사양검사를 끝내고 페놀, 에폭시와 같은 절연재질에 동박을 입혀 PCB를 만들어 내는 단계이다.

(4) PCB 조립(PCB Assembly)

PCB 제조는 전자부품 소자가 실장되기 전의 단계를 말하고, 부품이 조립되어 있지 않기 때문에 베어 PCB(Bear PCB)라고 한다. 이러한 PCB 기판 위에 각 전자부품의 소자를 실장한 후 땜납하는 공정을 PCB 조립이라고 한다.

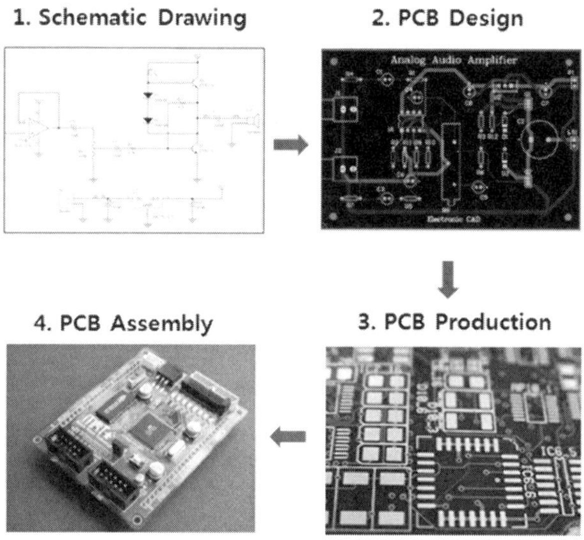

[그림 1-6] PCB 제작순서

2. PCB 제조공정 방법

(1) 서브트랙티브(Subtractive) 공법

절연판 전체에 동박을 입힌 기판인 동박 적층판 위에 회로가 형성되는 부분을 제외한 나머지 필요 없는 부분만을 에칭하여 제거하여 회로를 형성하는 공법이다.

1) 텐팅(Texting) 공법

무전해/전해 패널 도금 후 에칭을 통해 회로를 형성하는 방법이다.

2) 패널/패턴(Panel/ Pattern)공법

무전해/전해 패널(Panel) 도금 및 패턴(Pattern) 도금 후 에칭을 통해 회로를 형성하는 방법이다.

(2) 에드티브(Additive) 공법

절연판 위에 도금 등의 방법으로 원하는 배선과 필요한 회로를 직접 형성하는 공법이다.

1) 세미 에디티브(Semi-Additive) 공법

무전해 패널 도금 후 필요한 부분만 전해 패턴 도금으로 회로를 형성하는 방법이다.

2) 풀 에디티브(Full Additive) 공법

필요한 부분만 무전해 패턴(Pattern) 도금으로 회로를 형성하는 방법이다.

3. Build-up

첨단 PCB 제조기법으로서 기존 기계 드릴의 가공 한계인 직경 300μm보다 미세한 150μm 이하의 미세 홀을 레이저 드릴로 가공하며, 보통 CCL(Copper Clad Laminate) 대신 RCC(Copper Foil+Resin)를 사용한다.

수행 내용 PCB 제조공정 이해하기

재료 · 자료

- 상세 회로도면, 기구도면, A4 용지, 필기구

기기(장비 · 공구)

- 인터넷 가능한 컴퓨터, 한글 오피스, 프린터

안전 · 유의사항

- 회로동작 및 기능을 충분히 숙지하도록 한다.
- 컴퓨터에 바이러스가 침투하지 않도록 유의한다.

수행 순서

01 PCB 설계에서 CAD와 CAM 과정을 이해한다.

(1) CAD 과정을 분석한다.

원하는 기능을 가지는 시스템 구축을 위해 회로도면을 그리는 과정이다. CAD 과정은 기능 설정, 회로 설계 및 실장 설계로 구분한다.

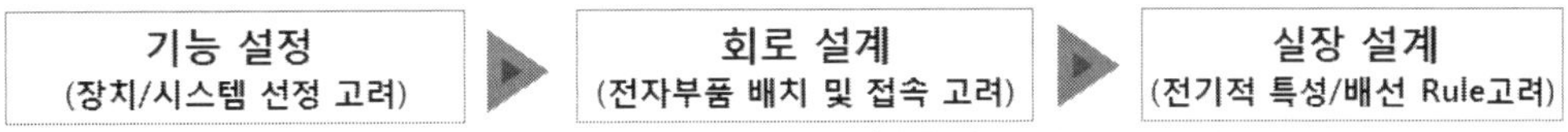

[그림 1-7] CAD 과정

(2) CAM 과정을 분석한다.

CAD data를 토대로 전체 제조공장을 무인 자동화로 통제하는 제조 시스템 과정이다. CAM 과정은 거버 데이터 입력, 사양검토, 데이터 편집, 데이터 검사, 제조사양, 치공구 제작으로 구분된다.

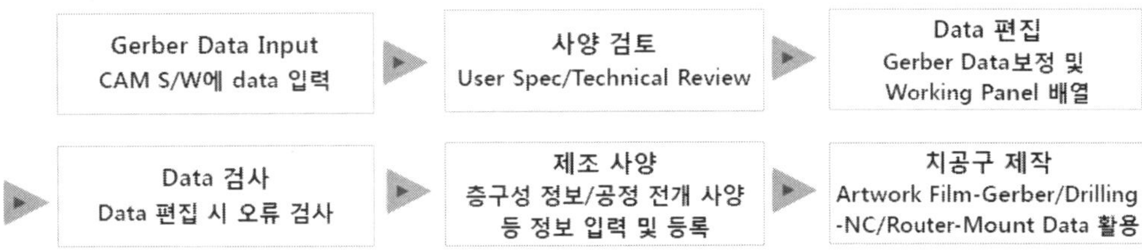

[그림 1-8] CAM 과정

02 Subtractive 방법에서 Tenting 공법 및 Panel/Pattern 공법의 제조공정 전과정을 다층 PCB 기준과 Build-up 기준으로 분석한다.

(1) 텐팅(Tenting) 공법의 다층 PCB 기준에 따른 제조과정을 이해한다.

무전해/전해 패널 도금 후 에칭을 통해 회로를 형성한다.

[그림 1-9] 다층 PCB 기준의 tenting 공법에 의한 제조공정

(2) Tenting 공법의 Build-up 기준에 따른 제조과정

이 공정은 비아 에칭과 레이저 Ablation 과정이 추가된다.

[그림 1-10] Build-up 기준의 tenting 공법에 의한 제조공정

(3) Panel/Pattern 공법의 다층 PCB 기준에 따른 제조과정

이 과정은 비아 에칭과 레이저 Ablation 과정을 생략하고 전해 Pattern 동도금 과정과 전해 Solder 도금을 추가한 과정이다.

[그림 1-11] Panel/Pattern 공법의 다층 PCB 기준에 따른 제조공정

03 Additive 공법에서 Semi-Additive 공법의 제조공정 전과정을 다층 PCB 기준으로 분석한다.

[그림 1-12] Semi-Additive 공법의 다층 PCB 기준에 따른 제조공정

04 MLB Substractive 공법 기준으로 세부 제조공정을 분석한다.

(1) CCL 및 FCCL 공정

1) CCL(Copper Clad Laminate) 공정

유리섬유에 에폭시 또는 페놀 수지가 함침된 Prepreg의 상하부에 동박을 넣고 압착(Lamination)하는 공정이다.

2) FCCL(Flexible Copper Clad Laminate) 공정

유연성을 가진 폴리이미드 필름과 아크릴 접착제 상하부에 동박을 넣고 압착하는 공정이다.

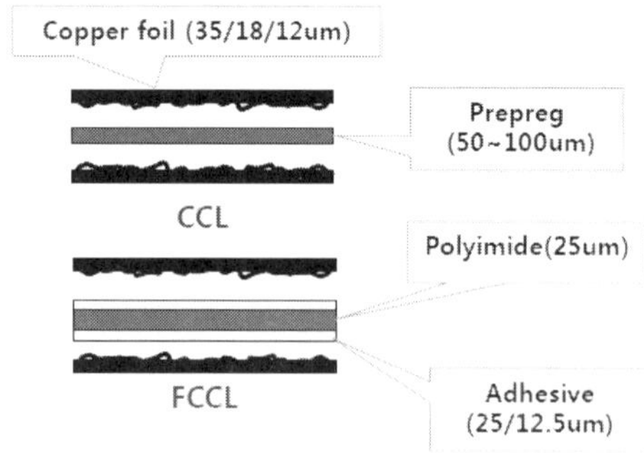

[그림 1-13] CCL과 FCCL 제조공정

(2) Working Panel 절단 및 기준홀 가공공정

① CCL 원판을 공정설비에 맞게 적정한 치수로 절단한다.

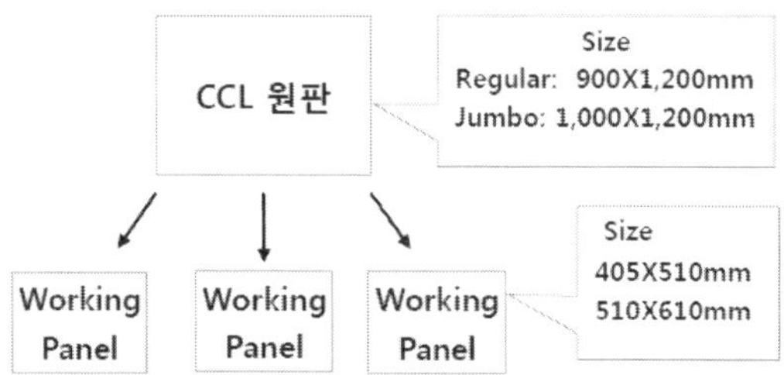

[그림 1-14] Working Panel 절단 제조공정

② 노광 및 적층 시 사용되는 기준 홀을 형성하는 공정이다.

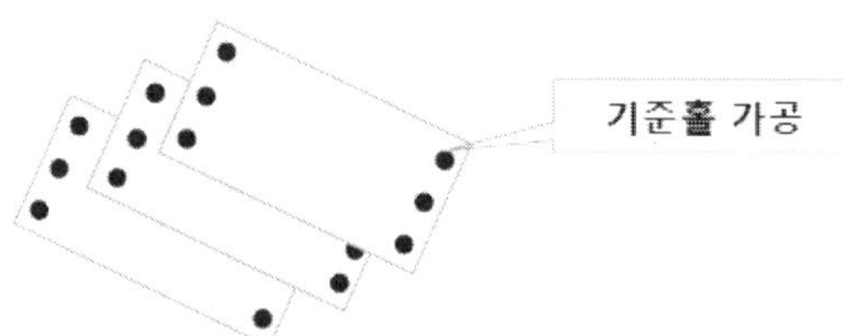

[그림 1-15] 기준 홀 가공 제조공정

(3) 전처리 과정

동박 표면상에 조도(Roughness)를 형성하여 Dry Film과의 접착력을 증대시키기 위한 공정이다. 조도형성 방법(표준조도 0.5~1.5um 기준)은 기계적 연마와 화학적 연마 방법이 있다.

1) 기계적 연마

① Buff 연마 : 나일론 부직포에 실리콘, 알루미늄 미세 입자로 형성된 부러시(Brush)로 조도를 형성한다.

② Jet 연마 : 산화알루미늄 알갱이가 노즐을 통해 분사하여 조도를 형성한다.

2) 화학적 연마

① Soft Etching : 과산화수소(35%)와 황산(10%)을 2 : 8 비율로 혼합하여 노즐로 분사하여 조도를 형성한다.

(4) D/F 적층(Lamination)

조도가 형성된 기판에 에칭 시 회로를 보호하기 위한 Dry Film(Photo Resist)을 적층하는 공정이다.

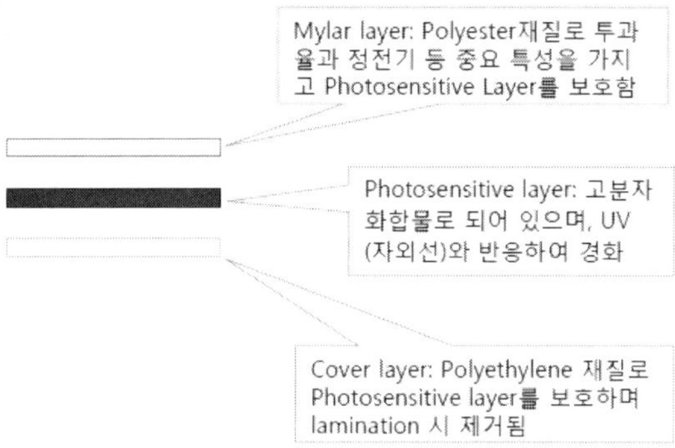

[그림 1-16] Dry Film 구조(단면도)

(5) D/F 노광

CCL 표면에 적층된 Dry Film위에 Artwork Film을 올려 놓고 UV(자외선)를 조사하여 회로 이미지를 형성하는 공정이다.

노광기의 구조는 Lamp에서 발산된 UV(자외선)가 거울을 통하여 집광 렌즈로 모이고 반사경을 통하여 다시 대상물로 조사되는 구조로 되어 있다.

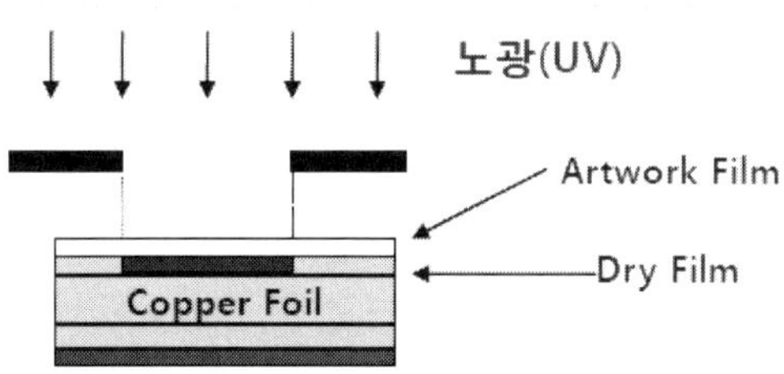

[그림 1-17] D/F 노광 제조공정

(6) D/F 현상

노광에서 빛을 받지 않은 부분(미경화된 부분)을 현상액을 이용하여 제거하는 공정이다. 현상액은 탄산나트륨(Na_2CO_3의 1%) 또는 탄산칼륨(K_2CO_3)을 사용한다.

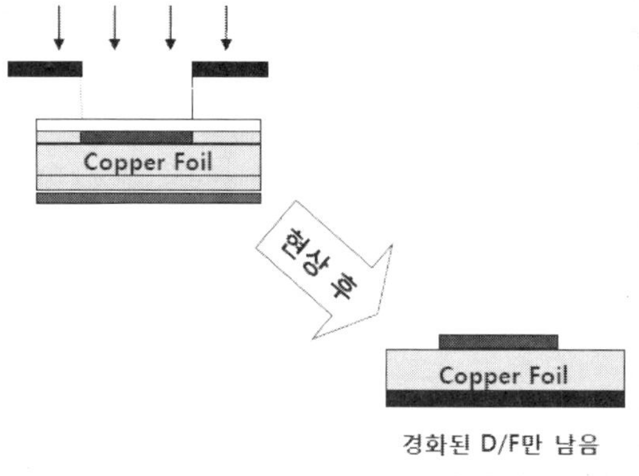

[그림 1-18] D/F 현상 제조공정

(7) 에칭(Etching)

회로를 형성하기 위하여 D/F 현상 후 동박 위에 D/F가 남겨져 있지 않은 부분을 에칭액으로 제거하는 공정이다. 에칭액은 염화제2동($CuCl_2$) 또는 염화철($FeCl_3$)을 사용한다.

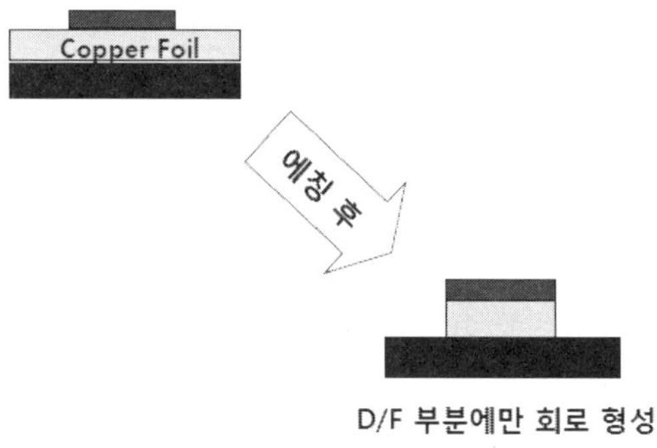

[그림 1-19] 에칭 제조공정

(8) D/F 박리

Etching 시 보호막 작용을 한 D/F를 알칼리 용액(NaOH 또는 KOH)을 이용하여 제거하는 공정이다. 박리액은 수산화나트륨(NaOH) 또는 수산화칼륨(KOH)을 사용한다.

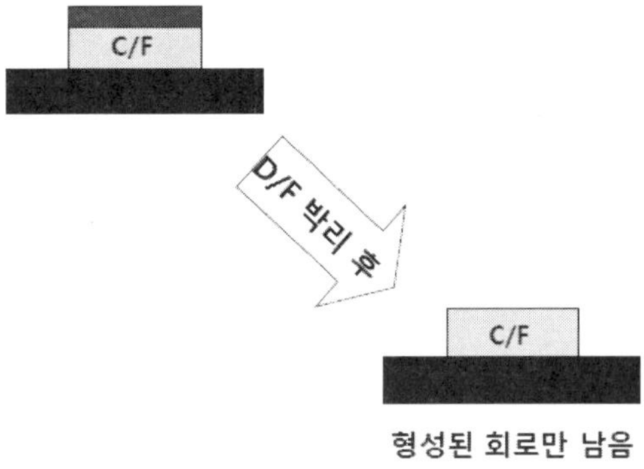

[그림 1-20] D/F 박리 제조공정

(9) AOI(자동 광학 검사)

회로형성 후 기판에 빛(光)을 조사시켜 반사되는 밝기 값을 인식하여 회로의 결함을 검출하는 공정이다.

〈표 1-10〉 자동 광학 검사방법

구 분	종 류	특 징
반사광에 의한 검사	반사광 방식	회로표면의 반사광을 통해 회로 인식
	형광검출 방식	회로 이외 부분은 형광이 양성으로 검출
	Substrate Illumination	회로 부분은 빛이 투과되지 않음
알고리즘에 의한 검사	Design Rule Check	회로 화상과 검사조건 비교
	Reference Rule Check	양품기판을 기준으로 피검사 기판과 상호 비교
	CAD Reference Data	CAD Photo Data와 피검사 기판을 상호 비교

(10) 흑화처리(Black Oxidation)

내층에 형성되어 있는 회로표면을 산화시킴으로써 Prepreg와 접착될 때 밀착력을 증대시키는 공정이다.

〈표 1-11〉 처리방식

항 목	Brown Oxide	Black Oxide
처리방식	동박 위에 Cu_2O 석출	동박 위에 CuO 석출
색	갈색 또는 적갈색	흑색
벗겨짐 정도	우수	보통
균일도	보통	우수
내산성	우수	보통
산화막 두께	얇음(0.2mg/cm 이하)	두꺼움(0.2mg/cm 이상)

[그림 1-21] 흑화처리 제조공정

(11) Lay-up & V-Press

1) Lay-up

회로가 형성된 내층 기판을 다층 기판을 만들기 위하여 CCL, Prepreg 및 동박을 쌓아올리는 공정이다.

2) V-Press

쌓아 올려진 기판을 진공 프레스를 이용하여 가열/가압으로 접합시키는 공정이다.

〈표 1-12〉 Lay-up 방식

방 식	내 용
Mass Lamination	4층 기판제조 시
Rivet Lamination	6~8층 기판제조 시
Pin Lamination	고다층 기판제조 시

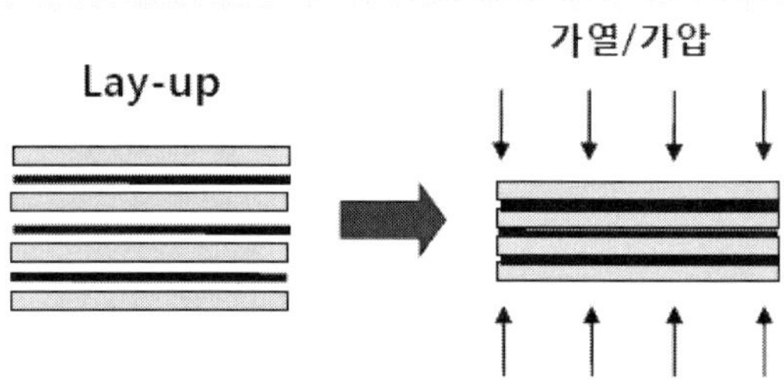

[그림 1-22] Lay-up & V-Press 제조공정

(12) Drill (X-ray Drill & CNC Drill)

1) X-ray Drill

내층에 형성되어 있는 Target을 X-ray로 투시하여 위치한다. 위치확인 후 Drilling하는 공정이다.

2) CNC Drill

다층 PCB에서 내층과 외층 간의 전기적인 접속이 가능하도록 Drill Bit라는 절삭공구를 사용하여 홀을 형성하는 과정이다.

Drill Bit가 고속으로 회전함과 동시에 기판이 장착된 Drill Table이 홀의 위치에 따라 X축, Y축 방향으로 이동하면서 홀을 가공한다.

[그림 1-23] Drill(X-ray Drill & CNC Drill) 제조공정

(13) Deburring/Desmear

1) Deburring

드릴 가공 시 Bit에 의해 밀려 올라 온 Drill Bur를 Buff (Brush) 등으로 제거하는 공정이다. 공정순서는 Buff 연마→수세→건조 순이다.

2) Desmear

수지가 마찰에 의해 홀 벽에 달라붙은 스미어를 과망간산 약품으로 녹여 제거하는 공정이다. 황산(H_2SO_4), 크롬산, 과망간산 등의 약품을 사용한다.

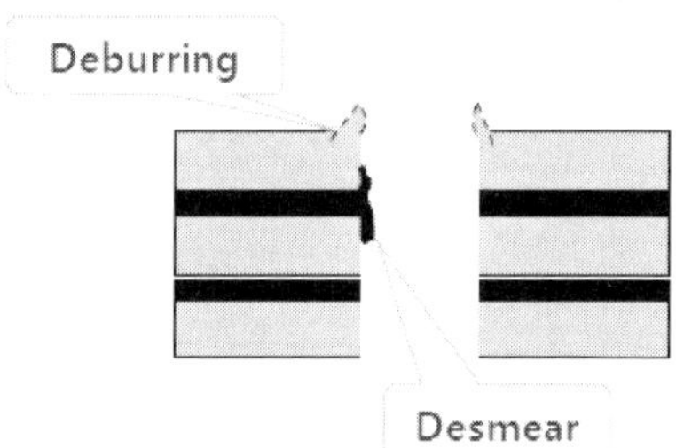

[그림 1-24] Deburring/Desmear 제조공정

(14) 동도금(Copper Plating) 공정

드릴을 통해 형성된 홀(PTH 또는 BVH)을 동도금을 통해 층간을 전기적으로 연결하는 공정이다. 종류는 무전해(화학적) 도금 및 전해(전기적) 도금이 있다. 일반적으로 드릴 시 노출된 홀 내벽과 표면에 무전해 동도금 후 전해동도금을 통하여 회로의 두께를 형성한다.

1) 무전해 동도금

무전해 동드금은 환원제인 포르말린을 Pd 촉매에 의해 화학적으로 환원시켜 구리이온을 석출한다.

2) 전해 동도금

전해 동도금은 Pd 촉매에 의한 환원반응으로 (-)극으로 구리이온이 전자를 얻어 구리를 석출한다.

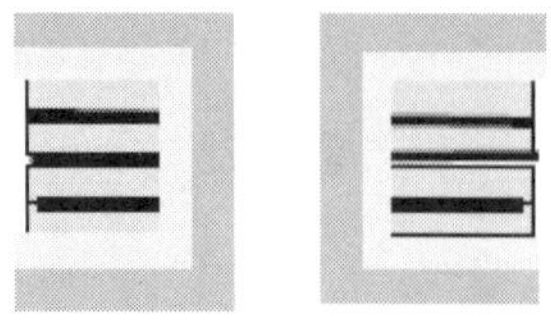

[그림 1-25] 무전해 및 전해 동도금 제조공정

(15) 기판의 방법에 따라 수직 및 수평 동도금 방법이 있다.

1) 수직 동도금

수직 동도금은 기판을 수직으로 세워서 도금하는 방법이다.

2) 수평 동도금

수평 동도금은 컨베어(conveyor)에 기판을 수평으로 놓고 이동하면서 도금하는 방법이다. 생산성, 제품의 다양성, 작업환경, 품질면에서 수평 동도금이 우수하다.

(16) 외층 회로형성 공정

내용은 내층 회로형성 공정과 동일하다.

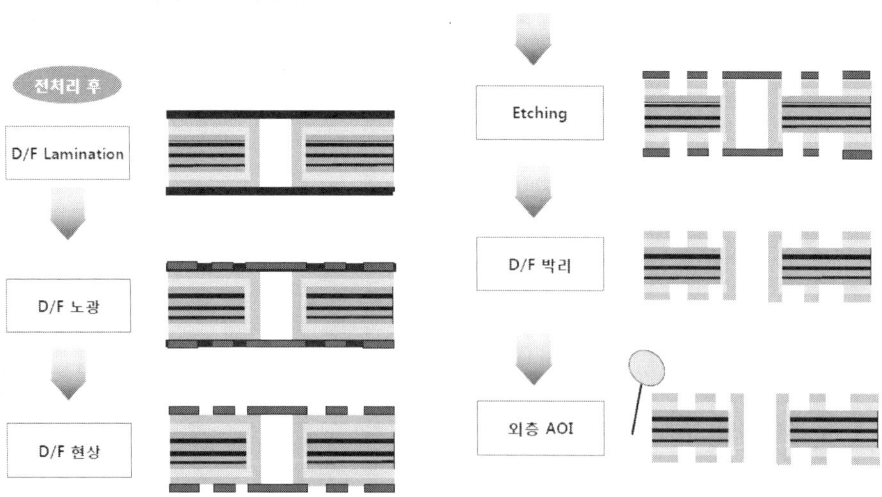

[그림 1-26] 외층 회로형성 제조공정

(17) S/R(Solder Resist) 인쇄/건조

S/R 역할은 기판 표면 회로를 보호(산화방지)하고 표면 회로간의 전기적 절연 안정성을 유지(회로간 Short 발생 금지)하고 부품실장 외 부분에 Solder 부착을 방지한다.

1) S/R 인쇄

전처리가 완료된 기판 표면을 S/R 잉크로 코팅하는 공정이다.

2) S/R 건조

전S/R 내 Solvent 성분을 휘발시키고, 80℃의 온도로 S/R을 건조시키는 공정이다. 방식에 따라 Screen Coating법, Roll Coating법, Curtain Coating법으로 분류한다.

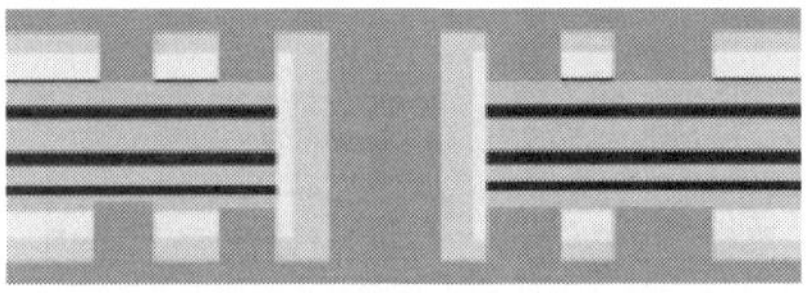

[그림 1-27] S/R 인쇄/건조 공정

(18) S/R 노광 및 현상/경화

1) 노광

노광은 S/R로 코팅된 기판 위에 Artwork Film을 올려 놓고 UV(자외선)를 조사한다.

2) 현상

현상은 UV에 노출되지 않은 미경화 부분을 현상액을 이용하여 제거시키는 공정이다.

3) 경화

경화는 S/R을 UV Cure(노광)와 Thermal Cure(열)를 통해 최종적으로 경화하는 공정이다.

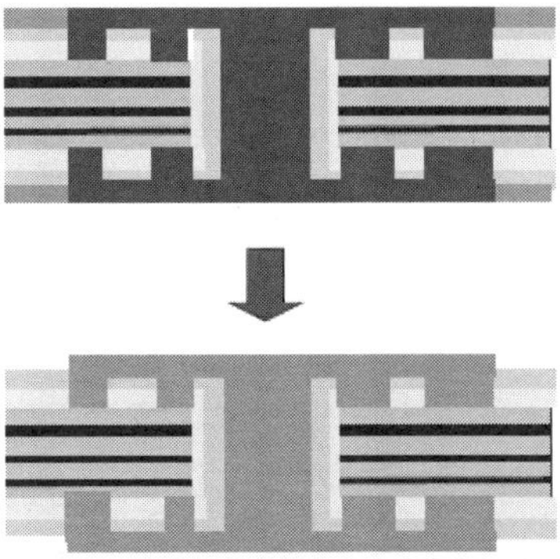

[그림 1-28] S/R 경화 제조공정

(19) 표면처리

내마모성/내열성/내식성/전기전도성 등의 기능 향상을 목적으로 부품이 실장될 Pad 표면을 도금하는 공정이다.

〈표 1-13〉 표면처리 종류 및 특징

종 류	특 징
무전해 니켈/ 금도금	표면에 5μm 니켈도금 후 0.03μm 금도금
Immersion Tin	표면에 유기금속 형성 후 주석도금
Immersion Silver	표면에 유기금속 형성 후 Ag도금
OSP	표면에 유기물질 등과 치환시켜 피막형성

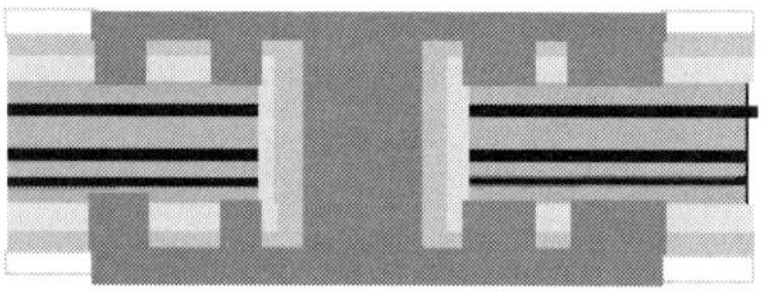

[그림 1-29] 표면처리 제조공정

(20) 외형 가공(Router/금형)

최종 표면처리가 완료된 제품을 고객이 요구하는 사양에 맞게 Sheet/Piece 형태로 가공하는 공정이다.

기타 가공으로는 Beve과 V-cut 가공이 있다.

Bevel은 부품 실장 후 커넥터(Connector) 삽입을 위해 모서리 가공하는 방법이고, V-cut은 Router 가공이 완료된 제품에 V자 홈을 형성하는 가공방법이다.

〈표 1-14〉 Router와 금형 외형 가공의 비교

비교항목	Router 가능법	금형 가공법
적용 제품	다품종 소량생산	소품종 대량 생산
생산성	낮다	높다
외형 변경 시 대응	쉽다	어렵다
가공 품질	단면이 깨끗하다	단면이 거칠다
기타	제품별 대응이 가능	별도 금형 필요/고가

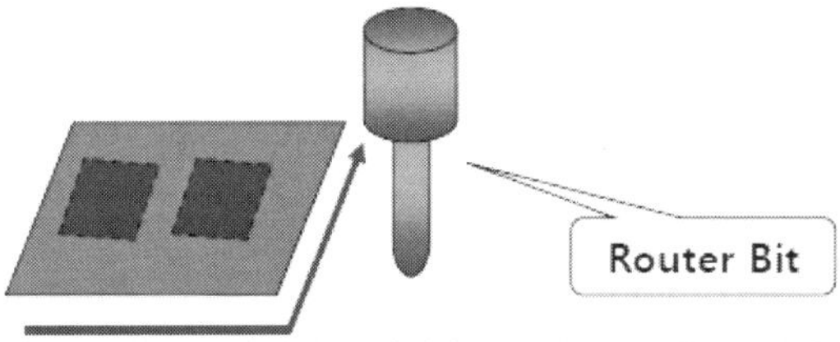

[그림 1-30] 외형 가공 제조공정

(21) 전기검사

전기검사는 회로의 전기적 이상 유무를 검사하는 공정이다.

〈표 1-15〉 전기검사 구분 및 특징

구 분	특 징
Unversial 방식	격자 위에 Pin 접촉(고밀도가 가능하나 설비가격이 높다)
Dedicated 방식	Pin Fixture 제작하여 대량 생산에 적합(Point 만개 이상 불가)
도전고무 접촉방식	기판과 장비 사이 도전고무 사용(미세 제품에는 사용 불가)
Flying Probe 방식	Fixture가 없으며 미세 제품에 사용 (제작비는 저렴하나 검사시간이 길다)
비접촉 방식	Pin 자국이 없고 고밀도 회로 제품에 적합

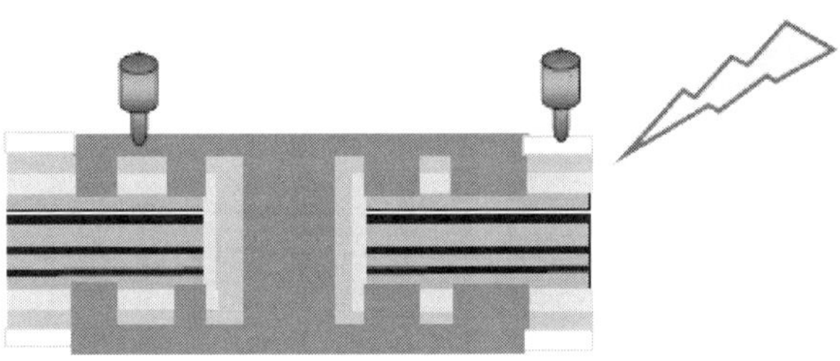

[그림 1-31] 전기검사 제조공정

(22) 외관검사

외관검사는 완성제품에 형성된 외관상 불량(미도금, 상처, 이물, 잉크부착, 돌기, 결손, 변색 등)을 검출하는 공정으로 반사광 검출방식이 사용된다. 형광등, 할로겐, LED 등 다양한 광원을 사용한다.

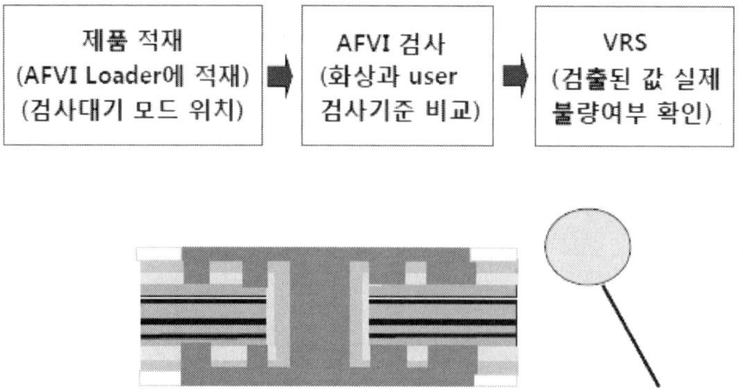

[그림 1-32] 외관검사 제조공정

(23) 출하검사

최종 검사가 완료된 제품에 대한 제품의 두께, 휨 정도, 홀 사이즈 등의 사양적합 여부를 외관상으로 검사한다.

(24) 포장 및 배송

온도와 습도 등의 급변하는 외부 환경으로부터 제품을 보호하기 위하여 포장 후 고객에게 배송한다. 공정순서는 제품확인→진공포장→라벨 출력→라벨 부착→Box 라벨 출력→Box 포장→입고대기→배송 순으로 한다.

1-3 PCB의 회로설계

학습 목표

- PCB의 회로설계 과정을 이해할 수 있다.

필요지식

PCB(Printed Circuit Board) 설계 순서는 PCB 설계 CAD 프로그램의 특성에 따라서 여러 가지가 조금씩 달라진다. OrCAD에서 완성 회로도로 PCB 회로설계는 회로도 작성, PCB 정보입력, 부품작성, 부품배치, 배선, 거버 데이터 생성으로 나눌 수 있다.

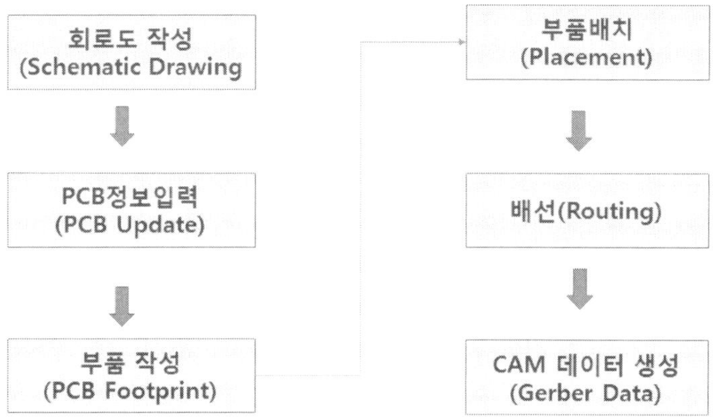

[그림 1-33] PCB 설계 순서

수행 내용 PCB 회로설계 이해하기

재료 · 자료

- 상세 회로도면, 기구도면, A4 용지, 필기구

기기(장비 · 공구)

- 인터넷 가능한 컴퓨터, 한글 오피스, 프린터

안전 · 유의사항

- 회로동작 및 기능을 충분히 숙지하도록 한다.
- 컴퓨터에 바이러스가 침투하지 않도록 유의한다.

수행 순서

01 회로도 작성(Schematic Drawing) 단계

회로도 작성도 작성을 OrCAD로 완성하면 기본적인 PCB 설계의 기초 정보인 부품번호, 설계 참조번호, 네트(Net), 네트 이름, 핀번 등이 만들어진다.

① 부품이름은 부품이 가지고 있는 각각의 고유명칭을 나타낸다.
② 설계 참조번호는 부품소자의 참조번호를 나타내는 것으로 대부분 IC류는 'U'으로 나타내도 저항은 'R', 콘덴서는 'C', 인덕터는 'L', 다이오드는 'D', 트랜지스터는 'Q'로 나타낸다.
③ 네트는 부품과 부품이 연결된 연결정보로서 배선의 기초정보가 된다.
④ 네트 이름는 네트가 가지고 있는 고유의 신호이름을 나타낸다.
⑤ 핀 번호는 부품이 가지고 있는 핀 단자의 일련번호를 나타낸다. 극성을 가지고 있는 다이오드, 전해 콘덴서, 탄탈 콘덴서, 트랜지스터와 같은 부품은 부품극성이나 방향에 유의해야 한다. 부품 리드 번호라고 한다.

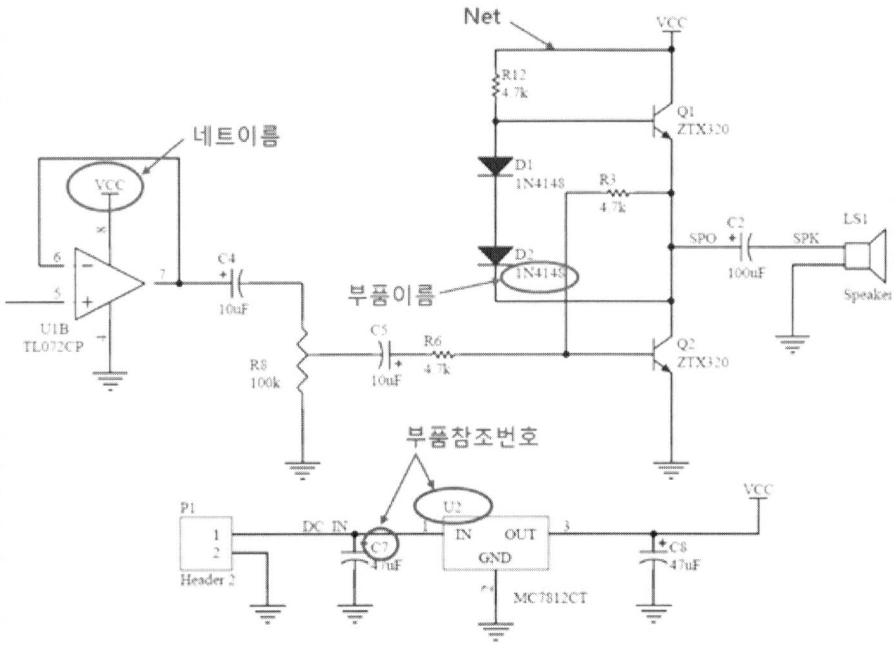

[그림 1-34] 회로도 작성정보

02 PCB 정보입력(PCB Update) 단계

최종 회로도를 완료하고 작성된 회로도 정보를 PCB 설계를 하기 위한 정보로 업데이트(Update) 시키는 단계이다. OrCad에서는 회로도가 가지고 있는 부품 참조번호, 네트 정보, 신호정보 등이 업데이트되어서 다음 그림과 같이 나타난다.

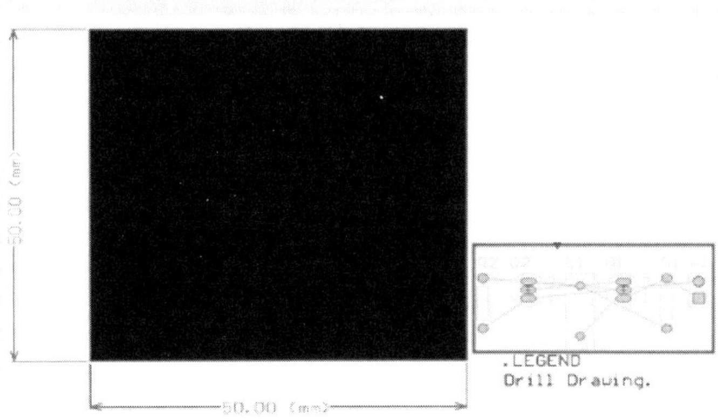

[그림 1-35] PCB 업데이트 결과

03 부품작성(PCB Footprint) 단계

부품작성이란 회로에서 사용된 각 부품을 PCB에서 구현할 수 있도록 캐드에서 라이브러리로 등록하는 단계이다. 'PCB Footprint' 작성이라고도 하며, 다음 그림과 같이 부품외형의 X, Y크기, 납땜할 수 있는 홀의 드릴과 패드의 크기, 패드와 패드의 피치 정보와 핀 단자 번호정보를 입력한다.

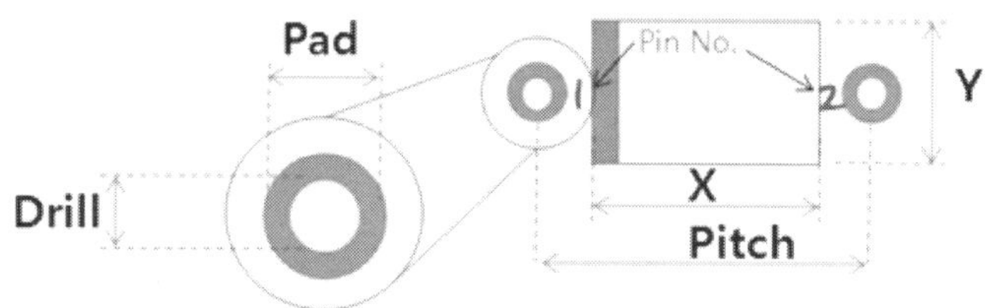

[그림 1-36] PCB 부품 라이브러리 작성

04 부품배치(Component Placement) 단계

신규 부품 라이브러리 작성을 끝내고 배선작업(Routing)을 하기 전 단계로 부품의 적절한 배치가 필요하다. 회로도에서 업데이트된 기초 Net 정보를 참고로 하여 회로도를 보고 전기적 특성과 회로흐름을 고려하여 균형감 있게 배치해야 한다.

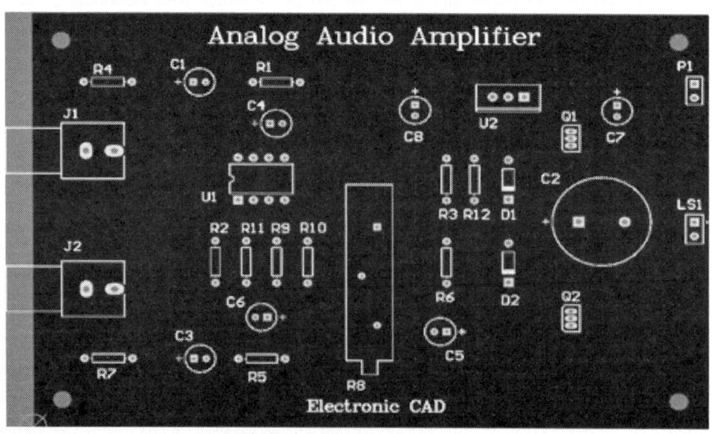

[그림 1-37] PCB 부품배치 완성도면

05 배선(Routing) 단계

배선이란 라우팅(Routing) 작업이라고도 하며 부품과 부품간의 차 연결정보(Net)를 기초로 하여 구리 도체(Copper)가 전기적으로 쇼트(Short)되지 않게 하나하나의 네트(Net)를 설계규격에 맞게 연결하여 완성시키는 작업이다.

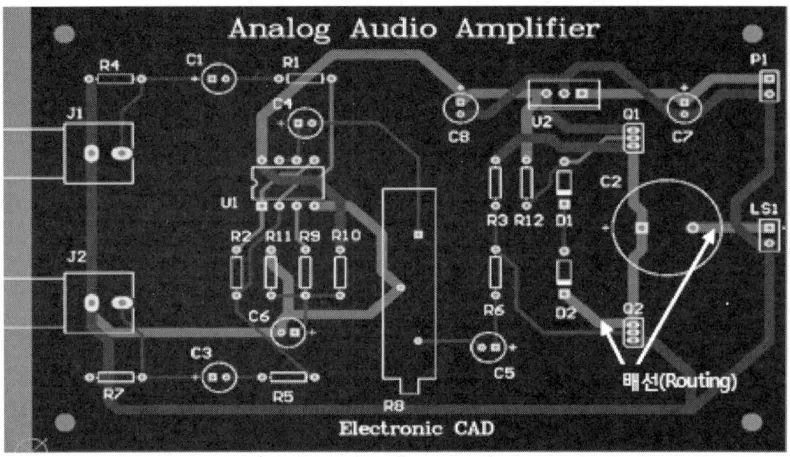

[그림 1-38] PCB 배선 완성도면

06 CAM 데이터 생성(Gerber Data 작성) 단계

(1) 거버 데이터(Gerber Data) 작성 파일

배선작업이 끝나고 PCB 제조를 위한 CAM 데이터(Gerber Data)를 출력하는 단계이다. PCB가 양면이고 단면실장일 경우에는 Silk-Top, Mask-Top, Top-Layer, Bottom-Layer, Mask-Bottom, NC-DATA, Drill-Drawing Data가 필요하고 양면 PCB에서 양면실장일 경우는 Silk-Bottom이 하나 더 추가된다.

그리고 4층 PCB의 경우에는 양면PCB에서 작성된 거버 데이터 전부와 내층에 그라운드층(GND Layer)과 전원 층(VCC Layer) 2가지 데이터가 더 필요하게 된다. 계속해서 6층, 8층으로 PCB 층수가 올라가면 각 2개씩 데이터가 더 추가되게 된다.

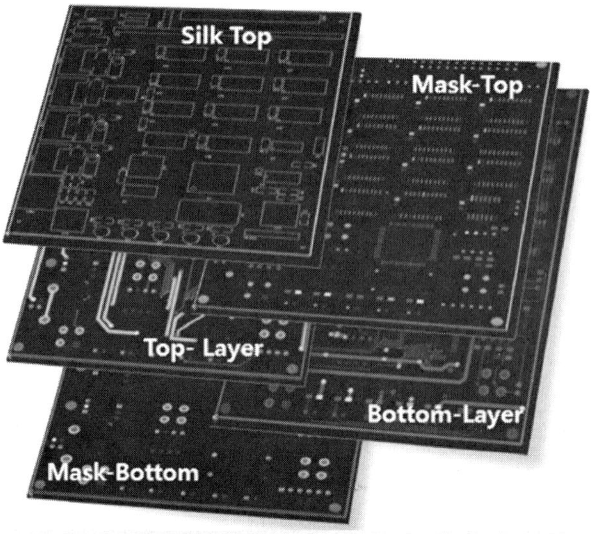

[그림 1-39] PCB 양면 PCB 거버 데이터

(2) 거버 데이터(Gerber Data) 이해

1) 거버 포맷(Gerber Format)

어떠한 CAD 소프트웨어를 사용하더라도 PCB를 만들기 위해서는 거머 포맷으로 작성하여 포토플로터(Photo plotter)를 이용해 PCB 생산용 필름을 출력하는 과정을 거쳐야 한다. 이러한 포토플로터 파일을 출력하는 과정을 거버 데이터 생성이라고 한다. 지금까지 설계한 데이터는 CAD 데이터이고, PCB 생산에 필요한 데이터는 CAM 데이터이다. 이 CAM의 포맷을 거버 포맷이라고 한다.

2) 포토플로터(Photo Plotter)

거버 포맷을 이해하기 위해서는 포토플로터의 작동원리를 먼저 이해해야 한다. 포토플로터는 생산용 필름을 출력하기 위한 수치제어 X-Y 테이블이 있으며, 셔터 조절이 가능한 광원과 원본 필름에 제도가 가능한 어퍼츄어 휠(Aperture Wheel)로 구성되어 있다.

거버 포맷 커맨드에 의한 컨트롤러는 테이블 이동과 셔터(shutter)의 개폐와 어퍼츄어 툴 변경 등을 제어하며 원본필름에 제도를 한다. 셔터가 열리게 되면 형태와 크기를 가진 Aperture에 노광이 되어 필름에 이미지가 감광된다.

셔터가 Open and Close 되면 플래시(Flash, Pad)가 되고, 셔터가 열린 상태로 테이블이 이동을 하면 라인(Line, Trace)이 된다. 이와 같은 커맨드에 의해 어퍼츄어의 선택과 광원의 이동은 원하는 형태의 패턴을 필름에 현상된다. 포토플로터는 정밀한 수치를 가진 패턴을 생산할 수 있다.

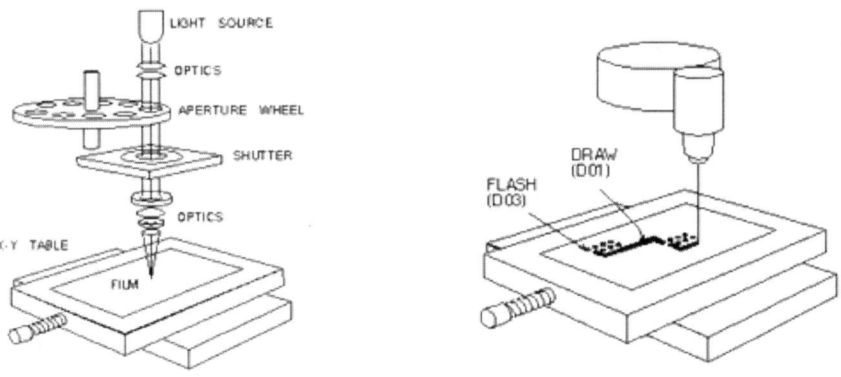

[그림 1-40] 어퍼추어 휠(Apperture Wheel)

학습활동.1 교수학습 방법

교수 방법

- PCB 설계의 기본개념, 부품배치, 라이브러리 작성 등을 PCB 실물 기판과 PPT 자료로 제시한 후 설명한다.
- PCB 설계에서 회로 블록의 특성, 신호의 종류, 회로의 구성 등에 따라 회로 블록을 배치하는 방법을 설명한다.
- PCB의 Size, 제품의 기구적인 특성을 고려하여 부품을 배치하고, 고정 부품의 배치를 우선해야 하는 이유와 방법을 설명한다.
- PCB 설계 도구를 선정하는 방법을 설명하고, 사용되고 있는 설계 도구의 장·단점을 설명할 수 있도록 지도한다.
- PCB 설계 도구의 사용법은 선수학습으로 되어 있어야 하나, 그렇지 못한 경우에는 설계 도구사용법을 별도의 시간을 할애하여 교육하여야 한다.
- 라이브러리로 등록되어 있지 않은 부품에 대해서는 부품 스케치부터 지도하여 라이브러리로 등록할 수 있도록 지도한다.
- PCB 설계를 위한 환경 설정 및 각종 Option을 지정할 수 있는 능력을 기르도록 한다.

학습 방법

- PCB 설계 도구를 능숙히 사용할 수 있도록 충분히 연습한다.
- PCB 설계 및 PCB 설계 도구에서 사용되는 다양한 용어를 충분히 숙지하도록 한다.
- PCB 설계가 회로의 전기적 특성에 영향을 줄 수 있음을 강조하여 회로 블록 및 부품의 배치 방법을 숙지한다.
- PCB 설계를 위한 설계 도구의 환경 설정, Option 지정을 필요에 따라 스스로 수행할 수 있도록 하고, 부품배치의 중요성을 강조한다.
- PCB 설계가 완료된 후 Gerber Data를 생성하여 PCB 제작 발주까지 할 수 있는 능력을 배양한다.
- PCB 설계에서 회로 블록간 인터페이스를 효과적으로 실현할 수 있도록 한다.

학습활동.1 평가 및 피드백

평가 준거

- 평가자는 피평가자가 수행 준거 및 평가내용에 제시되어 있는 내용을 성공적으로 수행할 수 있는지를 평가해야 한다.
- 평가자는 다음 사항을 평가해야 한다.

학습내용	평가항목	성취수준		
		상	중	하
PCB의 개요	- PCB의 정의 및 PCB 산업현황을 파악할 수 있다.			
	- PCB의 종류와 그 특징을 이해할 수 있다.			
PCB의 제작과정	- PCB의 설계순서를 이해할 수 있다.			
	- PCB의 제조공정을 이해할 수 있다.			
PCB의 회로설계	- PCB의 회로설계 과정을 이해할 수 있다.			

평가 방법

- 평가자는 능력단위 PCB 설계하기의 수행 준거에 제시되어 있는 내용을 평가하기 위해 이론과 실기를 나누어 평가하거나, 종합적인 결과물의 평가 등 다양한 평가 방법을 이용할 수 있다.
- 필기시험

학습내용	평가항목	성취수준		
		상	중	하
PCB의 개요	- PCB의 정의 및 PCB 산업현황을 파악할 수 있다.			
	- PCB의 종류와 그 특징을 이해할 수 있다.			
PCB의 제작과정	- PCB의 설계순서를 이해할 수 있다.			
	- PCB의 제조공정을 이해할 수 있다.			
PCB의 회로설계	- PCB의 회로설계 과정을 이해할 수 있다.			

• 체크리스트에 의한 관찰

학습내용	평가항목	성취수준		
		상	중	하
PCB의 개요	- PCB의 정의 및 PCB 산업현황을 파악할 수 있다.			
	- PCB의 종류와 그 특징을 이해할 수 있다.			
PCB의 제작과정	- PCB의 설계순서를 이해할 수 있다.			
	- PCB의 제조공정을 이해할 수 있다.			
PCB의 회로설계	- PCB의 회로설계 과정을 이해할 수 있다.			

• 작업장 평가

평가항목	성취수준		
	상	중	하
각 조별로 실습준비 및 실습과정에 있어 효율적이고 성실한 실습태도로 임하고 작업 후에 실습도구 등을 정리한다.			

피 드 백

1. 작업 포트폴리오
   - 제출한 내용을 평가한 후 주요 사항을 표시하여 설명해준다.
2. 필기시험
   - 평가결과 일정 점수 이하인 학생들은 추가 학습 후 그 결과를 제출하도록 한다.
3. 체크리스트를 통한 관찰
   - 실습과정에서 평가한 후 주요 사항을 표시하여 돌려준다.

학습 1	PCB 설계 이해하기(19220206_13v1.4)
학습 2	**OrCAD Capture를 이용한 도면작성**
학습 3	PCB Footprint 생성
학습 4	OrCAD Capture 유틸리티
학습 5	OrCAD Capture 부가기능
학습 6	OrCAD PCB Editor 구성 및 환경 설정
학습 7	Constraint Manager
학습 8	Color/Visibility
학습 9	부품배치
학습 10	배선하기
학습 11	마무리 작업

2-1 Capture 작업환경 설정하기

학습 목표

- OrCAD 화면구성과 메뉴를 이해할 수 있다.
- Capture 작업환경 설정하기 과정을 이해할 수 있다.

필요지식

1. OrCAD 화면구성 및 메뉴

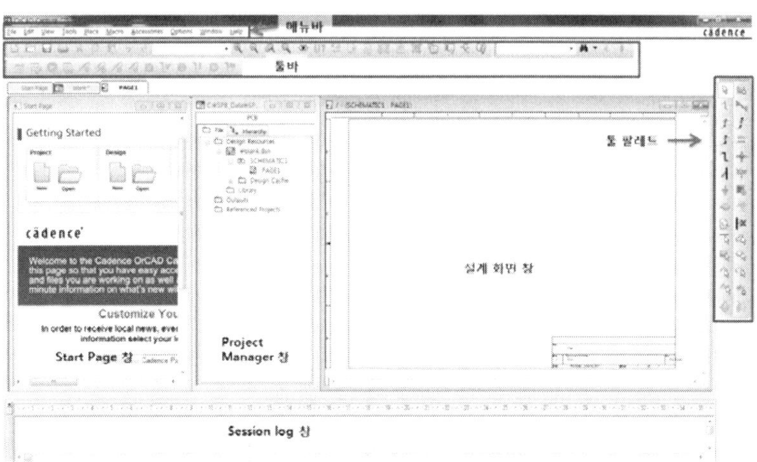

[그림 2-1] 기본 화면의 구성

(1) Start Page

인터넷에 연결되어 있을 경우 Start Page가 자동으로 실행한다.

① Project 생성 및 열기

② Design 생성 및 열기

③ Tutorial(사용 매뉴얼)

④ Documentation(프로그램 User Guide)

⑤ 프로그램 업데이트 정보확인

⑥ Cadence Home Page

⑦ What's New

⑧ FaceBook, YouTube, Twitter 등의 SNS 접속

(2) 툴바

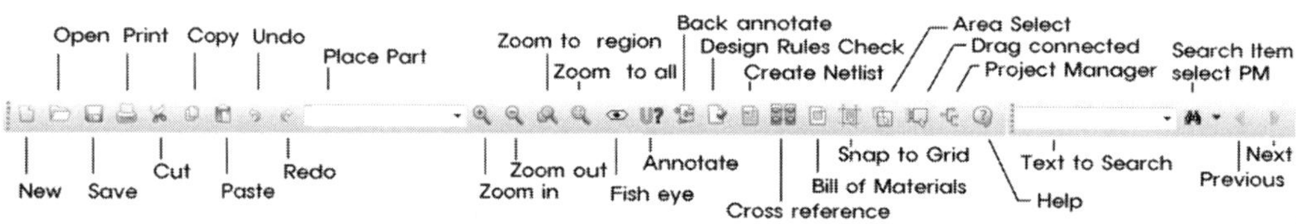

[그림 2-2] 툴바의 구성

(3) Capture Toolbar

메뉴 모양 및 항목	메뉴 설명
(Create Document)	새 프로젝트를 생성
(Open Document)	기존 프로젝트 열기
(Save Document)	현재 프로젝트 파일이나 도면을 저장
(Print)	현재 도면을 출력
(Cut to clipboard)	선택된 개체를 잘라내기
(Copy to clipboard)	선택된 개체를 클립보드로 복사
(Paste from clipboard)	클립보드에 있는 내용을 붙여넣기
(Undo)	이전 작업을 취소
(Redo)	취소된 작업을 다시 실행
(Zoom In : I)	현재 화면을 확대
(Zoom out : O)	현재 화면을 축소
(Zoom to region)	특정 영역만큼 확대
(Zoom to all)	도면 전체를 작업창 안에 표시
(Fish eye)	도면에 특정 부분을 볼록렌즈처럼 확대

메뉴 모양 및 항목	메뉴 설명
(Annotate)	부품 참조자에 대한 정렬작업
(Back annotate)	보드에서 변경된 내용을 회로 디자인에 재적용
(Design Rules Check)	현재 도면에 설계 규칙 검사
(Create netlist)	도면에 대한 Netlist를 생성
(Cross reference parts)	도면에 사용된 부품 심볼의 경로 목록을 생성
(Bill of materials)	부품 목록을 생성
(Snap To grid)	Grid 기반 작업 선택 여부를 설정
(Area Select)	부품 선택 시 부분 선택 또는 전체 선택에 대한 설정
(Drag connected object)	부품 간 연결방법에 대한 설정
(Project manager)	프로젝트 매니저 창을 선택
(Help)	도움말

[그림 2-3] Capture Toolbar

(4) Tool Palette

메뉴 모양 및 항목	메뉴 설명
(Select)	개체 선택 시 사용
(Place part : P)	도면에 사용할 부품 선택 시 사용
(Place wire : W)	부품 간 Net 연결에 사용
(Place net alias : N)	Net에 이름을 붙여주는데 사용
(Place bus : B)	Bus line을 표시하는데 사용
(Place junction : J)	Net의 접점을 표시하는데 사용
(Place bus entry : E)	Bus와 Net를 연결하는데 사용
(Place power : F)	Power Symbol을 표시하는데 사용
(Place ground : G)	Ground Symbol을 표시하는데 사용
(Place hierarchical block)	계층 블록 구조를 그리는데 사용
(Place port)	입출력 등 다양한 포트를 표시하는데 사용
(Place pin)	계층 블록의 Pin을 정의하는데 사용
(Place off-page connector)	페이지 간 Net 연결에 사용

메뉴 모양 및 항목	메뉴 설명
(Place no connect : X)	사용하지 않는 Pin을 표시하는데 사용
(Place line)	도면에 Line을 그리는데 사용
(Place polyline : Y)	도면에 다각형을 그리는데 사용
(Place rectangle)	도면에 사각형을 그리는데 사용
(Place ellipse)	도면에 타원을 그리는데 사용
(Place arc)	도면에 호를 그리는데 사용
(Show footprint view)	도면에 작성한 Footprint를 3D로 확인
(Place text : T)	도면에 글자를 나타내는데 사용
(Place Bezier)	도면에 곡선을 그리는데 사용
(Auto connect two points)	선택한 단일 Pin과 Pin을 Wire로 자동 연결
(Auto connect multi points)	선택한 여러 Pin과 Pin을 Wire로 자동 연결
(Auto connect to Bus)	선택한 Pin 들과 Bus를 자동 생성 연결
(Place NetGroup)	Net를 그룹으로 관리
(Place Pin array)	핀을 순차적으로 설정함(Edit part 기능)
(Place IEEE Symbol)	Part의 Symbol을 그리는데 사용(Edit part 기능)

[그림 2-4] Tool Palette

2. Capture 작업환경 설정

(1) Start Capture

시작>모든 프로그램>Cadence>Release 16.6>Capture를 클릭한다.

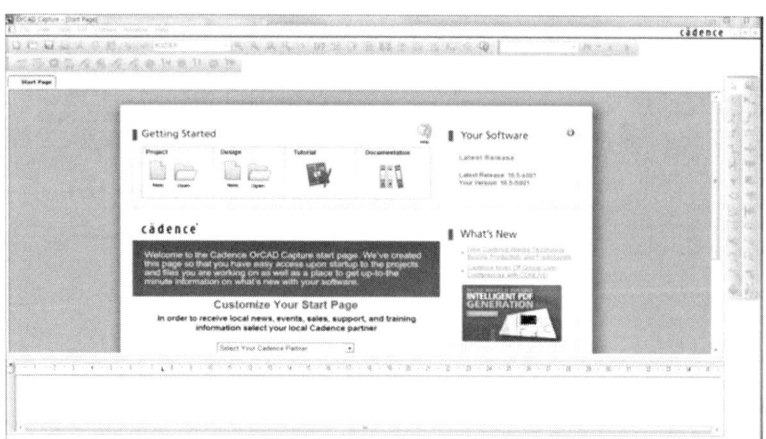

[그림 2-5] Capture를 클릭

(2) Capture 환경설정–Preference, Design Template, Autobackup

Capture의 사용자 환경 설정을 [최상위 설정]한다.

1) Preferences(Options > Preferences)

① Colors/Print : 회로도면의 객체를 표시하는 색상을 설정한다. 컬러 색상은 모니터에서 보이는 색상, Print에 체크된 항목만 출력되어진다.

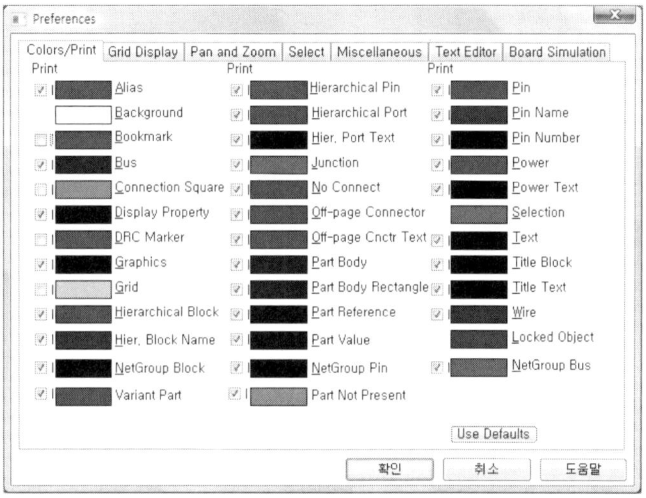

[그림 2-6] 객체를 표시하는 색상

② Grid Display : 회로도면 편집기와 부품 편집기에 Grid를 설정할 수 있으며, 표시여부와 형태, 간격 및 스냅 여부를 설정한다. Grid 방식은 Dot 방식과 Line 방식이 있다.

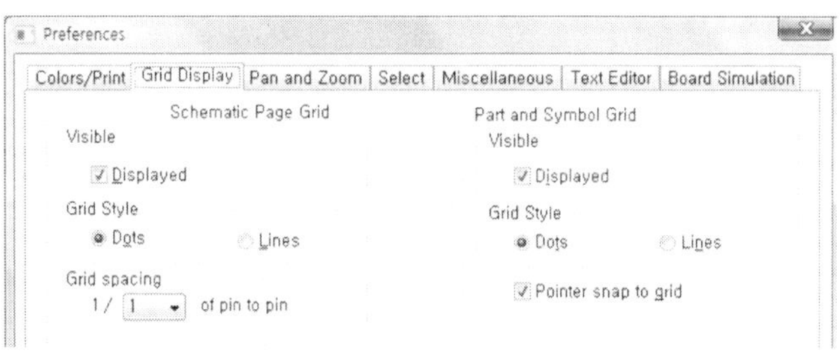

[그림 2-7] 표시여부와 형태, 간격 및 스냅 여부를 설정

③ Pan and Zoom : 줌 확대비율과 자동 스크롤 비율을 설정한다.

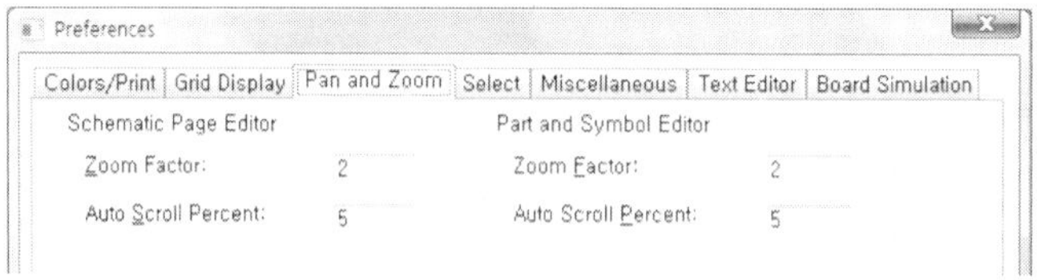

[그림 2-8] 줌 확대비율과 자동 스크롤 비율을 설정

④ Select : 객체 선택 범위설정 및 선택된 부품을 수정 시 고해상도로 출력할 부품의 수를 설정한다.

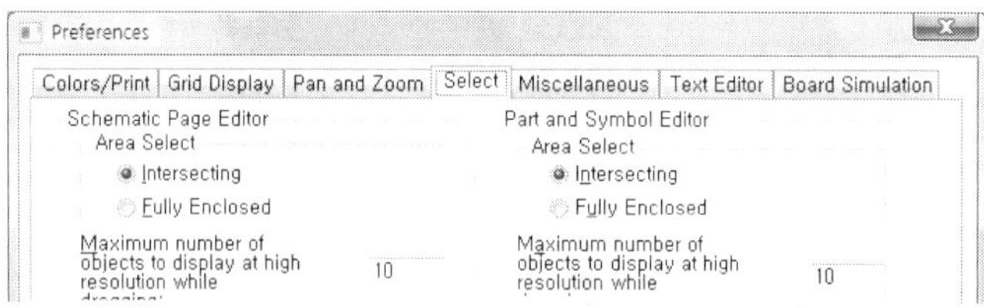

[그림 2-9] 고해상도로 출력할 부품의 수를 설정

⑤ Miscellaneous : 그래픽의 채우기, 선의 형태와 넓이, 글자체 등을 설정한다. Junction Dot Size를 Medium으로 변경한다.

⑥ Auto Recovery : Enable Auto Recovery를 선택할 경우 작업 중인 도면이 주기적으로 저장되며 이상 동작으로 Capture가 종료 시 자동으로 복원한다.

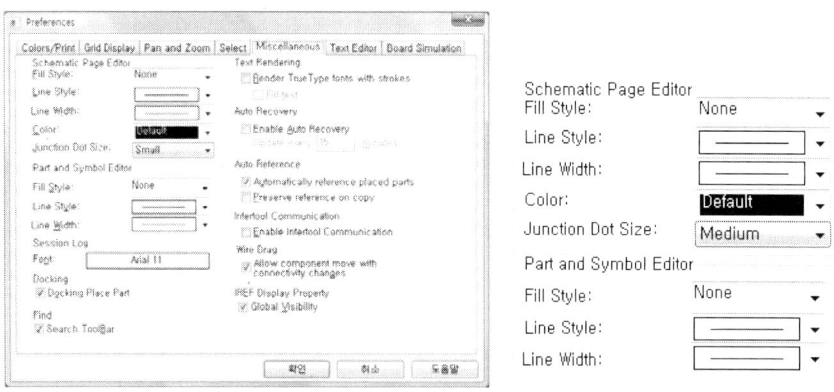

[그림 2-10] 그래픽의 채우기, 선의 형태와 넓이, 글자체 등을 설정

⑦ Text Editor : Capture의 문서 편집기를 설정한다.

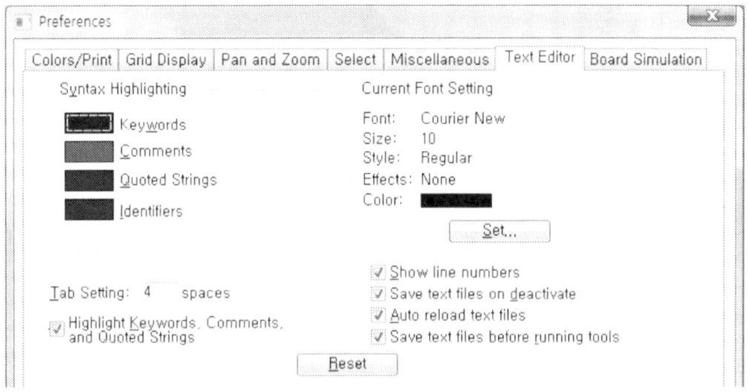

[그림 2-11] 문서 편집기를 설정

⑧ Board Simulation : Verilog/VHDL 시뮬레이션 Flow를 설정한다.

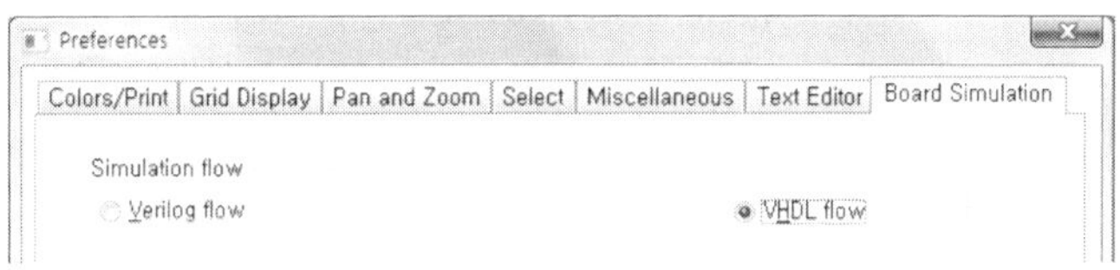

[그림 2-12] Verilog/VHDL 시뮬레이션 Flow 설정

2) Design Template(Option〉Design Template)

글자체 종류, 도면의 크기, Title block을 설정한다.

① Fonts : 회로도면의 객체에 사용할 글자의 글자체를 설정한다.

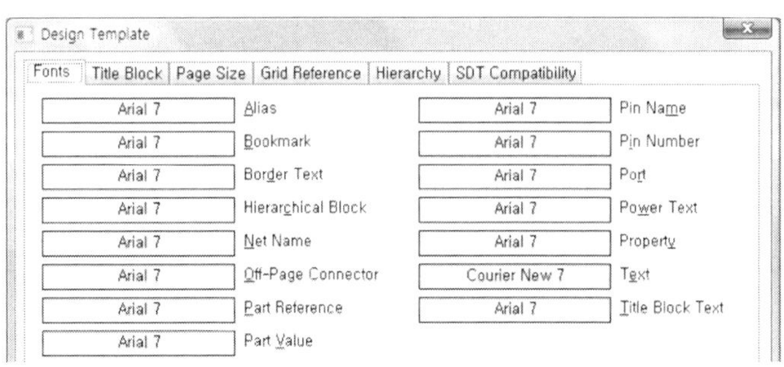

[그림 2-13] 객체에 사용할 글자의 글자체를 설정

② Title Block : Title Block의 내용을 설정(기본 TitleBlock0 설정)한다.

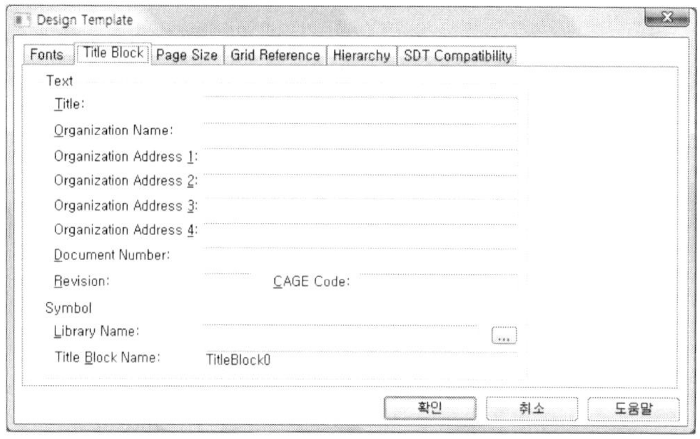

[그림 2-14] Title Block의 내용을 설정

③ Page Size : 회로도면의 페이지 크기를 설정 및 핀 간격을 설정한다.

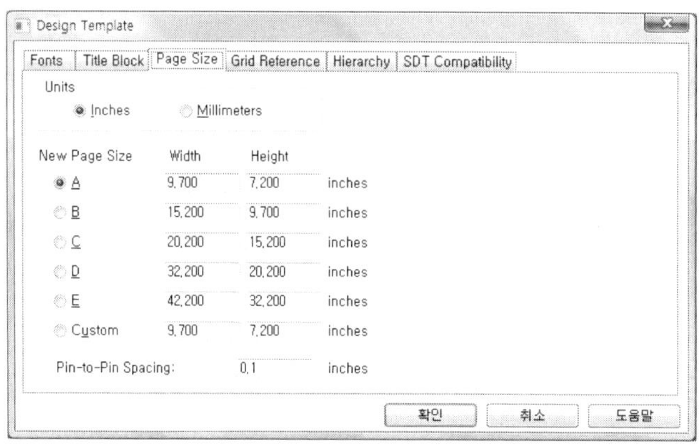

[그림 2-15] 페이지 크기를 설정 및 핀 간격을 설정

④ Grid Reference : 수평과 수직 그리드 참조의 수와 표시방법, 도면의 외곽선 표시, 제목 블록, 그리드 참조 여부를 선택한다.

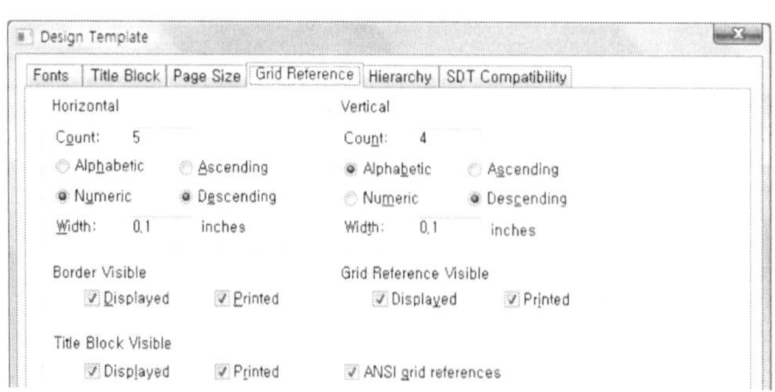

[그림 2-16] 그리드 참조 여부 등을 선택

⑤ Hierarchy : 계층구조 블록과 부품 인스턴스에 대하여 종속 여부를 선택한다.

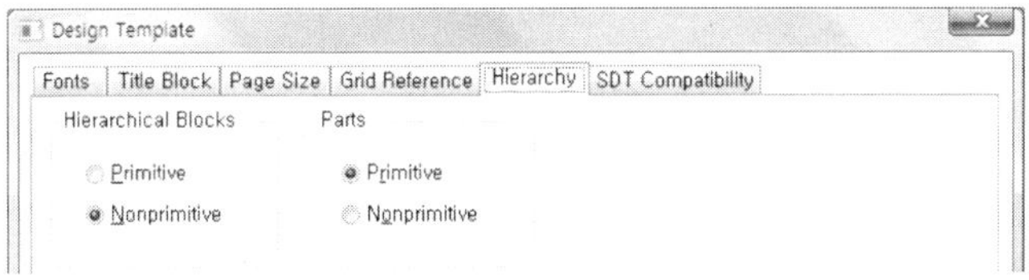

[그림 2-17] 종속 여부를 선택

⑥ SDT Compatibillity : SDT 형식으로 설계를 저장할 때 Capture의 속성을 설정한다.

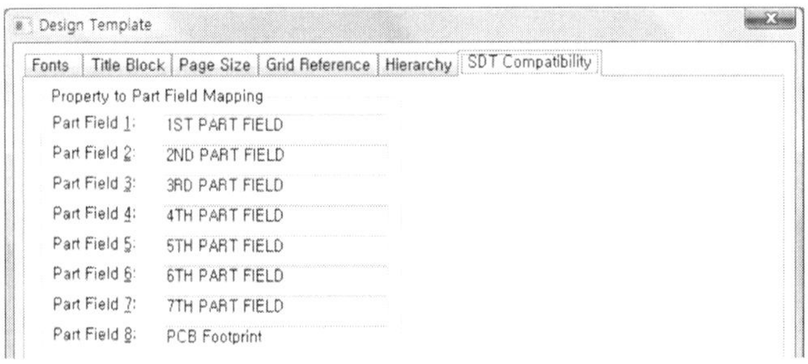

[그림 2-18] Capture의 속성 설정

3) Auto backup(Options〉Autobackup)

백업 시간, 백업 파일 수, 백업 디렉토리를 지정한다.

※ 백업 디렉토리 " . "은 현재 작업 디렉토리에 저장한다.

※ 백업 파일의 이름은 확장자 DBK를 가지며, Capture에서 파일 형식을 All Files로 변경 후 불러올 수 있고 Save As로 복원할 수 있다.

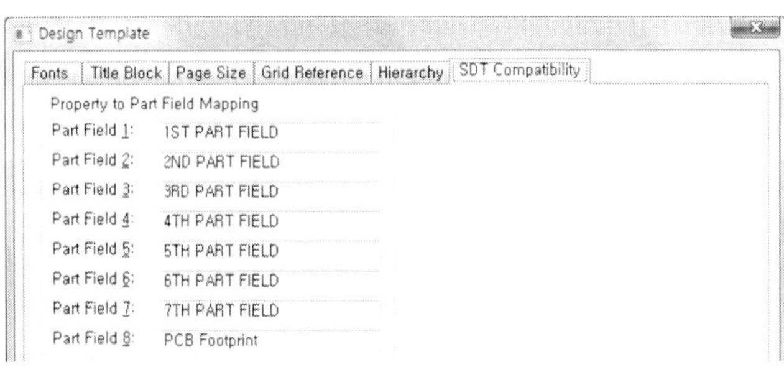

[그림 2-19] 백업 시간, 백업 파일 수, 백업 디렉토리를 지정

수행 내용 Capture 작업환경 설정하기

재료 · 자료

- 상세 회로도면, 기구도면, A4 용지, 필기구

기기(장비 · 공구)

- 인터넷 가능한 컴퓨터, 한글 오피스, 프린터

안전 · 유의사항

- 회로동작 및 기능을 충분히 숙지하도록 한다.
- 컴퓨터에 바이러스가 침투하지 않도록 유의한다.

수행 순서

01 새 프로젝트 시작하기

① 메뉴 File－New－Project를 선택한다.

〈표 2-1〉 Project 선택

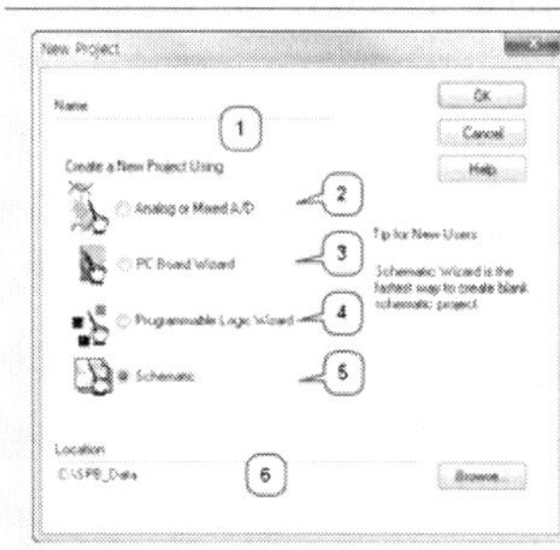	① 작업 프로젝트 이름－9_Complement
	② PSpice A/D 해석
	③ PCB 작업까지 진행과정을 미리 결정 후 진행
	④ CPLD, FPGA 등을 설계
	⑤ 범용 회로도 작성
	⑥ 저장위치－C:₩SPB_Data₩9_Complement

02 Project 환경 설정하기

(1) Rename Schematic 설정하기

SCHEMATIC1을 선택한 후 RMB 클릭 〉 Rename 선택하고 이름을 9_Complement로 변경한다.

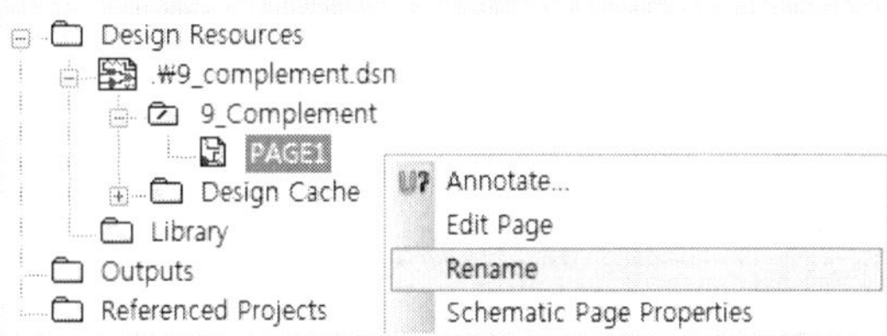

[그림 2-20] 이름을 9_Complement

(2) Rename Page 설정하기

PAGE1을 선택 후 RMB 클릭>Rename 선택하고 이름을 Design1로 변경한다.

[그림 2-21] 이름을 Design1로 변경

(3) Schematic Page Properties 설정하기

각각의 Page 별 Page Size, Grid Reference를 따로 설정할 수 있다.

2-2 부품 배치하기

학습 목표

• 부품 배치하기 과정을 이해할 수 있다.

필요지식

Power/GND	VCC	VCC 	VCC_ ARROW	VCC_ARROW 	GND	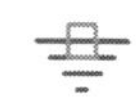

[그림 2-22] Power/GND 부품목록

IC	NE555 1개	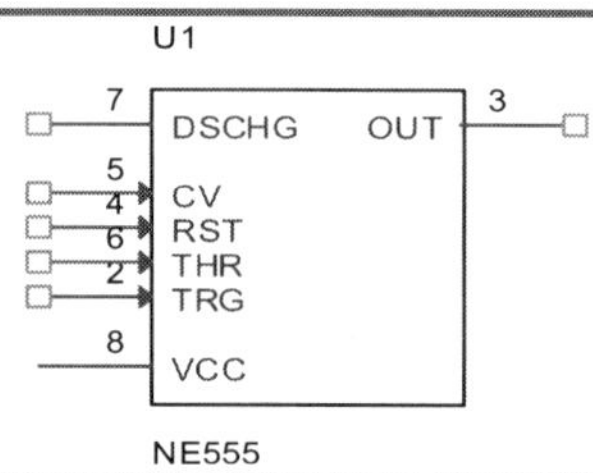	7448 2개	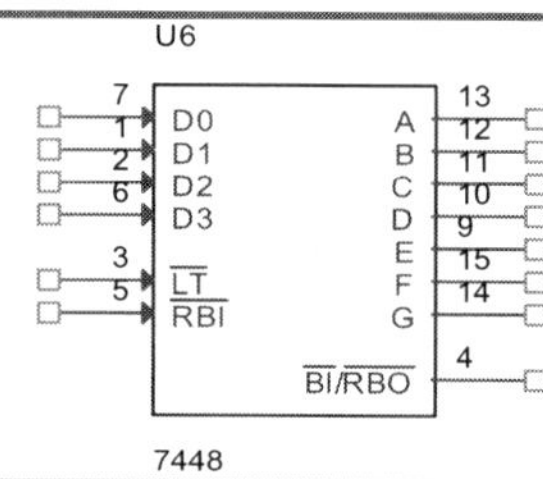
	4017 1개	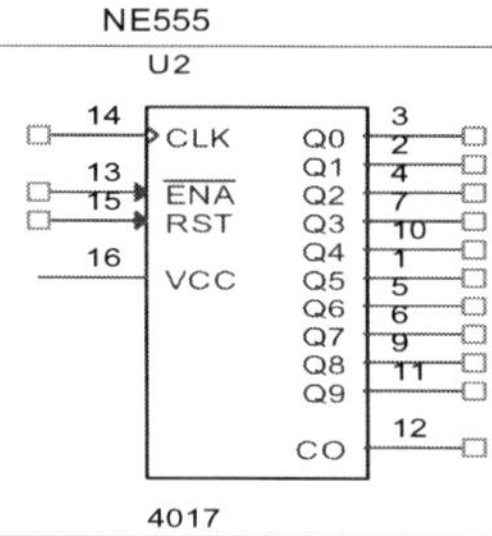	7490 1개	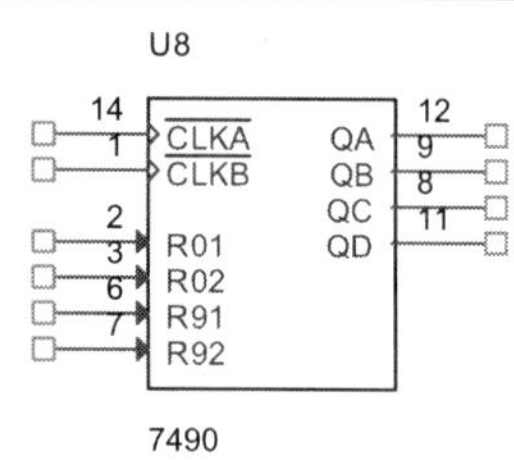
	7404 1개	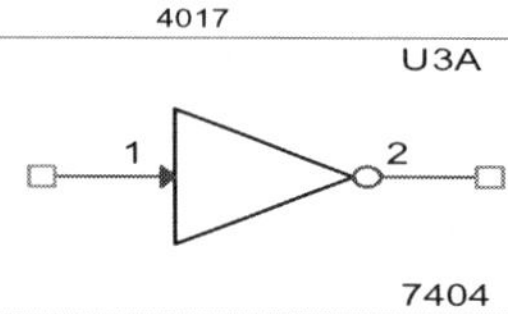	LM7805 /TO 1개	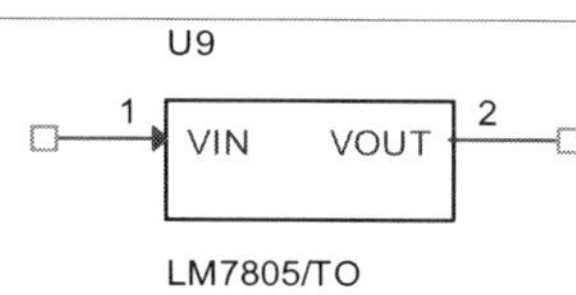
	7486 1개	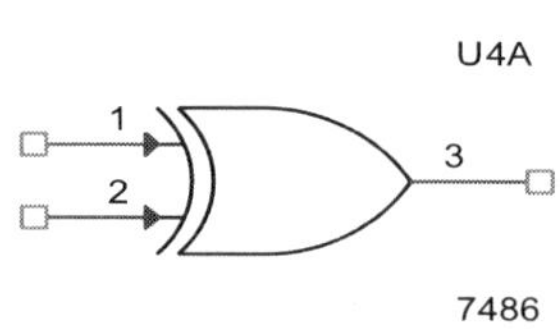	CD4028 B 1개	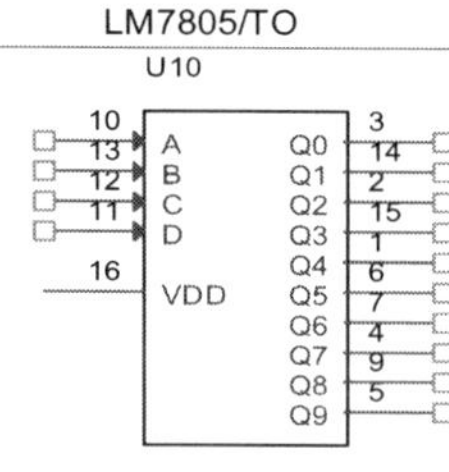
	7427 1개	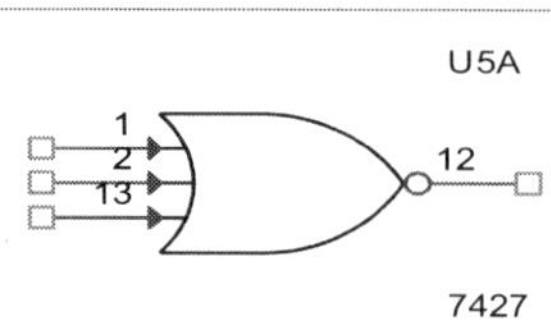	LF356 2개	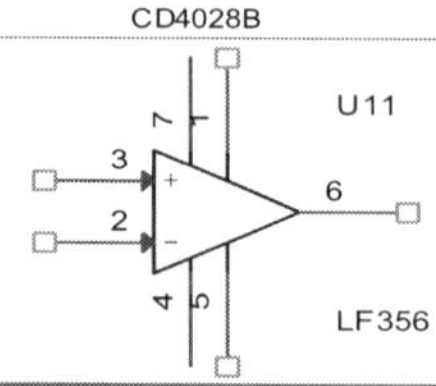

[그림 2-23] IC 부품목록

Discrete	R 18개		C 10개	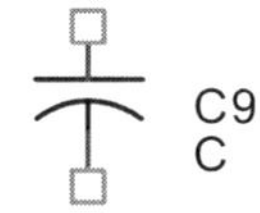

[그림 2-24] Discrete 부품목록

Connector	Test Point 3개	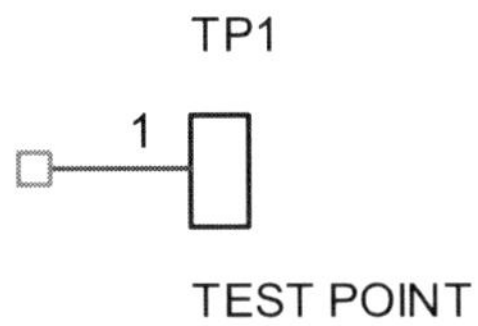	CON3 1개	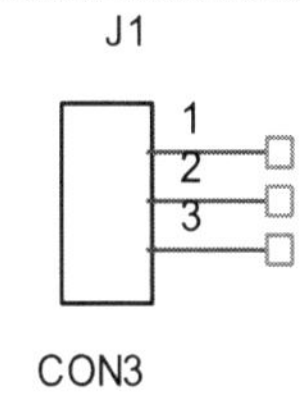

[그림 2-25] Connector 부품목록

수행 내용 부품 배치하기

재료 · 자료

- 상세 회로도면, 기구도면, A4 용지, 필기구

기기(장비 · 공구)

- 인터넷 가능한 컴퓨터, 한글 오피스, 프린터

안전 · 유의사항

- 회로동작 및 기능을 충분히 숙지하도록 한다.
- 컴퓨터에 바이러스가 침투하지 않도록 유의한다.

수행 순서

01 Part / Symbol 배치하기

① 메뉴 Place-Part를 클릭한다(툴 팔레트의 아이콘을 클릭).

② 라이브러리 추가한다(Libraries 항목의 Add library 버튼을 클릭).
모든 라이브러리를 선택 후 추가한다.

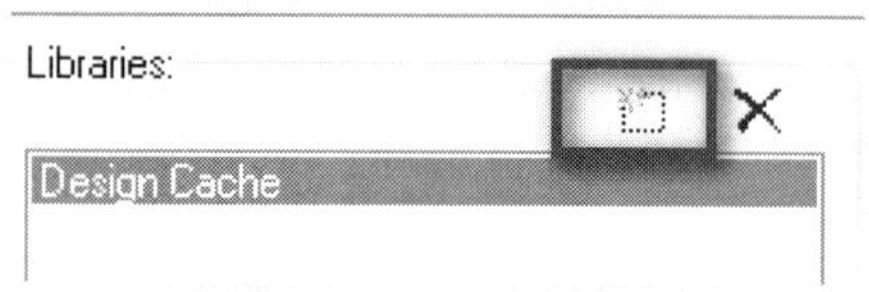

[그림 2-26] 라이브러리 추가

③ Part를 불러와서 배치한다(Part 검색창에 Part명을 기입 후 을 선택).

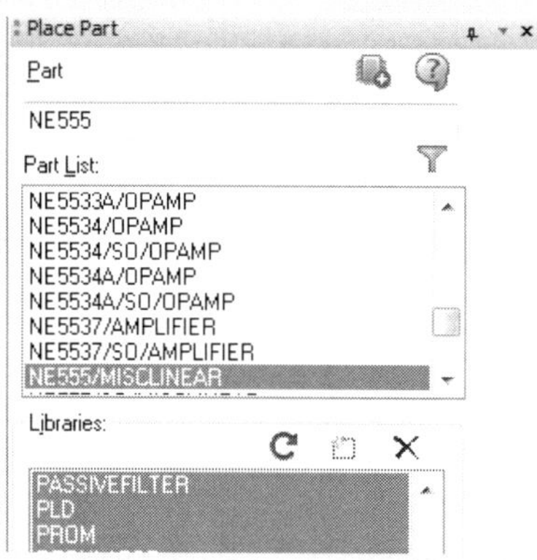

[그림 2-27] Part를 불러와서 배치

④ 메뉴 Place-Power 또는 Symbol을 선택한다(툴 팔레트에서 또는 를 선택).

⑤ GND와 VCC를 찾아 배치한다.

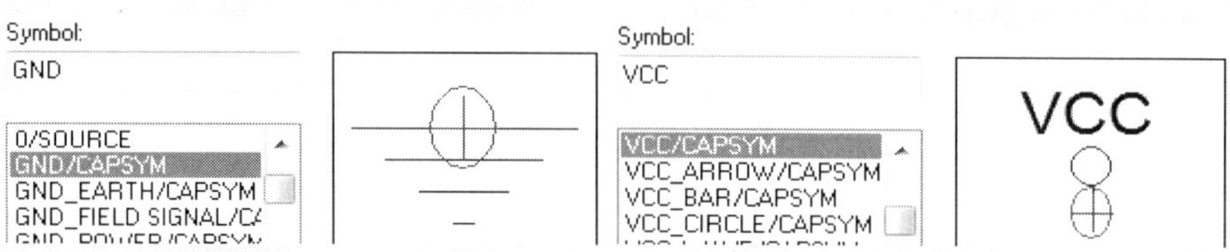

[그림 2-28] GND와 VCC를 찾아 배치

⑥ Place Ground 또는 Place Power 시에 Name을 미리 기입 후 배치할 수 있다.

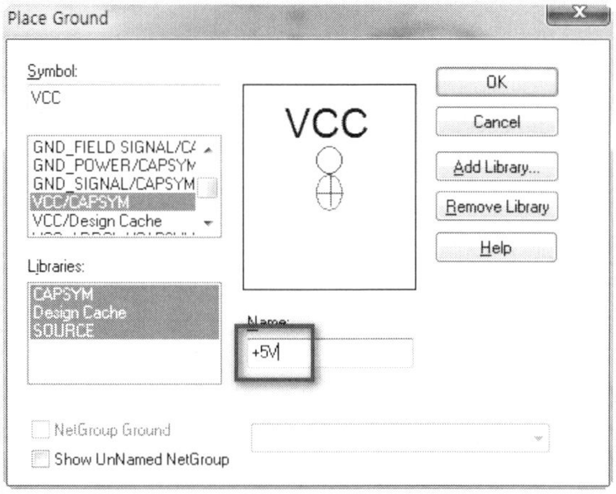

[그림 2-29] Name을 미리 기입 후 배치

02 Rotate, Mirror

① 부품배치 시 회전은 RMB의 rotate를 선택한다.

② 부품배치 시 좌우 또는 상하반전 시에는 RMB(Right Mouse Button)의 Mirror Horizontally 또는 Mirror Vertically를 선택한다.

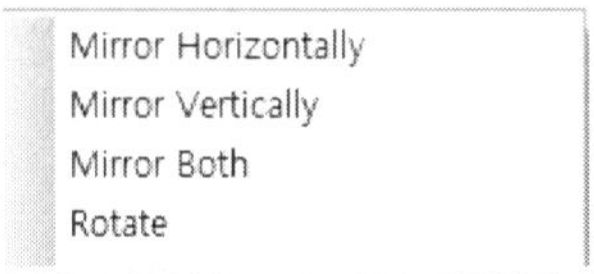

[그림 2-30] RMB의 Mirror Horizontally 또는 Mirror Vertically를 선택

03 도면에 부품 배치하기

A4 사이즈의 도면에서 다음과 같이 배치하도록 한다(FND는 FND 부품생성 후 배치하도록 한다).

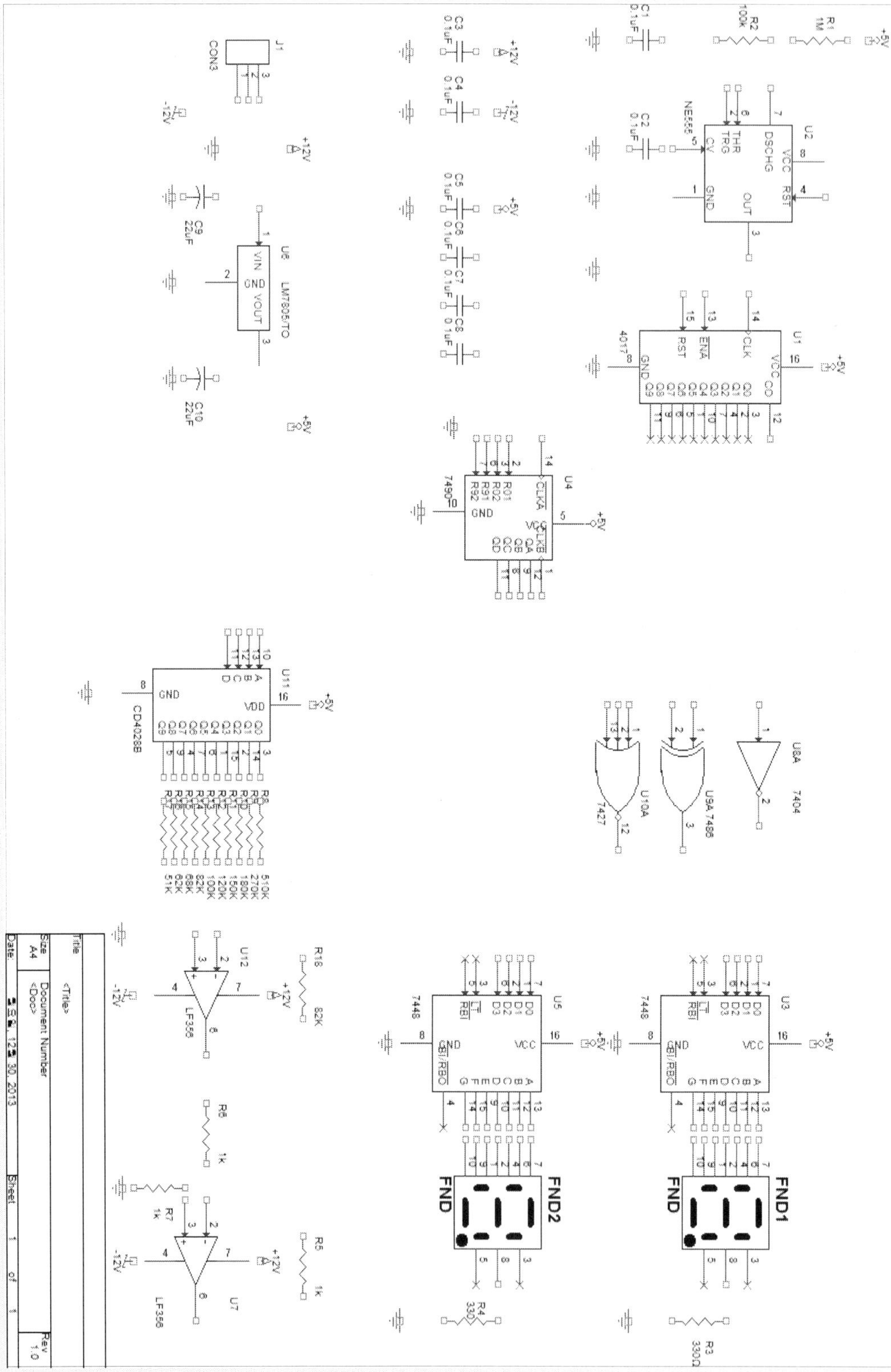

[그림 2-31] 도면에 부품 배치하기

2-3 부품 수정하기

학습 목표	• 부품 수정하기 과정을 이해할 수 있다.

필요지식

1. 배치된 Part를 수정하는 경우

① 회로도 작업 중 핀의 배치 등을 변경할 경우 [현재 작업 Design에만 적용] 도면의 Part를 선택 후 RMB의 Edit Part를 선택한다.

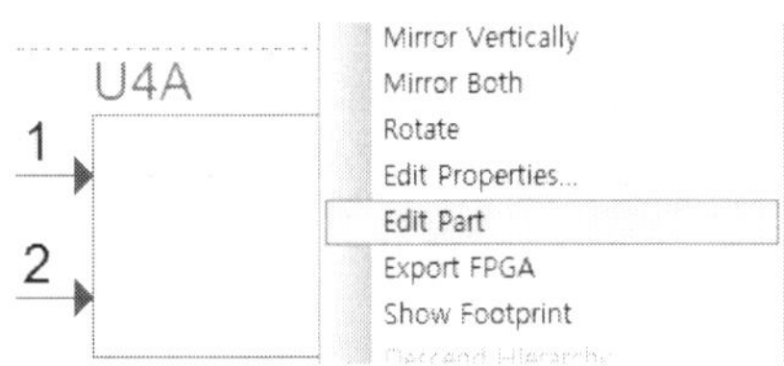

[그림 2-32] 도면의 Part를 선택 후 RMB의 Edit Part를 선택

② Part Editor창이 열리면 핀의 위치, 핀 속성, Part의 모양 등을 수정한다.

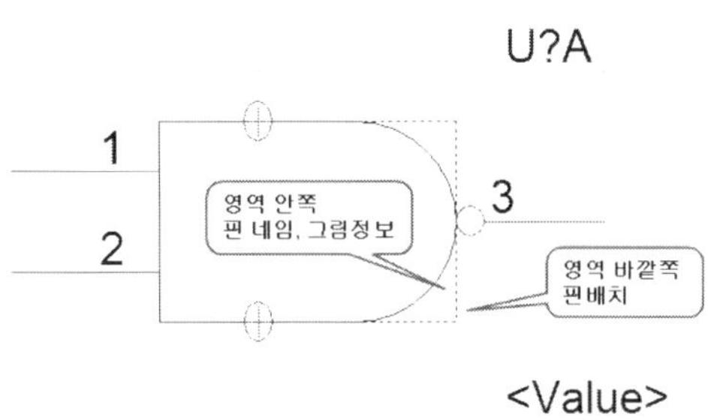

[그림 2-33] 핀의 위치, 핀 속성, Part의 모양 등을 수정

③ 수정이 완료되면 File-Close를 선택한다.

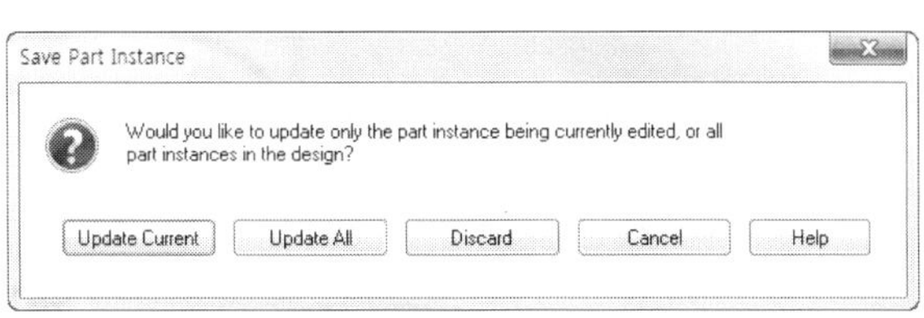

[그림 2-34] File-Close를 선택

㉠ Update Current : 선택한 부품만 수정

㉡ Update All : 회로도내 같은 이름의 모든 부품을 수정

㉢ Discard : 업데이트 하지 않고 창을 빠져나감

㉣ Cancel : Close 명령을 취소. Part Editor창에 머무름

2. 라이브러리의 Part를 수정하는 경우

① 메뉴 File-Open-Library를 선택한다.

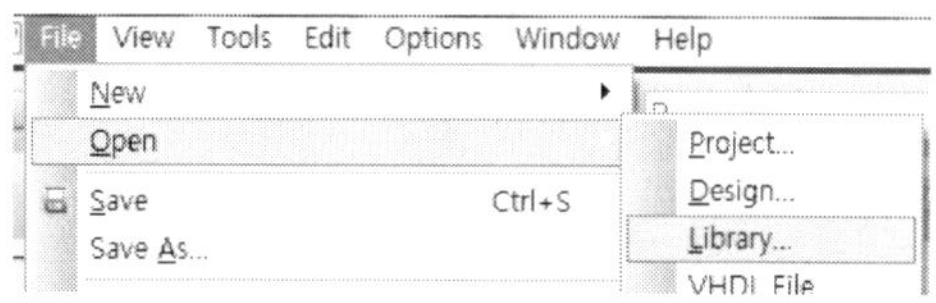

[그림 2-35] 메뉴 File-Open-Library를 클릭

② 수정하고자 하는 Part가 속해 있는 라이브러리를 연다.

③ 수정할 Part를 선택한 후 RMB의 Edit Part를 선택한다. 또는 메뉴 Edit-Part를 선택한다.

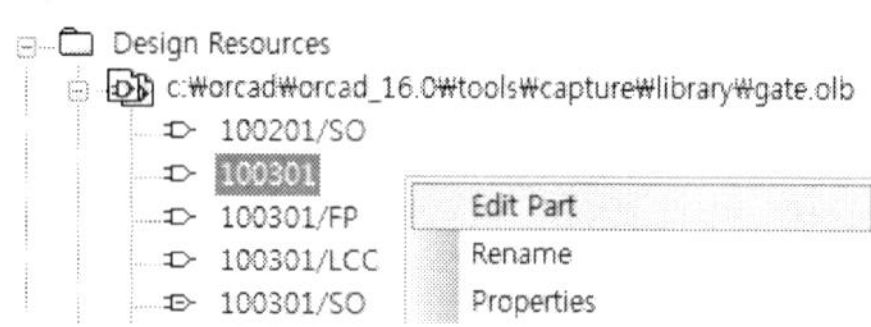

[그림 2-36] Edit Part를 선택

④ Part Editor창이 열리면 부품을 수정한다.

⑤ 메뉴 File-Save로 저장한다.

수행 내용 부품 수정하기

재료 · 자료

- 상세 회로도면, 기구도면, A4 용지, 필기구

기기(장비 · 공구)

- 인터넷 가능한 컴퓨터, 한글 오피스, 프린터

안전 · 유의사항

- 회로동작 및 기능을 충분히 숙지하도록 한다.
- 컴퓨터에 바이러스가 침투하지 않도록 유의한다.

수행 순서

01 NE555 – 핀 위치 수정

① 배치된 NE555를 선택한 후 RMB의 Edit Part를 선택한다.

② 그림과 같이 수정한다.

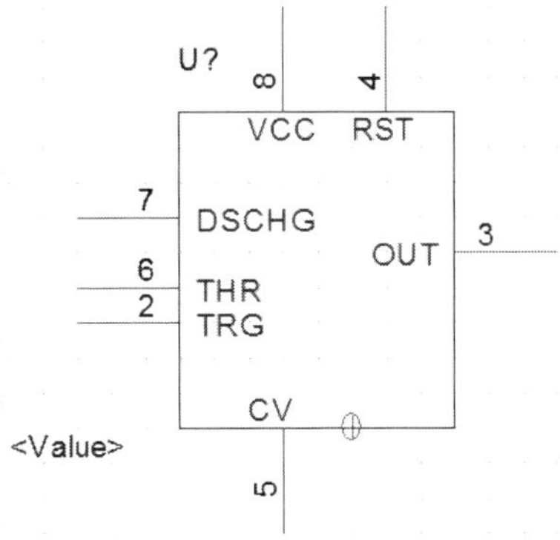

[그림 2-37] NE555 – 핀 위치 수정

③ 수정이 완료되면 File – Close를 선택한다.

④ Update Current를 클릭한다.

02 4017-핀 위치 수정

① 배치된 4017을 선택한 후 RMB의 Edit Part를 선택한다.

② 그림과 같이 수정한다.

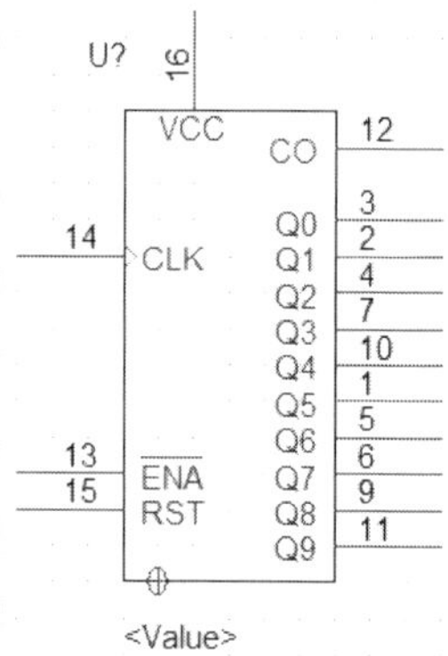

[그림 2-38] 4017-핀 위치 수정

③ 수정이 완료되면 File-Close를 선택한다.

④ Update Current를 클릭한다.

03 7490-핀 위치 수정

① 배치된 4017을 선택한 후 RMB의 Edit Part를 선택한다.

② 그림과 같이 수정한다.

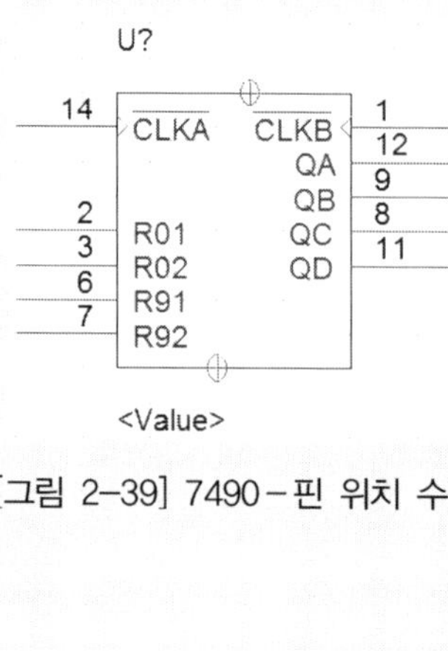

[그림 2-39] 7490-핀 위치 수정

③ 수정이 완료되면 File-Close를 선택한다.

④ Update Current를 클릭한다.

04 LM7805/TO-핀 번호 수정

① 배치된 LM7805/TO를 선택한 후 RMB의 Edit Part를 선택한다.

② 그림과 같이 수정한다(GND 핀은 2번으로 수정한다).

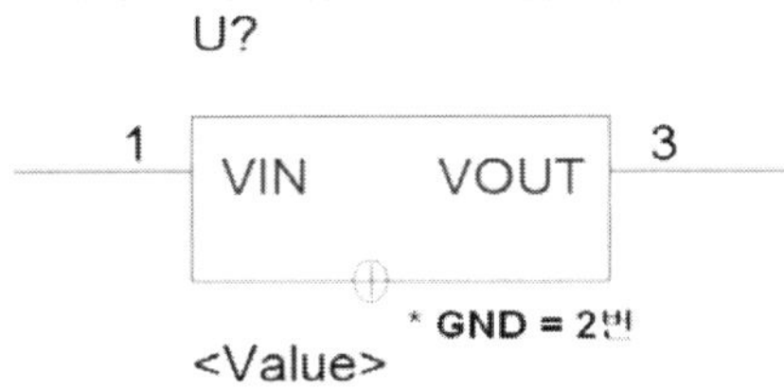

[그림 2-40] LM7805/TO-핀 번호 수정

③ 수정이 완료되면 File-Close를 선택한다.

④ Update Current를 클릭한다.

05 CDS4028B-핀 위치 수정

① 배치된 CDS4028B를 선택한 후 RMB의 Edit Part를 선택한다.

② 그림과 같이 수정한다.

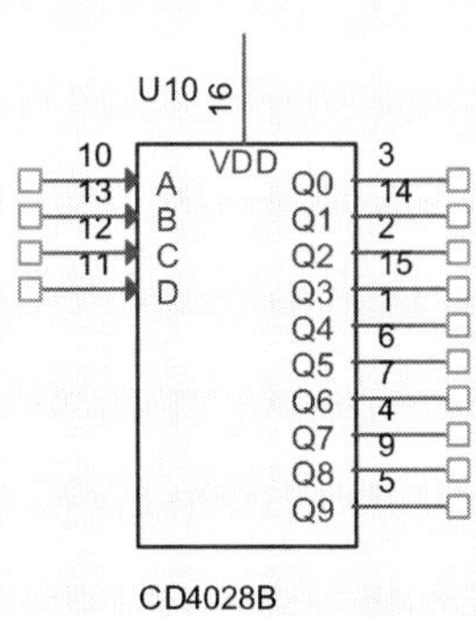

[그림 2-41] CDS4028B-핀 위치 수정

③ 수정이 완료되면 File-Close를 선택한다.

④ Update Current를 클릭한다.

06 LF356-상하반전, 핀 위치 수정

① 배치된 LF356을 선택 후 RMB의 Edit Vertically를 선택한다. (2개)

② 배치된 LF356을 선택 후 RMB의 Edit Part를 선택한다.

③ 그림과 같이 수정한다.

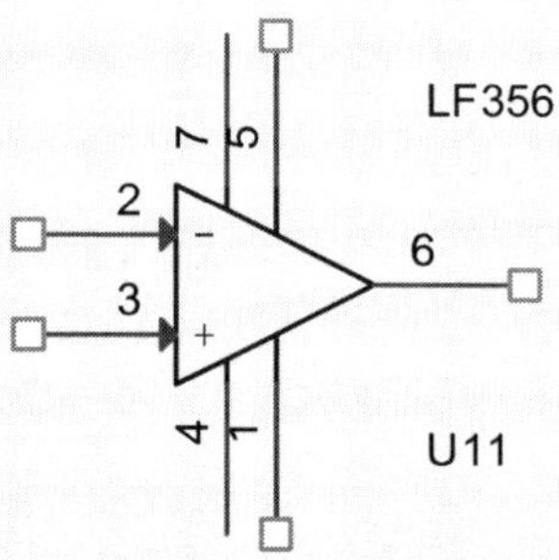

[그림 2-42] LF356-상하반전, 핀 위치 수정

④ 수정이 완료되면 File-Close를 선택한다.

⑤ Update All을 클릭한다(배치된 동일한 부품에 대해서도 적용하기 위함).

2-4 라이브러리 생성하기

학습 목표

- 라이브러리 생성하기 과정을 이해할 수 있다.

필요지식

부품(Part)을 추가하기 위해서는 부품을 저장할 라이브러리(Library)를 지정해주어야 한다. 라이브러리는 기존 라이브러리를 사용하는 방법과 새로 생성하여 사용하는 방법이 있다. 여기에서는 새로운 라이브러리를 생성하는 방법을 소개한다.

① 프로젝트 매니저창에서 메뉴바 File－New－Library를 선택한다.

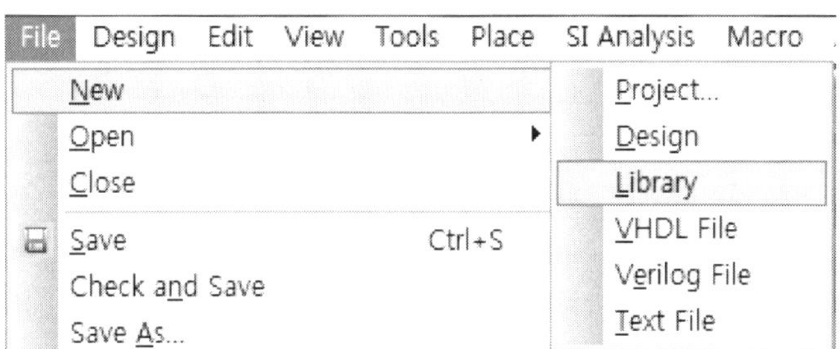

[그림 2-43] File－New－Library를 선택

② Library 폴더에 새로운 라이브러리가 생성된다.

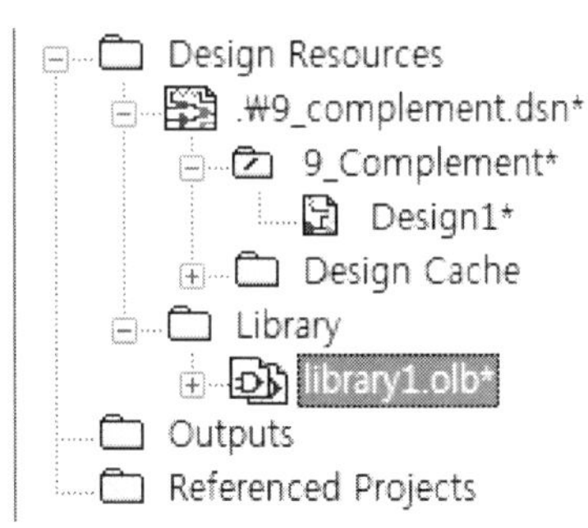

[그림 2-44] 새로운 라이브러리가 생성

수행 내용 라이브러리 생성하기

재료 · 자료

- 상세 회로도면, 기구도면, A4 용지, 필기구

기기(장비 · 공구)

- 인터넷 가능한 컴퓨터, 한글 오피스, 프린터

안전 · 유의사항

- 회로동작 및 기능을 충분히 숙지하도록 한다.
- 컴퓨터에 바이러스가 침투하지 않도록 유의한다.

수행 순서

01 Library 생성하기

① 프로젝트 매니저창에서 메뉴바 File−New−Library를 선택한다.

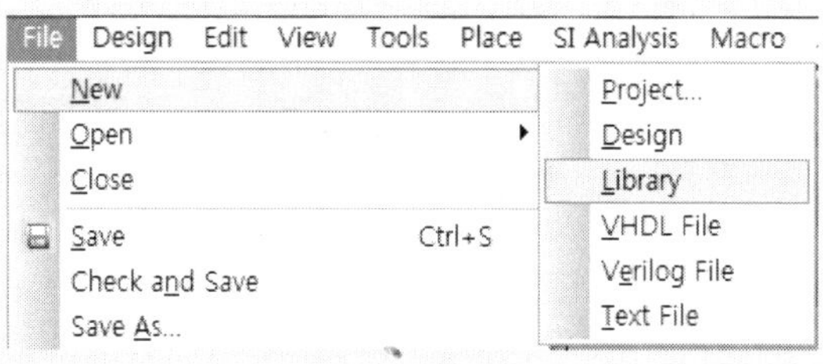

[그림 2−45] File−New−Library를 선택

② Library 폴더 안에 새로운 라이브러리 파일을 선택 후 마우스 RMB의 Save As를 선택한다.

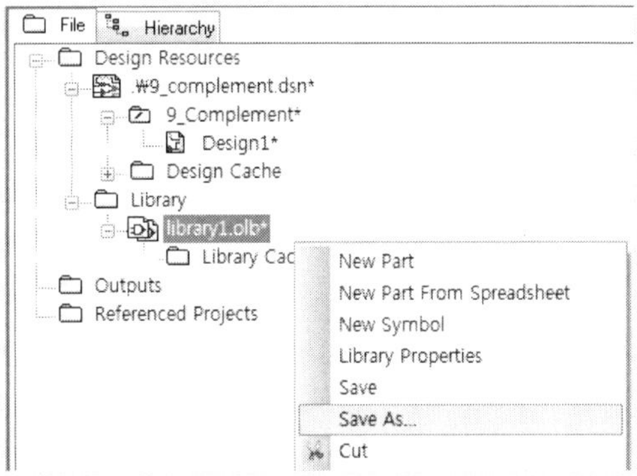

[그림 2-46] 마우스 RMB의 Save As를 선택

③ 경로와 파일명을 기입하여 새로운 라이브러리를 저장한다.

저장경로	C:₩SPB_Data₩9_Complement
파일명	9comp_lib

[그림 2-47] 경로와 파일명을 기입

2-5 Part 생성하기

학습 목표

- Part 생성하기 과정을 이해할 수 있다.

필요지식

1. New Part 설정창

메뉴 Design－New Part를 선택한다(또는 확장자 olb를 선택한 상태에서 RMB－New Part를 선택한다).

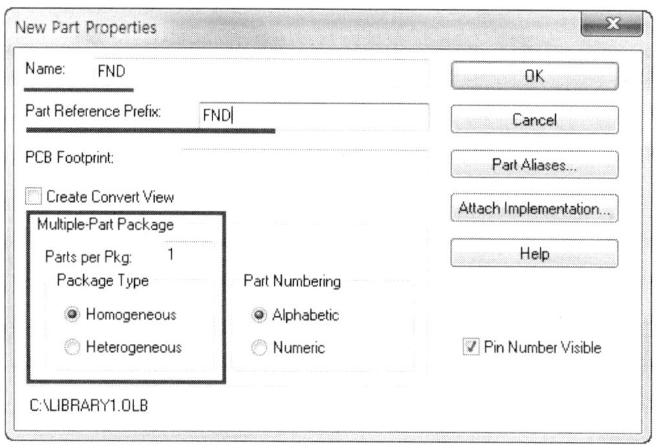

[그림 2-48] 메뉴 Design－New Part를 선택

① Part Reference Prefix : 부품 참조번호

② PCB Footprint : PCB Footprint를 지정

③ Multiple-Part Package 옵션

④ Part per Pkg : 하나의 패키지를 몇 개의 Part로 나눌 것인가
(예 : 저항-1개, 7400-NAND gate 4개)

⑤ Homogeneous : 여러 개 Part 사용 시 모든 Part의 설정이 동일

⑥ Heterogeneous : 여러 개의 Part 사용 시 설정이 다름

2. dit Part 창

① 부품의 모양, 핀의 위치 등을 수정 가능하다.

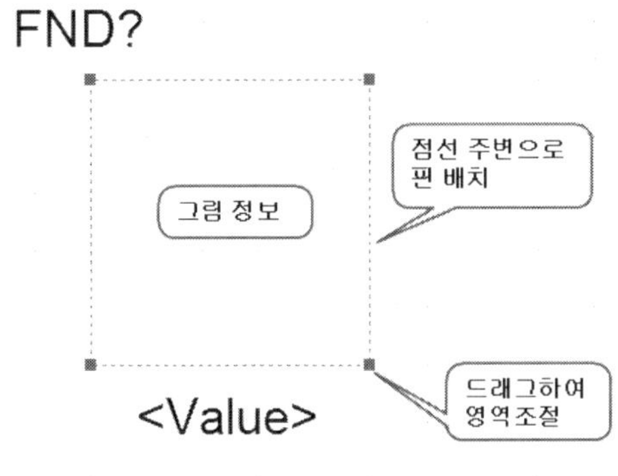

[그림 2-49] 부품의 모양, 핀의 위치 등을 수정

3. Pin 추가

① 메뉴 Place-Pin을 클릭한다. 또는 툴팔레트 아이콘을 클릭한다.

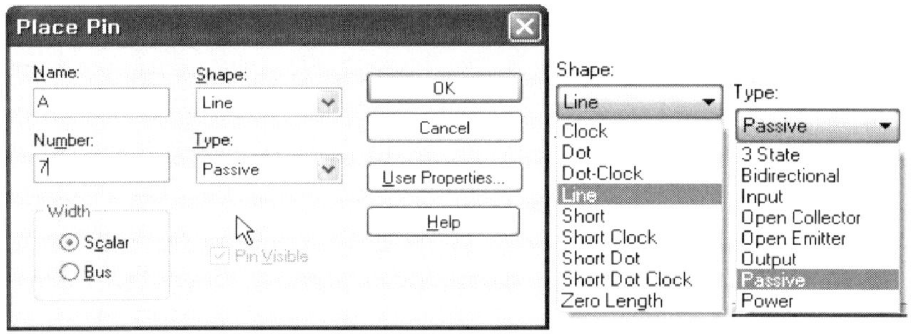

[그림 2-50] 메뉴 Place-Pin을 클릭

㉠ Name : Pin의 이름

㉡ Number : Pin의 번호

㉢ Shape : Pin의 모양

㉣ Type : Pin의 타입(Design Rule Check의 ERC Matrix와 연동된다)

수행 내용 Part 생성하기

재료 · 자료

- 상세 회로도면, 기구도면, A4 용지, 필기구

기기(장비 · 공구)

- 인터넷 가능한 컴퓨터, 한글 오피스, 프린터

안전 · 유의사항

- 회로동작 및 기능을 충분히 숙지하도록 한다.
- 컴퓨터에 바이러스가 침투하지 않도록 유의한다.

수행 순서

01 Part 생성하기

프로젝트 매니저창에서 Library 폴더 안의 9comp_lib.olb를 선택한다.

02 Grid 설정하기

① 메뉴바 Options－Preferences를 선택한다.

② Grid Display창에서 Part and Symbol Grid의 Grid Style을 Lines로 선택한다.

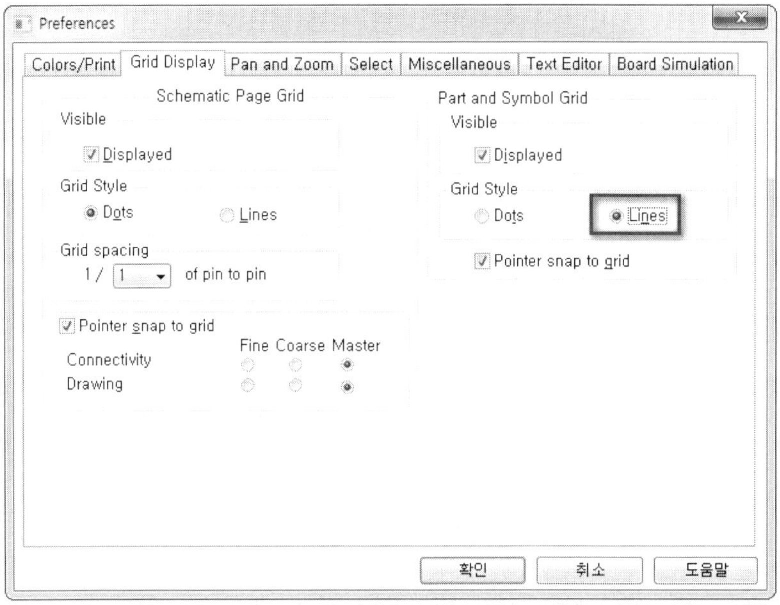

[그림 2-51] Part and Symbol Grid의 Grid Style을 Lines로 선택

③ 확인을 클릭한다.

03 New Part 설정창

① 메뉴 Design－New Part를 선택한다(또는 확장자 olb를 선택한 상태에서 RMB－New Part를 선택한다).

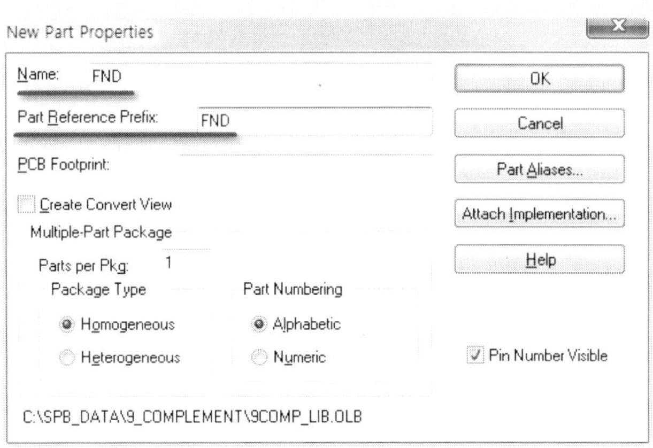

[그림 2-52] 메뉴 Design－New Part를 선택

② Part Editor창이 열리면 핀을 배치하고 그림정보를 작성한다.

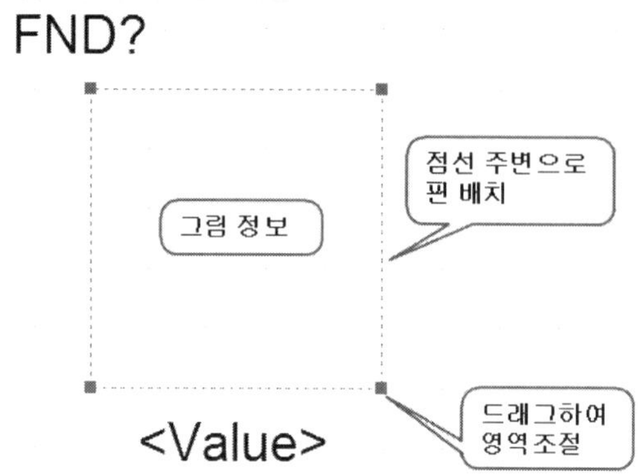

[그림 2-53] 핀을 배치하고 그림정보를 작성

③ 메뉴 Place-Pin을 클릭한다. 또는 툴팔레트 아이콘을 클릭한다.

④ Name과 Number에 핀 배치도를 보고 기입한다.

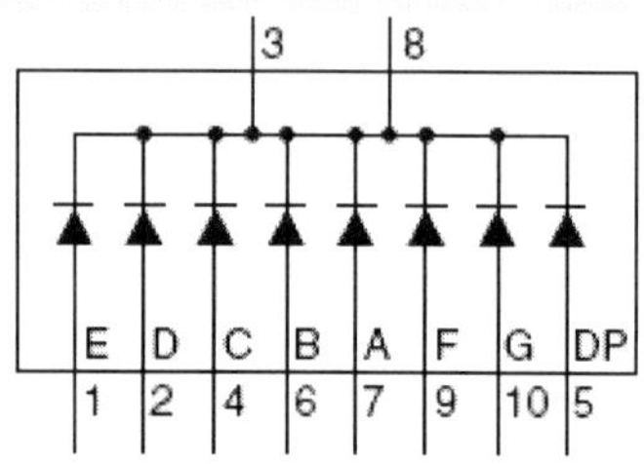

[그림 2-54] 핀 배치도

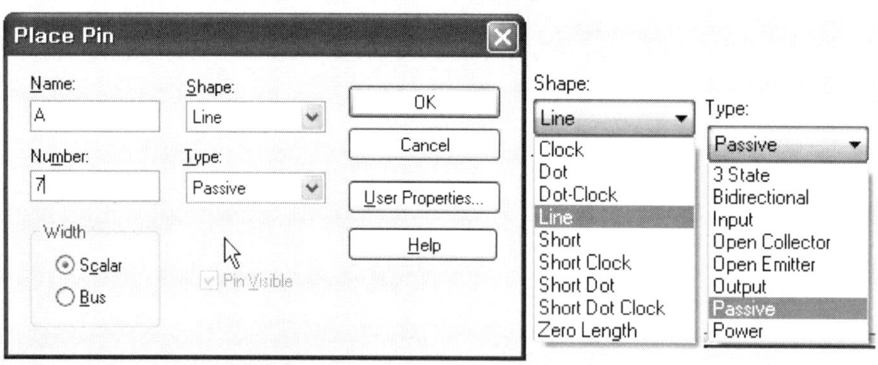

[그림 2-55] Name과 Number에 기입

⑤ 전원 핀을 숨긴다.

㉠ Pin Type−Power 선택

㉡ Shape−Zero Length 선택

㉢ Pin Visible 체크 해제

04 핀 배치

① 핀 번호를 작성 후 Ok를 선택한 후 마우스로 배치한다.

② 다음 배치를 위해 RMB-Edit Properties를 선택하여 속성을 수정한다.

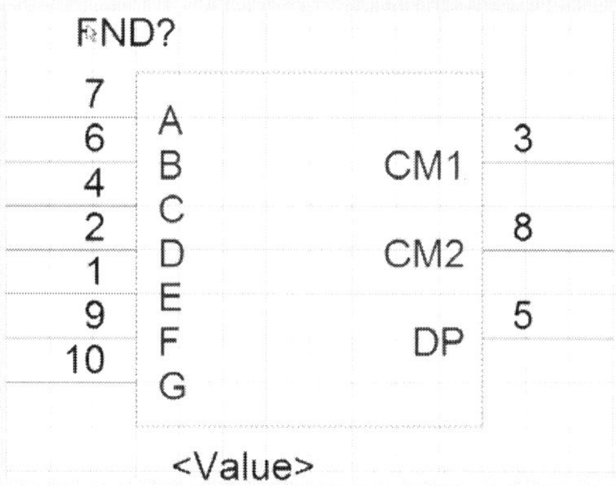

[그림 2-56] RMB-Edit Properties를 선택하여 속성을 수정

05 Part Symbol 그리기

① 메뉴 Option−Part Properties를 선택한다(또는 화면의 빈 공간에 더블클릭).

② 항목 Pin Names Visible 선택 후 하단의 True를 False로 변경한다.

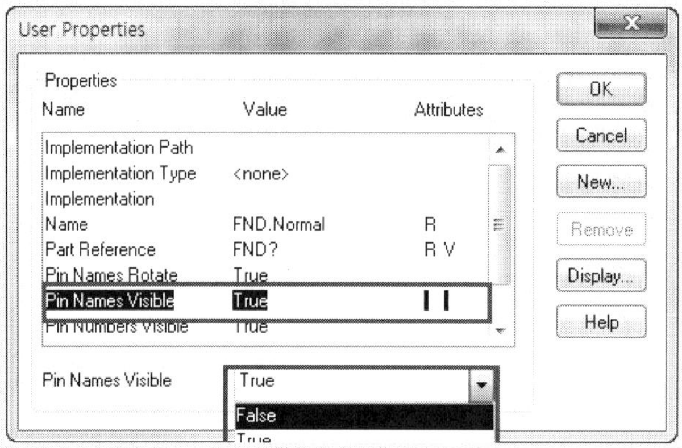

[그림 2-57] 하단의 True를 False로 변경

③ Part의 그림정보를 작성한다.

④ 메뉴 Place-Line 또는 Rectangle을 클릭한다. 또는 툴팔레트에서 Line 관련 아이콘 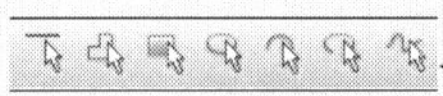을 클릭한다.

⑤ 그림정보를 작성한다.

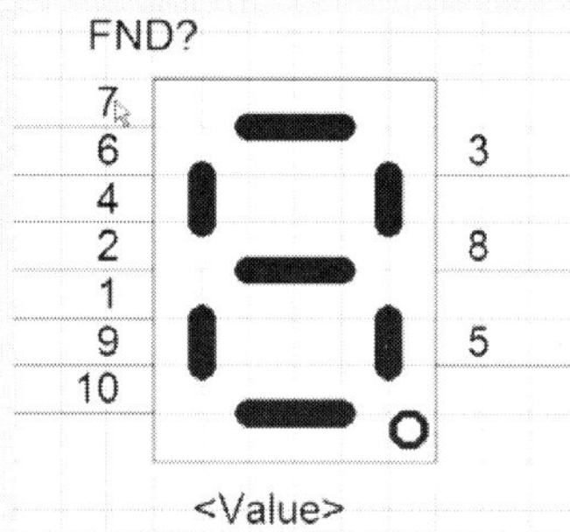

[그림 2-58] 그림정보를 작성

⑥ Line의 종류 및 두께를 변경할 때는 Line을 선택 후 RMB-Edit Properties를 선택한다.

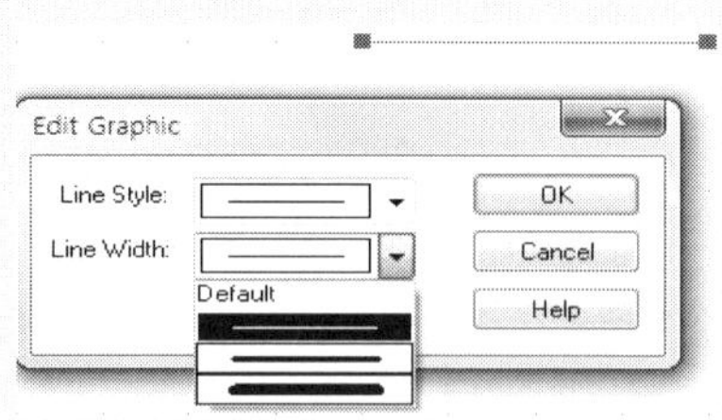

[그림 2-59] RMB-Edit Properties를 선택

⑦ 완성이 되면 메뉴 File-Save를 선택하여 저장한다.

⑧ Project Manager창에서 library1.olb를 선택한 후 메뉴 File-Save를 선택하면 새로운 이름으로 변경하여 저장할 수 있다.

2-6 배선하기

학습 목표

• 배선하기 과정을 이해할 수 있다.

필요지식

회로도 작성(Schematic Drawing) 단계에서 배선하기 과정이다.

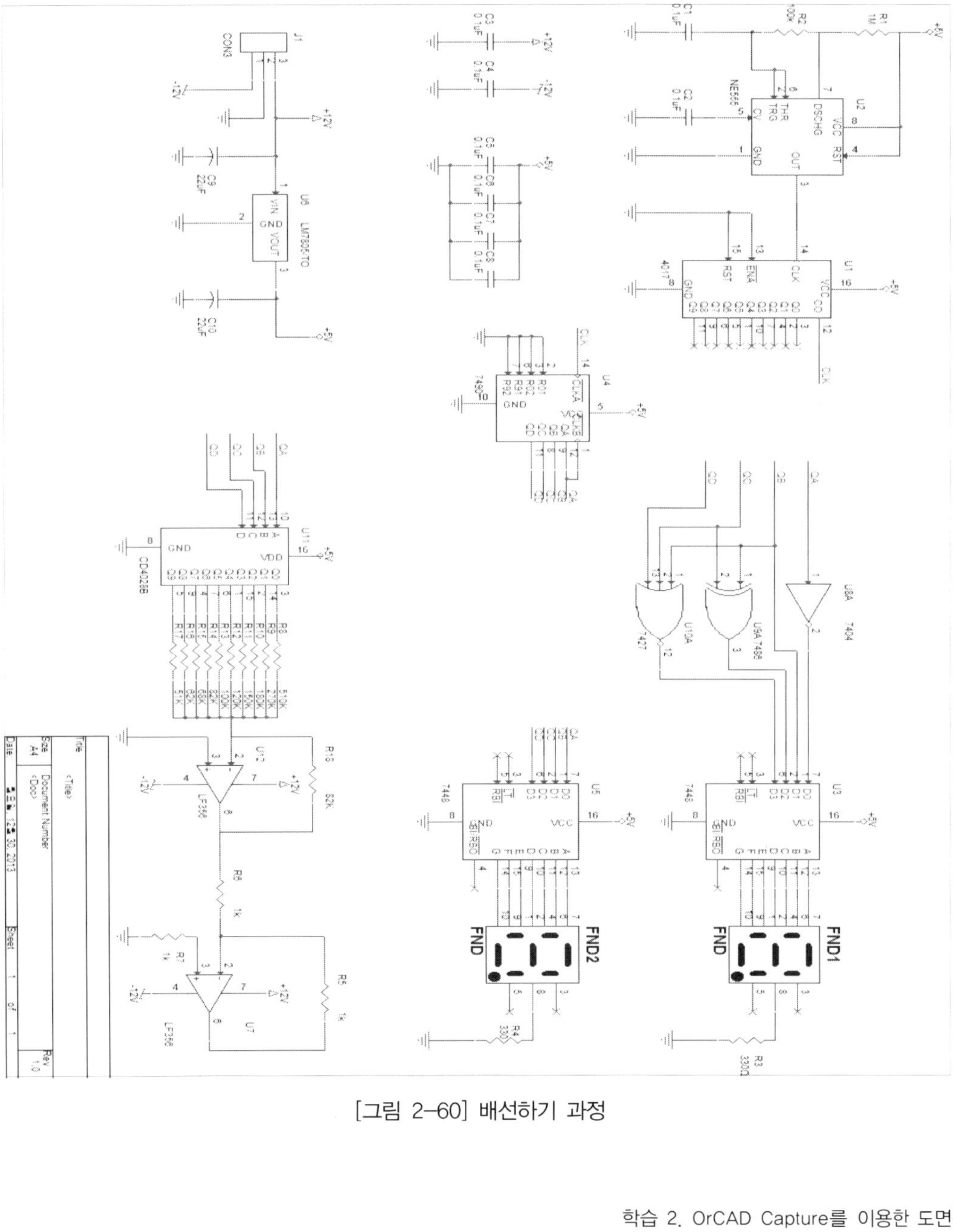

[그림 2-60] 배선하기 과정

수행 내용 배선하기

재료 · 자료

- 상세 회로도면, 기구도면, A4 용지, 필기구

기기(장비 · 공구)

- 인터넷 가능한 컴퓨터, 한글 오피스, 프린터

안전 · 유의사항

- 회로동작 및 기능을 충분히 숙지하도록 한다.
- 컴퓨터에 바이러스가 침투하지 않도록 유의한다.

수행 순서

01 Wire : Pin과 Pin을 서로 연결하기

① 메뉴 Place-Wire를 선택한다(툴 팔레트에서 아이콘 선택).

② 핀의 끝과 끝을 연결하는 방법으로 배선한다.

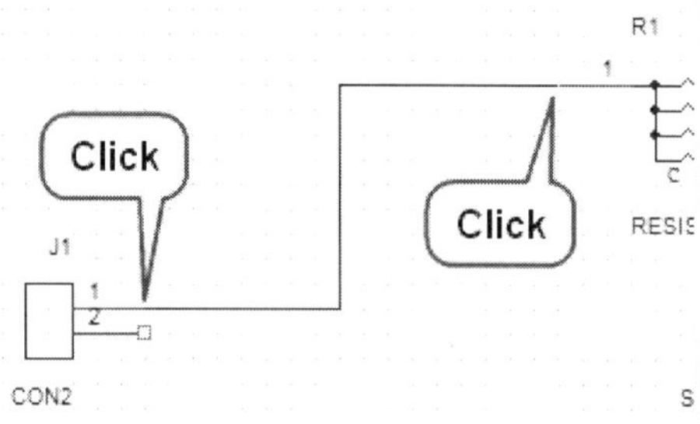

[그림 2-61] 핀의 끝과 끝을 연결하는 방법

㉠ 버스 배선을 위한 Wire 작성 시 핀 끝에서 시작하여 원하는 위치까지 배선(가로로 그려진 직선) 후 클릭한다.

㉡ F4키를 누르면 Wire가 복사된다.

02 Auto Connect : 자동 배선하기

① 메뉴 Place－Auto Wire－Two Points 또는 Multiple Points 클릭(툴팔레트 아이콘 선택)한다.

② Two Points는 핀과 핀을 선택하면 자동 연결한다.

③ Multiple Points는 연결할 핀들을 모두 선택 후 RMB의 Connect를 선택한다.

03 Net Alias하기 : Wire 이름 부여, 서로 떨어진 Wire를 연결시켜주는 기능

① 메뉴 Place－Net Alias를 클릭한다(단축키 n).

② Name을 입력한 후 Wire 위에 배치한다.

[그림 2-62] Name을 입력한 후 Wire 위에 배치

04 BUS Entry하기 : 버스와 Wire를 연결

① 메뉴 Place－Bus Entry를 클릭한다(단축키 E).

② Wire의 끝에 배치한다.

[그림 2-63] Wire의 끝에 배치

05 BUS 연결하기 : 버스 연결

① 메뉴 Place-Bus를 클릭한다(단축키 B).

② 연결할 Bus Entry와 연결한다.

③ Net alias를 이용하여 Bus의 이름 입력 후 배치한다(버스 이름[LSB:MSB] 형식).

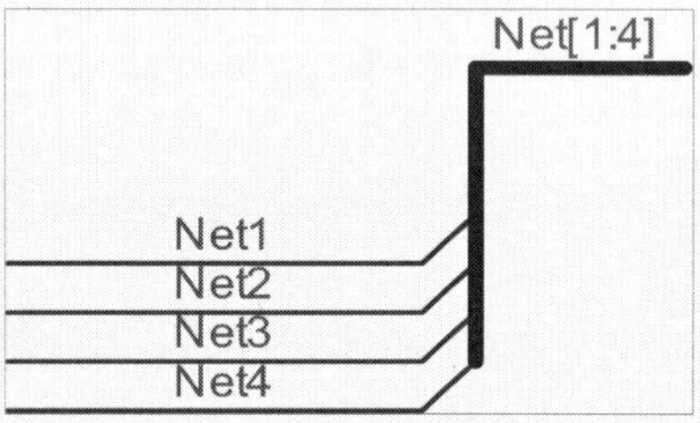

[그림 2-64] Net alias를 이용하여 Bus의 이름 입력 후 배치

06 unction 연결 : 교차하는 Wire를 서로 연결(Wire 연결 시 분기점을 클릭하면 자동 생성)

① 메뉴 Place-Junction을 클릭한다(단축키 j).

② 교차하는 Wire 위에 배치한다.

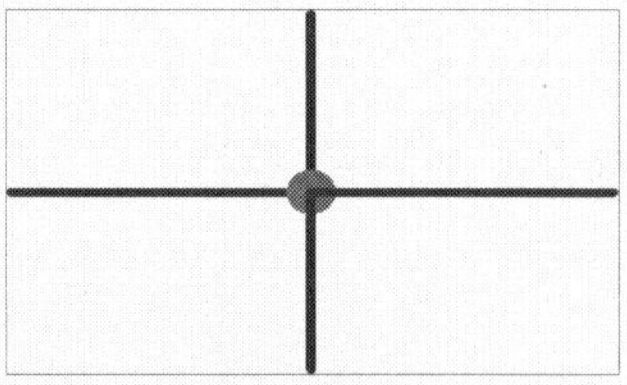

[그림 2-65] 교차하는 Wire 위에 배치

07 회로도 배선과정이 완료된다

학습활동.1 교수학습 방법

교수 방법

- PCB 설계의 기본개념, 부품배치, 라이브러리 작성 등을 PCB 실물 기판과 PPT 자료로 제시한 후 설명한다.
- PCB 설계에서 회로 블록의 특성, 신호의 종류, 회로의 구성 등에 따라 회로 블록을 배치하는 방법을 설명한다.
- PCB의 Size, 제품의 기구적인 특성을 고려하여 부품을 배치하고, 고정 부품의 배치를 우선해야 하는 이유와 방법을 설명한다.
- PCB 설계 도구를 선정하는 방법을 설명하고, 사용되고 있는 설계 도구의 장·단점을 설명할 수 있도록 지도한다.
- PCB 설계 도구의 사용법은 선수학습으로 되어 있어야 하나, 그렇지 못한 경우에는 설계 도구 사용법을 별도의 시간을 할애하여 교육하여야 한다.
- 라이브러리로 등록되어 있지 않은 부품에 대해서는 부품 스케치부터 지도하여 라이브러리로 등록할 수 있도록 지도한다.
- PCB 설계를 위한 환경 설정 및 각종 Option을 지정할 수 있는 능력을 기르도록 한다.

학습 방법

- PCB 설계 도구를 능숙히 사용할 수 있도록 충분히 연습한다.
- PCB 설계 및 PCB 설계 도구에서 사용되는 다양한 용어를 충분히 숙지하도록 한다.
- PCB 설계가 회로의 전기적 특성에 영향을 줄 수 있음을 강조하여 회로 블록 및 부품의 배치 방법을 숙지한다.
- PCB 설계를 위한 설계 도구의 환경 설정, Option 지정을 필요에 따라 스스로 수행할 수 있도록 하고, 부품배치의 중요성을 강조한다.
- PCB 설계가 완료된 후 Gerber Data를 생성하여 PCB 제작 발주까지 할 수 있는 능력을 배양한다.
- PCB 설계에서 회로 블록간 인터페이스를 효과적으로 실현할 수 있도록 한다.

학습활동.1 평가 및 피드백

평가 준거

• 평가자는 피평가자가 수행 준거 및 평가내용에 제시되어 있는 내용을 성공적으로 수행할 수 있는지를 평가해야 한다.
• 평가자는 다음 사항을 평가해야 한다.

학습내용	평가항목	성취수준		
		상	중	하
Capture 작업 환경 설정하기	– OrCAD 화면구성과 메뉴를 이해할 수 있다.			
	– Capture 작업환경 설정하기 과정을 이해할 수 있다.			
부품 배치하기	– 부품 배치하기 과정을 이해할 수 있다.			
부품 수정하기	– 부품 수정하기 과정을 이해할 수 있다.			
라이브러리 생성하기	– 라이브러리 생성하기 과정을 이해할 수 있다.			
Part 생성하기	– Part 생성하기 과정을 이해할 수 있다.			
배선하기	– 배선하기 과정을 이해할 수 있다.			

평가 방법

• 평가자는 능력단위 PCB 설계하기의 수행 준거에 제시되어 있는 내용을 평가하기 위해 이론과 실기를 나누어 평가하거나, 종합적인 결과물의 평가 등 다양한 평가 방법을 이용할 수 있다.
• 필기시험

학습내용	평가항목	성취수준		
		상	중	하
Capture 작업 환경 설정하기	– OrCAD 화면구성과 메뉴를 이해할 수 있다.			
	– Capture 작업환경 설정하기 과정을 이해할 수 있다.			
부품 배치하기	– 부품 배치하기 과정을 이해할 수 있다.			
부품 수정하기	– 부품 수정하기 과정을 이해할 수 있다.			
라이브러리 생성하기	– 라이브러리 생성하기 과정을 이해할 수 있다.			
Part 생성하기	– Part 생성하기 과정을 이해할 수 있다.			
배선하기	– 배선하기 과정을 이해할 수 있다.			

- 체크리스트에 의한 관찰

학습내용	평가항목	성취수준		
		상	중	하
Capture 작업 환경 설정하기	- OrCAD 화면구성과 메뉴를 이해할 수 있다. - Capture 작업환경 설정하기 과정을 이해할 수 있다.			
부품 배치하기	- 부품 배치하기 과정을 이해할 수 있다.			
부품 수정하기	- 부품 수정하기 과정을 이해할 수 있다.			
라이브러리 생성하기	- 라이브러리 생성하기 과정을 이해할 수 있다.			
Part 생성하기	- Part 생성하기 과정을 이해할 수 있다.			
배선하기	- 배선하기 과정을 이해할 수 있다.			

- 작업장 평가

평가항목	성취수준		
	상	중	하
각 조별로 실습준비 및 실습과정에 있어 효율적이고 성실한 실습태도로 임하고 작업 후에 실습도구 등을 정리한다.			

피 드 백

1. 작업 포트폴리오
   - 제출한 내용을 평가한 후 주요 사항을 표시하여 설명해준다.
2. 필기시험
   - 평가결과 일정 점수 이하인 학생들은 추가 학습 후 그 결과를 제출하도록 한다.
3. 체크리스트를 통한 관찰
   - 실습과정에서 평가한 후 주요 사항을 표시하여 돌려준다.

학습 1	PCB 설계 이해하기(19220206_13v1.4)
학습 2	OrCAD Capture를 이용한 도면작성
학습 3	**PCB Footprint 생성**
학습 4	OrCAD Capture 유틸리티
학습 5	OrCAD Capture 부가기능
학습 6	OrCAD PCB Editor 구성 및 환경 설정
학습 7	Constraint Manager
학습 8	Color/Visibility
학습 9	부품배치
학습 10	배선하기
학습 11	마무리 작업

3-1 Padstack 생성하기

학습 목표

• Padstack 생성하기 과정을 이해할 수 있다.

필요지식

1. PCB Footprint 생성

PCB Footprint는 OrCAD PCB Editor에서의 실제로 배치될 부품의 형상을 의미한다. OrCAD Capture에서 Symbol을 배치 후 원하는 PCB Footprint와 연결할 수 있다.

또한 OrCAD PCB Editor는 일부 PCB Footprint를 제공하고 있으며, 사용하고자 하는 부품이 제공하고 있지 않는 경우 설계자가 직접 생성이 가능하다. 따라서 사용할 부품의 Datasheet를 참조할 필요가 있다.

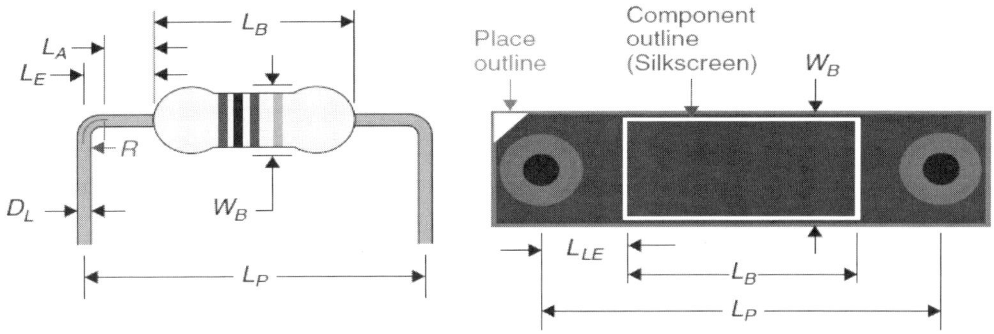

[그림 3-1] PCB Footprint

2. Padstack 생성하기

Padstack이란 PCB Footprint에서 신호와 연결될 핀에 해당하는 요소이다. PCB Footprint를 생성하기 위해서는 어떤 Padstack을 사용할지 결정한다. OrCAD PCB Editor에서는 일부 Padstack을 제공하고 있으며, 사용하고자 하는 Padstack이 제공하고 있지 않는 경우 설계자가 직접 생성 가능하다.

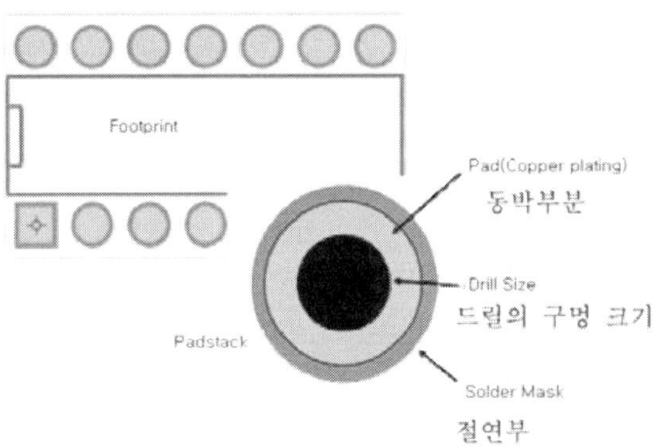

[그림 3-2] Padstack 생성

(1) Pad Designer－Parameters 탭

Padstack은 Pad Designer 프로그램을 이용하여 생성 가능하다. 먼저, Parameters 탭에서는 단위, Drill Size 등을 설정한다.

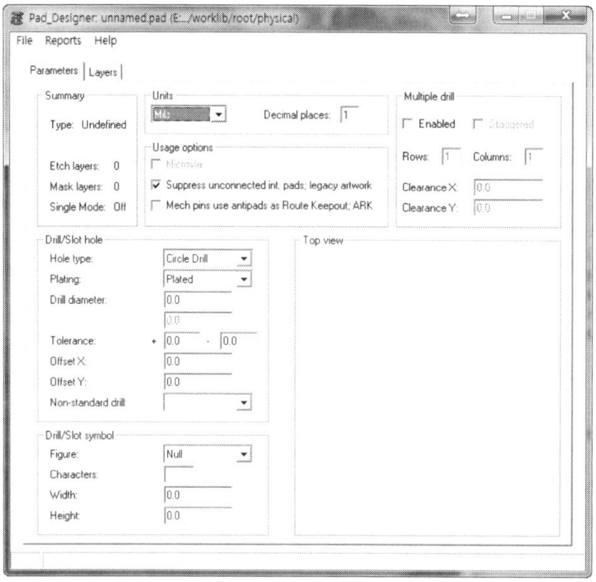

Unit : 단위 Decimal Places : 소수점 지정
Hole type : Drill의 종류 지정(Circle, Rectangle 등)
Drill diameter : Drill의 크기(지름) 지정 (SMD의 경우 미지정)
Plating : Drill 과정에서 내부 연결 여부 지정
Drill/Slot symbol : NC Drill 시, Drill의 Symbol 지정

[그림 3-3] Parameters 탭에서는 단위, Drill Size 등을 설정

(2) Pad Designer－Layers 탭

Layers 탭에서는 각 Layer별로 사용할 Reguler Pad, Thermal Relief, Anti Pad를 설정한다.

Pad 종류		사용 용도
Regular Pad		일반적으로 Net과 Net을 Wire로 연결할 수 있는 Pad
Thermal Relief	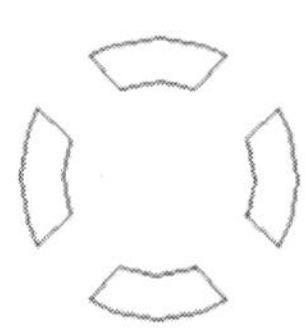	• Layer의 Net과 Pad의 Net이 같은 경우에 사용 (Short) • 부품 실장 시에 열이 Pad에 집중되도록 해주는 역할
Anti Pad	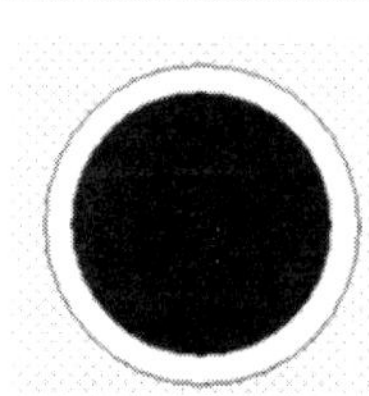	Layer의 Net과 Pad의 Net이 다른 경우에 사용 (open)

[그림 3-4] Reguler Pad, Thermal Relief, Anti Pad를 설정

Single layer mode SMD 사용 시에 적용
Begin Layer : Top Layer를 의미
Defualt Internal : Top Layer와 Bottom Layer 사이에 존재하는 Layer를 의미
End Layer : Bottom Layer를 의미
Soldermask : Ink Coating시 입히지 않을 영역

[그림 3-5] Layers 탭에서 Layer, soldmask 등을 설정

수행 내용 Padstack 생성하기

재료 · 자료

- 상세 회로도면, 기구도면, A4 용지, 필기구

기기(장비 · 공구)

- 인터넷 가능한 컴퓨터, 한글 오피스, 프린터

안전 · 유의사항

- 회로동작 및 기능을 충분히 숙지하도록 한다.
- 컴퓨터에 바이러스가 침투하지 않도록 유의한다.

수행 순서

01 Padstack 생성하기

FND의 Datasheet를 참조하여 생성하여 보도록 한다.

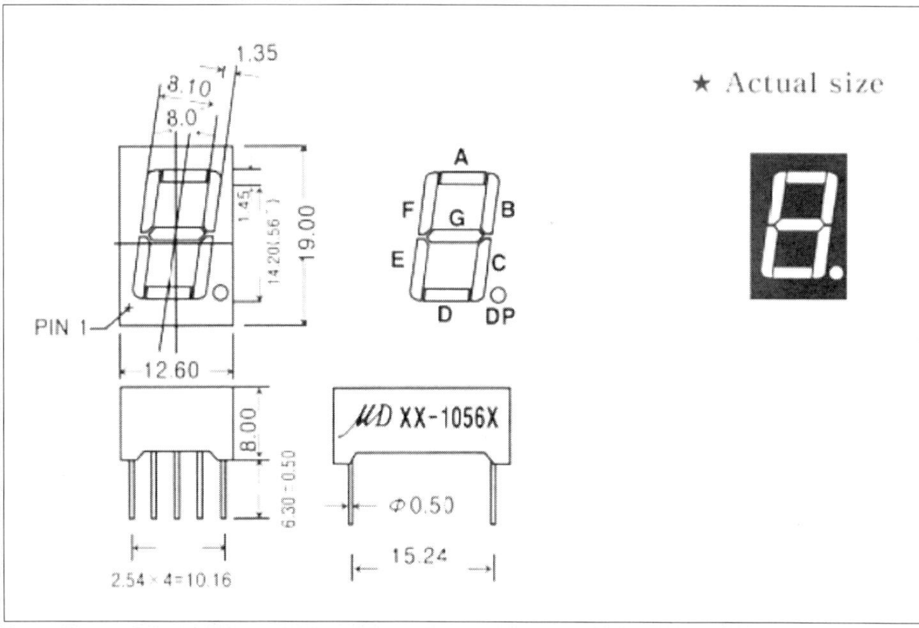

[그림 3-6] FND의 Datasheet를 참조

① 시작-모든 프로그램-Cadence-PCB Editor Utilities-Pad Designer를 실행한다.

② File-New를 클릭한다.

③ Directory와 Name을 설정한다.

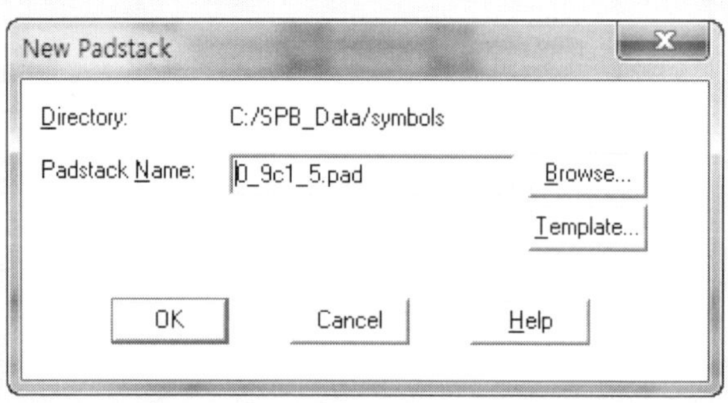

[그림 3-7] Directory와 Name을 설정

④ Parameters 탭에서 Unit과 Decimal places를 Milimeter, 2로 설정한다.

⑤ 다음과 같이 설정한다.

㉠ Hole Type : Circle Drill

㉡ Plating : Plated

㉢ Drill diameter : 0.9

㉣ Figure : Circle

㉤ Characters : A

㉥ Width/Height : 0.9

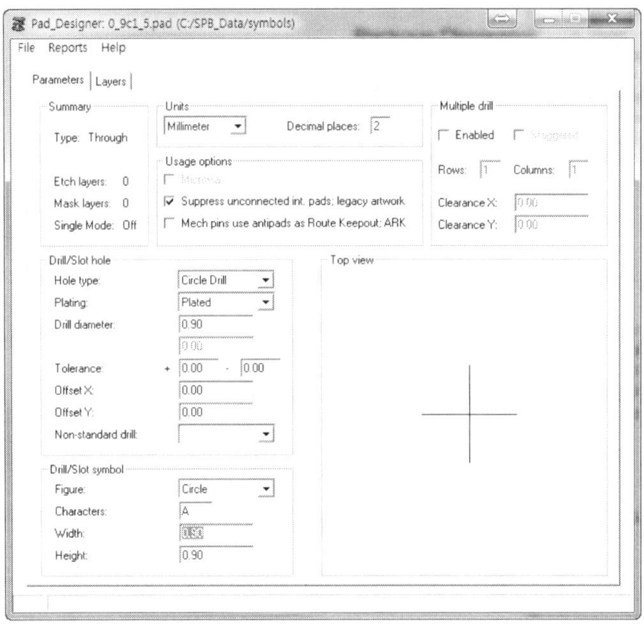

[그림 3-8] Hole Type, Plating 등 설정

⑥ Layers 탭에서 Reguler Pad, Thermal Relief, Anti Pad를 다음과 같이 설정한다.

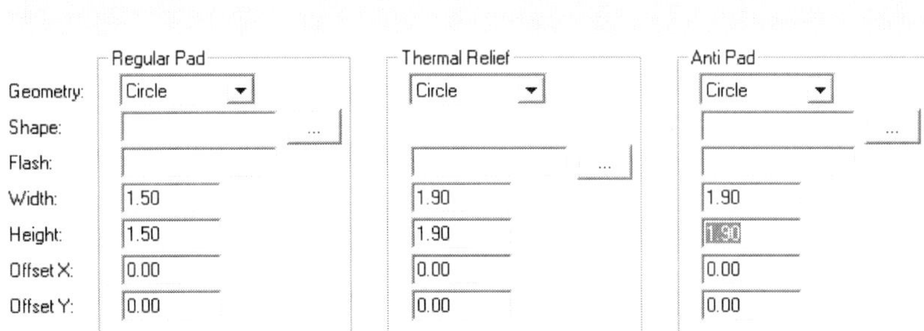

[그림 3-9] Reguler Pad, Thermal Relief, Anti Pad를 설정

⑦ Bgn을 마우스 우클릭-Copy to all을 선택한다.

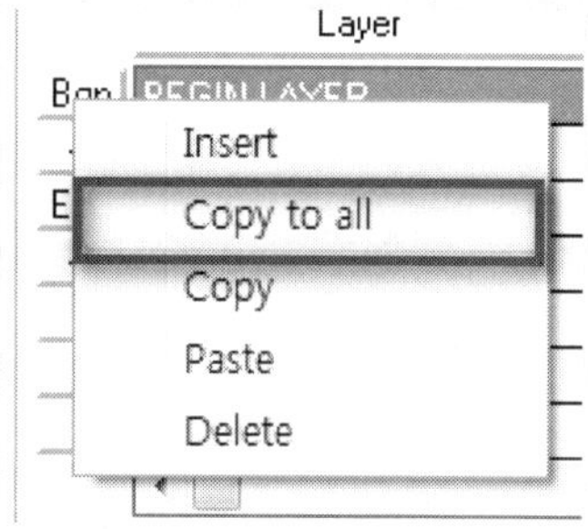

[그림 3-10] Copy to all을 클릭

⑧ OK 버튼을 클릭한다.

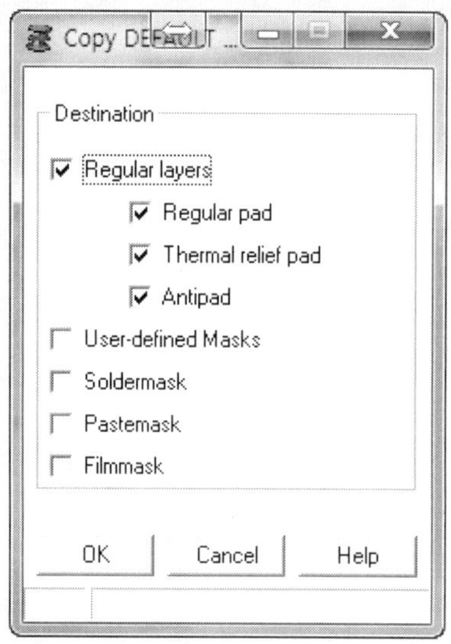

[그림 3-11] OK 버튼을 클릭

⑨ SOLDERMASK_TOP/SOLDERMASK_BOTTOM을 다음과 같이 설정한다.

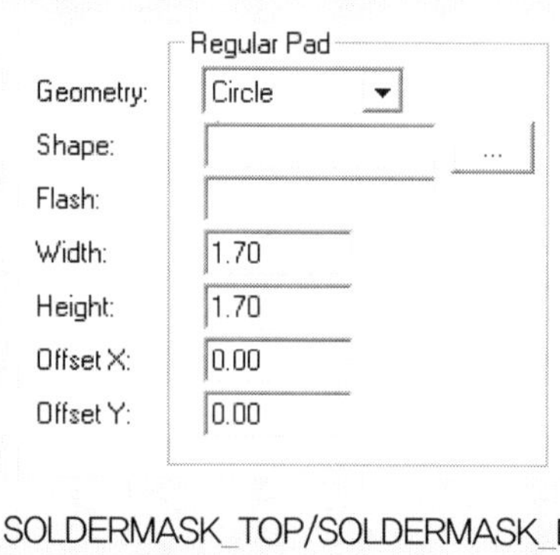

[그림 3-12] SOLDERMASK_TOP/SOLDERMASK_BOTTOM 설정

⑩ 결과를 저장하기 위하여 File-Save를 선택한다.

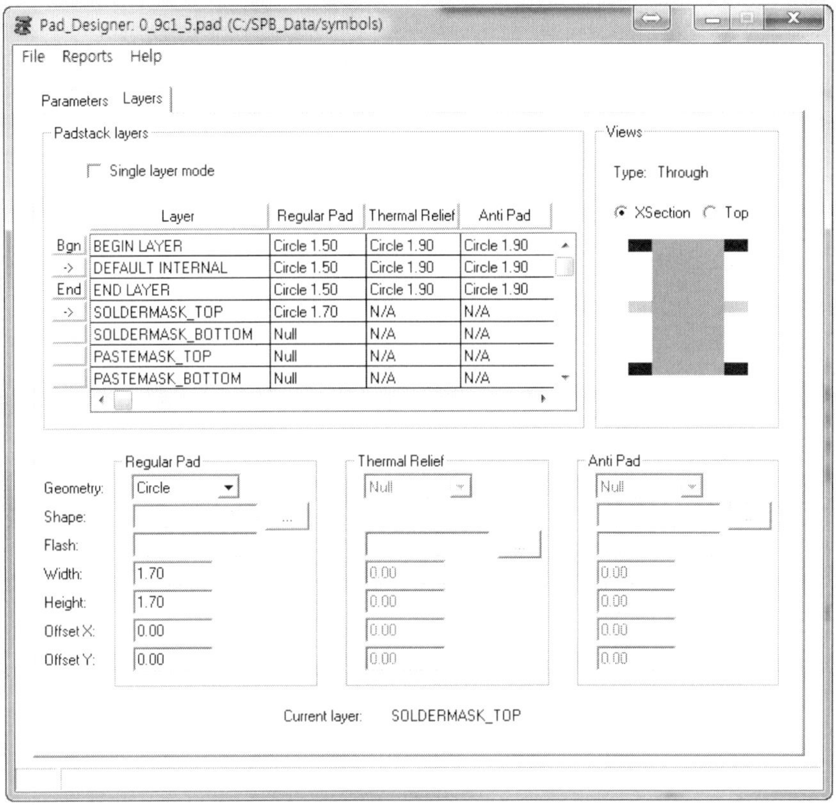

[그림 3-13] File-Save를 선택

⑪ Begin Layer의 Reguler Pad를 Rectangle로 설정 후 File-Save as를 선택한다.

⑫ 0_9s1_5 이름으로 저장한다.

3-2 PCB Footprint 생성하기

학습 목표

• PCB Footprint 생성하기 과정을 이해할 수 있다.

필요지식

1. PCB Footprint 생성하기

Padstack을 Pad Designer를 이용하여 생성하였다면 PCB Footprint 생성은 PCB Editor를 이용한다. PCB Footprint 생성방법으로는 Package symbol 또는 Package symbol(wizard)이 있다. Package symbol은 매뉴얼 방식, Package symbol(wizard)은 템플릿을 이용하는 방식이다. 여기에서는 Package symbol(wizard) 방식을 다루도록 한다.

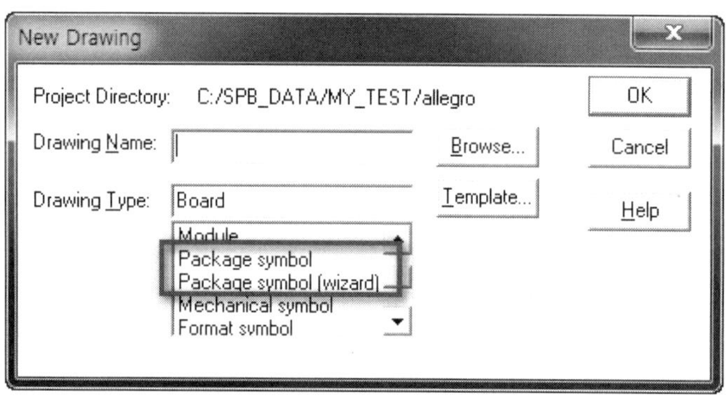

[그림 3-14] PCB Footprint 생성방법

2. Package Symbol(wizard)

① 기본 제공하고 있는 형태가 선택 가능하다.

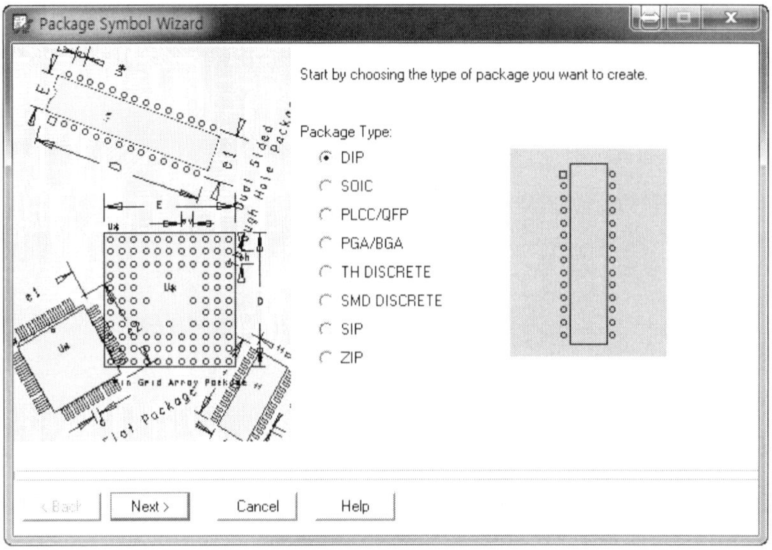

[그림 3-15] 기본 제공하고 있는 형태

② Pin의 개수, 핀 간의 간격, Silk의 크기 등을 지정할 수 있다.

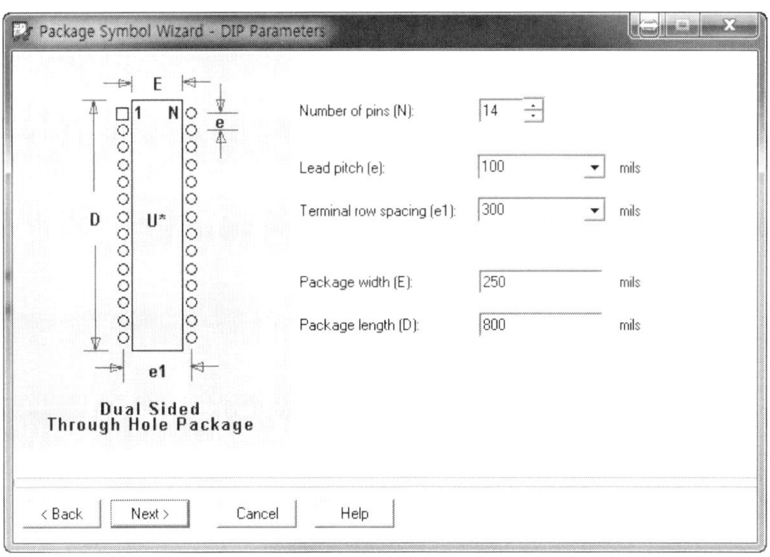

[그림 3-16] Pin의 개수, 핀 간의 간격, Silk의 크기 등을 지정

수행 내용 PCB Footprint 생성하기

재료 · 자료

- 상세 회로도면, 기구도면, A4 용지, 필기구

기기(장비 · 공구)

- 인터넷 가능한 컴퓨터, 한글 오피스, 프린터

안전 · 유의사항

- 회로동작 및 기능을 충분히 숙지하도록 한다.
- 컴퓨터에 바이러스가 침투하지 않도록 유의한다.

수행 순서

01 PCB Footprint 생성하기

① 시작–모든 프로그램–Cadence–PCB Editor 실행한다.

② 메뉴바 Setup–User Preference를 선택한다.

③ Paths–Library–padpath의 Value를 선택한다.

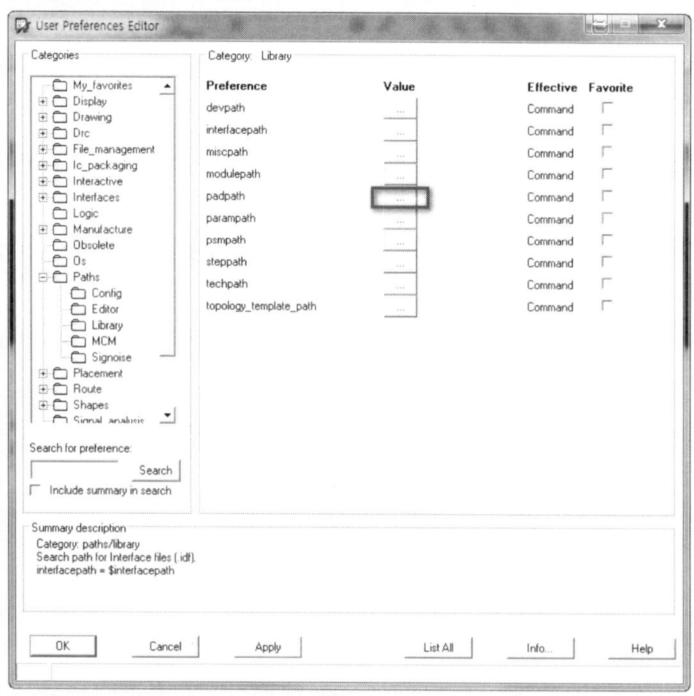

[그림 3-17] padpath의 Value를 선택

④ New 아이콘을 클릭하여 Padstack을 저장해 놓은 경로를 추가한다.

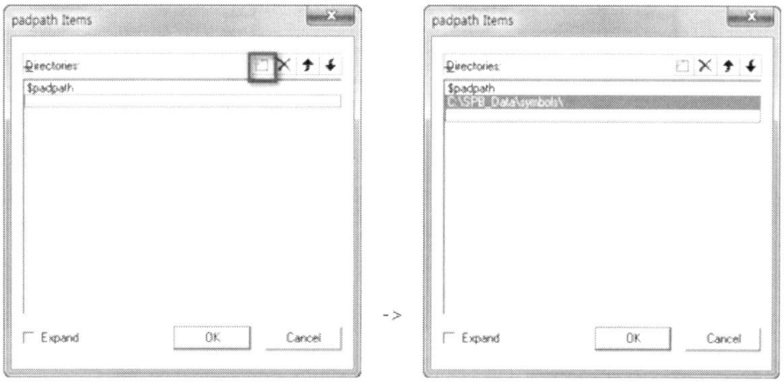

[그림 3-18] Padstack을 저장해 놓은 경로를 추가

⑤ psmpath에도 동일한 작업을 반복한다.

⑥ 메뉴바 File-New를 선택한다.

⑦ 경로와 이름을 지정 후 Drawing Type을 Package symbol(wizard)로 선택한다.

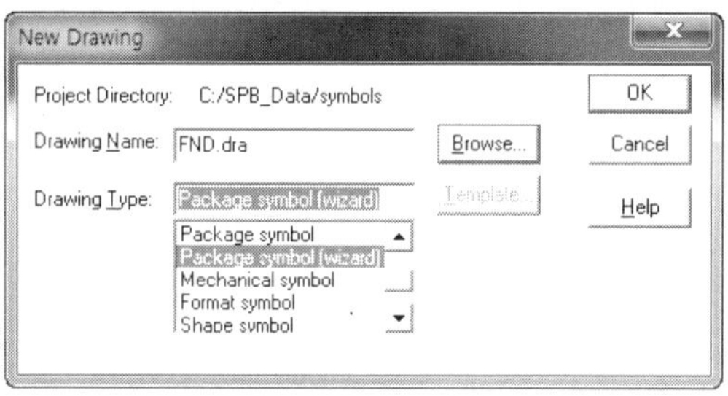

[그림 3-19] Drawing Type을 Package symbol(wizard)로 선택

⑧ Package Symbol Wizard창에서 DIP Type을 선택 후 Next 버튼을 클릭한다.

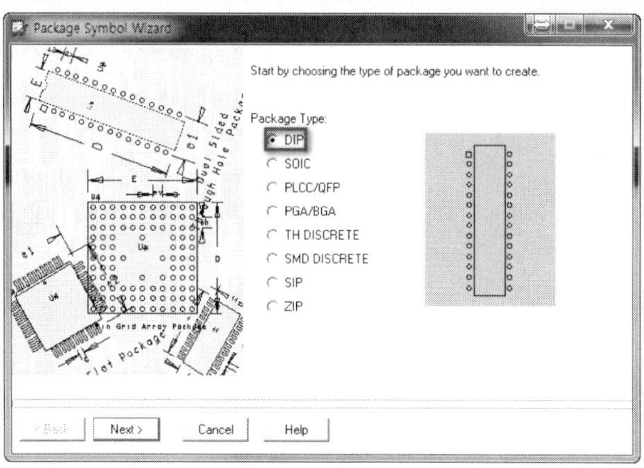

[그림 3-20] DIP Type을 선택 후 Next 버튼을 클릭

⑨ Load Template을 선택 후 Next 버튼을 클릭한다.

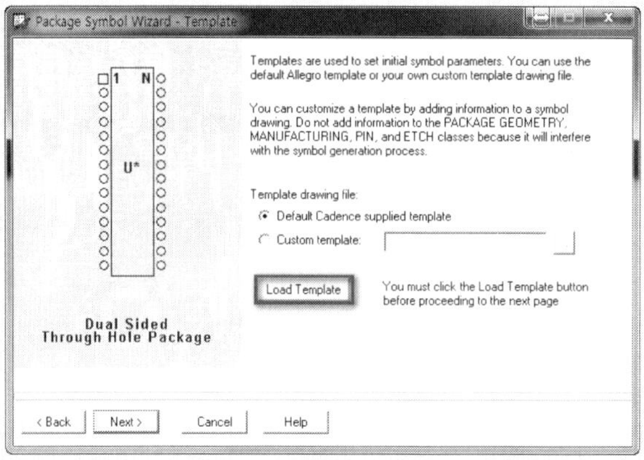

[그림 3-21] Load Template을 선택 후 Next 버튼을 클릭

⑩ 단위를 Millimeter, Accuracy를 3으로 설정 후 Next 버튼을 클릭한다.

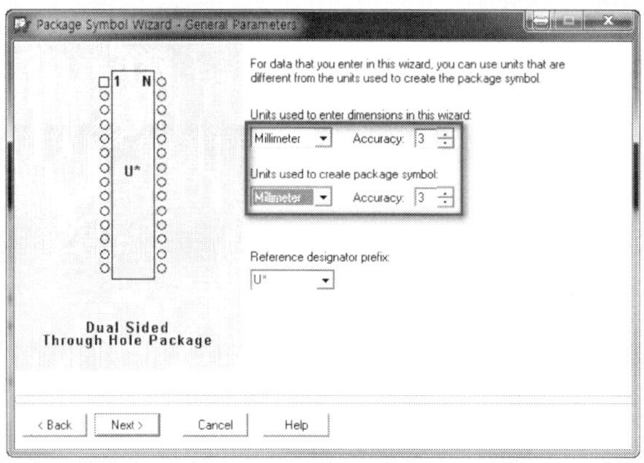

[그림 3-22] 단위를 Millimeter, Accuracy를 3으로 설정 후 Next 버튼을 클릭

⑪ FND의 Datasheet를 참조하여 아래의 값을 설정 후 Next 버튼을 클릭한다.

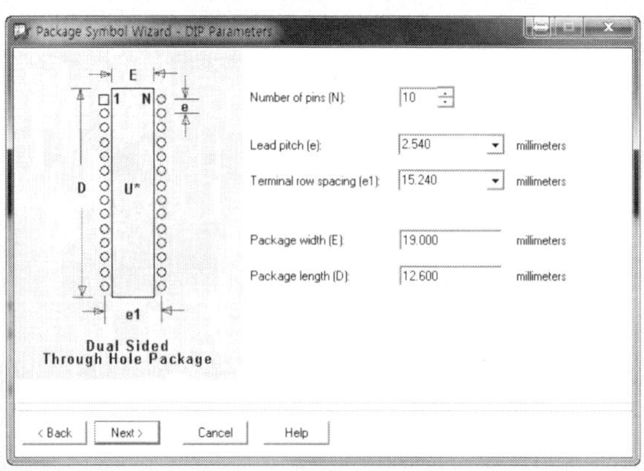

[그림 3-23] FND의 Datasheet를 참조하여 설정 후 Next 버튼을 클릭

⑫ Defualt padstack to user for symbol pins : 0_9c1_5

Padstack to use for pin 1 : 0_9s1_5 로 설정 후 Next 버튼을 클릭한다.

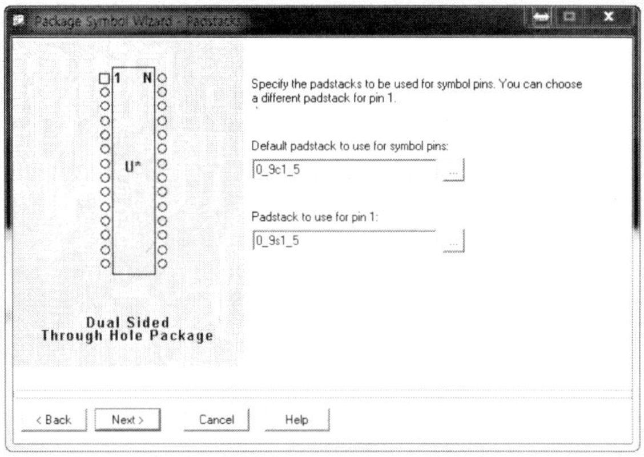

[그림 3-24] 0_9s1_5로 설정 후 Next 버튼을 클릭

⑬ Center of symbol body로 선택 후 Next 버튼을 클릭한다.

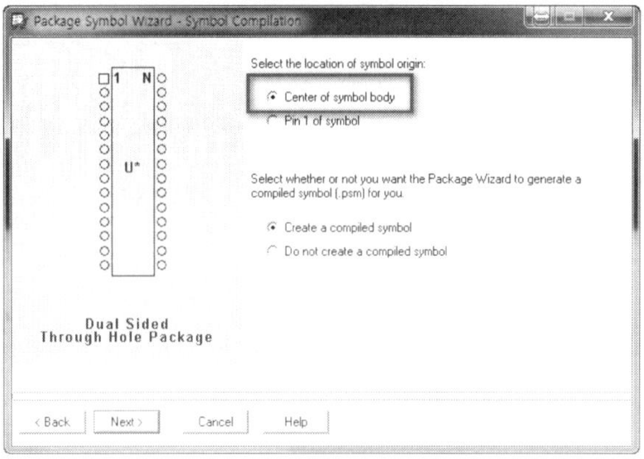

[그림 3-25] Center of symbol body로 선택 후 Next 버튼을 클릭

⑭ Finish를 선택한다.

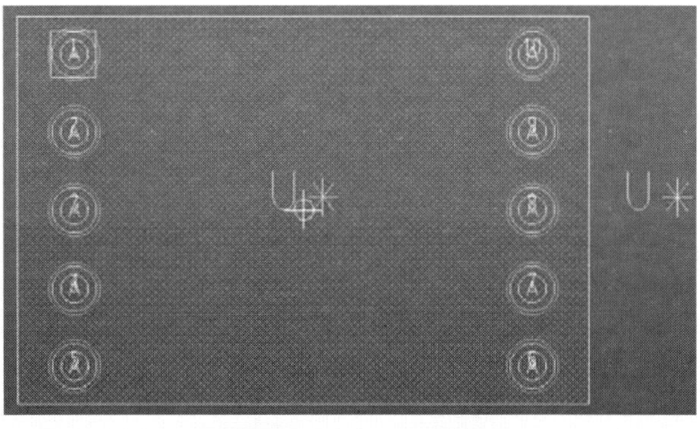

[그림 3-26] Finish를 선택

⑮ 메뉴바 Setup－Design Parameter－Design 탭에서 Size를 A4로 선택한다.

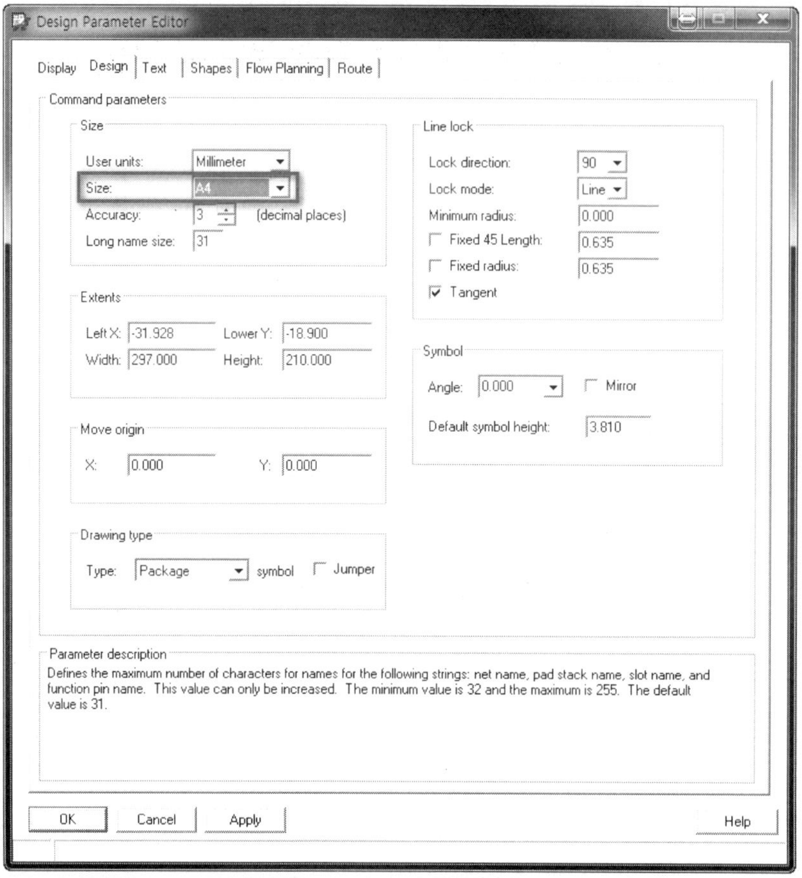

[그림 3-27] Design Parameter－Design 탭에서 Size를 A4로 선택

⑯ 메뉴바 Edit－Spin을 선택한다.

⑰ 오른쪽의 Option 탭에서 Point를 User Pick으로 선택한다.

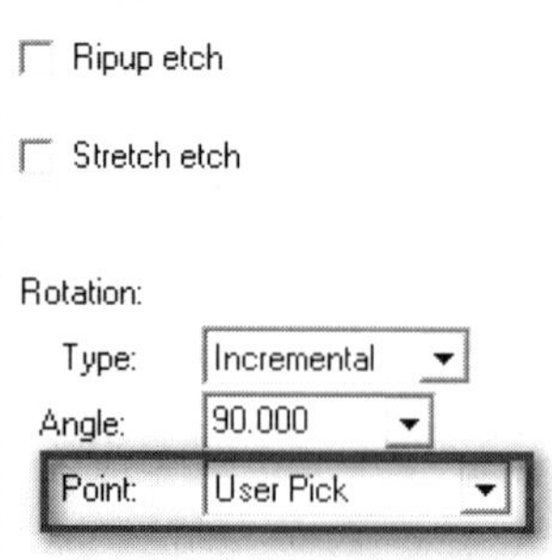

[그림 3-28] Point를 User Pick으로 선택

⑱ 그려진 PCB Footprint를 전체 선택 후 1번을 클릭하여 다음과 같이 회전한다.

[그림 3-29] 1번을 클릭하여 회전

⑲ Edit－Spin을 선택한다.

⑳ 오른쪽의 Option 탭에서 Point를 Sym Origin으로 선택한다.

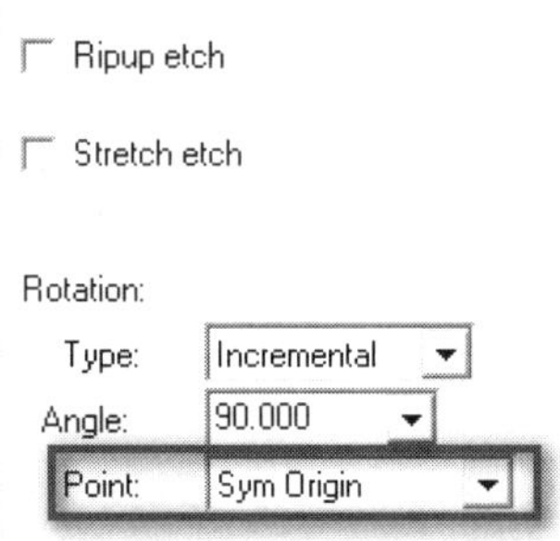

[그림 3-30] Point를 Sym Origin으로 선택

㉑ 오른쪽의 Find 탭에서 Text를 제외한 항목을 해제한다.

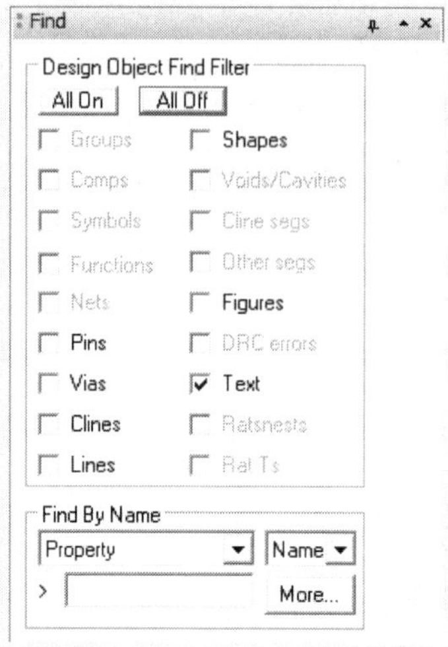

[그림 3-31] Text를 제외한 항목을 해제

㉒ PCB Footprint를 전체 선택 후 아래와 같이 회전한다.

㉓ 메뉴바 Add-Line을 선택, Options 탭에서 Package Geomatry/Silkscreen_top을 이용하여 그림과 같이 그려준다.

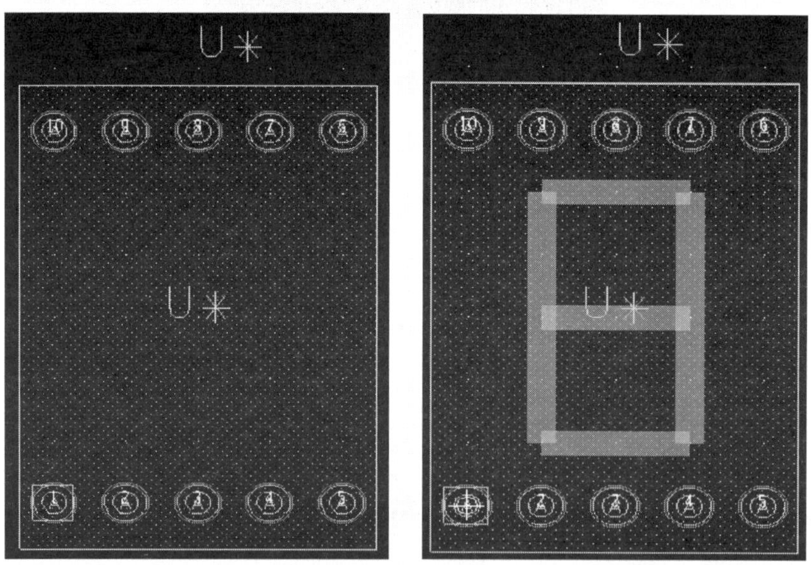

[그림 3-32] Package Geomatry/Silkscreen_top을 이용하여 그려줌

㉔ 메뉴바-Setup-Change Drawing Origin을 클릭 후 1번 핀의 중앙을 선택

㉕ File-Save를 선택한다.

㉖ OrCAD PCB Editor를 종료한다.

학습활동.1 교수학습 방법

교수 방법

- PCB 설계의 기본개념, 부품배치, 라이브러리 작성 등을 PCB 실물 기판과 PPT 자료로 제시한 후 설명한다.
- PCB 설계에서 회로 블록의 특성, 신호의 종류, 회로의 구성 등에 따라 회로 블록을 배치하는 방법을 설명한다.
- PCB의 Size, 제품의 기구적인 특성을 고려하여 부품을 배치하고, 고정 부품의 배치를 우선해야 하는 이유와 방법을 설명한다.
- PCB 설계 도구를 선정하는 방법을 설명하고, 사용되고 있는 설계 도구의 장·단점을 설명할 수 있도록 지도한다.
- PCB 설계 도구의 사용법은 선수학습으로 되어 있어야 하나, 그렇지 못한 경우에는 설계 도구 사용법을 별도의 시간을 할애하여 교육하여야 한다.
- 라이브러리로 등록되어 있지 않은 부품에 대해서는 부품 스케치부터 지도하여 라이브러리로 등록할 수 있도록 지도한다.
- PCB 설계를 위한 환경 설정 및 각종 Option을 지정할 수 있는 능력을 기르도록 한다.

학습 방법

- PCB 설계 도구를 능숙히 사용할 수 있도록 충분히 연습한다.
- PCB 설계 및 PCB 설계 도구에서 사용되는 다양한 용어를 충분히 숙지하도록 한다.
- PCB 설계가 회로의 전기적 특성에 영향을 줄 수 있음을 강조하여 회로 블록 및 부품의 배치 방법을 숙지한다.
- PCB 설계를 위한 설계 도구의 환경 설정, Option 지정을 필요에 따라 스스로 수행할 수 있도록 하고, 부품배치의 중요성을 강조한다.
- PCB 설계가 완료된 후 Gerber Data를 생성하여 PCB 제작 발주까지 할 수 있는 능력을 배양한다.
- PCB 설계에서 회로 블록간 인터페이스를 효과적으로 실현할 수 있도록 한다.

학습활동.1 평가 및 피드백

평가 준거

- 평가자는 피평가자가 수행 준거 및 평가내용에 제시되어 있는 내용을 성공적으로 수행할 수 있는지를 평가해야 한다.
- 평가자는 다음 사항을 평가해야 한다.

학습내용	평가항목	성취수준		
		상	중	하
Padstack 생성하기	- Padstack 생성하기 과정을 이해할 수 있다.			
PCB Footprint 생성하기	- PCB Footprint 생성하기 과정을 이해할 수 있다.			

평가 방법

- 평가자는 능력단위 PCB 설계하기의 수행 준거에 제시되어 있는 내용을 평가하기 위해 이론과 실기를 나누어 평가하거나, 종합적인 결과물의 평가 등 다양한 평가 방법을 이용할 수 있다.
- 필기시험

학습내용	평가항목	성취수준		
		상	중	하
Padstack 생성하기	- Padstack 생성하기 과정을 이해할 수 있다.			
PCB Footprint 생성하기	- PCB Footprint 생성하기 과정을 이해할 수 있다.			

• 체크리스트에 의한 관찰

학습내용	평가항목	성취수준		
		상	중	하
Padstack 생성하기	– Padstack 생성하기 과정을 이해할 수 있다.			
PCB Footprint 생성하기	– PCB Footprint 생성하기 과정을 이해할 수 있다.			

• 작업장 평가

평가항목	성취수준		
	상	중	하
각 조별로 실습준비 및 실습과정에 있어 효율적이고 성실한 실습태도로 임하고 작업 후에 실습도구 등을 정리한다.			

피 드 백

1. 작업 포트폴리오
   – 제출한 내용을 평가한 후 주요 사항을 표시하여 설명해준다.
2. 필기시험
   – 평가결과 일정 점수 이하인 학생들은 추가 학습 후 그 결과를 제출하도록 한다.
3. 체크리스트를 통한 관찰
   – 실습과정에서 평가한 후 주요 사항을 표시하여 돌려준다.

학습 1	PCB 설계 이해하기(19220206_13v1.4)
학습 2	OrCAD Capture를 이용한 도면작성
학습 3	PCB Footprint 생성
학습 4	**OrCAD Capture 유틸리티**
학습 5	OrCAD Capture 부가기능
학습 6	OrCAD PCB Editor 구성 및 환경 설정
학습 7	Constraint Manager
학습 8	Color / Visibility
학습 9	부품배치
학습 10	배선하기
학습 11	마무리 작업

4-1 Annotate

학습 목표

- Annotate 과정을 이해할 수 있다.

필요지식

1. OrCAD Capture 유틸리티

OrCAD Capture에서 도면작성 후 수행하게 되는 Annotate, 속성 부여, Design Rules Check, Create Netlist 과정을 다루도록 한다.

2. Annotate

작성한 도면 중 Reference가 중복되거나 불규칙하게 정렬되었을 경우에 일괄적으로 좌에서 우, 상에서 하, 방향으로 정렬해주는 기능이다.

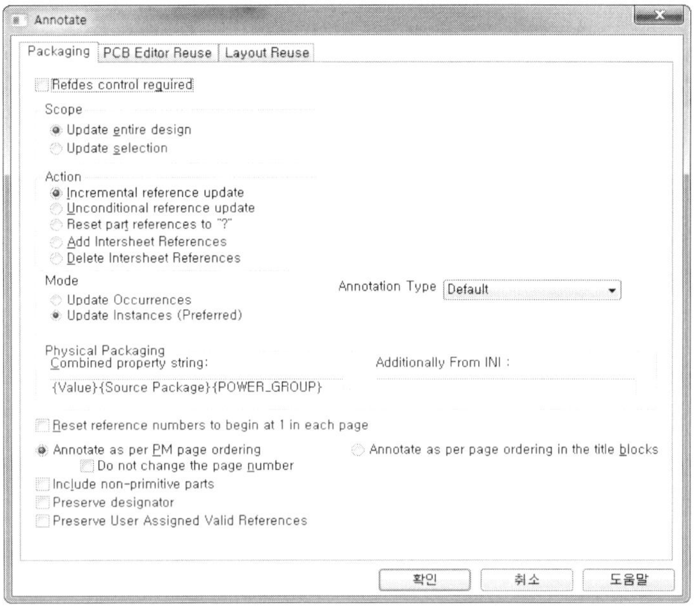

[그림 4-1] Reference가 중복되거나 불규칙하게 정렬되었을 경우

〈표 4-1〉 Annotate 옵션 항목

항 목	옵 션
Scope	– Update entire design : 전체 회로도에 적용 – Update selection : 선택된 회로도만 적용
Action	– Incremental reference update : “?”로 리셋된 Reference를 순차적 증가 – Unconditional reference update : 현재 Reference를 무시, 순차적 증가 – Reset part references to "?" : 현재 모든 Reference를 "?"로 리셋 – Add Intersheet References : Off–Page Connector 또는 Port의 연결 정보 표시 – Delete Intersheet References : Intersheet 연결 정보 삭제

수행 내용 Annotate 이해하기

재료 · 자료

- 상세 회로도면, 기구도면, A4 용지, 필기구

기기(장비 · 공구)

- 인터넷 가능한 컴퓨터, 한글 오피스, 프린터

안전 · 유의사항

- 회로동작 및 기능을 충분히 숙지하도록 한다.
- 컴퓨터에 바이러스가 침투하지 않도록 유의한다.

수행 순서

01 Annotate 설정하기

① 프로젝트 매니저창에서 .dsn을 선택한다.

② 메뉴바－Tools－Annotate를 선택한다.

③ Action 란에서 Reset Part reference to "?"를 선택 후 확인 버튼을 클릭한다.

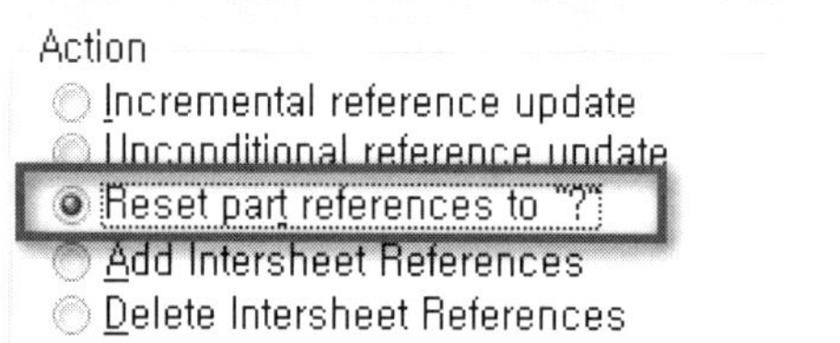

[그림 4-2] Reset Part reference to "?"를 선택 후 확인

④ 도면을 확인한다.

⑤ Annotate를 재선택 후 Action 란에서 Incremental reference update를 선택 후 확인 버튼을 클릭한다.

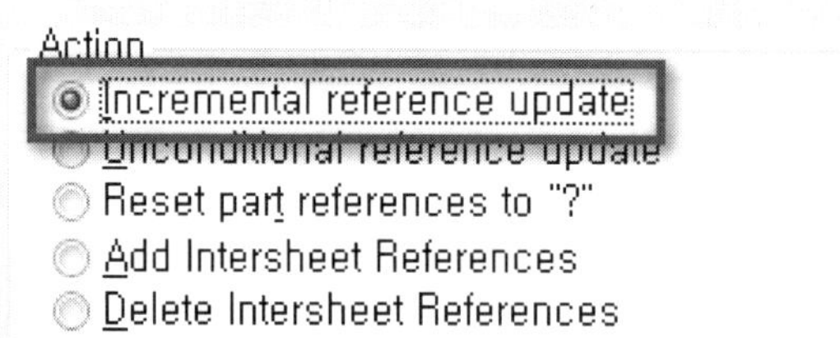

[그림 4-3] Incremental reference update를 선택 후 확인

⑥ 도면을 확인한다.

4-2 속성 부여하기

학습 목표	• 속성 부여하기 과정을 이해할 수 있다.

필요지식

부품의 속성에는 Reference와 Value 외에도 Visible 상태가 Off로 되어 있는 많은 속성이 포함된다. 이 중 PCB 작업을 위해서는 PCB Footprint 속성에 값을 입력해야 한다.

다음은 PCB 설계 시 사용하는 대표적인 속성이다.

① PCB Footprint : PCB 작업 시 사용될 PCB Footprint

② ALT_SYMBOLS : 대체로 사용될 수 있는 PCB Footprint

③ ROOM : 배치 시에 지정된 부품들만 Room 영역에 배치

④ SWAP_GROUP : Functions Swap하기 위한 속성

⑤ NC : 생성되지 않은 핀을 사용하지 않을 시에 설정(생성이 되어 있는 경우 No Connect ( )를 배치)

수행 내용 속성 부여하기

재료 · 자료

• 상세 회로도면, 기구도면, A4 용지, 필기구

기기(장비 · 공구)

• 인터넷 가능한 컴퓨터, 한글 오피스, 프린터

안전 · 유의사항

• 회로동작 및 기능을 충분히 숙지하도록 한다.

• 컴퓨터에 바이러스가 침투하지 않도록 유의한다.

수행 순서

01 속성 부여하기

① 프로젝트 매니저창에서 .dsn을 마우스 우클릭 하여 Edit Object Properties를 선택한다.
② 스크롤 바를 오른쪽으로 이동하여 PCB Footprint 속성 항목을 찾아 다음 표를 참조하여 값을 입력한다.

〈표 4-2〉 PCB Footprint 속성 항목을 찾아 참조하여 값을 입력

Part Reference	PCB Footprint
C1~C10	cap196
FND1~2	fnd
J1	jumper3
R1~18	res400
U2,11,12	dip8_3
U1,5,6,7	dip14_3
U3,4,8,10	dip16_3
U9	to220ab

〈표 4-3〉 C1~C10 참조값 입력

Reference	Designator	PCB Footprint
C1		cap196
C2		cap196
C3		cap196
C4		cap196
C5		cap196
C6		cap196
C7		cap196
C8		cap196
C9		cap196
C10		cap196
FND1		FND
FND2		FND

4-3 Assign Power Pin 이해하기

학습 목표	• Assign Power Pin 과정을 이해할 수 있다.

필요지식

부품의 Pin 속성 중 Visible이 Off된 상태의 Pin들은 Assign Power Pin 명령을 이용하여 Power 연결을 일괄적으로 지정 가능하다.

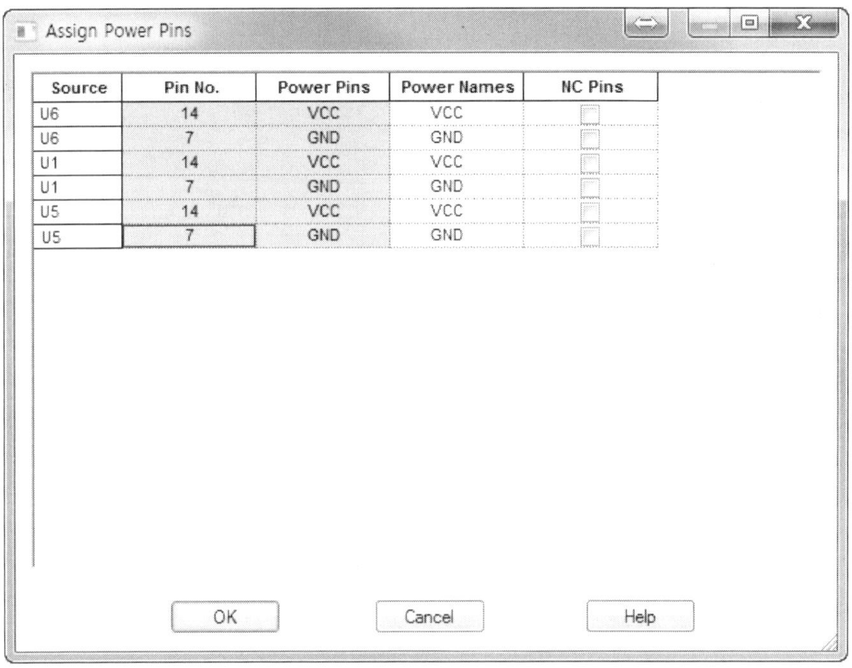

[그림 4-4] Power 연결을 일괄적으로 지정

① Power Names : Power 목록 중 원하는 Power로 지정 가능하다.

② NC Pins : NC 속성을 부여할 수 있다(Edit Properties의 NC와 연동).

수행 내용 Assign Power Pin 이해하기

재료 · 자료

- 상세 회로도면, 기구도면, A4 용지, 필기구

기기(장비 · 공구)

- 인터넷 가능한 컴퓨터, 한글 오피스, 프린터

안전 · 유의사항

- 회로동작 및 기능을 충분히 숙지하도록 한다.
- 컴퓨터에 바이러스가 침투하지 않도록 유의한다.

수행 순서

01 Assign Power Pin

① 프로젝트 매니저창에서 .dsn을 선택, 메뉴바 Tools－Assign Power Pin을 선택한다.

② 다음과 같이 Power Net을 지정한다.

〈표 4-4〉 Power Net을 지정

Source	Pin No.	Power Pins	Power Names	NC Pins
U6	14	VCC	+5V	☐
U6	7	GND	GND	☐
U1	14	VCC	+5V	☐
U1	7	GND	GND	☐
U5	14	VCC	+12V	☐
U5	7	GND	GND	☐

4-4 Disign Rules Check하기

학습 목표	• Disign Rules Check 과정을 이해할 수 있다.

필요지식

Design Rules Check는 회로도의 이상 검사를 수행한다. 크게 Electrical Rules와 Physical Rules로 나뉘며, Electrical Rules 항목 중 Check no driving source Pin type conflicts 항목은 ERC Matrix 세팅값을 참조한다.

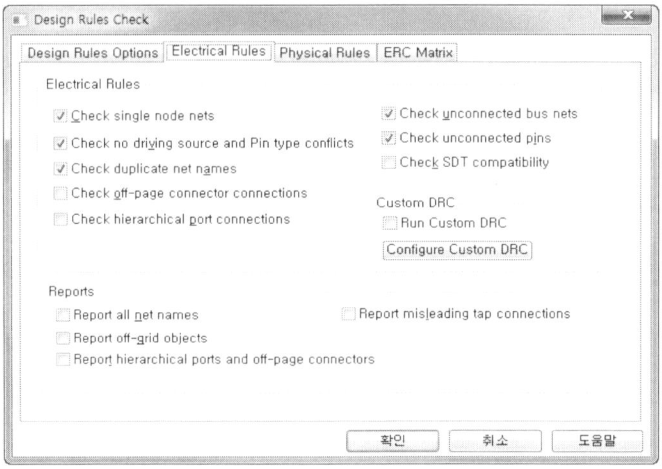

[그림 4-5] Electrical Rules 체크

〈표 4-5〉 Electrical Rules 체크 항목

항 목	옵 션
Electrical Rules	– Check single node nets : 연결되지 않은 net을 검사 – Check no driving source and Pin type conflicts : Pin 타입별 상호 관계 검사(ERC Matrix 설정에 따라 검사) – Check duplicate net names : 중복되는 net name 검사 – Check off-page connector connections : Off-page connector 사용 시 연결 검사 – Check hierarchical port connections : 계층 구조에서 Port 연결 검사 – Check unconnected bus nets : Bus 사용 시 net의 연결 검사 – Check unconnected pins : Pin의 연결 검사 – Check SDT compatibility : 도스용 Schematic 프로그램인 OrCAD SDT와의 호환성 검사 – Custom DRC : 위의 사항 외에 사용자가 Rule을 지정 가능

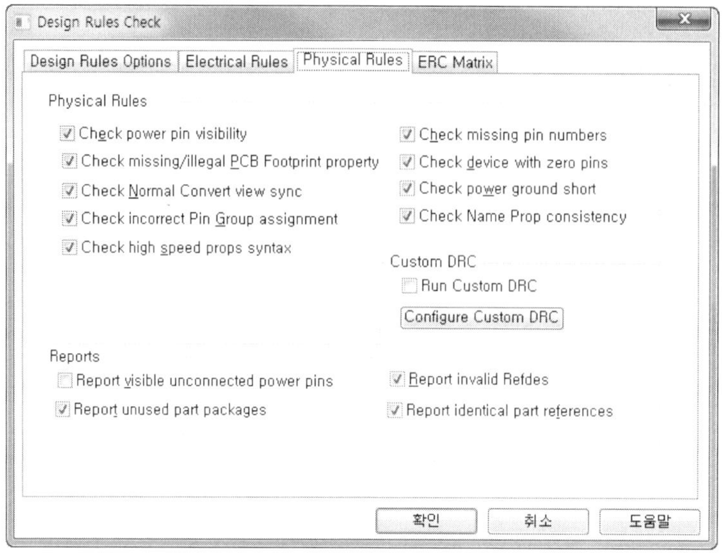

[그림 4-6] Physical Rules 체크

〈표 4-6〉 Physical Rules 체크 항목

항 목	옵 션
Physical Rules	- Check Power pin visibility : Power pin의 Visibility 검사 - Check missing/illegal PCB Footprint property : 잘못 기입하거나 기입하지 않은 Footprint를 검사 - Check incorrect Pin Group assignment : Part 내의 같은 Pin Group에서 같은 Pin type이 있는지 검사 - Check missing pin numbers : Pin 번호가 기입되지 않은 pin을 검사 - Check device with zero pins : Pin이 없는 부품을 검사 - Check Power ground short : Power pin이 Ground에 연결되었는지 검사

1. ERC Matrix 탭

Electrical Rules 탭에서 Check no driving source and Pin type conflicts을 사용할 때 ERC Matrix의 설정에 따라 적용된다(이 교재에서는 기본 설정된 ERC Matrix를 사용하도록 한다). 예를 들어 ERC Matrix의 Output과 Output이 만나는 지점이 **E**(Error)로 설정되면 Pin type이 output인 두 pin을 상호 연결 시 Error 메시지를 띄우게 된다.

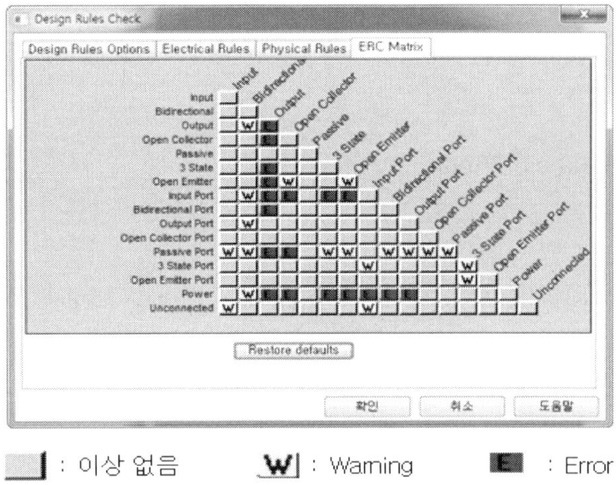

[그림 4-7] Electrical Rules 탭

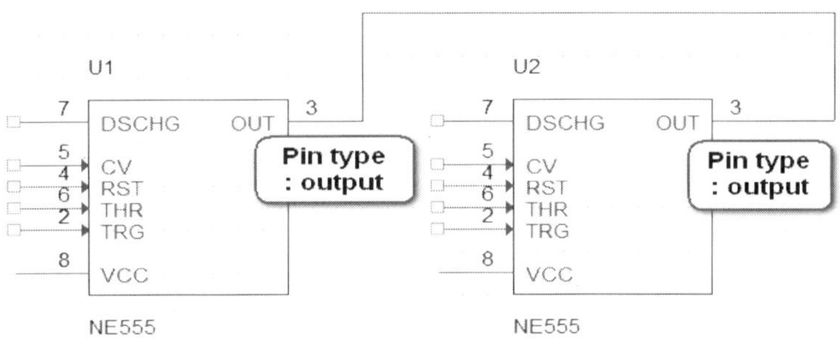

[그림 4-8] Pin type이 output인 두 Pin을 상호 연결 시 Error 메시지

수행 내용 Disign Rules Check하기

재료 · 자료

- 상세 회로도면, 기구도면, A4 용지, 필기구

기기(장비 · 공구)

- 인터넷 가능한 컴퓨터, 한글 오피스, 프린터

안전 · 유의사항

- 회로동작 및 기능을 충분히 숙지하도록 한다.
- 컴퓨터에 바이러스가 침투하지 않도록 유의한다.

수행 순서

01 Design Rules Check

① 프로젝트 매니저창에서 .dsn을 클릭, 메뉴바 Tools-Design Rules Check를 선택한다.

② View Output을 선택, 확인을 눌러 Report를 확인한다.

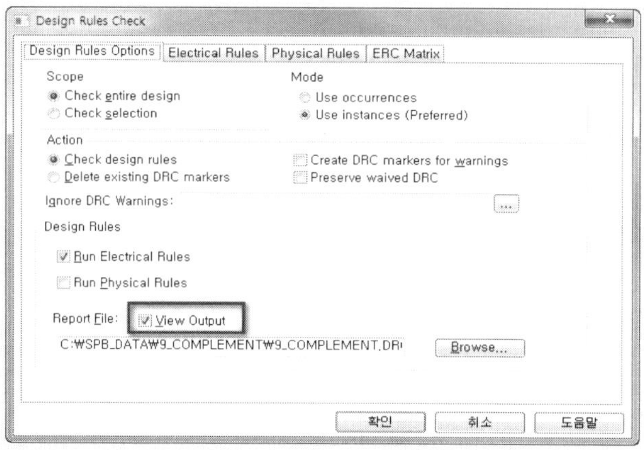

[그림 4-9] View Output을 선택, 확인을 눌러 Report를 확인

③ 에러가 없다면 다음과 같이 에러가 있다면 에러 항목들이 표시된다.

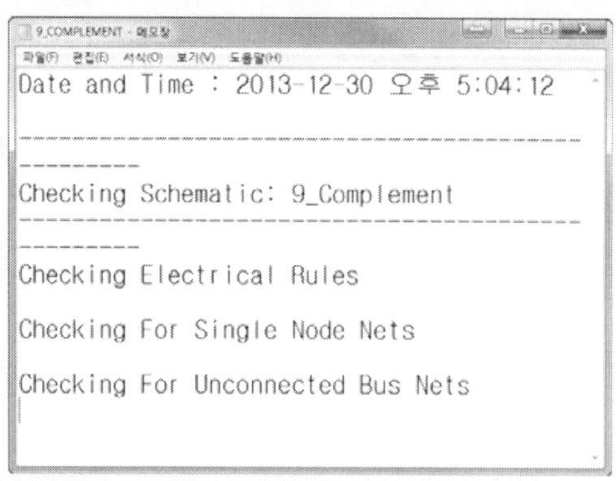

[그림 4-10] 에러가 없다면 표시

4-5 Create Netlist 이해하기

학습 목표

- Create Netlist 과정을 이해할 수 있다.

필요지식

OrCAD Capture의 도면, 속성 등의 정보를 OrCAD PCB Editor로 넘기기 위해서는 Netlist 파일을 생성한다. 즉, Netlist 파일에는 도면의 모든 정보가 담겨 있다.

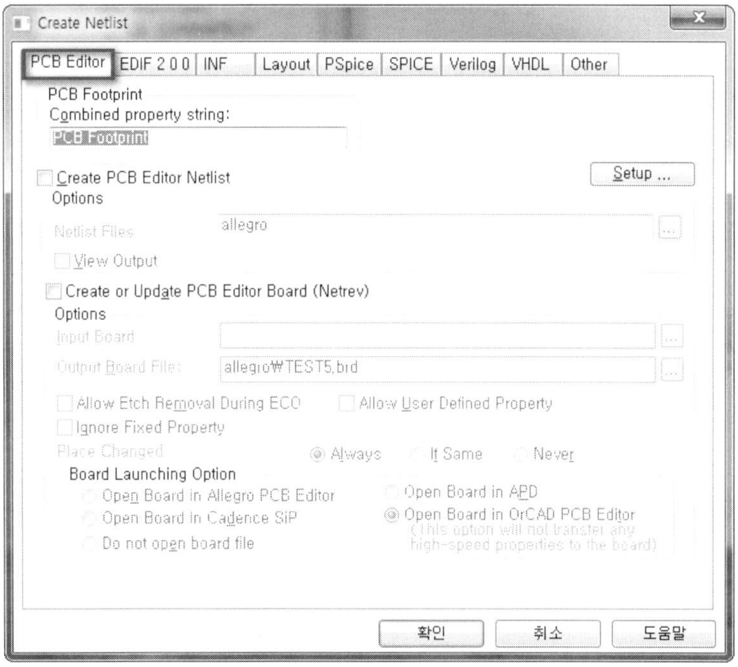

[그림 4-11] OrCAD PCB Editor로 넘기기 위해서는 Netlist 파일을 생성

〈표 4-7〉 Netlist 파일을 생성 항목

항 목	옵 션
Create PCB Editor Netlist	체크 시 Netlist를 생성한다(Netlist의 기본 저장경로는 현재 작업경로 아래의 allegro 경로이다).
Create or Update PCB Editor Board	Netlist 생성 후 PCB Editor의 새로운 보드 또는 기존에 생성한 보드에 Update할 수 있다(보유한 라이센스에 맞는 프로그램을 선택한다).

수행 내용 Create Netlist 이해하기

재료 · 자료

- 상세 회로도면, 기구도면, A4 용지, 필기구

기기(장비 · 공구)

- 인터넷 가능한 컴퓨터, 한글 오피스, 프린터

안전 · 유의사항

- 회로동작 및 기능을 충분히 숙지하도록 한다.
- 컴퓨터에 바이러스가 침투하지 않도록 유의한다.

수행 순서

01 Create Netlist

① 프로젝트 매니저창에서 .dsn을 클릭, 메뉴바 Tools－Create Netlist를 선택한다.

② Create PCB Editor Netlist와 Create or Update PCB Editor Board(Netrev)를 선택한다.

③ Board Launching Option은 보한 라이센스에 맞는 프로그램에 맞게 선택한다.

④ 확인 버튼을 클릭한다.

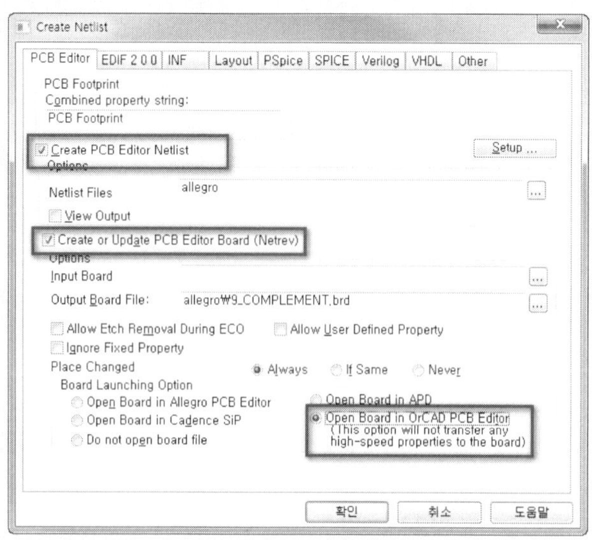

[그림 4-12] 확인 버튼을 클릭

⑤ 이상이 없다면 그림과 같이 표시되며 OrCAD(Allegro) D PCB Editor가 실행된다.

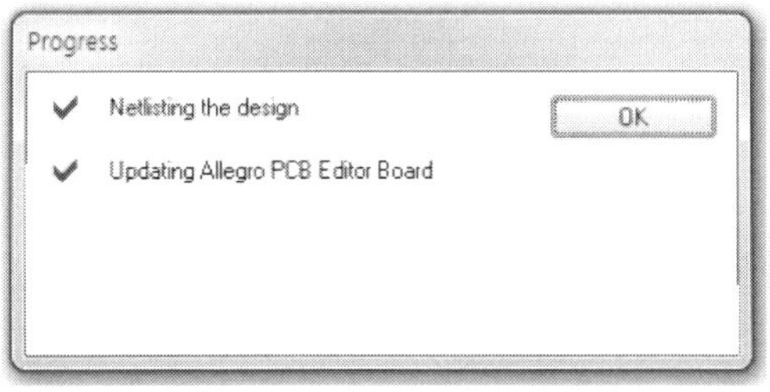

[그림 4-13] 이상이 없다면 표시

학습활동.1 교수학습 방법

교수 방법

- PCB 설계의 기본개념, 부품배치, 라이브러리 작성 등을 PCB 실물 기판과 PPT 자료로 제시한 후 설명한다.
- PCB 설계에서 회로 블록의 특성, 신호의 종류, 회로의 구성 등에 따라 회로 블록을 배치하는 방법을 설명한다.
- PCB의 Size, 제품의 기구적인 특성을 고려하여 부품을 배치하고, 고정 부품의 배치를 우선해야 하는 이유와 방법을 설명한다.
- PCB 설계 도구를 선정하는 방법을 설명하고, 사용되고 있는 설계 도구의 장단점을 설명할 수 있도록 지도한다.
- PCB 설계 도구의 사용법은 선수학습으로 되어 있어야 하나, 그렇지 못한 경우에는 설계 도구 사용법을 별도의 시간을 할애하여 교육하여야 한다.
- 라이브러리로 등록되어 있지 않은 부품에 대해서는 부품 스케치부터 지도하여 라이브러리로 등록할 수 있도록 지도한다.
- PCB 설계를 위한 환경 설정 및 각종 Option을 지정할 수 있는 능력을 기르도록 한다.

학습 방법

- PCB 설계 도구를 능숙히 사용할 수 있도록 충분히 연습한다.
- PCB 설계 및 PCB 설계 도구에서 사용되는 다양한 용어를 충분히 숙지하도록 한다.
- PCB 설계가 회로의 전기적 특성에 영향을 줄 수 있음을 강조하여 회로 블록 및 부품의 배치 방법을 숙지한다.
- PCB 설계를 위한 설계 도구의 환경 설정, Option 지정을 필요에 따라 스스로 수행할 수 있도록 하고, 부품배치의 중요성을 강조한다.
- PCB 설계가 완료된 후 Gerber Data를 생성하여 PCB 제작 발주까지 할 수 있는 능력을 배양한다.
- PCB 설계에서 회로 블록간 인터페이스를 효과적으로 실현할 수 있도록 한다.

학습활동.1 평가 및 피드백

평가 준거

- 평가자는 피평가자가 수행 준거 및 평가내용에 제시되어 있는 내용을 성공적으로 수행할 수 있는지를 평가해야 한다.
- 평가자는 다음 사항을 평가해야 한다.

학습내용	평가항목	성취수준		
		상	중	하
Annotate 이해하기	- Annotate 과정을 이해할 수 있다.			
속성 부여하기	- 속성 부여하기 과정을 이해할 수 있다.			
Assign Power Pin 이해하기	- Assign Power Pin 과정을 이해할 수 있다.			
Design Rules Check하기	- Design Rules Check 과정을 이해할 수 있다.			
Create Netlist 이해하기	- Creak Netlist 과정을 이해할 수 있다.			

평가 방법

- 평가자는 능력단위 PCB 설계하기의 수행 준거에 제시되어 있는 내용을 평가하기 위해 이론과 실기를 나누어 평가하거나, 종합적인 결과물의 평가 등 다양한 평가 방법을 이용할 수 있다.
- 필기시험

학습내용	평가항목	성취수준		
		상	중	하
Annotate 이해하기	- Annotate 과정을 이해할 수 있다.			
속성 부여하기	- 속성 부여하기 과정을 이해할 수 있다.			
Assign Power Pin 이해하기	- Assign Power Pin 과정을 이해할 수 있다.			
Design Rules Check하기	- Design Rules Check 과정을 이해할 수 있다.			
Create Netlist 이해하기	- Creak Netlist 과정을 이해할 수 있다.			

• 체크리스트에 의한 관찰

학습내용	평가항목	성취수준		
		상	중	하
Annotate 이해하기	– Annotate 과정을 이해할 수 있다.			
속성 부여하기	– 속성 부여하기 과정을 이해할 수 있다.			
Assign Power Pin 이해하기	– Assign Power Pin 과정을 이해할 수 있다.			
Design Rules Check하기	– Design Rules Check 과정을 이해할 수 있다.			
Create Netlist 이해하기	– Creak Netlist 과정을 이해할 수 있다.			

• 작업장 평가

평가항목	성취수준		
	상	중	하
각 조별로 실습준비 및 실습과정에 있어 효율적이고 성실한 실습태도로 임하고 작업 후에 실습도구 등을 정리한다.			

피 드 백

1. 작업 포트폴리오
   – 제출한 내용을 평가한 후 주요 사항을 표시하여 설명해준다.
2. 필기시험
   – 평가결과 일정 점수 이하인 학생들은 추가 학습 후 그 결과를 제출하도록 한다.
3. 체크리스트를 통한 관찰
   – 실습과정에서 평가한 후 주요 사항을 표시하여 돌려준다.

학습 1	PCB 설계 이해하기(19220206_13v1.4)
학습 2	OrCAD Capture를 이용한 도면작성
학습 3	PCB Footprint 생성
학습 4	OrCAD Capture 유틸리티
학습 5	**OrCAD Capture 부가기능**
학습 6	OrCAD PCB Editor 구성 및 환경 설정
학습 7	Constraint Manager
학습 8	Color/Visibility
학습 9	부품배치
학습 10	배선하기
학습 11	마무리 작업

5-1 OrCAD Capture 부가기능

학습 목표

- OrCAD Capture 부가기능을 이해할 수 있다.

필요지식

Symbol 생성, Archive Project 실행하기, Cache/Selection Filter 실행하기, Import Selection/Export Selection 실행하기, Lock 실행하기, Fisheye View/Show Footprint /OLE Object/Picture 실행하기, Find 실행하기의 OrCAD Capture 부가가능을 실행한다.

수행 내용 OrCAD Capture 부가기능 이해하기

재료 · 자료

- 상세 회로도면, 기구도면, A4 용지, 필기구

기기(장비 · 공구)

- 인터넷 가능한 컴퓨터, 한글 오피스, 프린터

안전 · 유의사항

- 회로동작 및 기능을 충분히 숙지하도록 한다.
- 컴퓨터에 바이러스가 침투하지 않도록 유의한다.

수행 순서

01 Symbol 생성하기

① 다음 Title Block을 생성하여 그림처럼 작업한다.

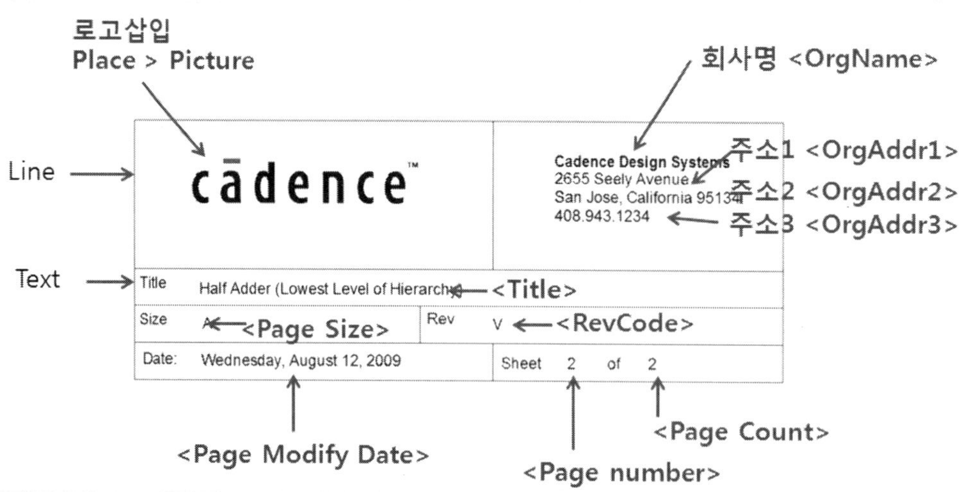

[그림 5-1] Title Block을 생성작업

② New symbold를 생성한다.

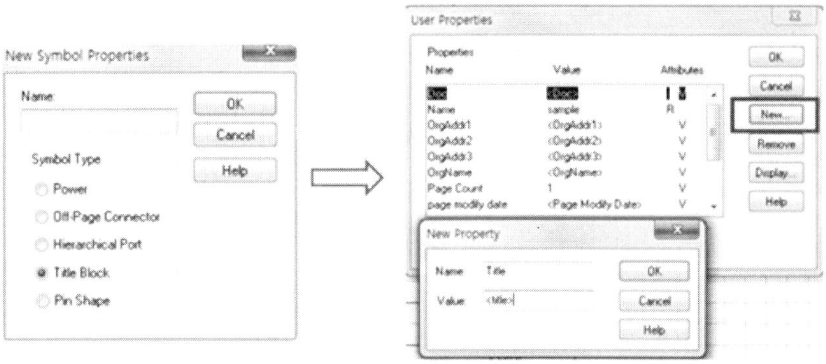

[그림 5-2] New symbold를 생성

③ 속성을 추가한다.

Option – Part Properties ****속성 추가**
회사명 : OrgName
주 소1 : OrgAddr1
제 목 : Title
문서번호 : Doc
도면크기 : Page Size 도면번호 :Page Number [Value : 1]
수정횟수 : RevCode 전체도면수: Page Count [Value : 1]
작업날짜 : Page Modify Date

[그림 5-3] 속성을 추가

④ 화면에 속성이 보이게 설정한다.

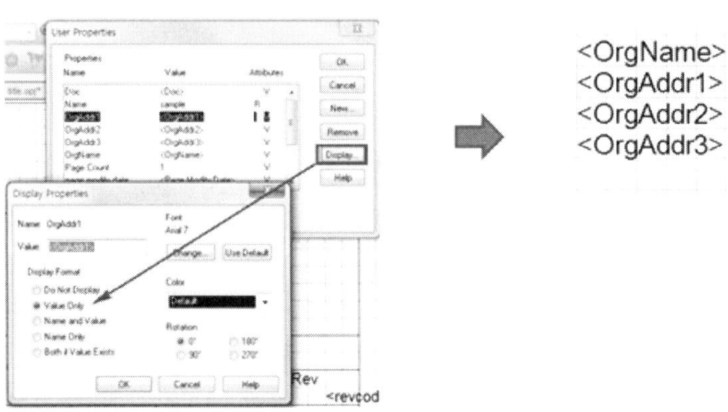

[그림 5-4] 화면에 속성이 보이게 설정

⑤ Place>Line을 이용한 Title Block 외곽을 그린 후 속성을 적당한 위치에 배치한다.

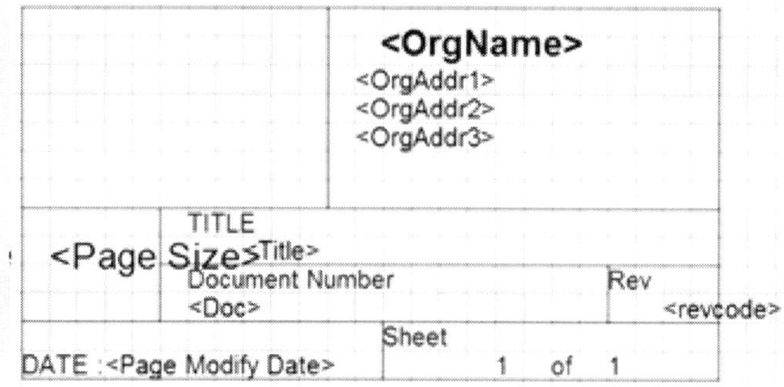

[그림 5-5] Place > Line을 이용한 Title Block 외곽을 그린 후 속성 배치

02 Archive Project 실행하기

① 작업물을 Zip 파일로 압축하여 저장해준다.

② 메뉴 File-Archive Project를 클릭한다.

③ OPJ 및 DSN 파일은 기본적으로 포함되어 있다.

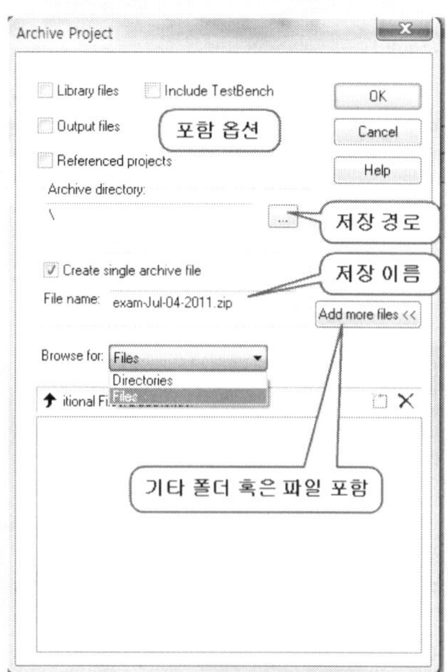

[그림 5-6] OPJ 및 DSN 파일은 기본적으로 포함

④ 저장경로는 현재 작업 폴더와 다른 폴더를 지정하여야 한다.

[그림 5-7] 현재 작업 폴더와 다른 폴더를 지정

03 Cache / Selection Filter 실행하기

(1) Cache 실행하기

① Schematic에 한번이라도 배치한 부품은 Cache에 저장이 된다(또한 Edit Part로 수정한 경우에도 수정한 부품의 정보가 저장된다).

② Project Manager에서 Design Cache 폴더를 선택 후 메뉴 Design－Cleanup Cache 또는 RMB－Cleanup Cache 선택한다.

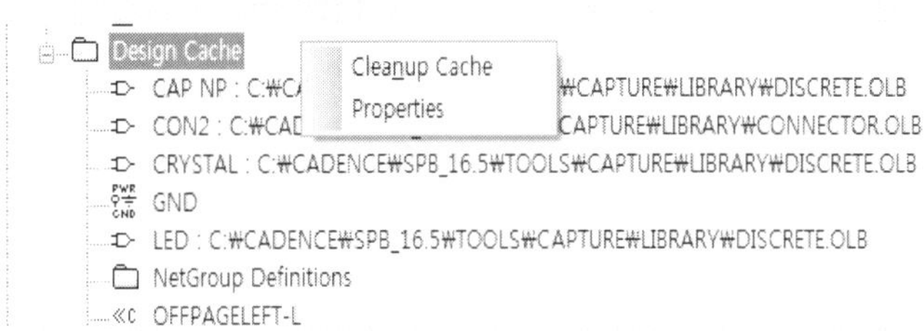

[그림 5-8] 메뉴 Design－Cleanup Cache 선택

－ Cleanup Cache : 회로도에 있는 Part 정보를 제외한 Part 정보 삭제

③ Design Cache 내의 소자를 선택한 후 메뉴 Design－Update Cache 또는 Replace Cache를 선택한다(RMB).

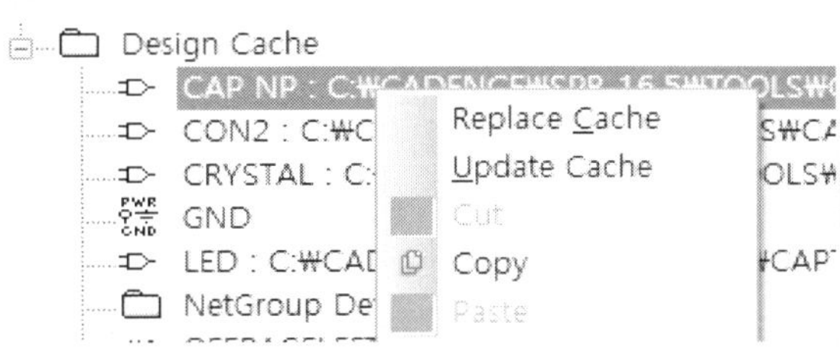

[그림 5-9] 메뉴 Design－Update Cache 또는 Replace Cache를 선택

㉠ Update Cache : 수정된 Part를 적용시킬 경우

㉡ Replace Cache : 기존 Part를 새로운 Part로 대체할 경우

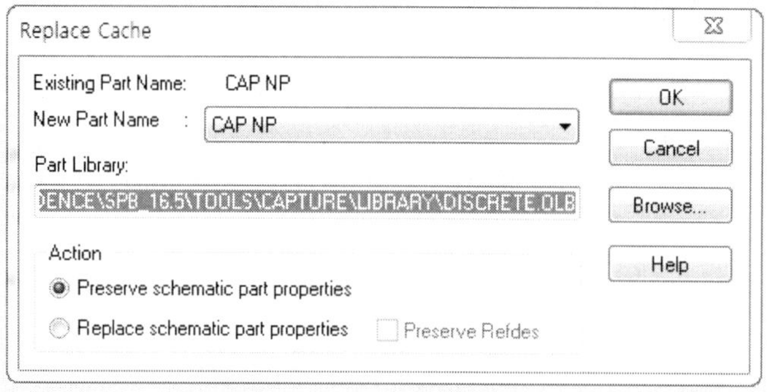

[그림 5-10] Replace Cache 설정

(2) Selection Filter 실행하기

① 작성된 회로도에서 임의의 부품만을 선택할 수 있다.

② Schematic 창에서 메뉴 View-Selection Filter 또는 RMB-Selection Filter를 클릭 한다.

③ 선택하고자 하는 항목만 체크한다.

[그림 5-11] 선택하고자 하는 항목만 체크

04 Import Selection / Export Selection 실행하기

여러 작업에서 많이 사용되는 회로를 블록화하여 저장한 후 이용할 수 있다.

(1) Import Selection 실행하기

① 메뉴 File−Import Selection을 클릭한다.

② Add Library 버튼을 선택하여 라이브러리를 추가한다.

③ 파일을 선택 후 OK 버튼을 클릭한다.

④ 회로도의 적절한 부분에 배치한다.

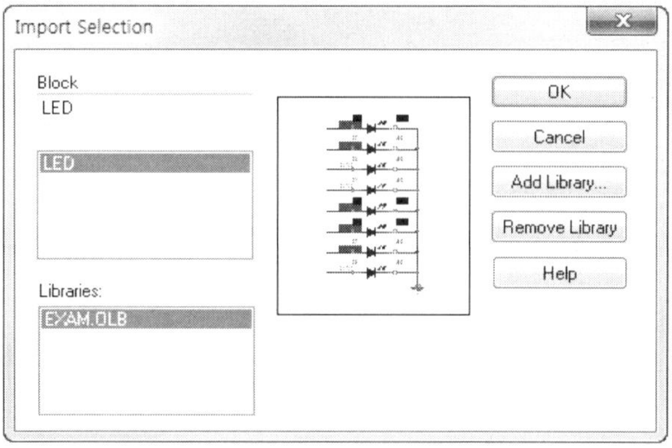

[그림 5-12] 회로도의 적절한 부분에 배치

(2) Export Selection 실행하기

① 작업 중인 회로도를 연다.

② 회로도에서 저장하고자 하는 부분을 선택한다.

③ 메뉴 File−Export Selection을 선택한다.

④ 저장할 이름과 라이브러리를 지정 후 OK 버튼을 클릭한다.

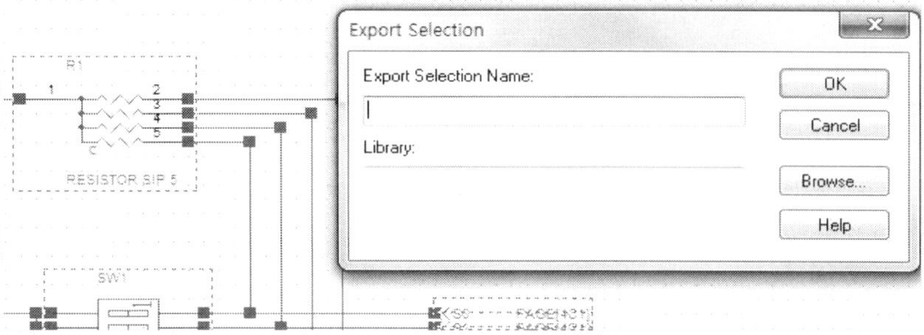

[그림 5-13] 저장할 이름과 라이브러리를 지정 후 OK 버튼을 클릭

05 Lock 실행하기

Sheet 또는 부품을 고정시킬 수 있다.

(1) Sheet 고정

① Project Manager 창에서 Page를 선택 후 메뉴 Edit−Lock 또는 RMB−Lock을 선택한다.

② 자물쇠 모양이 표시되며 도면 내부의 부품 등의 객체들은 고정된다.

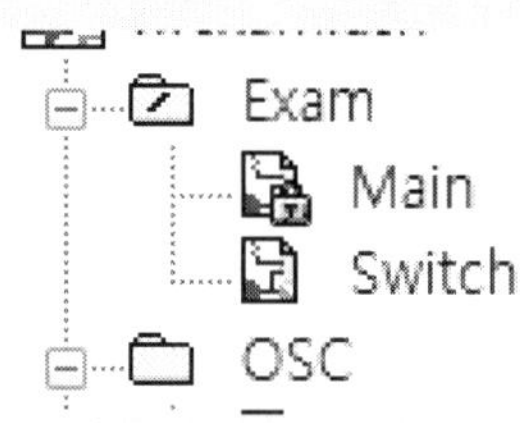

[그림 5-14] 자물쇠 모양이 표시되며 도면 내부의 부품 등의 객체들은 고정

(2) 부품의 고정

① 작업 중인 도면에서 고정할 Part를 선택한다.

② 메뉴 Edit−Lock 또는 RMB−Lock을 선택한다.

③ 해제는 Unlock을 선택한다.

06 Fisheye View / Show Footprint / OLE Object / Picture 실행하기

(1) Fisheye View 실행하기

Fisheye View는 물고기 눈처럼 볼록렌즈 기능의 보기를 제공한다.

① 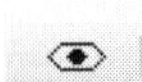 아이콘 또는 RMB−Fisheye View를 선택한다.

② 다시 RMB를 클릭하면 Fisheye에 대한 옵션 항목이 나타난다.

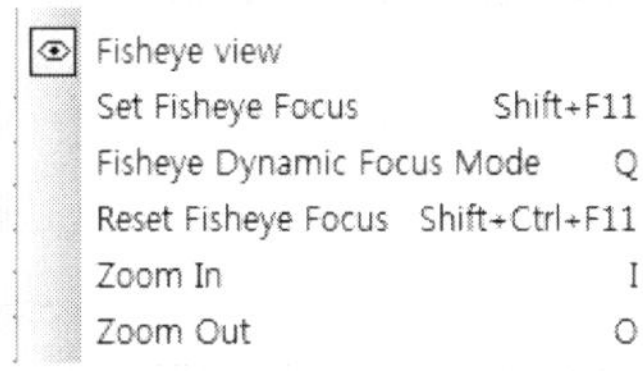

[그림 5-15] RMB를 클릭 Fisheye에 옵션 항목 나타남

㉠ Set Fisheye Focus : 마우스가 위치한 부분을 확대한다.

㉡ Fisheye Dynamic Focus Mode : 마우스의 이동에 따라 확대 영역이 이동한다.

㉢ Reset Fisheye Focus : 확대된 영역을 초기화시킨다.

㉣ Zoom In : 영역 확대

㉤ Zoom Out : 영역 축소

[그림 5-16] Fisheye View 실행

(2) Show Footprint 실행하기

① 속성에서 부여한 PCB Footprint를 Capture 상에서 보여준다.

② 회로도에서 부품을 선택 후 RMB-Show Footprint를 선택한다.

③ Capture 화면의 오른쪽에 Footprint Viewer창이 나타난다.

④ 부품의 핀 또는 게이트를 선택하면 Footprint의 핀이 선택된다.

⑤ Footprint의 속성을 확인할 때는 마우스 오른쪽 버튼을 이용하여 선택하면 확인이 가능하다.

⑥ 메뉴 View-Toolbar-Footprint Viewer를 클릭하면 Viewer에 관한 보기 아이콘이 나타난다.

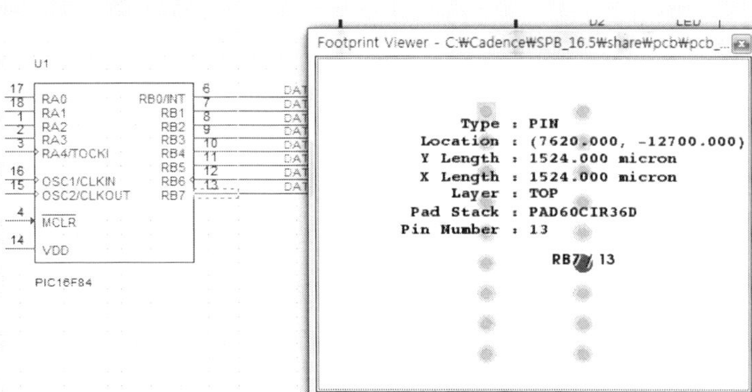

[그림 5-17] Show Footprint 실행

(3) OLE Object/Picture 실행하기

① 도면에 문서, 그림판 등의 파일을 삽입할 수 있다.

② 메뉴 Place－OleObject를 선택한다.

③ 새로 만들기 또는 파일로부터 만들기를 선택하고 개체 유형을 선택한다.

④ 확인을 선택한 후 화면에 크기만큼 클릭한다. 프로그램과 연동되어 편집 작성이 가능하다. 꼭지점을 클릭하여 크기를 조절할 수 있다.

⑤ 메뉴 Place－Picture를 선택한다.

⑥ BMP, JPEG 등의 포맷을 선택한 후 그림을 선택하면 화면에 그림이 나타난다.

⑦ 마우스를 이동하여 배치한 후 꼭지점을 조정하여 크기를 조절할 수 있다.

그림의 경우 크기가 작업용지 사이즈보다 작아야 하며, 용량이 너무 크지 않은 파일을 선택한다.

OLE Test	1	2	1+2
A	100	55	155
B	101	55	156
C	102	55	157
D	103	55	158
E	104	55	159

[그림 5-18] OLE Object/Picture 실행

07 Find 실행하기

회로도에 사용한 Part와 Net 등을 검색하는 기능을 제공한다.

① 검색창( )을 이용하거나 메뉴 Edit－Find...을 선택한다.

② 검색창에 찾고자 하는 Part나 Net의 이름을 기입한 후 쌍안경 아이콘을 클릭한다(예 : D3, R*(R로 시작하는 모든 요소)).

③ Find Window창이 뜨며 해당 부품번호를 누르면 화면에 선택된 요소가 활성화된다.

Find Window

Reference	Value	Source Part	Source Library	Page	Page Number	Schematic	Zone
RBIAS	20k	R	D:₩ORCAD_9...	PAG...	1	Example	4B
RC1	10k	R	D:₩ORCAD_9...	PAG...	1	Example	3B
RC2	10k	R	D:₩ORCAD_9...	PAG...	1	Example	3B
RS1	1k	R	D:₩ORCAD_9...	PAG...	1	Example	4B
RS2	1k	R	D:₩ORCAD_9...	PAG...	1	Example	3B

Parts

[그림 5-19] Find Window창

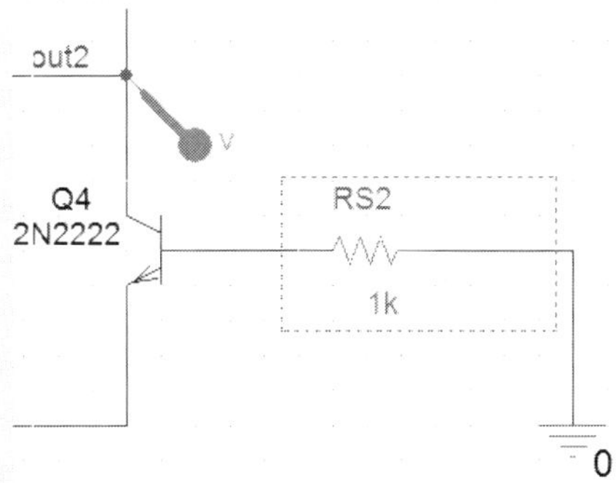

[그림 5-20] 해당 부품번호를 누름

Reference	Value	Source Part	Source Library	Page	Page ...	Schematic	Zone	Location X-Coordinate	Location Y-Coordinate
R1	R	R	C:₩CADENCE...	PAG...	1	SCHEMAT...	4C	270	170
R2	R	R	C:₩CADENCE...	PAG...	1	SCHEMAT...	4C	340	170
R3	R	R	C:₩CADENCE...	PAG...	1	SCHEMAT...	3C	400	170
R4	R	R	C:₩CADENCE...	PAG...	1	SCHEMAT...	3C	430	170
R5	R	R	C:₩CADENCE...	PAG...	1	SCHEMAT...	3C	480	170

Find Window: Parts | Nets | TitleBlocks | Parts-Pin

[그림 5-21] 화면에 선택된 요소가 활성화

학습활동.1 교수학습 방법

교수 방법

- PCB 설계의 기본개념, 부품배치, 라이브러리 작성 등을 PCB 실물 기판과 PPT 자료로 제시한 후 설명한다.
- PCB 설계에서 회로 블록의 특성, 신호의 종류, 회로의 구성 등에 따라 회로 블록을 배치하는 방법을 설명한다.
- PCB의 Size, 제품의 기구적인 특성을 고려하여 부품을 배치하고, 고정 부품의 배치를 우선해야 하는 이유와 방법을 설명한다.
- PCB 설계 도구를 선정하는 방법을 설명하고, 사용되고 있는 설계 도구의 장·단점을 설명할 수 있도록 지도한다.
- PCB 설계 도구의 사용법은 선수학습으로 되어 있어야 하나, 그렇지 못한 경우에는 설계 도구 사용법을 별도의 시간을 할애하여 교육하여야 한다.
- 라이브러리로 등록되어 있지 않은 부품에 대해서는 부품 스케치부터 지도하여 라이브러리로 등록할 수 있도록 지도한다.
- PCB 설계를 위한 환경 설정 및 각종 Option을 지정할 수 있는 능력을 기르도록 한다.

학습 방법

- PCB 설계 도구를 능숙히 사용할 수 있도록 충분히 연습한다.
- PCB 설계 및 PCB 설계 도구에서 사용되는 다양한 용어를 충분히 숙지하도록 한다.
- PCB 설계가 회로의 전기적 특성에 영향을 줄 수 있음을 강조하여 회로 블록 및 부품의 배치 방법을 숙지한다.
- PCB 설계를 위한 설계 도구의 환경 설정, Option 지정을 필요에 따라 스스로 수행할 수 있도록 하고, 부품배치의 중요성을 강조한다.
- PCB 설계가 완료된 후 Gerber Data를 생성하여 PCB 제작 발주까지 할 수 있는 능력을 배양한다.
- PCB 설계에서 회로 블록간 인터페이스를 효과적으로 실현할 수 있도록 한다.

학습활동.1 평가 및 피드백

평가 준거

- 평가자는 피평가자가 수행 준거 및 평가내용에 제시되어 있는 내용을 성공적으로 수행할 수 있는지를 평가해야 한다.
- 평가자는 다음 사항을 평가해야 한다.

학습내용	평가항목	성취수준		
		상	중	하
OrCAD Capture 부가기능	- Symbol 생성하기 과정을 이해할 수 있다.			
	- Archive Project 실행하기 과정을 이해할 수 있다.			
	- Cache/Selection Filter실 행하기 과정을 이해할 수 있다.			
	- Import Selection/Export Selection 실행하기 과정을 이해할 수 있다.			
	- Lock 실행하기 과정을 이해할 수 있다.			
	- Fisheye View/Show Footprint/OLE Object/Picture 실행하기 과정을 이해할 수 있다.			
	- Find 실행하기 과정을 이해할 수 있다.			

평가 방법

- 평가자는 능력단위 PCB 설계하기의 수행 준거에 제시되어 있는 내용을 평가하기 위해 이론과 실기를 나누어 평가하거나, 종합적인 결과물의 평가 등 다양한 평가 방법을 이용할 수 있다.
- 필기시험

학습내용	평가항목	성취수준		
		상	중	하
OrCAD Capture 부가기능	- Symbol 생성하기 과정을 이해할 수 있다.			
	- Archive Project 실행하기 과정을 이해할 수 있다.			
	- Cache/Selection Filter 실행하기 과정을 이해할 수 있다.			
	- Import Selection/Export Selection 실행하기 과정을 이해할 수 있다.			
	- Lock 실행하기 과정을 이해할 수 있다.			
	- Fisheye View/Show Footprint/OLE Object/Picture 실행하기 과정을 이해할 수 있다.			
	- Find 실행하기 과정을 이해할 수 있다.			

• 체크리스트에 의한 관찰

학습내용	평가항목	성취수준		
		상	중	하
OrCAD Capture 부가기능	- Symbol 생성하기 과정을 이해할 수 있다.			
	- Archive Project 실행하기 과정을 이해할 수 있다.			
	- Cache/Selection Filter실 행하기 과정을 이해할 수 있다.			
	- Import Selection/Export Selection 실행하기 과정을 이해할 수 있다.			
	- Lock 실행하기 과정을 이해할 수 있다.			
	- Fisheye View/Show Footprint/OLE Object/Picture 실행하기 과정을 이해할 수 있다.			
	- Find 실행하기 과정을 이해할 수 있다.			

• 작업장 평가

평가항목	성취수준		
	상	중	하
각 조별로 실습준비 및 실습과정에 있어 효율적이고 성실한 실습태도로 임하고 작업 후에 실습도구 등을 정리한다.			

피 드 백

1. 작업 포트폴리오
   - 제출한 내용을 평가한 후 주요 사항을 표시하여 설명해준다.
2. 필기시험
   - 평가결과 일정 점수 이하인 학생들은 추가 학습 후 그 결과를 제출하도록 한다.
3. 체크리스트를 통한 관찰
   - 실습과정에서 평가한 후 주요 사항을 표시하여 돌려준다.

학습 1	PCB 설계 이해하기(19220206_13v1.4)
학습 2	OrCAD Capture를 이용한 도면작성
학습 3	PCB Footprint 생성
학습 4	OrCAD Capture 유틸리티
학습 5	OrCAD Capture 부가기능
학습 6	**OrCAD PCB Editor 구성 및 환경 설정**
학습 7	Constraint Manager
학습 8	Color/Visibility
학습 9	부품배치
학습 10	배선하기
학습 11	마무리 작업

6-1 환경 설정하기

학습 목표

- 환경 설정하기 과정을 이해할 수 있다.

필요지식

1. 화면구성 및 메뉴

(1) 기본 화면

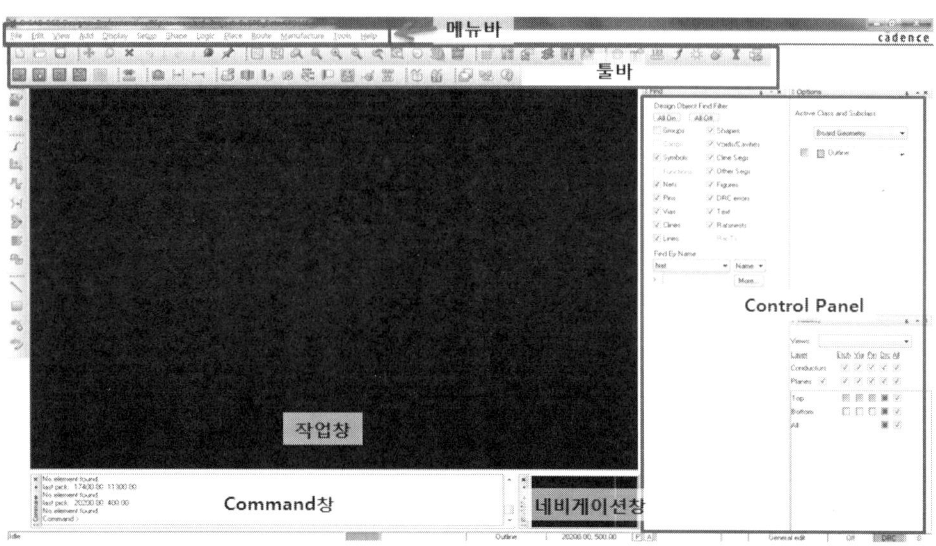

[그림 6-1] 기본 화면구성

(2) File Toolbar

〈표 6-1〉 File toolbar 메뉴 및 설명

(New)	새 작업을 실행
(Open)	기존 작업을 열다
(Save)	현재 작업을 저장

(3) Edit Toolbar

〈표 6-2〉 Edit Toolbar 메뉴 및 설명

(Move)	개체를 이동
(Copy)	개체를 원하는 형태로 복사
(Delete)	선택된 개체를 지움
(Undo)	현재 작업을 취소
(Redo)	Undo된 작업을 다시 실행
(Fix)	개체의 고정속성을 설정
(Unfix)	개체의 고정속성을 해제

(4) View Toolbar

〈표 6-3〉 View Toolbar 메뉴 및 설명

(Unrats All)	모든 Ratsnest를 숨김
(Rats All)	모든 Ratsnest를 보여줌
(Zoom Points)	클릭하고 확대할 영역을 지정
(Zoom Fit)	보드 전체 크기를 작업창에 보여줌
(Zoom In)	화면을 확대
(Zoom Out)	화면을 축소
(Zoom Previous)	이전 크기로 설정
(Zoom Selection)	선택된 부품을 화면의 가운데로 이동
(Redraw)	화면을 갱신함
(3D_viewer)	작성한 도면을 3D로 나타냄
(FlipDesign)	현재 화면 시점을 Bottom 면으로 변화

(5) AppMode Toolbar

〈표 6-4〉 AppMode Toolbar 메뉴 및 설명

(GeneralEdit)	일반 편집 모드(Place, Route, Copy, Move 등)로 실행
(PlacementEdit)	배치 모드(Place, Move 등)로 실행
(EtchEdit)	Etch 편집 모드(Slide, Delay tune, Smooth Cline 등)로 실행
(Signalintegrity)	SI 편집 모드(Slide, Move 등)로 실행

(6) Setup Toolbar

〈표 6-5〉 Setup Toolbar 메뉴 및 설명

(Grid Toggle)	Grid를 On/Off
(Color192)	Color 설정
(Shadow Toggle)	Shadow 모드를 On/Off
(Xsection)	적층(Stackup)구조를 편집
(Cmrg)	Constraints Manager를 설정
(Prmed)	PCB 설계 환경을 설정

(7) Dimension Toolbar

〈표 6-6〉 Dimension Toolbar 메뉴 및 설명

(Create Detail)	디자인에서 선택한 영역을 설정비율에 따라 생성
(Linefont)	Line의 속성(Dot, Solid, Phantom 등)을 설정
(Dimension Edit)	Dimension을 생성 및 수정

(8) Display Toolbar

〈표 6-7〉 Display Toolbar 메뉴 및 설명

(Show Element)	구성요소의 속성을 확인
(Cns Show)	선택된 개체의 Constraints 속성을 확인
(Show Measure)	지정한 지점의 길이 측정
(Assign Color)	선택된 개체에 색을 설정
(Highlight)	선택된 개체를 하이라이트
(Dehighlight)	하이라이트 속성을 제거
(Waive DRC)	DRC Marker를 제거
(Datatips Toggle)	Datatip을 On/Off

(9) Shape Toolbar

〈표 6-8〉 Shape Toolbar 메뉴 및 설명

(Shape Add)	다각형 Shape 작성
(Shape Add Rect)	사각형 Shape 작성
(Shape Add Circle)	원 Shape 작성
(Shape Select)	Shape 선택
(Shape Void Element)	임의의 모양으로 Shape 외곽에서 Etch 제거
(Shape Void Polygon)	기존 Shape를 다각형 모양으로 제거
(Shape Void Rectangle)	기존 Shape를 사각형 모양으로 제거
(Shape Void Circle)	기존 Shape를 원 모양으로 제거
(Shape Edit Boundary)	Shape의 외곽선을 수정(크기 조정)
(Island_Delete)	불필요한 Shape(Copper)를 제거

(10) Manufacture Toolbar

〈표 6-9〉 Manufacture Toolbar 메뉴 및 설명

(ODB_Out)	Allegro Board 파일을 ODB 파일로 Export
(Ncdrill Legend)	Drill 파일의 범례(차트)를 생성
(Ncdrill Param)	Drill 파일을 생성을 위한 파라미터를 설정
(Artwork)	Artwork(Gerber) 파일을 생성
(Silkscreen Param)	Silkscreen 속성을 설정
(Ncdrill Customization)	Drill의 종류에 따라 Symbol 설정
(Testprep Automatic)	Test point를 자동으로 생성
(Testprep Manual)	Test point를 수동으로 생성
(Thieving)	Thieving을 생성

(11) Analysis Toolbar

〈표 6-10〉 Analysis Toolbar 메뉴 및 설명

(Signal library)	SI 해석에 사용할 Model을 설정
(Signal Model)	배치된 부품에 SI Model을 설정

(12) Misc Toolbar

〈표 6-11〉 Misc Toolbar 메뉴 및 설명

(Reports)	다양한 Reports를 생성
(DRC Update)	DRC를 업데이트
(Help)	도움말

(13) Place Toolbar

〈표 6-12〉 Place Toolbar 메뉴 및 설명

(Place Manual)	PCB 설계에 사용할 부품을 수동 선택해서 배치
(Swap Pins)	두 핀에 배선된 선을 교체

(14) Route Toolbar

〈표 6-13〉 Route Toolbar 메뉴 및 설명

(Add Connect)	핀 간을 배선
(Slide)	기존 라우팅된 Etch를 슬라이드
(Delay Tune)	배선의 길이를 맞출 때 사용
(Custom Smooth)	곡선이나 꺾인 Etch를 직선으로 수정
(Vertex)	기존 Etch에 꼭지점을 추가해 수정
(Create Fanout)	SMD용 소자의 핀에 대해 Fanout을 생성
(Auto_Route)	자동으로 배선

(15) Add Toolbar

〈표 6-14〉 Add Toolbar 메뉴 및 설명

(Add Line)	Non-Etch 라인을 추가
(Add Rect)	Non-Etch 사각형을 그림
(Add Text)	텍스트를 입력
(Text Edit)	입력된 텍스트를 수정

(16) Command Window

명령어의 실행과 상태를 표시하며 직접 명령어를 작성할 수 있다.

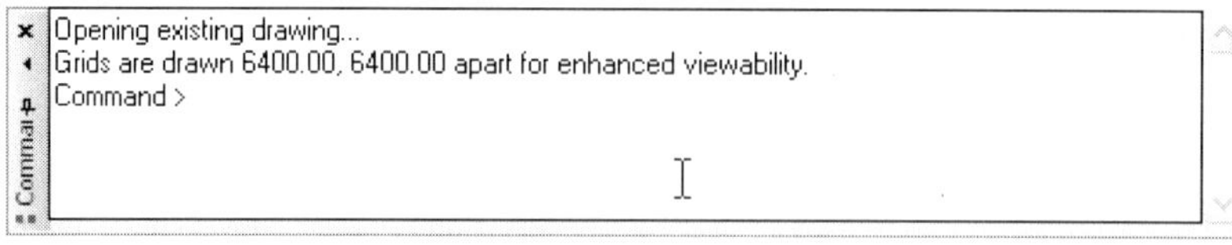

[그림 6-2] 명령어의 실행과 상태를 표시

(17) Control Panel Windows

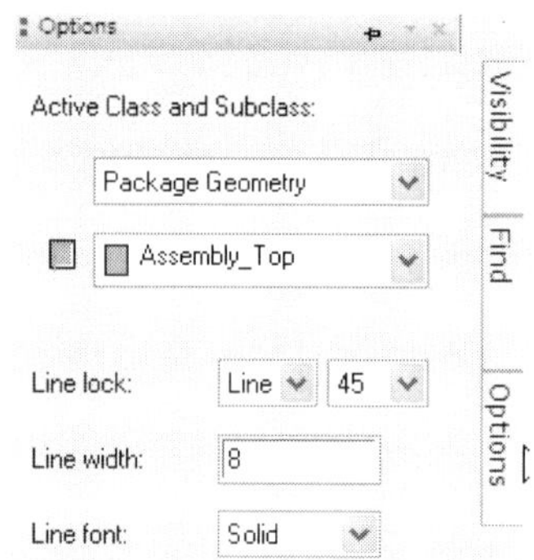

[그림 6-3] Visibility, Find, Options 메뉴

① Visibility : 현재 작업화면의 컬러 설정한다.

② Find : 선택 시 대상물 선정한다.

③ Options : 명령에 대한 속성을 지정한다.

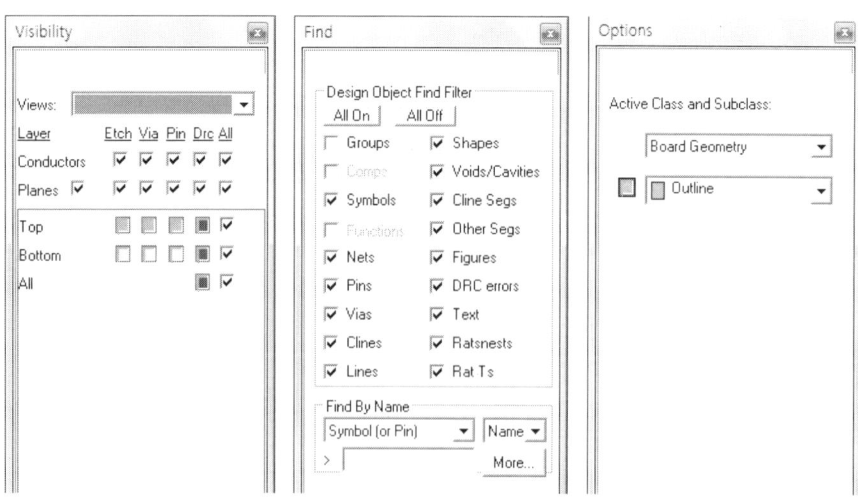

[그림 6-4] Visibility, Find, Options 설정

(18) Mouse Button

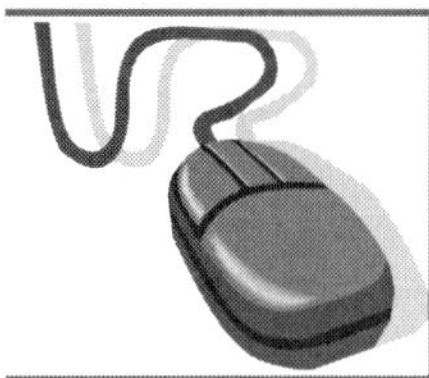

Left mouse button(LMB)	요소별 선택, 메뉴, Dragging 선택
Right mouse button(RMB)	Pop-up 메뉴 열기 또는 Strokes
Middle mouse button(MMB)	Pan, zoom control

[그림 6-5] Mouse Button

2. 환경 설정

(1) Design Parameters

설계에 필요한 단위, 원점 위치, 도면 사이즈, Gerber 포맷 등의 Parameter 설정을 한다.

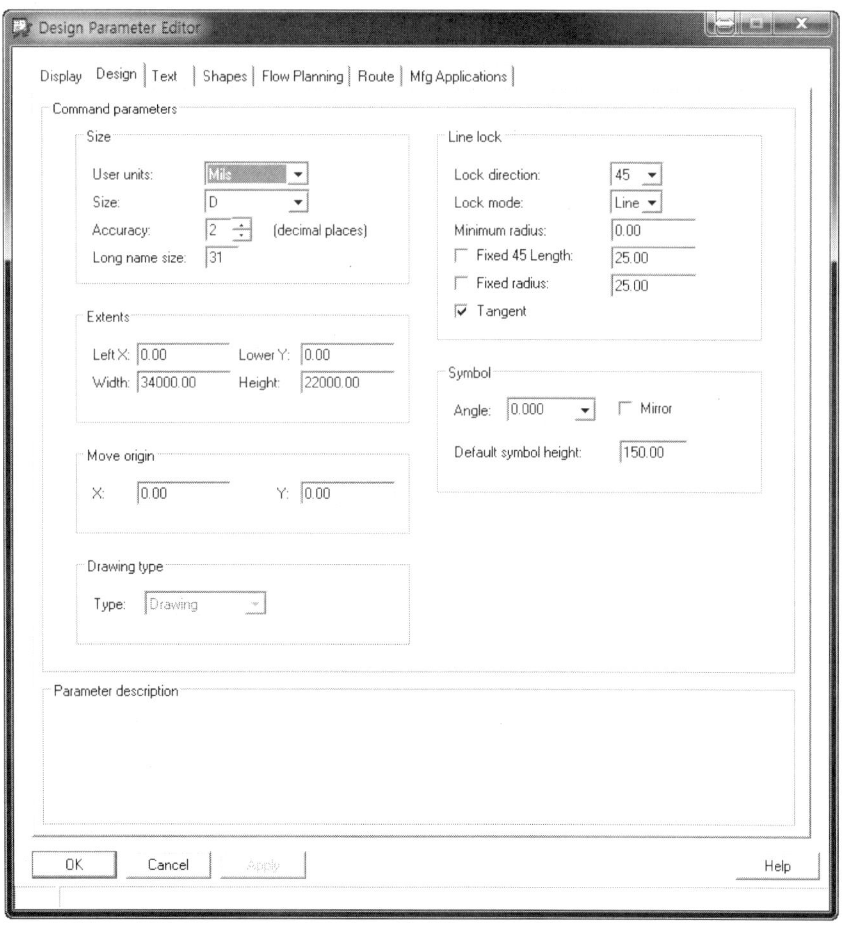

[그림 6-6] Design Parameters 설정

〈표 6-15〉 Design Parameters 설정 항목 및 옵션 설명

항 목	옵 션
Size	• User units : 기본 단위 • Size : 도면의 사이즈 • Accuracy : 최대 소수점 자리
Extents	• Left X/Lower Y : 음수 방향으로 확장할 수치 • Width/Height : Size에 의해 결정되며 유저가 수동으로 변경 가능
Move origin	Origin을 이동

(2) Grid

Drawing 과정에서 Grid 설정을 할 수 있다. Non-Etch(배선 모드가 아닌 경우)와 Etch(배선 모드) 각각에 대하여 설정이 가능하며, Layer 별로도 설정이 가능하고 값이 작을수록 세밀한 작업이 가능하다.

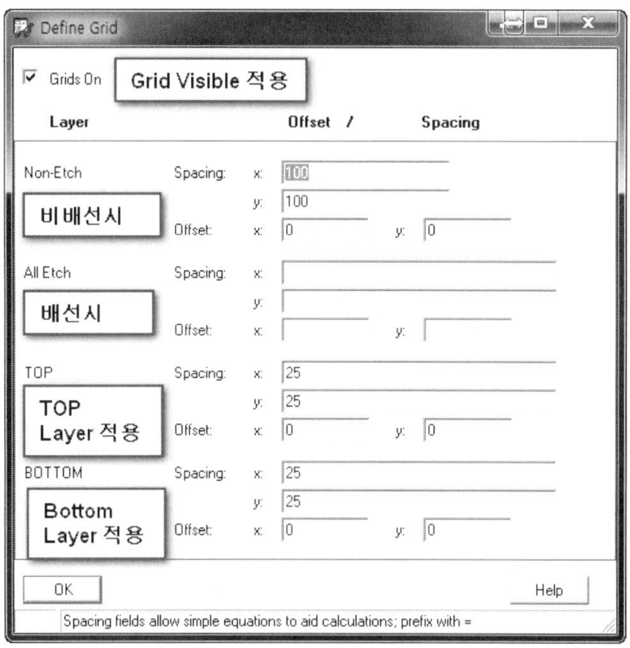

[그림 6-7] Drawing 과정에서 Grid 설정

(3) Cross Section

Layer 추가/삭제, 두께, 재질 등을 설정할 수 있다. 기본 Top Layer와 Bottom Layer는 생성된다.

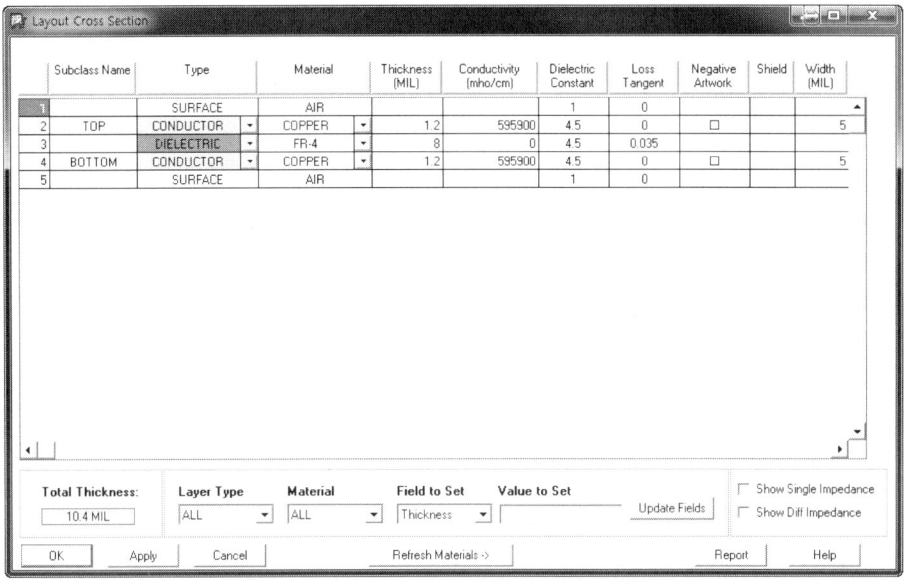

[그림 6-8] Layer 추가/삭제, 두께, 재질 등을 설정

(4) User Preferences

기타 속성을 설정할 수 있다. 학습 3에서 Paths－Library－padpath,psmpath 지정 방법은 반드시 숙지하도록 한다. 유용한 설정은 다음과 같다.

1) Display－Cursor

① infinite_cursor_bug_nt : windows7의 Aero theme 사용 시 문제해결

② pcb cursor : 커서의 모양을 결정(cross, infinite)

③ pcb cursor angle : infinite(무한대) 시 각도를 설정(0~90)

[그림 6-9] Display－Cursor

2) Display – Shape_fill – no_shape_fill

Shape의 면을 채우지 않는다.

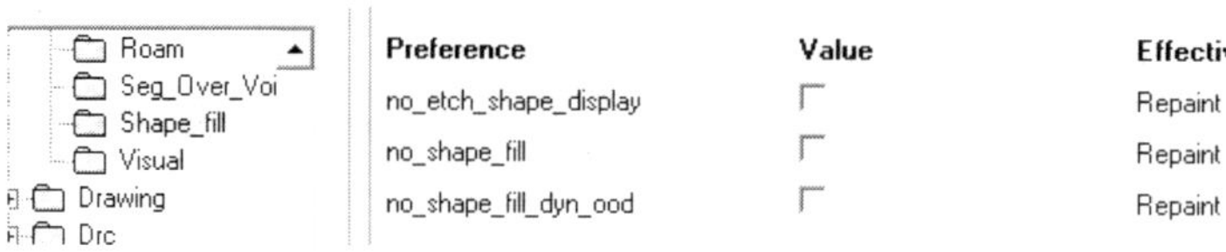

[그림 6-10] Display – Shape_fill – no_shape_fill

3) Display – Opengl – disable_opengl

OpenGL을 지원하지 않는 하드웨어에서는 disable시켜야 속도가 느려지는 것을 방지할 수 있다.

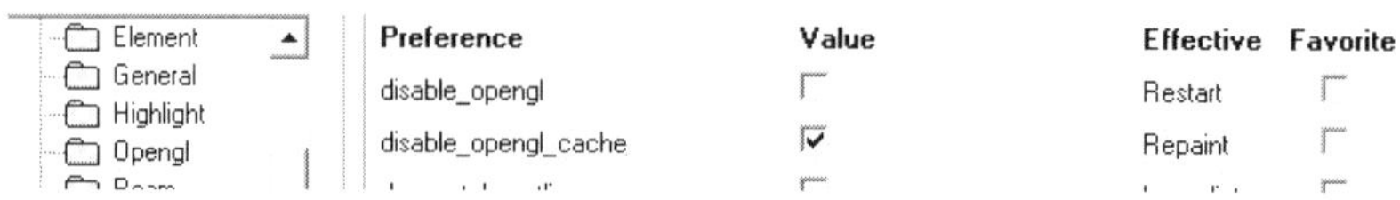

[그림 6-11] Display – Opengl – disable_opengl

4) Display – Opengl – draw_etch_outline

Etch의 Outline 선을 표시한다.

[그림 6-12] Display – Opengl – draw_etch_outline

5) Display – Opengl – static_shapes_fill_solid

shape(copper)의 면을 점이 아닌 Dynamic shape(solid)로 채운다.

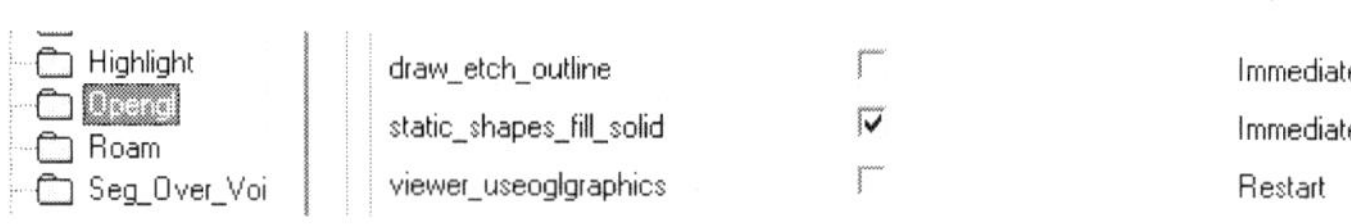

[그림 6-13] Display – Opengl – static_shapes_fill_solid

6) Display – Visual >display_drcfill

DRC Marker의 내부를 채워서 표시한다.

[그림 6-14] Display – Visual > display_drcfill

7) Drawing－db_tier_nomsg

DB Warning 메시지 경고창이 나타나지 않도록 설정한다.

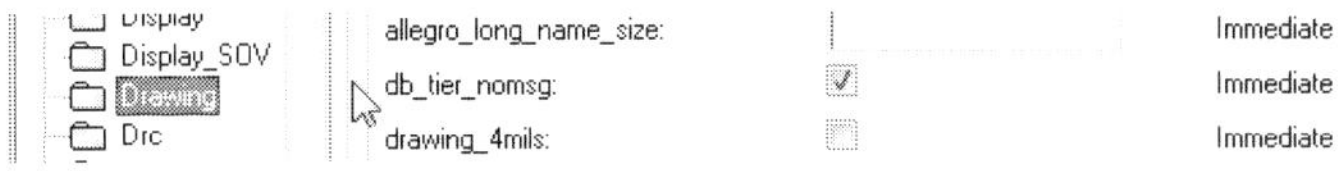

[그림 6-15] Drawing－db_tier_nomsg

8) Drawing－allegro_long_name_size

부품, net, padstack, function pin 이름의 길이제한을 설정(32~255)한다.

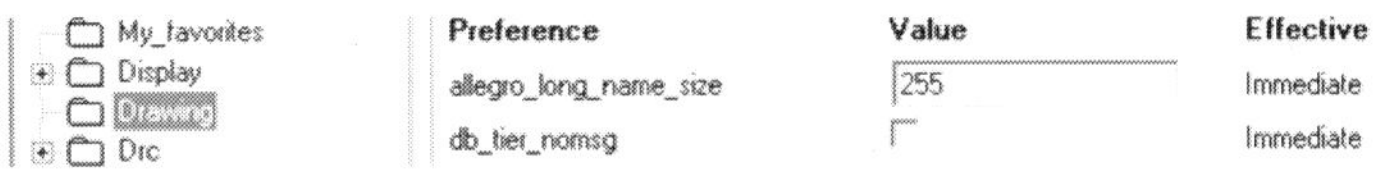

[그림 6-16] Drawing－allegro_long_name_size

9) File_management－Autosave〉전체

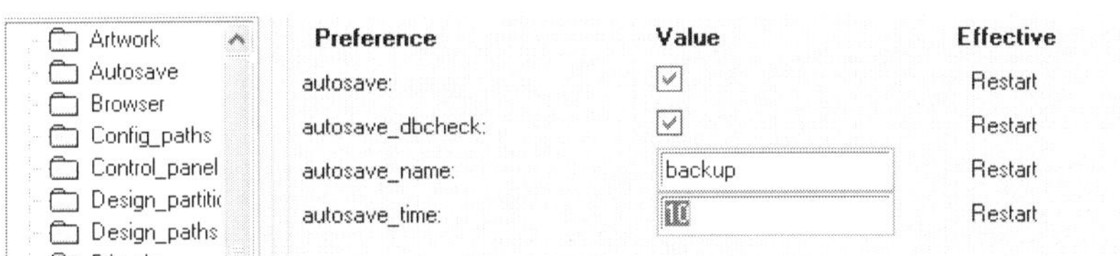

[그림 6-17] File_management－Autosave>전체

① autosave ：autosave 사용 여부

② autosave_dbcheck：자동 저장 시 database에 error 확인

③ autosave_name：자동 저장될 때 파일 이름

④ autosave_time：반복으로 자동 저장할 시간설정

10) File_management－Output_dir－ads_sdart

artwork 파일(거버 파일) 생성 시 저장 폴더를 생성하며 폴더에 파일이 생성된다.

[그림 6-18] File_management－Output_dir－ads_sdart

11) Paths－Library－padpath, psmpath

Pad(*.pad)와 Package Symbol(*.psm, *.fsm, *.ssm, *.osm, *.bsm)의 경로 추가한다.

[그림 6-19] Paths－Library－padpath, psmpath

12) Route－Connect－acon_disable_nullnet_route

배선 시 빈 화면에서 net없이 배선이 되지 않도록 설정한다.

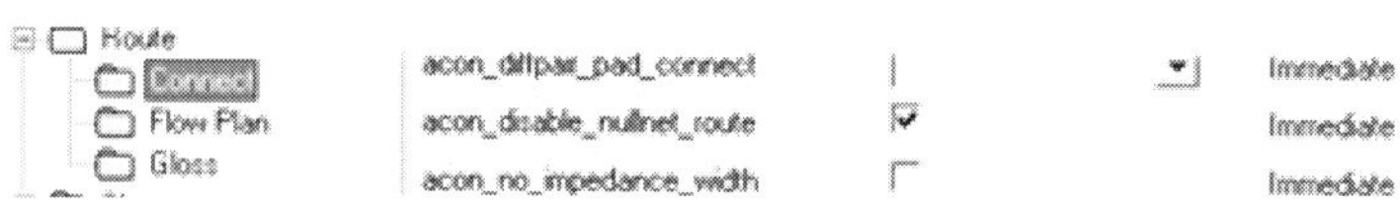

[그림 6-20] Route－Connect－acon_disable_nullnet_route

13) Route－Connect－allegro_etch_length_on

배선 시 배선길이를 출력－Total Length/Differential Pair 시 OrCAD SI 또는 Allegro 라이센스가 필요하다.

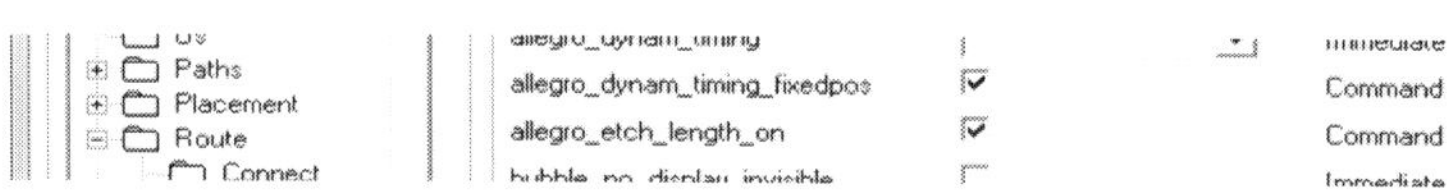

[그림 6-21] Route－Connect－allegro_etch_length_on

14) UI－Browse－nolast_directory /nolast_file

PCB Editor 실행 시 마지막 작업한 폴더 및 파일이 열리지 않는다(빈 화면 시작).

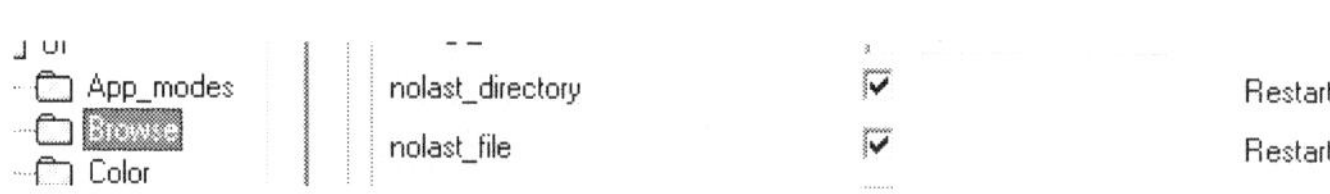

[그림 6-22] UI－Browse－nolast_directory /nolast_file

15) Ui－Input－no_dragpopup

Ctrl 키를 누르지 않고 마우스 오른쪽 버튼으로 Stroke를 그릴 수 있다.

[그림 6-23] Ui－Input－no_dragpopup

수행 내용 환경 설정하기

재료 · 자료

- 상세 회로도면, 기구도면, A4 용지, 필기구

기기(장비 · 공구)

- 인터넷 가능한 컴퓨터, 한글 오피스, 프린터

안전 · 유의사항

- 회로동작 및 기능을 충분히 숙지하도록 한다.
- 컴퓨터에 바이러스가 침투하지 않도록 유의한다.

수행 순서

01 환경 설정

① 메뉴바 Setup－Design Parameter를 선택한다.

② Design 탭에서 그림과 같이 설정한다.

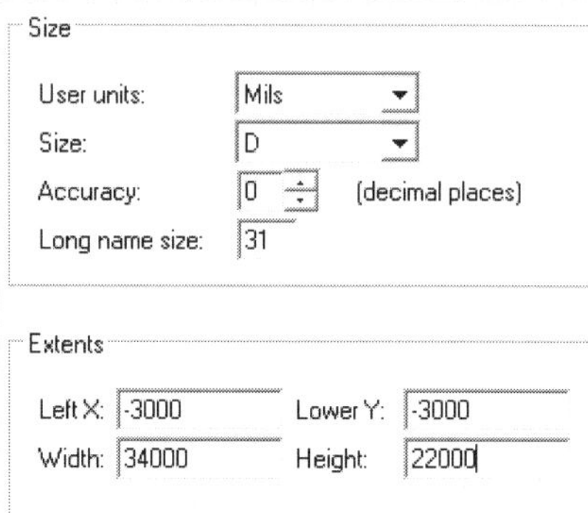

[그림 6-24] Design 탭 설정

③ 하단의 Apply를 선택한다.

④ Shape 탭에서 Edit global dynamic shape parameters를 선택한다.

⑤ Void controls에서 Artwork format을 Gerber RS274X로 선택한다.

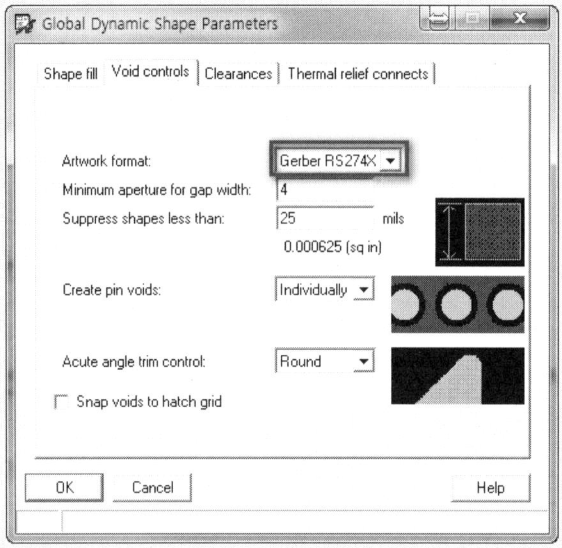

[그림 6-25] Artwork format을 Gerber RS274X로 선택

⑥ OK 버튼을 클릭한다.

⑦ 메뉴바 Setup-Grid를 선택한다.

⑧ Grid On을 선택한다.

⑨ OK 버튼을 클릭한다.

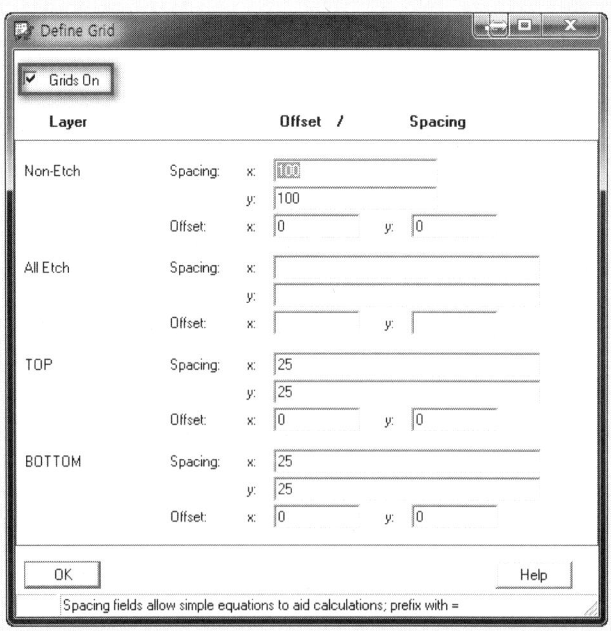

[그림 6-26] Grid On을 선택

6-2 Function Key / Alias 설정하기

학습 목표	• Function Key / Alias 설정하기 과정을 이해할 수 있다.

필요지식

PCB Editor는 단축키 변경이 등록/수정이 가능하다. 등록방법에는 Function Key와 Alias가 있다. Function Key는 키 입력 후 명령이 바로 적용, alias는 Command Window에 입력하여 명령이 실행되며 등록방법은 그림과 같다.

funckey∨단축키∨명령	alias∨단축키∨명령

[그림 6-27] Function key 입력 명령실행, alias 입력하여 명령 실행

수행 내용 Function Key/Alias 설정하기

재료 · 자료

- 상세 회로도면, 기구도면, A4 용지, 필기구

기기(장비 · 공구)

- 인터넷 가능한 컴퓨터, 한글 오피스, 프린터

안전 · 유의사항

- 회로동작 및 기능을 충분히 숙지하도록 한다.
- 컴퓨터에 바이러스가 침투하지 않도록 유의한다.

수행 순서

01 Function Key / Alias 설정

① 메뉴바 Edit의 Copy, Move 명령에 기본 설정된 단축키를 확인한다.

[그림 6-28] Copy, Move 명령에 단축키 확인

② 하단의 Command Window에서 그림과 같이 입력한다.

funckey∨c∨copy	funckey∨m∨move

[그림 6-29] Command Window에서 입력

③ 메뉴바 Edit의 Copy, Move 명령에 새로 적용된 단축키를 확인한다.

[그림 6-30] Copy, Move 명령에 새로 적용된 단축키를 확인

④ 설정값을 저장하기 위해서는 Command Window에 vi $localenv/env를 실행하여 설정한다.

OrCAD를 이용한 PCB 설계 및 응용

6-3 Stroke Editor 이해하기

학습 목표	• Stroke Editor 이해하기 과정을 이해할 수 있다.

필요지식

키보드의 Ctrl(Control)키를 누른 상태에서 마우스 오른쪽 버튼으로 지정된 모양을 그려 명령을 실행시킨다.

1. Stroke 생성 및 수정

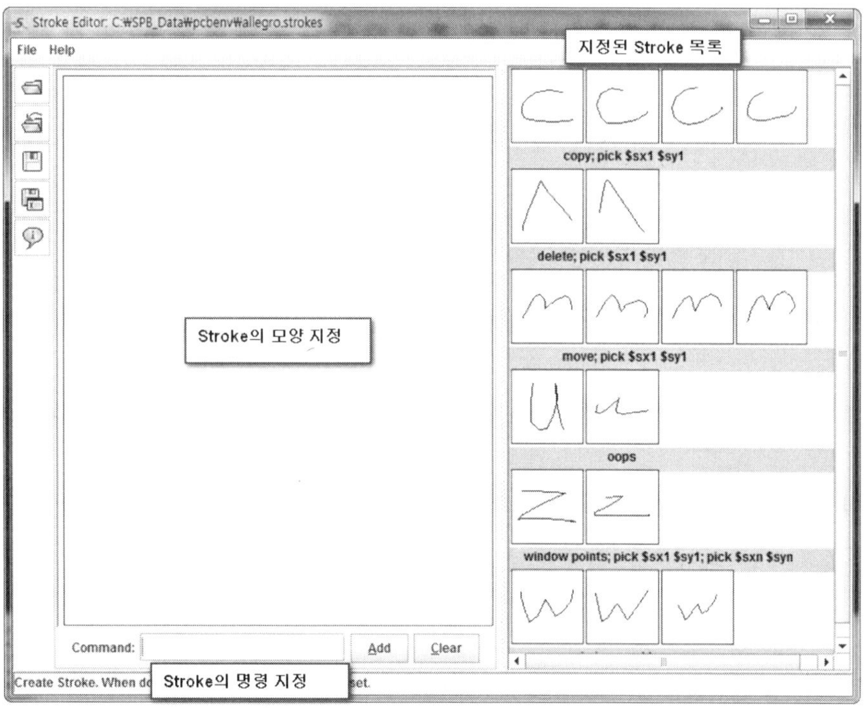

[그림 6-31] Stroke 생성 및 수정

2. 추천 Stroke

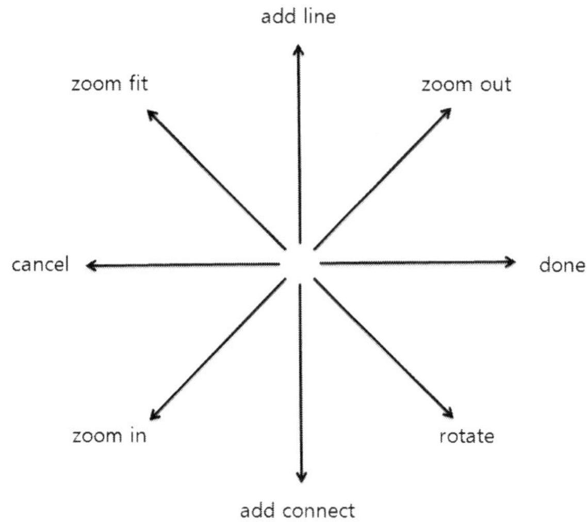

[그림 6-32] 추천 Stroke

수행 내용 Stroke Editor 이해하기

재료 · 자료

- 상세 회로도면, 기구도면, A4 용지, 필기구

기기(장비 · 공구)

- 인터넷 가능한 컴퓨터, 한글 오피스, 프린터

안전 · 유의사항

- 회로동작 및 기능을 충분히 숙지하도록 한다.
- 컴퓨터에 바이러스가 침투하지 않도록 유의한다.

수행 순서

01 Stroke Editor

① 메뉴 Tools>Utilities>Stroke Editor를 선택한다.

② 위 추천 Stroke를 참조하여 zoom in(window points; pick $sx1 $sy1; pick $sxn $syn)과 zoom out을 추가한다.

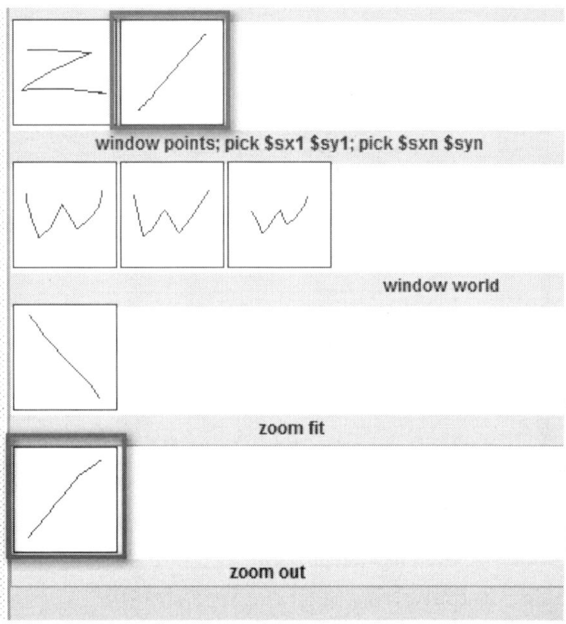

[그림 6-33] zoom in과 zoom out을 추가

③ 메뉴바 File-Save를 하여 저장한다.

6-4 Board Outline 생성하기

학습 목표

• Board Outline 생성하기 과정을 이해할 수 있다.

필요지식

PCB 설계 시 실제로 제작되는 영역이 Board Outline이다. Board Outline 관련 옵션에는 Create, Edit, Move, Delete가 있으며, Package Keepin과 Route Keepin Layer 설정도 가능하다.

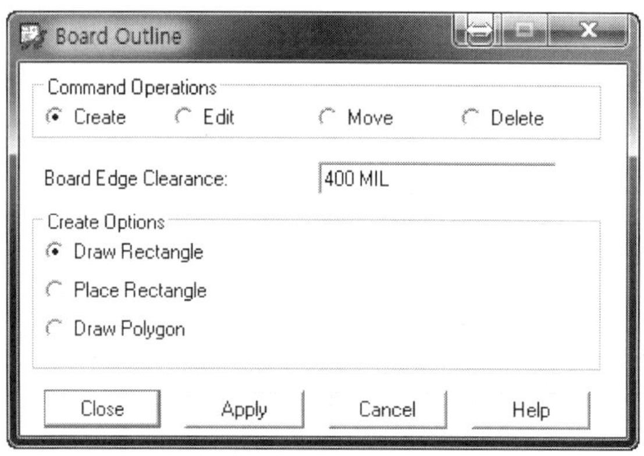

[그림 6-34] Board Outline 관련 옵션

① Draw Rectangle : Rectangle을 생성(2Point 지정)한다.

② Place Rectangle : Rectangle을 생성(Width, Height 설정 후 1Point 지정)한다.

③ Draw Polygon : 다각형 형태 생성(모든 Point 지정)한다.

수행 내용 Board Outline 생성하기

재료 · 자료

- 상세 회로도면, 기구도면, A4 용지, 필기구

기기(장비 · 공구)

- 인터넷 가능한 컴퓨터, 한글 오피스, 프린터

안전 · 유의사항

- 회로동작 및 기능을 충분히 숙지하도록 한다.
- 컴퓨터에 바이러스가 침투하지 않도록 유의한다.

수행 순서

01 Board Outline 생성

① 메뉴바 Setup−Board Outlines−Board Outline을 선택한다.

② Board Edge Clearance : 100MIL

Create Options : Draw Rectangle을 선택한다.

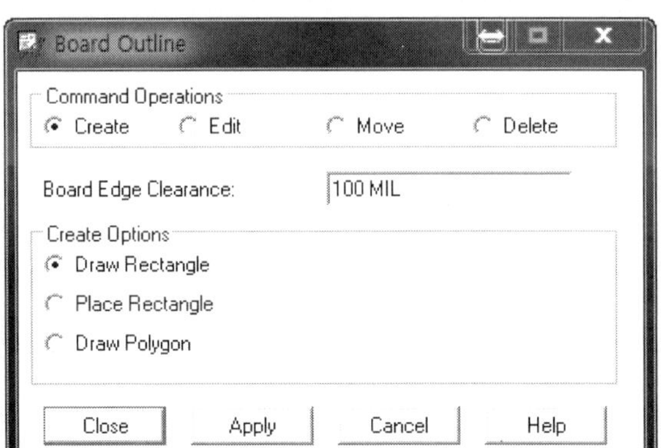

[그림 6-35] Draw Rectangle을 선택

③ Command Window에 다음과 같이 입력한다.

```
X 0 0
X 6000 4000
```

[그림 6-36] Command Window에 입력

학습활동.1 교수학습 방법

교수 방법

- PCB 설계의 기본개념, 부품배치, 라이브러리 작성 등을 PCB 실물 기판과 PPT 자료로 제시한 후 설명한다.
- PCB 설계에서 회로 블록의 특성, 신호의 종류, 회로의 구성 등에 따라 회로 블록을 배치하는 방법을 설명한다.
- PCB의 Size, 제품의 기구적인 특성을 고려하여 부품을 배치하고, 고정 부품의 배치를 우선해야 하는 이유와 방법을 설명한다.
- PCB 설계 도구를 선정하는 방법을 설명하고, 사용되고 있는 설계 도구의 장 · 단점을 설명할 수 있도록 지도한다.
- PCB 설계 도구의 사용법은 선수학습으로 되어 있어야 하나, 그렇지 못한 경우에는 설계 도구 사용법을 별도의 시간을 할애하여 교육하여야 한다.
- 라이브러리로 등록되어 있지 않은 부품에 대해서는 부품 스케치부터 지도하여 라이브러리로 등록할 수 있도록 지도한다.
- PCB 설계를 위한 환경 설정 및 각종 Option을 지정할 수 있는 능력을 기르도록 한다.

학습 방법

- PCB 설계 도구를 능숙히 사용할 수 있도록 충분히 연습한다.
- PCB 설계 및 PCB 설계 도구에서 사용되는 다양한 용어를 충분히 숙지하도록 한다.
- PCB 설계가 회로의 전기적 특성에 영향을 줄 수 있음을 강조하여 회로 블록 및 부품의 배치 방법을 숙지한다.
- PCB 설계를 위한 설계 도구의 환경 설정, Option 지정을 필요에 따라 스스로 수행할 수 있도록 하고, 부품배치의 중요성을 강조한다.
- PCB 설계가 완료된 후 Gerber Data를 생성하여 PCB 제작 발주까지 할 수 있는 능력을 배양한다.
- PCB 설계에서 회로 블록간 인터페이스를 효과적으로 실현할 수 있도록 한다.

학습활동.1 평가 및 피드백

평가 준거

- 평가자는 피평가자가 수행 준거 및 평가내용에 제시되어 있는 내용을 성공적으로 수행할 수 있는지를 평가해야 한다.
- 평가자는 다음 사항을 평가해야 한다.

학습내용	평가항목	성취수준		
		상	중	하
환경 설정하기	- 환경 설정하기 과정을 이해할 수 있다.			
Function Key/ .Alias 설정하기	- Function Key/.Alias 설정하기 과정을 이해할 수 있다.			
Stroke Editor 이해하기	- Stroke Editor 이해하기 과정을 이해할 수 있다.			
Board Outline 생성하기	- Board Outline 생성하기 과정을 이해할 수 있다.			

평가 방법

- 평가자는 능력단위 PCB 설계하기의 수행 준거에 제시되어 있는 내용을 평가하기 위해 이론과 실기를 나누어 평가하거나, 종합적인 결과물의 평가 등 다양한 평가 방법을 이용할 수 있다.
- 필기시험

학습내용	평가항목	성취수준		
		상	중	하
환경설정하기	- 환경설정하기 과정을 이해할 수 있다.			
Function Key/ .Alias 설정하기	- Function Key/.Alias 설정하기 과정을 이해할 수 있다.			
Stroke Editor 이해하기	- Stroke Editor 이해하기 과정을 이해할 수 있다.			
Board Outline 생성하기	- Board Outline 생성하기 과정을 이해할 수 있다.			

• 체크리스트에 의한 관찰

학습내용	평가항목	성취수준 상	중	하
환경 설정하기	- 환경 설정하기 과정을 이해할 수 있다.			
Function Key/ .Alias 설정하기	- Function Key/.Alias 설정하기 과정을 이해할 수 있다.			
Stroke Editor 이해하기	- Stroke Editor 이해하기 과정을 이해할 수 있다.			
Board Outline 생성하기	- Board Outline 생성하기 과정을 이해할 수 있다.			

• 작업장 평가

평가항목	성취수준 상	중	하
각 조별로 실습준비 및 실습과정에 있어 효율적이고 성실한 실습태도로 임하고 작업 후에 실습도구 등을 정리한다.			

피 드 백

1. 작업 포트폴리오
   - 제출한 내용을 평가한 후 주요 사항을 표시하여 설명해준다.
2. 필기시험
   - 평가결과 일정 점수 이하인 학생들은 추가 학습 후 그 결과를 제출하도록 한다.
3. 체크리스트를 통한 관찰
   - 실습과정에서 평가한 후 주요 사항을 표시하여 돌려준다.

학습 1	PCB 설계 이해하기(19220206_13v1.4)
학습 2	OrCAD Capture를 이용한 도면작성
학습 3	PCB Footprint 생성
학습 4	OrCAD Capture 유틸리티
학습 5	OrCAD Capture 부가기능
학습 6	OrCAD PCB Editor 구성 및 환경 설정
학습 7	**Constraint Manager**
학습 8	Color/Visibility
학습 9	부품배치
학습 10	배선하기
학습 11	마무리 작업

7-1 Electrical Rules 이해하기

학습 목표

- Constraint Manager를 이해할 수 있다.
- Electrical Rules 이해하기 과정을 이해할 수 있다.

필요지식

1. Constraint Manager

이번에서는 배선의 길이, 폭, 간격 등에 대한 제약조건을 Net 또는 영역별로 설정할 수 있는 Constraint Manager를 다루도록 한다. Constraint Manager에는 대표적으로 Electrical Rules, Physical Rules, Spacing Rules가 있다.

또한 보유 중인 라이센스에 따라 내부 항목의 설정할 수 있는 폭이 다르게 된다.

2. Electrical Rules

Electrical Rules에서는 전기적인 속성을 설정 가능하다.

OrCAD Professional 라이센스의 경우 Routing 항목의 Total Etch Length와 Differential Pair 설정이 가능하다.

(1) Total Etch Length

각 Net별로 Min/Max 길이를 설정할 수 있다. 지정된 값을 벗어나면 오류가 나타난다.

Objects			Minimum Total Etch	Maximum Total Etch
Type	S	Name	mil	mil
*		*	*	*
Dsn		9_COMPLEMENT		

[그림 7-1] 각 Net별로 Min/Max 길이를 설정

(2) Differential Pair

Differential Pair로 지정된 Net간에 관한 설정을 할 수 있다.

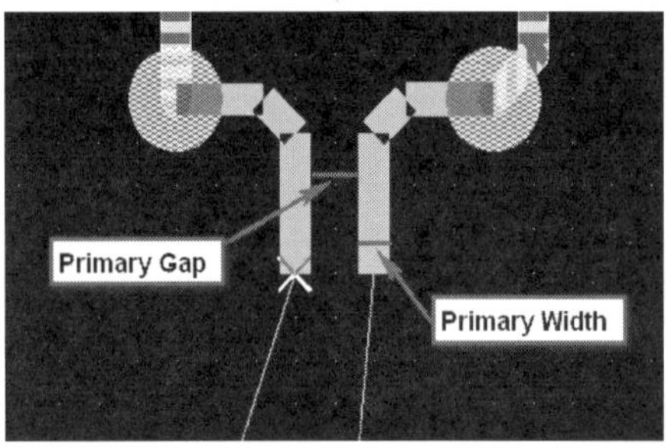

- Gather Control : Tolerence 등에 Gather Point 포함 유무
- Primary Gab : Pair간의 간격
- Primary Width : 배선의 폭(Spacing Rule 지정 시 Primary Width 우선)
- (+)(−)Tolerance : 오차 허용 범위

[그림 7-2] Differential Pair로 지정된 Net간에 관한 설정

수행 내용 Electrical Rules 실행하기

재료 · 자료

- 상세 회로도면, 기구도면, A4 용지, 필기구

기기(장비 · 공구)

- 인터넷 가능한 컴퓨터, 한글 오피스, 프린터

안전 · 유의사항

- 회로동작 및 기능을 충분히 숙지하도록 한다.
- 컴퓨터에 바이러스가 침투하지 않도록 유의한다.

수행 순서

01 Electrical Rules 실행하기

① 메뉴바 Setup－Constraints－Electrical을 선택한다.

② 왼쪽 Electrical Constraint Set－Routing－Total Etch Length를 선택한다.

③ Dsn을 마우스 오른쪽 클릭－Create－Electrical CSet을 선택한다.

④ CSet의 이름을 800_1200으로 지정 후 OK 버튼을 클릭한다.

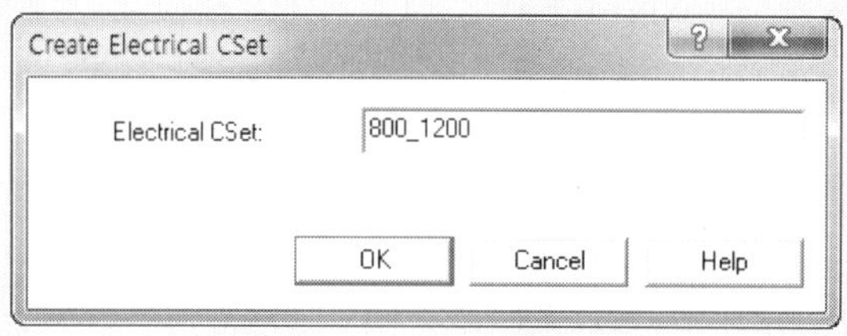

[그림 7-3] CSet의 이름을 800_1200으로 지정 후 OK 버튼을 클릭

⑤ Minimum Total Etch : 800, Maximum Total Etch : 1200으로 설정한다.

Objects			Minimum Total Etch	Maximum Total Etch
Type	S	Name	mil	mil
*		*	*	*
Dsn		⊟ 9_COMPLEMENT		
ECS		800_1200	800	1200

[그림 7-4] Minimum Total Etch : 800, Maximum Total Etch : 1200으로 설정

⑥ 왼쪽 Net－Routing－Total Etch Length를 선택한다.

⑦ Net 목록 중 CLK의 Referenced Electrical CSet을 800_1200으로 선택한다.

Objects			Referenced Electrical CSet	Total Etch Length			Total Etch Length		
				Min	Actual	Margin	Max	Actual	Margin
Type	S	Name		mil	mil	mil	mil	mil	mil
*		*	*	*	*	*	*	*	*
Dsn		⊟ 9_COMPLEMENT							
Net		+5V							
Net		+12V							
Net		-12V							
Net		CLK	800_1200	800			1200		

[그림 7-5] CLK의 Referenced Electrical CSet을 800_1200으로 선택

⑧ 또는 CSet을 오른쪽 클릭하여 Constraint Set References를 이용하여 Net를 지정할 수 있다.

7-2 Physical Rules 이해하기

학습 목표

- Physical Rules 이해하기 과정을 이해할 수 있다.

필요지식

Physical Rules는 물리적인 속성을 설정 가능하다. 배선의 Min/Max 폭, Neck의 Min/Max폭 등을 설정 가능하다. Electrical Rule의 Differential Pair 항목 중 물리적인 요소들은 Physical Rules에서도 설정 가능하다.

Electrical Rule과는 달리 기본 Defualt Rule이 설정되어 있다.

Objects			Line Width		Neck	
			Min	Max	Min Width	Max Length
Type	S	Name	mil	mil	mil	mil
*		*	*	*	*	*
Dsn		⊟ 9_COMPLEMENT	5	0	5	0
PCS		⊞ DEFAULT	5	0	5	0

[그림 7-6] 물리적인 속성을 설정

① Line Width Min : 배선의 최소 폭(배선 시 자동으로 Min란에 지정한 값으로 배선된다)이다.

② Line Width Max : 배선의 최대 폭이다.

③ Neck Min Width : Neck 모드 시 최소 폭(Neck으로 배선 시 자동으로 Min란에 지정한 값으로 배선된다)

④ Neck Max Length : Neck 모드 시 최대 길이이다.

수행 내용 Physical Rules 실행하기

재료 · 자료

- 상세 회로도면, 기구도면, A4 용지, 필기구

기기(장비 · 공구)

- 인터넷 가능한 컴퓨터, 한글 오피스, 프린터

안전 · 유의사항

- 회로동작 및 기능을 충분히 숙지하도록 한다.
- 컴퓨터에 바이러스가 침투하지 않도록 유의한다.

수행 순서

01 Physical Rules 실행하기

① 메뉴바 Setup-Constraints-Physical을 선택한다.

② 왼쪽 Physical Constraint Set-All Layers를 선택한다.

③ Dsn을 마우스 오른쪽 클릭-Create-Physical CSet을 선택한다.

④ CSet의 이름을 Power로 지정 후 OK 버튼을 클릭한다.

⑤ ③번 항목을 반복하여 CSet의 이름을 Normal로 지정한 후 OK 버튼을 클릭한다.

⑥ Normal CSet의 Line Width Min을 10으로, Power CSet의 Line Width Min을 20으로 선택한다.

Objects			Line Width	
			Min	Max
Type	S	Name	mil	mil
*		*	*	*
Dsn		⊟ 9_COMPLEMENT	5	0
PCS		⊞ DEFAULT	5	0
PCS		⊞ NORMAL	10	0
PCS		⊞ POWER	15	0

[그림 7-7] Line Width Min을 10으로, Power CSet의 Line Width Min을 20으로 선택

⑦ 왼쪽 Net－All Layers를 선택한다.

⑧ +5V, +12V, +12V, GND를 Ctrl키를 이용하여 중복 선택 후 마우스 오른쪽 클릭 -Create－Net Group을 선택한다.

⑨ Name란에 Power를 입력 후 OK 버튼을 클릭한다.

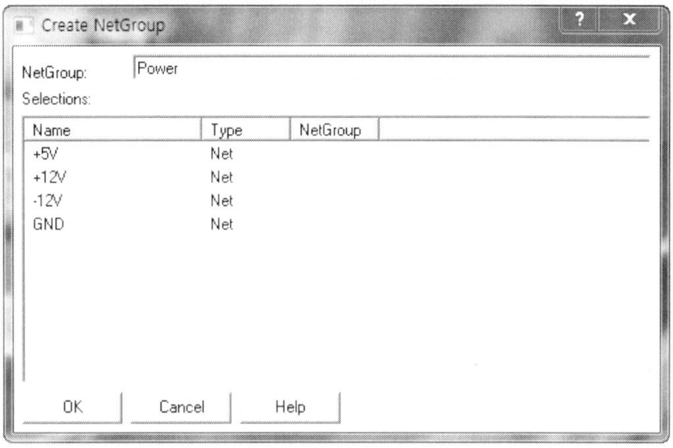

[그림 7-8] Name란에 Power를 입력 후 OK 버튼을 클릭

⑩ 나머지 Net을 모두 중복 선택 후 마우스 오른쪽 클릭－Create－Net Group을 선택한다.

⑪ Name란에 Normal을 입력 후 OK 버튼을 클릭한다.

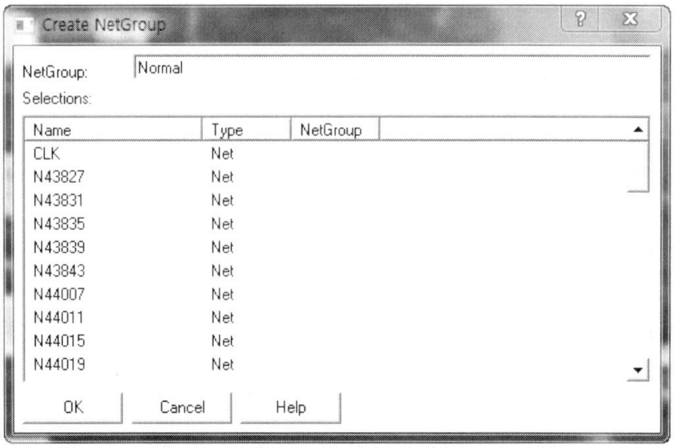

[그림 7-9] Name란에 Normal을 입력 후 OK 버튼을 클릭

⑫ Normal Net Group에는 Normal CSet을, Power Net Group에는 Power CSet을 적용한다.

Dsn		⊟ 9_COMPLEMENT	DEFAULT	5	0
NGrp		⊞ NORMAL (43)	NORMAL	10	0
NGrp		⊞ POWER (4)	POWER	15	0

[그림 7-10] Normal Net Group에 Normal CSet, Power Net Group에 Power CSet 적용

7-3 Spacing Rules 이해하기

학습 목표

- Spacing Rules 이해하기 과정을 이해할 수 있다.

필요지식

Spacing Rules는 물리적인 속성을 설정 가능하다. Line to Line 간격, Line to Thru Pin 간격 등의 설정이 가능하다. Physical Rules와 마찬가지로 Defualt Rule이 지정되어 있다.

Spacing Rule을 지정 가능한 요소에는 Line, Thru Pin, 능 Pin, Test Pin, Thru Via 등이 있으며 상호 최소 간격을 설정한다.

Objects			Line To										
			Line	Thru Pin	SMD Pin	Test Pin	Thru Via	BB Via	Test Via	Microvia	Shape	Bond Finger	Hole
Type	S	Name	mil	mil	mil	mil	mil	mil	mil	mil	mil	mil	mil
*		*	*	*	*	*	*	*	*	*	*	*	*
Dsn		⊟ 9_COMPLEMENT	5	5	5	5	5	5	5	5	5	5	8
SCS		⊞ DEFAULT	5	5	5	5	5	5	5	5	5	5	8

[그림 7-11] Spacing Rule을 지정 가능한 요소

수행 내용 Spacing Rules 실행하기

재료 · 자료

- 상세 회로도면, 기구도면, A4 용지, 필기구

기기(장비 · 공구)

- 인터넷 가능한 컴퓨터, 한글 오피스, 프린터

안전 · 유의사항

- 회로동작 및 기능을 충분히 숙지하도록 한다.
- 컴퓨터에 바이러스가 침투하지 않도록 유의한다.

수행 순서

01 Spacing Rules 실행하기

① 메뉴바 Setup－Constraints－Spacing을 선택한다.

② 왼쪽 Spacing Constraint Set－Line을 선택한다.

③ Dsn을 마우스 오른쪽 클릭－Create－Spacing CSet을 선택한다.

④ CSet의 이름을 12로 지정 후 OK 버튼을 클릭한다.

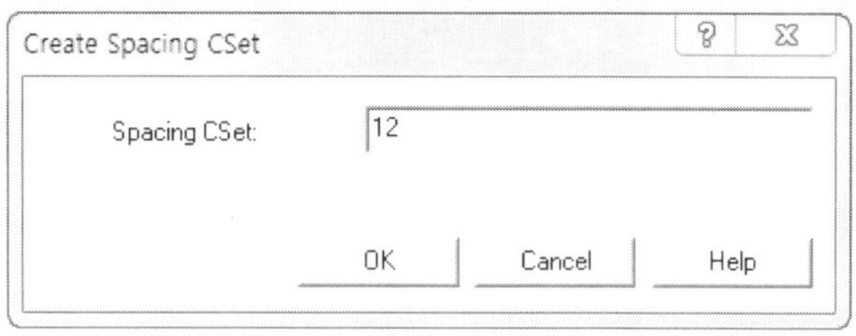

[그림 7-12] CSet의 이름을 12로 지정 후 OK 버튼을 클릭

⑤ 12 CSet의 Line부터 Hole까지 Shift키를 이용하여 중복 선택 후 Hole 항목에서 12를 입력 후 Enter키를 입력한다.

Objects			Line To										
			Line	Thru Pin	SMD Pin	Test Pin	Thru Via	BB Via	Test Via	Microvia	Shape	Bond Finger	Hole
Type	S	Name	mil	mil	mil	mil	mil	mil	mil	mil	mil	mil	mil
*		*	*	*	*	*	*	*	*	*	*	*	*
Dsn		⊟ 9_COMPLEMENT	5	5	5	5	5	5	5	5	5	5	8
SCS		⊞ DEFAULT	5	5	5	5	5	5	5	5	5	5	8
SCS		⊞ 12	12	12	12	12	12	12	12	12	12	12	12

[그림 7-13] Hole 항목에서 12를 입력 후 Enter키를 입력

⑥ 왼쪽 Spacing Constraint Set－Shape을 선택한다.

⑦ 12 CSet의 Thru Pin과 SMD Pin을 12로 지정한다.

Objects					
			Line	Thru Pin	SMD Pin
Type	S	Name	mil	mil	mil
*		*	*	*	*
Dsn		⊟ 9_COMPLEMENT	5	5	5
SCS		⊞ DEFAULT	5	5	5
SCS		⊞ 12	12	12	12

[그림 7-14] 12 CSet의 Thru Pin과 SMD Pin을 12로 지정

7-4 Properties 이해하기

학습 목표

- PCB의 회로설계 과정을 이해할 수 있다.

필요지식

Properties란에서는 각 Net별로 기타 속성을 부여할 수 있다. Copper를 이용하여 Net를 부여할 경우 Rat을 감춰둘 필요가 있다.

수행 내용 Properties 실행하기

재료·자료

- 상세 회로도면, 기구도면, A4 용지, 필기구

기기(장비·공구)

- 인터넷 가능한 컴퓨터, 한글 오피스, 프린터

안전·유의사항

- 회로동작 및 기능을 충분히 숙지하도록 한다.
- 컴퓨터에 바이러스가 침투하지 않도록 유의한다.

수행 순서

01 Properties 실행하기

① 메뉴바 Setup－Constraints－Constraint Manager를 선택한다.

② 왼쪽 General Properties을 선택한다.

③ +5V와 GND의 No Rat을 On으로 지정한다.

Objects			Voltage	Weight	No Rat
Type	S	Name	V		
*		*	*	*	*
Dsn		⊟ 9_COMPLEMENT			
Net		+5V			On
Net		+12V			
Net		-12V			
Net		CLK			
Net		GND			On
Net		N43827			

[그림 7-15] +5V와 GND의 No Rat을 On으로 지정

학습 7. Constraint Manager

학습활동.1 교수학습 방법

교수 방법

- PCB 설계의 기본개념, 부품배치, 라이브러리 작성 등을 PCB 실물 기판과 PPT 자료로 제시한 후 설명한다.
- PCB 설계에서 회로 블록의 특성, 신호의 종류, 회로의 구성 등에 따라 회로 블록을 배치하는 방법을 설명한다.
- PCB의 Size, 제품의 기구적인 특성을 고려하여 부품을 배치하고, 고정 부품의 배치를 우선해야 하는 이유와 방법을 설명한다.
- PCB 설계 도구를 선정하는 방법을 설명하고, 사용되고 있는 설계 도구의 장 · 단점을 설명할 수 있도록 지도한다.
- PCB 설계 도구의 사용법은 선수학습으로 되어 있어야 하나, 그렇지 못한 경우에는 설계 도구 사용법을 별도의 시간을 할애하여 교육하여야 한다.
- 라이브러리로 등록되어 있지 않은 부품에 대해서는 부품 스케치부터 지도하여 라이브러리로 등록할 수 있도록 지도한다.
- PCB 설계를 위한 환경 설정 및 각종 Option을 지정할 수 있는 능력을 기르도록 한다.

학습 방법

- PCB 설계 도구를 능숙히 사용할 수 있도록 충분히 연습한다.
- PCB 설계 및 PCB 설계 도구에서 사용되는 다양한 용어를 충분히 숙지하도록 한다.
- PCB 설계가 회로의 전기적 특성에 영향을 줄 수 있음을 강조하여 회로 블록 및 부품의 배치 방법을 숙지한다.
- PCB 설계를 위한 설계 도구의 환경 설정, Option 지정을 필요에 따라 스스로 수행할 수 있도록 하고, 부품배치의 중요성을 강조한다.
- PCB 설계가 완료된 후 Gerber Data를 생성하여 PCB 제작 발주까지 할 수 있는 능력을 배양한다.
- PCB 설계에서 회로 블록간 인터페이스를 효과적으로 실현할 수 있도록 한다.

학습활동.1 평가 및 피드백

평가 준거

- 평가자는 피평가자가 수행 준거 및 평가내용에 제시되어 있는 내용을 성공적으로 수행할 수 있는지를 평가해야 한다.
- 평가자는 다음 사항을 평가해야 한다.

학습내용	평가항목	성취수준		
		상	중	하
Electrical Rules 이해하기	- Electrical Rules 이해하기 과정을 이해할 수 있다.			
Physical Rules 이해하기	- Physical Rules 이해하기 과정을 이해할 수 있다.			
Spacing Rules 이해하기	- Spacing Rules 이해하기 과정을 이해할 수 있다.			
Properties 이해하기	- Properties 이해하기 과정을 이해할 수 있다.			

평가 방법

- 평가자는 능력단위 PCB 설계하기의 수행 준거에 제시되어 있는 내용을 평가하기 위해 이론과 실기를 나누어 평가하거나, 종합적인 결과물의 평가 등 다양한 평가 방법을 이용할 수 있다.
- 필기시험

학습내용	평가항목	성취수준		
		상	중	하
Electrical Rules 이해하기	- Electrical Rules 이해하기 과정을 이해할 수 있다.			
Physical Rules 이해하기	- Physical Rules 이해하기 과정을 이해할 수 있다.			
Spacing Rules 이해하기	- Spacing Rules 이해하기 과정을 이해할 수 있다.			
Properties 이해하기	- Properties 이해하기 과정을 이해할 수 있다.			

• 체크리스트에 의한 관찰

학습내용	평가항목	성취수준		
		상	중	하
Electrical Rules 이해하기	- Electrical Rules 이해하기 과정을 이해할 수 있다.			
Physical Rules 이해하기	- Physical Rules 이해하기 과정을 이해할 수 있다.			
Spacing Rules 이해하기	- Spacing Rules 이해하기 과정을 이해할 수 있다.			
Properties 이해하기	- Properties 이해하기 과정을 이해할 수 있다.			

• 작업장 평가

평가항목	성취수준		
	상	중	하
각 조별로 실습준비 및 실습과정에 있어 효율적이고 성실한 실습태도로 임하고 작업 후에 실습도구 등을 정리한다.			

피 드 백

1. 작업 포트폴리오
   - 제출한 내용을 평가한 후 주요 사항을 표시하여 설명해준다.
2. 필기시험
   - 평가결과 일정 점수 이하인 학생들은 추가 학습 후 그 결과를 제출하도록 한다.
3. 체크리스트를 통한 관찰
   - 실습과정에서 평가한 후 주요 사항을 표시하여 돌려준다.

학습 1	PCB 설계 이해하기(19220206_13v1.4)
학습 2	OrCAD Capture를 이용한 도면작성
학습 3	PCB Footprint 생성
학습 4	OrCAD Capture 유틸리티
학습 5	OrCAD Capture 부가기능
학습 6	OrCAD PCB Editor 구성 및 환경 설정
학습 7	Constraint Manager
학습 8	**Color / Visibility**
학습 9	부품배치
학습 10	배선하기
학습 11	마무리 작업

8-1 Layer 탭 이해하기

학습 목표

- Color / Visibility를 이해할 수 있다.
- Layer 탭 과정을 이해할 수 있다.

필요지식

1. Color / Visibility

이번 장에서는 Layer 또는 Net의 Color 지정 및 Visibility 설정을 다루도록 한다. 설계가 복잡할수록 필요한 Layer만 보이게 하거나 Color를 이용하여 Net간 구별을 할 수 있다.

2. Layer 탭

각 Layer별로 Visibility, Color, Stripple Patterns를 지정 가능하다. Display 란에서는 배경색상, Grid 색상 등을 선택 가능하다. 또한 Global Visibility를 이용하여 전체 Visibility On/Off가 가능하다.

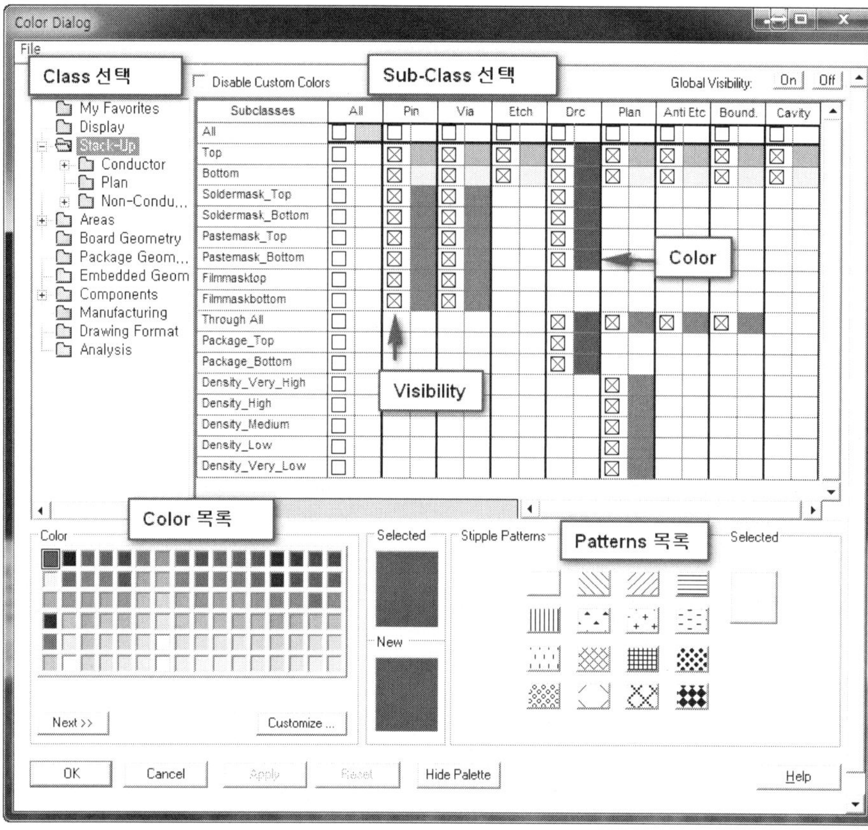

[그림 8-1] Layer 탭 구성

수행 내용 Layer 탭 실행하기

재료 · 자료

- 상세 회로도면, 기구도면, A4 용지, 필기구

기기(장비 · 공구)

- 인터넷 가능한 컴퓨터, 한글 오피스, 프린터

안전 · 유의사항

- 회로동작 및 기능을 충분히 숙지하도록 한다.
- 컴퓨터에 바이러스가 침투하지 않도록 유의한다.

수행 순서

01 Layer 탭 실행하기

① Display－Color/Visibility를 선택한다.

② Component 란에서 Assembly_Top/Bottom을 모두 해제한다.

③ Silkscreen_top에서 RefDes를 제외하고 모두 해제한다.

Subclasses	All	CmpVal	DevTyp	RefDes	Tol.	UserPart
All	☐	☐	☐	☐	☐	☐
Assembly_Bottom	☐	☐	☐	☐	☐	☐
Assembly_Top	☐	☐	☐	☐	☐	☐
Display_Bottom	☐	☒	☒	☒	☒	☒
Display_Top	☐	☒	☒	☒	☒	☒
Silkscreen_Bottom	☐	☒	☒	☒	☒	☒
Silkscreen_Top	☐	☐	☐	☒	☐	☐

[그림 8-2] RefDes를 제외하고 모두 해제

④ 하단의 Apply를 선택한다.

8-2 Nets 탭 이해하기

학습 목표

- Nets 탭 과정을 이해할 수 있다.

필요지식

Nets 탭에서는 각 Net별로 색상을 다르게 지정할 수 있다.

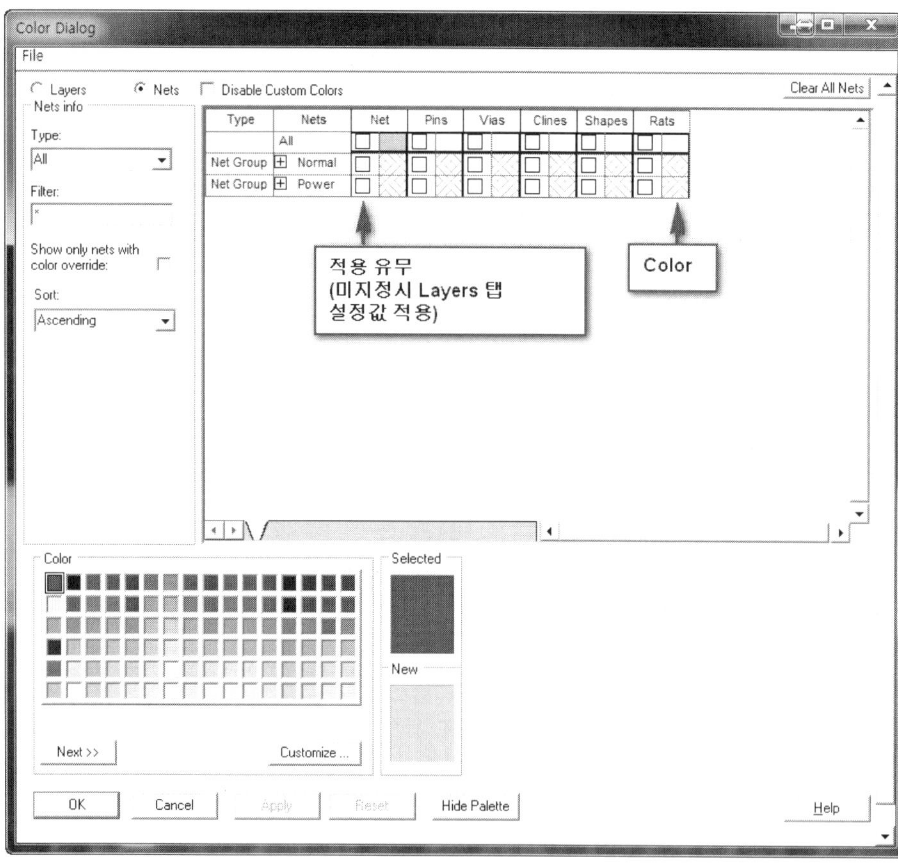

[그림 8-3] Nets 탭 구성

수행 내용 Nets 탭 실행하기

재료 · 자료

- 상세 회로도면, 기구도면, A4 용지, 필기구

기기(장비 · 공구)

- 인터넷 가능한 컴퓨터, 한글 오피스, 프린터

안전 · 유의사항

- 회로동작 및 기능을 충분히 숙지하도록 한다.
- 컴퓨터에 바이러스가 침투하지 않도록 유의한다.

수행 순서

01 Nets 탭

① Color 설정을 다음과 같이 지정한다.

㉠ +12V : 빨강

㉡ +5V : 주황

㉢ -12 : 보라

㉣ Gnd : 파랑

㉤ Qa, Qb, Qc, Qd : 청록

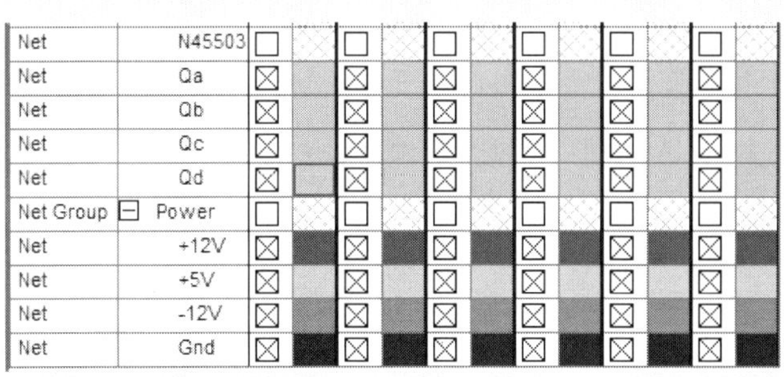

[그림 8-4] Color 설정을 지정

② 하단의 Apply를 선택한다.

학습활동.1 교수학습 방법

교수 방법

- PCB 설계의 기본개념, 부품배치, 라이브러리 작성 등을 PCB 실물 기판과 PPT 자료로 제시한 후 설명한다.
- PCB 설계에서 회로 블록의 특성, 신호의 종류, 회로의 구성 등에 따라 회로 블록을 배치하는 방법을 설명한다.
- PCB의 Size, 제품의 기구적인 특성을 고려하여 부품을 배치하고, 고정 부품의 배치를 우선해야 하는 이유와 방법을 설명한다.
- PCB 설계 도구를 선정하는 방법을 설명하고, 사용되고 있는 설계 도구의 장·단점을 설명할 수 있도록 지도한다.
- PCB 설계 도구의 사용법은 선수학습으로 되어 있어야 하나, 그렇지 못한 경우에는 설계 도구 사용법을 별도의 시간을 할애하여 교육하여야 한다.
- 라이브러리로 등록되어 있지 않은 부품에 대해서는 부품 스케치부터 지도하여 라이브러리로 등록할 수 있도록 지도한다.
- PCB 설계를 위한 환경 설정 및 각종 Option을 지정할 수 있는 능력을 기르도록 한다.

학습 방법

- PCB 설계 도구를 능숙히 사용할 수 있도록 충분히 연습한다.
- PCB 설계 및 PCB 설계 도구에서 사용되는 다양한 용어를 충분히 숙지하도록 한다.
- PCB 설계가 회로의 전기적 특성에 영향을 줄 수 있음을 강조하여 회로 블록 및 부품의 배치 방법을 숙지한다.
- PCB 설계를 위한 설계 도구의 환경 설정, Option 지정을 필요에 따라 스스로 수행할 수 있도록 하고, 부품배치의 중요성을 강조한다.
- PCB 설계가 완료된 후 Gerber Data를 생성하여 PCB 제작 발주까지 할 수 있는 능력을 배양한다.
- PCB 설계에서 회로 블록간 인터페이스를 효과적으로 실현할 수 있도록 한다.

학습활동.1 평가 및 피드백

평가 준거

- 평가자는 피평가자가 수행 준거 및 평가내용에 제시되어 있는 내용을 성공적으로 수행할 수 있는지를 평가해야 한다.
- 평가자는 다음 사항을 평가해야 한다.

학습내용	평가항목	성취수준		
		상	중	하
Layer 탭 이해하기	- Layer 탭 이해하기 과정을 이해할 수 있다.			
Nets 탭 이해하기	- Nets 탭 이해하기 과정을 이해할 수 있다.			

평가 방법

- 평가자는 능력단위 PCB 설계하기의 수행 준거에 제시되어 있는 내용을 평가하기 위해 이론과 실기를 나누어 평가하거나, 종합적인 결과물의 평가 등 다양한 평가 방법을 이용할 수 있다.
- 필기시험

학습내용	평가항목	성취수준		
		상	중	하
Layer 탭 이해하기	- Layer 탭 이해하기 과정을 이해할 수 있다.			
Nets 탭 이해하기	- Nets 탭 이해하기 과정을 이해할 수 있다.			

• 체크리스트에 의한 관찰

학습내용	평가항목	성취수준		
		상	중	하
Layer 탭 이해하기	- Layer 탭 이해하기 과정을 이해할 수 있다.			
Nets 탭 이해하기	- Nets 탭 이해하기 과정을 이해할 수 있다.			

• 작업장 평가

평가항목	성취수준		
	상	중	하
각 조별로 실습준비 및 실습과정에 있어 효율적이고 성실한 실습태도로 임하고 작업 후에 실습도구 등을 정리한다.			

피 드 백

1. 작업 포트폴리오
   - 제출한 내용을 평가한 후 주요 사항을 표시하여 설명해준다.
2. 필기시험
   - 평가결과 일정 점수 이하인 학생들은 추가 학습 후 그 결과를 제출하도록 한다.
3. 체크리스트를 통한 관찰
   - 실습과정에서 평가한 후 주요 사항을 표시하여 돌려준다.

학습 1	PCB 설계 이해하기(19220206_13v1.4)
학습 2	OrCAD Capture를 이용한 도면작성
학습 3	PCB Footprint 생성
학습 4	OrCAD Capture 유틸리티
학습 5	OrCAD Capture 부가기능
학습 6	OrCAD PCB Editor 구성 및 환경 설정
학습 7	Constraint Manager
학습 8	Color/Visibility
학습 9	**부품배치**
학습 10	배선하기
학습 11	마무리 작업

9-1 수동 부품배치(Place Manually)

학습 목표

- 수동 부품배치 과정을 이해할 수 있다.

필요지식

수동으로 부품을 배치하는 방법이다.

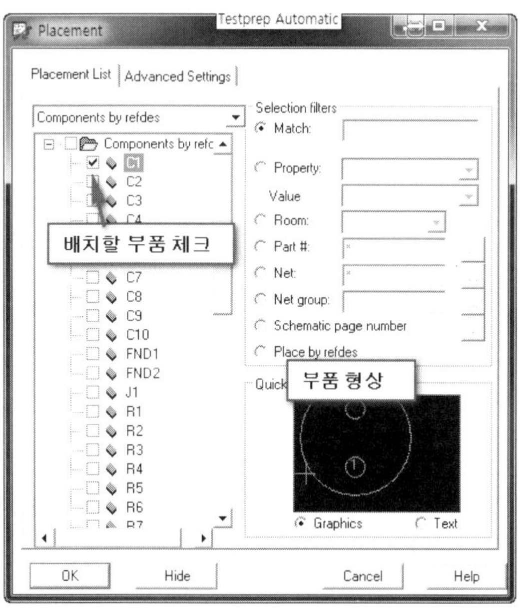

[그림 9-1] 수동 부품배치 화면

수행 내용 수동 부품 배치(Place Manually)하기

재료 · 자료

- 상세 회로도면, 기구도면, A4 용지, 필기구

기기(장비 · 공구)

- 인터넷 가능한 컴퓨터, 한글 오피스, 프린터

안전 · 유의사항

- 회로동작 및 기능을 충분히 숙지하도록 한다.
- 컴퓨터에 바이러스가 침투하지 않도록 유의한다.

수행 순서

01 수동 부품 배치(Place Manually)하기

① 메뉴바–Place–Manually를 선택한다.

② 다음 Capture 도면에 해당하는 부품을 찾아 선택한다.

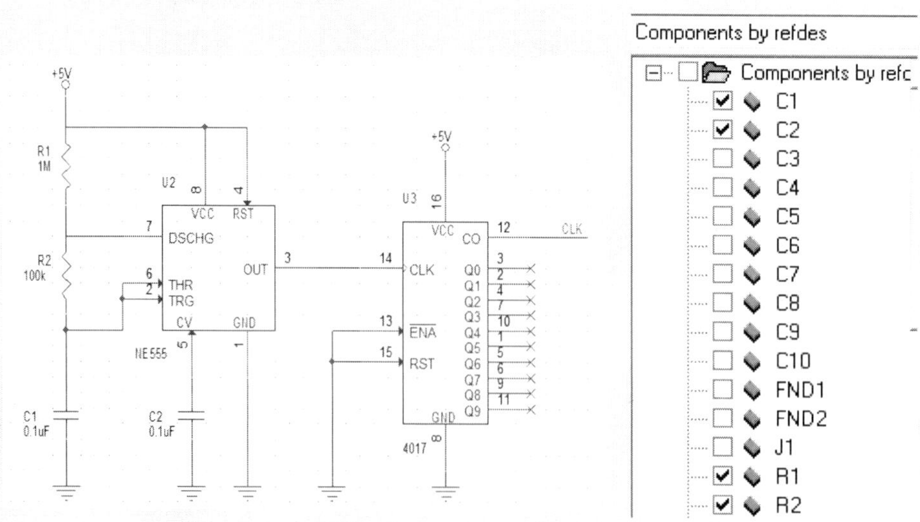

[그림 9–2] Capture 도면에 해당하는 부품을 찾아 선택

③ 그려진 Board Outline에 배치한다.

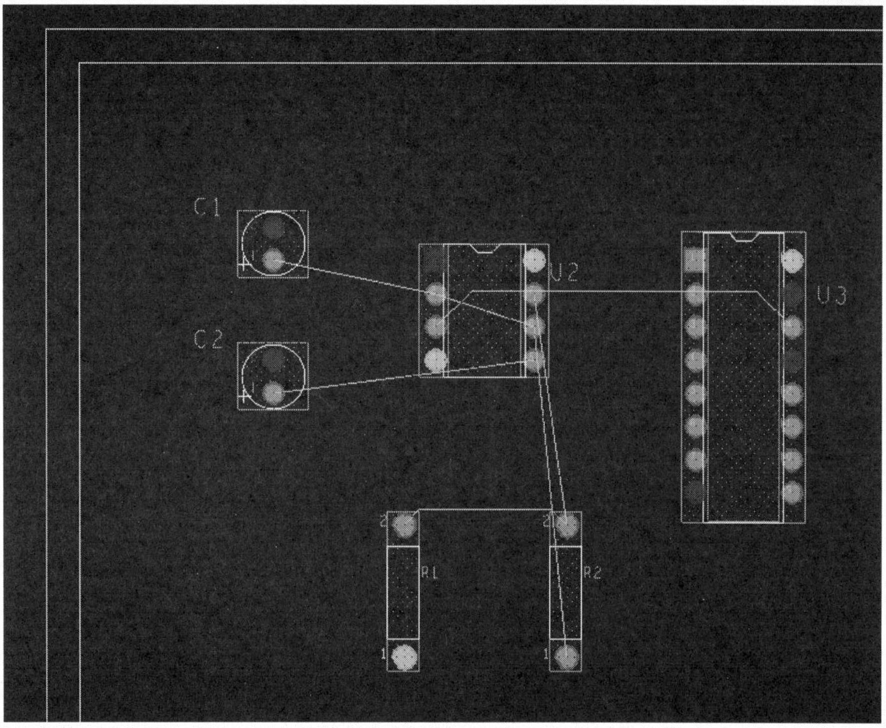

[그림 9-3] 그려진 Board Outline에 배치

9-2 빠르게 배치(QuickPlace)하기

학습 목표	• 빠르게 배치(QuickPlace)하기 과정을 이해할 수 있다.

필요지식

부품 개수가 많은 경우 부품을 일괄적으로 빠르게 배치할 수 있다.

해당 Net/Net Group과 연결된 부품별로, Capture에서의 Page가 여러 개일 경우 Page별로 등으로 배치가 가능하며, 배치될 위치, Layer를 선택 가능하다.

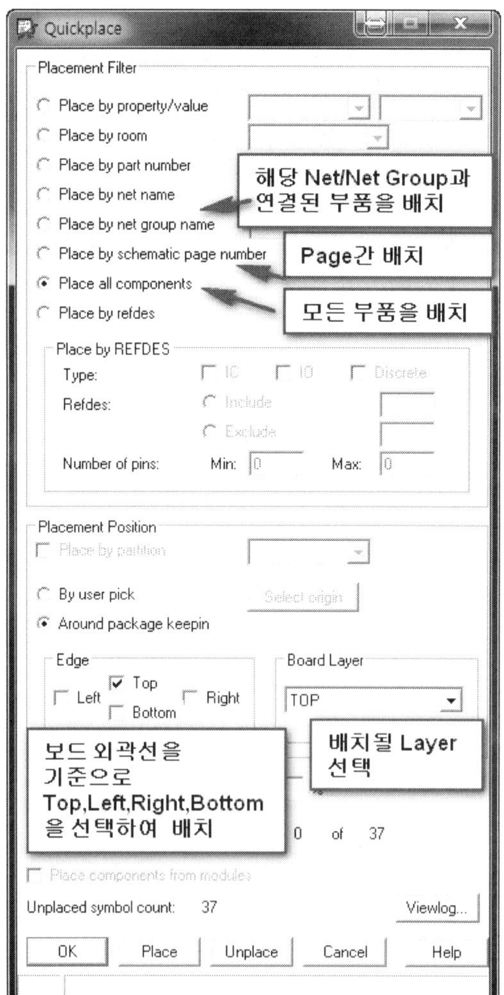

[그림 9-4] QuickPlace 화면구성

수행 내용 빠르게 배치(QuickPlace)하기

재료 · 자료

- 상세 회로도면, 기구도면, A4 용지, 필기구

기기(장비 · 공구)

- 인터넷 가능한 컴퓨터, 한글 오피스, 프린터

안전 · 유의사항

- 회로동작 및 기능을 충분히 숙지하도록 한다.
- 컴퓨터에 바이러스가 침투하지 않도록 유의한다.

수행 순서

01 QuickPlace

① 메뉴바－Place－Quickplace를 선택한다.

② Placement Filter를 Place all components로, Edge를 Top, Board Layer로 지정한다.

③ 하단의 Place를 선택한다.

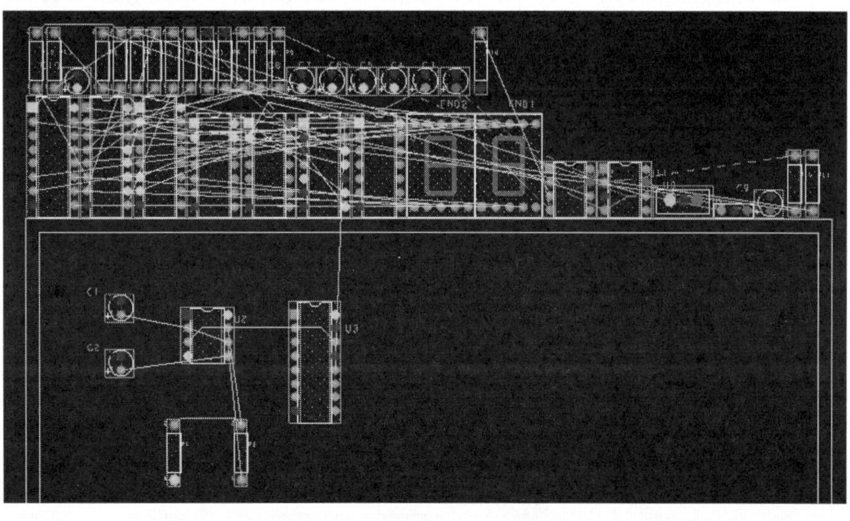

[그림 9–5] Place를 선택

9-3 고정홀 배치하기

학습 목표
- 고정홀 배치하기 과정을 이해할 수 있다.

필요지식

기판을 고정하기 위한 고정홀을 배치할 수 있다. Place Manually의 Mechanical symbols에서 배치 가능하다.

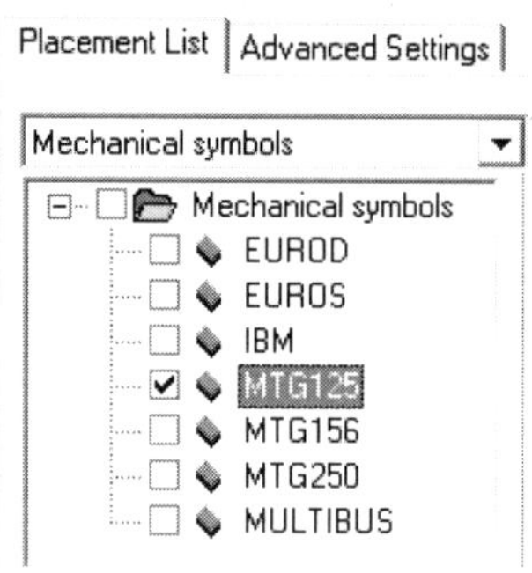

[그림 9-6] Place Manually의 Mechanical symbols에서 배치

수행 내용 고정홀 배치하기

재료·자료

- 상세 회로도면, 기구도면, A4 용지, 필기구

기기(장비·공구)

- 인터넷 가능한 컴퓨터, 한글 오피스, 프린터

안전·유의사항

- 회로동작 및 기능을 충분히 숙지하도록 한다.
- 컴퓨터에 바이러스가 침투하지 않도록 유의한다.

수행 순서

01 고정홀 배치

① 메뉴바-Place-Quickplace를 선택한다.

② Advanced Settings에서 Library를 선택한다.

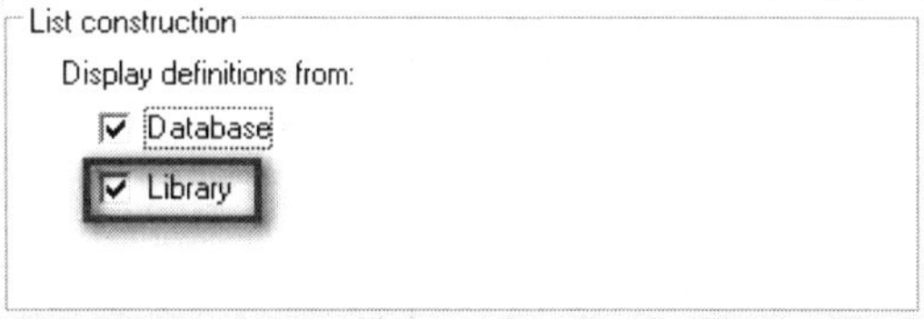

[그림 9-7] Advanced Settings에서 Library를 선택

③ AutoNext를 Disable로 선택한다.

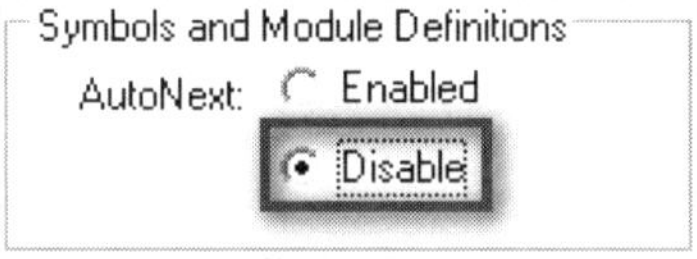

[그림 9-8] AutoNext를 Disable로 선택

③ Placement List에서 Mechanical symbols를 선택, 하단 목록 중 MTG125를 선택한다.

④ Command Window에서 다음과 같이 입력한다.

x 200 200

x 5800 200

x 5800 3800

x 200 3800

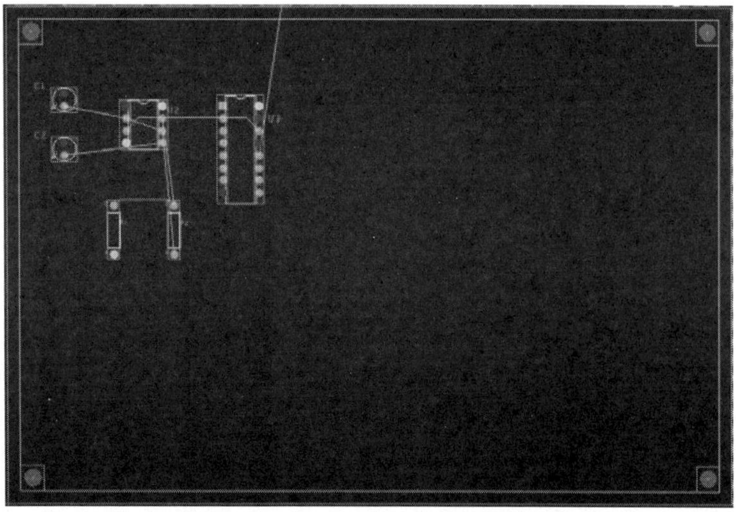

[그림 9-9] Command Window에 입력

⑤ 메뉴바 Tools－Padstack－Modify Design Padstack을 선택한다.

⑥ 배치된 MTG125을 선택, 마우스 오른쪽 클릭－Edit를 선택한다.

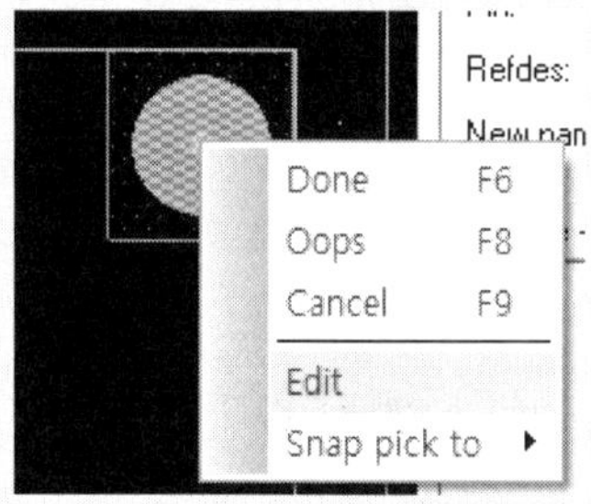

[그림 9-10] Edit를 선택

⑦ Unit을 Milimeter로, Drill diameter를 3으로 설정한다.

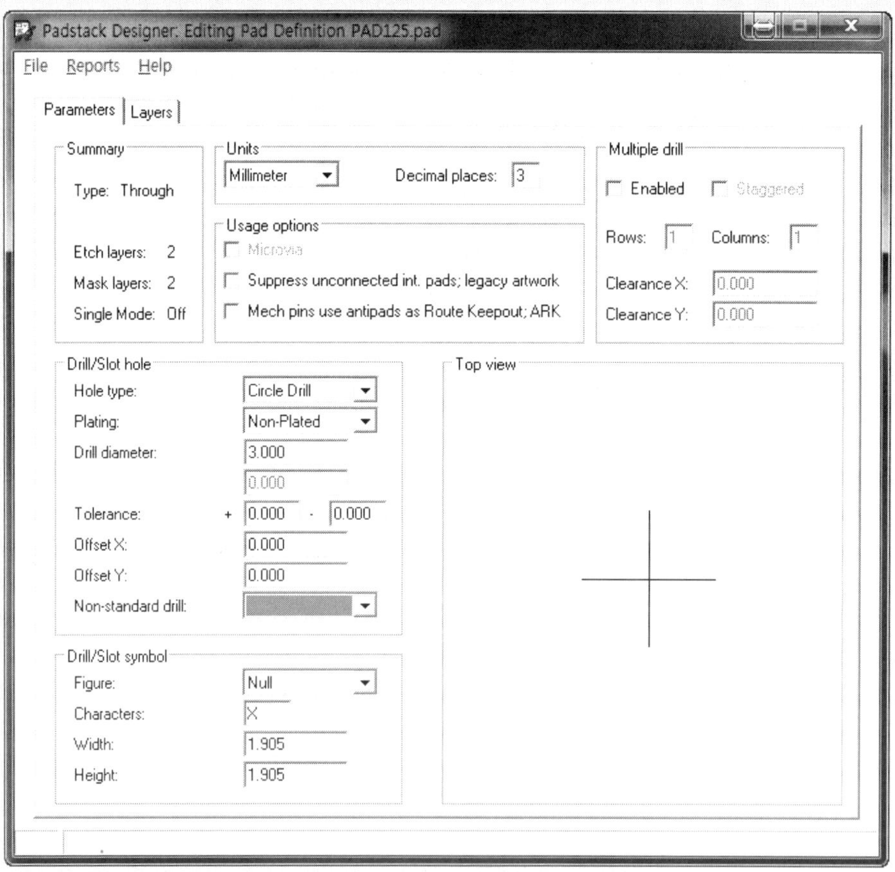

[그림 9-11] Drill diameter를 3으로 설정

⑧ File－Update to Design and Exit를 선택한다.

9-4 부품 이동하기

학습 목표	• 부품 이동하기 과정을 이해할 수 있다.

필요지식

Capture와 PCB Editor의 Selection 연동이 되는 특성을 이용하여 부품을 쉽게 이동(재배치) 가능하다. 또한 Find 탭을 이용하여 원하는 요소(Symbol)만을 선택 가능하도록 지정할 수 있다.

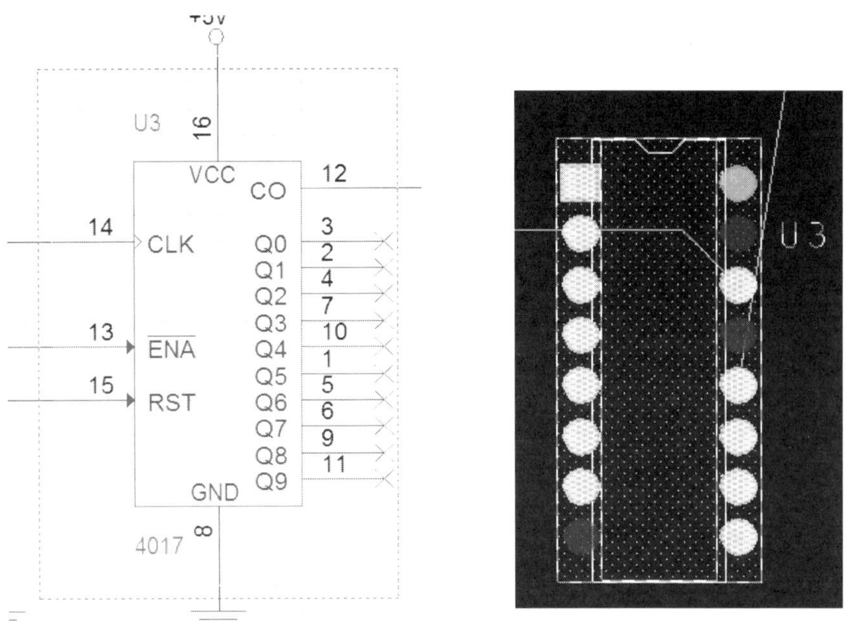

[그림 9-12] Capture와 PCB Editor의 Selection 연동하여 부품이동

→ Capture의 부품을 클릭하여 PCB Editor의 부품을 선택한다.

수행 내용 부품 이동하기

재료 · 자료

- 상세 회로도면, 기구도면, A4 용지, 필기구

기기(장비 · 공구)

- 인터넷 가능한 컴퓨터, 한글 오피스, 프린터

안전 · 유의사항

- 회로동작 및 기능을 충분히 숙지하도록 한다.
- 컴퓨터에 바이러스가 침투하지 않도록 유의한다.

수행 순서

01 부품 이동

① PCB Editor의 메뉴바-Edit Move를 선택한다.

② Capture에서 아래 해당되는 부분만 선택한다.

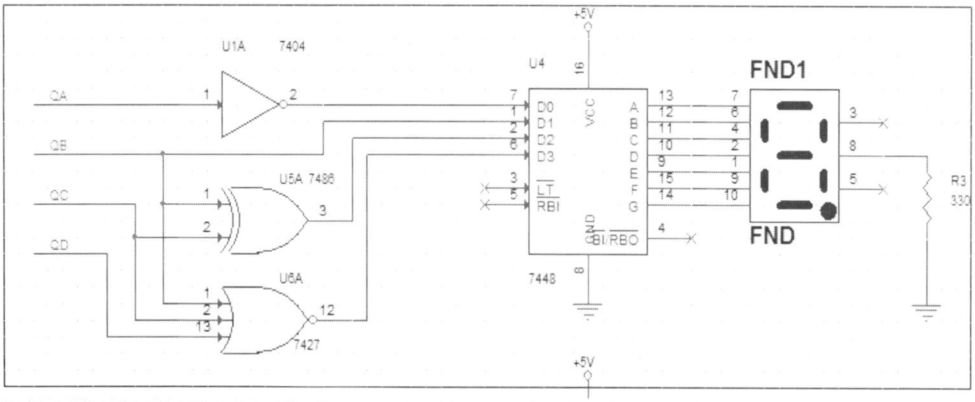

[그림 9-13] Capture에서 해당되는 부분만 선택

③ PCB Editor에서 그림과 같은 위치에 배치한다.

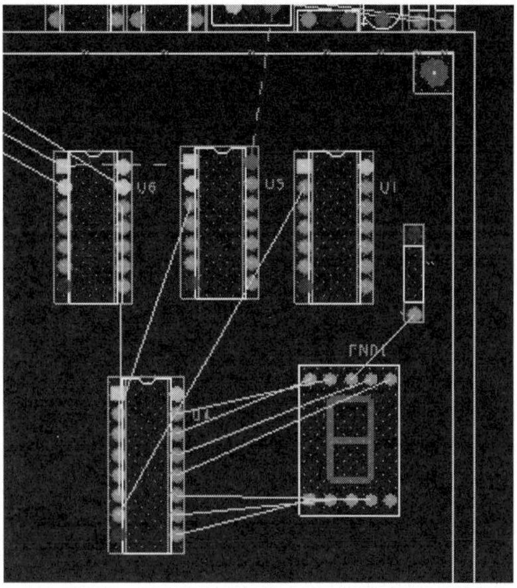

[그림 9-14] PCB Editor에서 부품 재배치

④ 나머지 부품들에 대해서도 ①~③ 과정으로 모두 이동(재배치)한다.

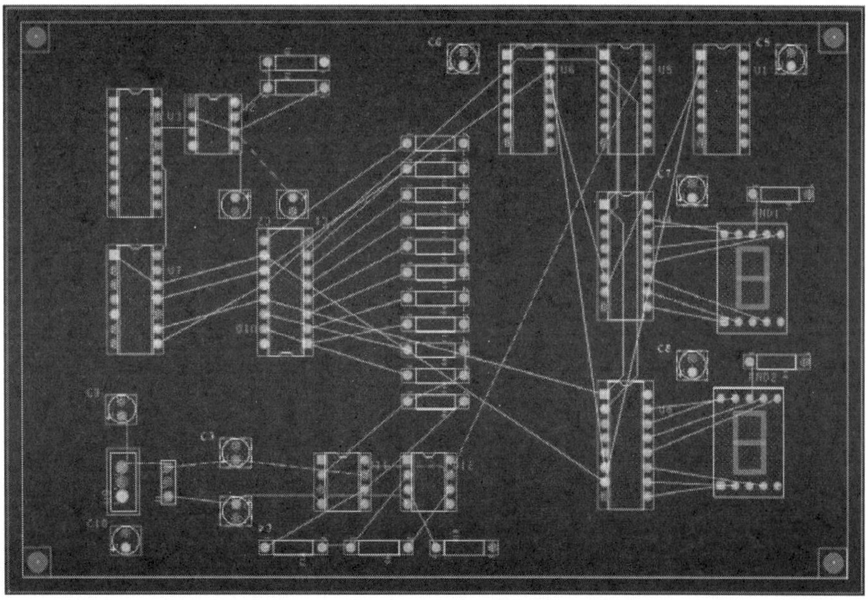

[그림 9-15] ①~③ 과정으로 모두 이동

학습활동.1 교수학습 방법

교수 방법

- PCB 설계의 기본개념, 부품배치, 라이브러리 작성 등을 PCB 실물 기판과 PPT 자료로 제시한 후 설명한다.
- PCB 설계에서 회로 블록의 특성, 신호의 종류, 회로의 구성 등에 따라 회로 블록을 배치하는 방법을 설명한다.
- PCB의 Size, 제품의 기구적인 특성을 고려하여 부품을 배치하고, 고정 부품의 배치를 우선해야 하는 이유와 방법을 설명한다.
- PCB 설계 도구를 선정하는 방법을 설명하고, 사용되고 있는 설계 도구의 장·단점을 설명할 수 있도록 지도한다.
- PCB 설계 도구의 사용법은 선수학습으로 되어 있어야 하나, 그렇지 못한 경우에는 설계 도구 사용법을 별도의 시간을 할애하여 교육하여야 한다.
- 라이브러리로 등록되어 있지 않은 부품에 대해서는 부품 스케치부터 지도하여 라이브러리로 등록할 수 있도록 지도한다.
- PCB 설계를 위한 환경 설정 및 각종 Option을 지정할 수 있는 능력을 기르도록 한다.

학습 방법

- PCB 설계 도구를 능숙히 사용할 수 있도록 충분히 연습한다.
- PCB 설계 및 PCB 설계 도구에서 사용되는 다양한 용어를 충분히 숙지하도록 한다.
- PCB 설계가 회로의 전기적 특성에 영향을 줄 수 있음을 강조하여 회로 블록 및 부품의 배치 방법을 숙지한다.
- PCB 설계를 위한 설계 도구의 환경 설정, Option 지정을 필요에 따라 스스로 수행할 수 있도록 하고, 부품배치의 중요성을 강조한다.
- PCB 설계가 완료된 후 Gerber Data를 생성하여 PCB 제작 발주까지 할 수 있는 능력을 배양한다.
- PCB 설계에서 회로 블록간 인터페이스를 효과적으로 실현할 수 있도록 한다.

학습활동.1 평가 및 피드백

평가 준거

- 평가자는 피평가자가 수행 준거 및 평가내용에 제시되어 있는 내용을 성공적으로 수행할 수 있는지를 평가해야 한다.
- 평가자는 다음 사항을 평가해야 한다.

학습내용	평가항목	성취수준		
		상	중	하
수동 배치하기	• 수동 배치하기 과정을 이해할 수 있다.			
빠른 배치하기	• 빠른 배치하기 과정을 이해할 수 있다.			
고정홀 배치하기	• 고정홀 배치하기 과정을 이해할 수 있다.			
부품 이동하기	• 부품 이동하기 과정을 이해할 수 있다.			

평가 방법

- 평가자는 능력단위 PCB 설계하기의 수행 준거에 제시되어 있는 내용을 평가하기 위해 이론과 실기를 나누어 평가하거나, 종합적인 결과물의 평가 등 다양한 평가 방법을 이용할 수 있다.
- 필기시험

학습내용	평가항목	성취수준		
		상	중	하
수동 배치하기	- 수동 배치하기 과정을 이해할 수 있다.			
빠른 배치하기	- 빠른 배치하기 과정을 이해할 수 있다.			
고정홀 배치하기	- 고정홀 배치하기 과정을 이해할 수 있다.			
부품 이동하기	- 부품 이동하기 과정을 이해할 수 있다.			

• 체크리스트에 의한 관찰

학습내용	평가항목	성취수준		
		상	중	하
수동 배치하기	– 수동 배치하기 과정을 이해할 수 있다.			
빠른 배치하기	– 빠른 배치하기 과정을 이해할 수 있다.			
고정홀 배치하기	– 고정홀 배치하기 과정을 이해할 수 있다.			
부품 이동하기	– 부품 이동하기 과정을 이해할 수 있다.			

• 작업장 평가

평가항목	성취수준		
	상	중	하
각 조별로 실습준비 및 실습과정에 있어 효율적이고 성실한 실습태도로 임하고 작업 후에 실습도구 등을 정리한다.			

피 드 백

1. 작업 포트폴리오
   – 제출한 내용을 평가한 후 주요 사항을 표시하여 설명해준다.
2. 필기시험
   – 평가결과 일정 점수 이하인 학생들은 추가 학습 후 그 결과를 제출하도록 한다.
3. 체크리스트를 통한 관찰
   – 실습과정에서 평가한 후 주요 사항을 표시하여 돌려준다.

학습 1	PCB 설계 이해하기(19220206_13v1.4)
학습 2	OrCAD Capture를 이용한 도면작성
학습 3	PCB Footprint 생성
학습 4	OrCAD Capture 유틸리티
학습 5	OrCAD Capture 부가기능
학습 6	OrCAD PCB Editor 구성 및 환경 설정
학습 7	Constraint Manager
학습 8	Color/Visibility
학습 9	부품배치
학습 10	**배선하기**
학습 11	마무리 작업

10 - 1 배선하기

학습 목표

- 배선하기 과정을 이해할 수 있다.

필요지식

배선에는 Pin간 배선, Pin과 Via 배선, Pin과 Shape 배선 등이 있다.

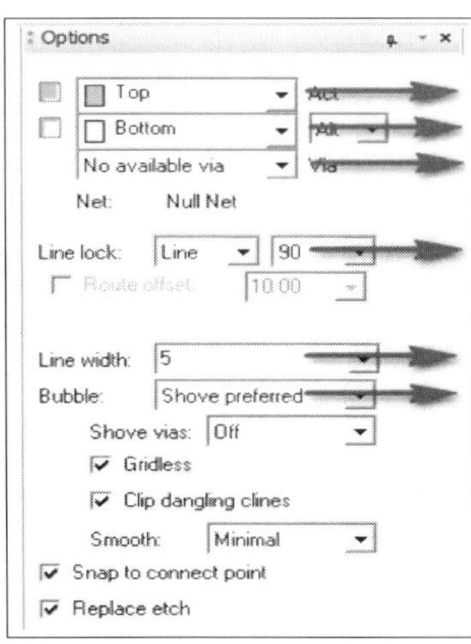

Options
Active Layer
Alt Layer
Via 설정
Line/Arc 타입, 꺾이는 각도 설정
Line의 두께 설정 (Constraint Manager에서 설정했다면 자동으로 지정)
Hug Only : 다른 Net 우선 (패턴 생성 불가시 연결 불가) Hug preferred : 다른 Net 우선 (패턴 생성 불가시 Shove) Shove preferred : 현재 Net 우선 (패턴 생성 불가시 Hug)

[그림 10-1] 배선하기 화면구성

수행 내용 배선하기

재료·자료

- 상세 회로도면, 기구도면, A4 용지, 필기구

기기(장비·공구)

- 인터넷 가능한 컴퓨터, 한글 오피스, 프린터

안전·유의사항

- 회로동작 및 기능을 충분히 숙지하도록 한다.
- 컴퓨터에 바이러스가 침투하지 않도록 유의한다.

수행 순서

01 배선하기

① 메뉴바 Route-Connect를 선택한다.

② Options 탭에서 Line lock을 Line, 45로 선택한다.

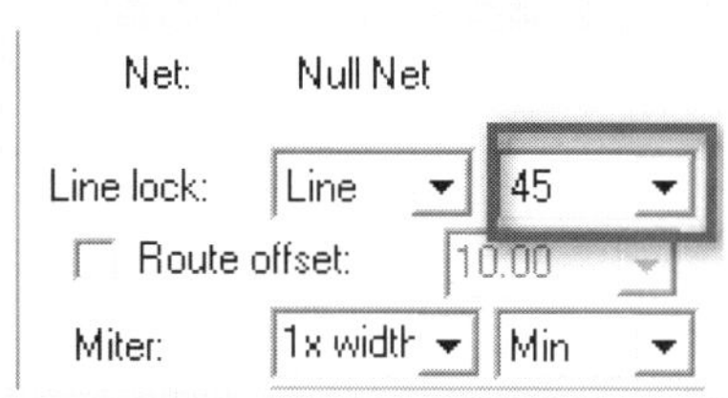

[그림 10-2] Line lock을 Line, 45로 선택

③ 그림과 같이 배선한다(단 No Rat을 지정한 Net은 제외한다).

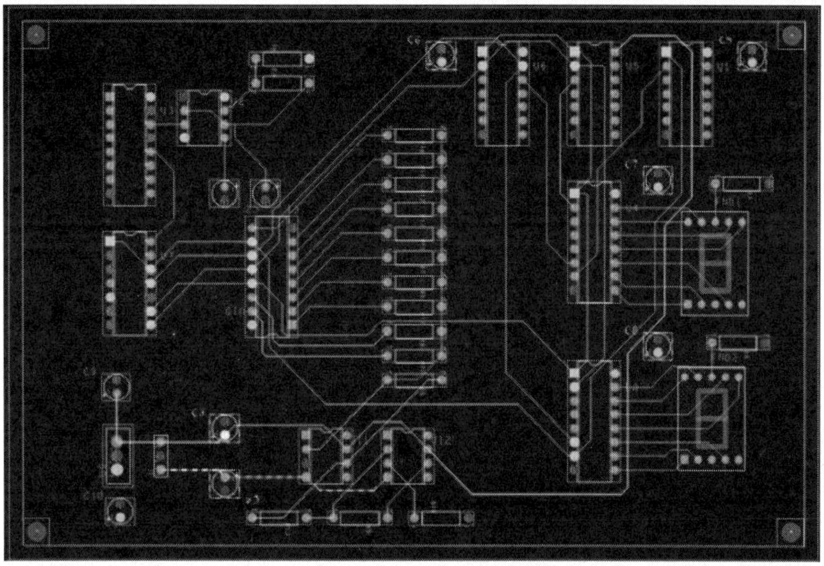

[그림 10-3] 배선하기

④ 메뉴바 Display-Status를 선택한 후 Unrouted connections 왼쪽의 박스를 선택한다.

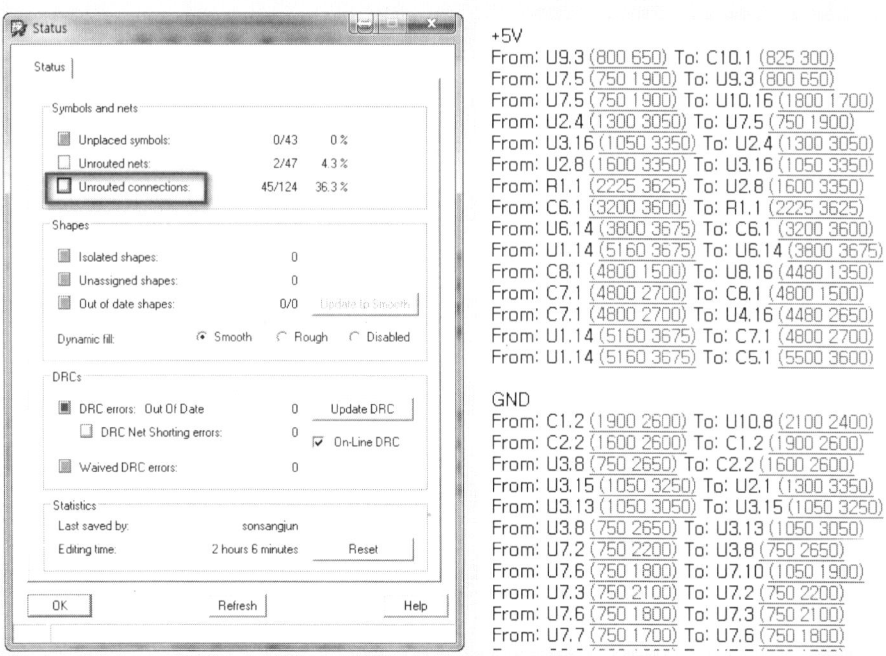

[그림 10-4] Unrouted connections 왼쪽의 박스를 선택

⑤ 메뉴바 Shape-Rectangular를 선택한다.

⑥ Option 탭에서 Subclass : Top, net name : +5V를 선택한다.

학습10. 배선하기

⑦ 보드 영역 전체를 덮어 씌운다.

⑧ 마우스 오른쪽 클릭-Next를 선택한다.

⑨ Option 탭에서 Subclass : Bottom, net name : GND 선택한다.

⑩ 보드 영역 전체를 덮어 씌운다.

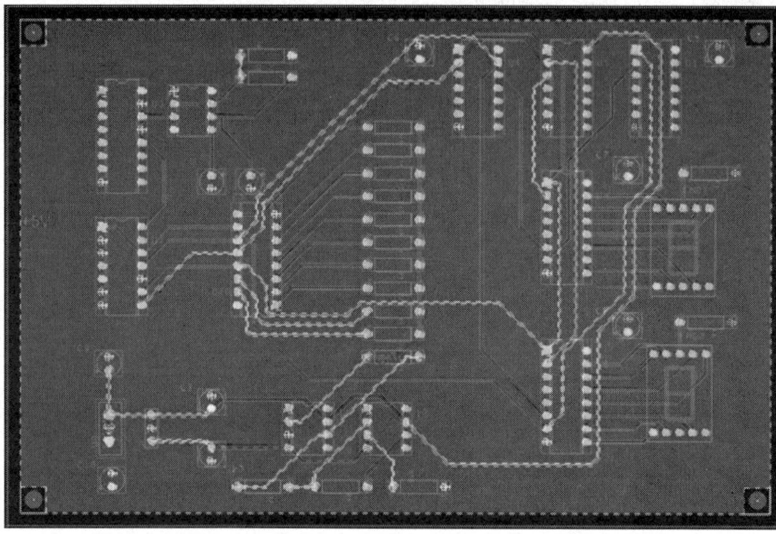

[그림 10-5] 보드 영역 전체를 덮어 씌운다

⑪ 메뉴바 Display-Shape을 선택하여 상태창을 확인한다.

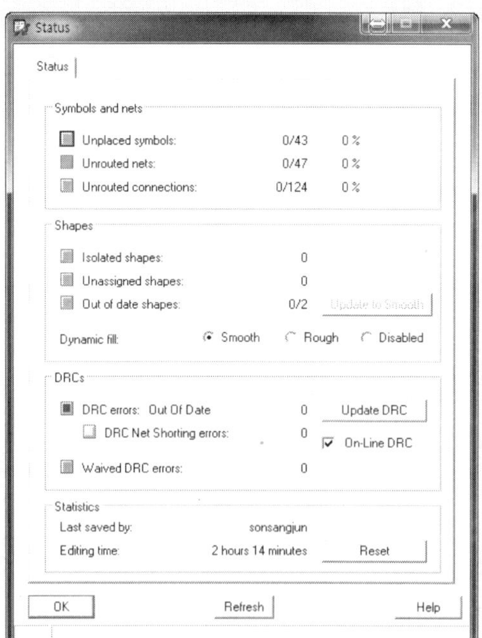

[그림 10-6] Display-Shape을 선택하여 상태창을 확인

학습활동.1 교수학습 방법

교수 방법

- PCB 설계의 기본개념, 부품배치, 라이브러리 작성 등을 PCB 실물 기판과 PPT 자료로 제시한 후 설명한다.
- PCB 설계에서 회로 블록의 특성, 신호의 종류, 회로의 구성 등에 따라 회로 블록을 배치하는 방법을 설명한다.
- PCB의 Size, 제품의 기구적인 특성을 고려하여 부품을 배치하고, 고정 부품의 배치를 우선해야 하는 이유와 방법을 설명한다.
- PCB 설계 도구를 선정하는 방법을 설명하고, 사용되고 있는 설계 도구의 장·단점을 설명할 수 있도록 지도한다.
- PCB 설계 도구의 사용법은 선수학습으로 되어 있어야 하나, 그렇지 못한 경우에는 설계 도구 사용법을 별도의 시간을 할애하여 교육하여야 한다.
- 라이브러리로 등록되어 있지 않은 부품에 대해서는 부품 스케치부터 지도하여 라이브러리로 등록할 수 있도록 지도한다.
- PCB 설계를 위한 환경 설정 및 각종 Option을 지정할 수 있는 능력을 기르도록 한다.

학습 방법

- PCB 설계 도구를 능숙히 사용할 수 있도록 충분히 연습한다.
- PCB 설계 및 PCB 설계 도구에서 사용되는 다양한 용어를 충분히 숙지하도록 한다.
- PCB 설계가 회로의 전기적 특성에 영향을 줄 수 있음을 강조하여 회로 블록 및 부품의 배치 방법을 숙지한다.
- PCB 설계를 위한 설계 도구의 환경 설정, Option 지정을 필요에 따라 스스로 수행할 수 있도록 하고, 부품배치의 중요성을 강조한다.
- PCB 설계가 완료된 후 Gerber Data를 생성하여 PCB 제작 발주까지 할 수 있는 능력을 배양한다.
- PCB 설계에서 회로 블록간 인터페이스를 효과적으로 실현할 수 있도록 한다.

학습활동.1 평가 및 피드백

평가 준거

- 평가자는 피평가자가 수행 준거 및 평가내용에 제시되어 있는 내용을 성공적으로 수행할 수 있는지를 평가해야 한다.
- 평가자는 다음 사항을 평가해야 한다.

학습내용	평가항목	성취수준		
		상	중	하
배선하기	– 배선하기 과정을 이해할 수 있다.			

평가 방법

- 평가자는 능력단위 PCB 설계하기의 수행 준거에 제시되어 있는 내용을 평가하기 위해 이론과 실기를 나누어 평가하거나, 종합적인 결과물의 평가 등 다양한 평가 방법을 이용할 수 있다.
- 필기시험

학습내용	평가항목	성취수준		
		상	중	하
배선하기	– 배선하기 과정을 이해할 수 있다.			

- 체크리스트에 의한 관찰

학습내용	평가항목	성취수준		
		상	중	하
배선하기	– 배선하기 과정을 이해할 수 있다.			

• 작업장 평가

평가항목	성취수준		
	상	중	하
각 조별로 실습준비 및 실습과정에 있어 효율적이고 성실한 실습태도로 임하고 작업 후에 실습도구 등을 정리한다.			

피 드 백

1. 작업 포트폴리오
   - 제출한 내용을 평가한 후 주요 사항을 표시하여 설명해준다.
2. 필기시험
   - 평가결과 일정 점수 이하인 학생들은 추가 학습 후 그 결과를 제출하도록 한다.
3. 체크리스트를 통한 관찰
   - 실습과정에서 평가한 후 주요 사항을 표시하여 돌려준다.

학습 1	PCB 설계 이해하기(19220206_13v1.4)
학습 2	OrCAD Capture를 이용한 도면작성
학습 3	PCB Footprint 생성
학습 4	OrCAD Capture 유틸리티
학습 5	OrCAD Capture 부가기능
학습 6	OrCAD PCB Editor 구성 및 환경 설정
학습 7	Constraint Manager
학습 8	Color/Visibility
학습 9	부품배치
학습 10	배선하기
학습 11	**마무리 작업**

11 - 1 치수(Dimension) 설정하기

학습 목표

• 치수(Dimension) 설정하기 과정을 이해할 수 있다.

필요지식

생성한 보드 외곽선에 치수(Dimension)를 표시해보도록 한다.

1. 치수 파라미터(Dimensioning Parameters)

치수(Dimension)의 단위, 크기 등을 생성할 수 있다.

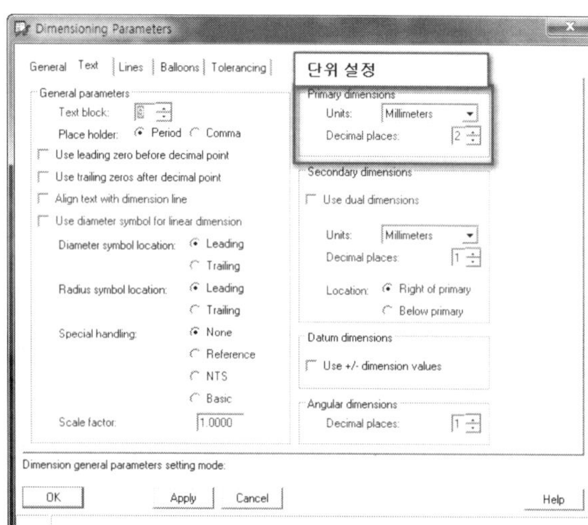

[그림 11-1] 치수의 단위, 크기 등을 생성

2. 리니어 치수(Linear Demension)

리니어(Linear) 타입의 치수(Dimension)를 생성할 수 있다.

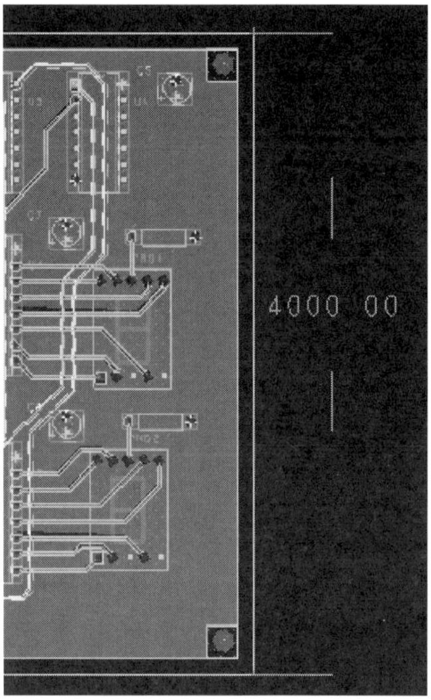

[그림 11-2] 리니어 타입의 치수 생성

수행 내용 치수(Dimension) 설정하기

재료 · 자료

- 상세 회로도면, 기구도면, A4 용지, 필기구

기기(장비 · 공구)

- 인터넷 가능한 컴퓨터, 한글 오피스, 프린터

안전 · 유의사항

- 회로동작 및 기능을 충분히 숙지하도록 한다.
- 컴퓨터에 바이러스가 침투하지 않도록 유의한다.

수행 순서

01 치수(Dimension) 설정하기

① 메뉴바 Manufacture–Dimension Environment를 선택한다.

② 마우스 오른쪽 클릭–Parameters를 선택한다.

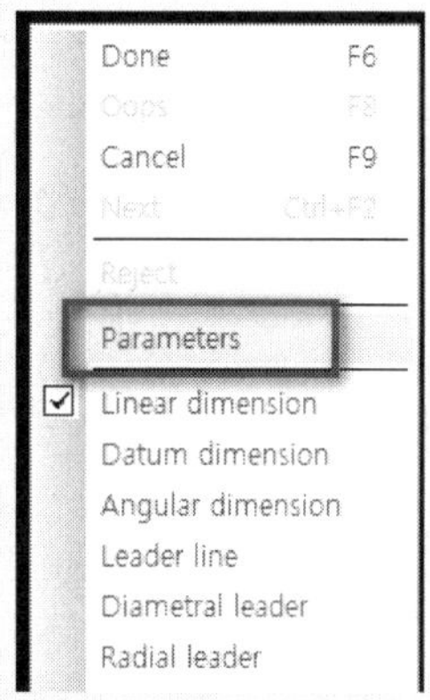

[그림 11–3] Parameters를 선택

③ Text 탭에서 Primary dimensions의 Units을 Mils로 선택 후 OK 버튼을 클릭한다.

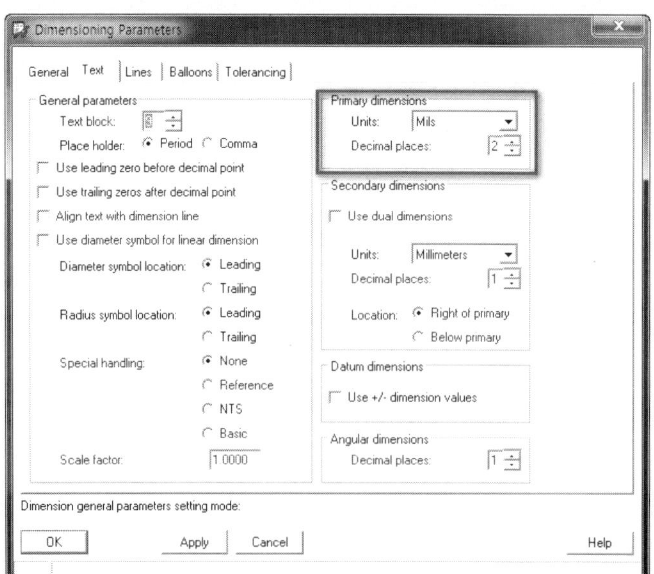

[그림 11–4] Primary dimensions의 Units을 Mils로 선택

④ 마우스 오른쪽 클릭－Linear Dimension을 선택한다.

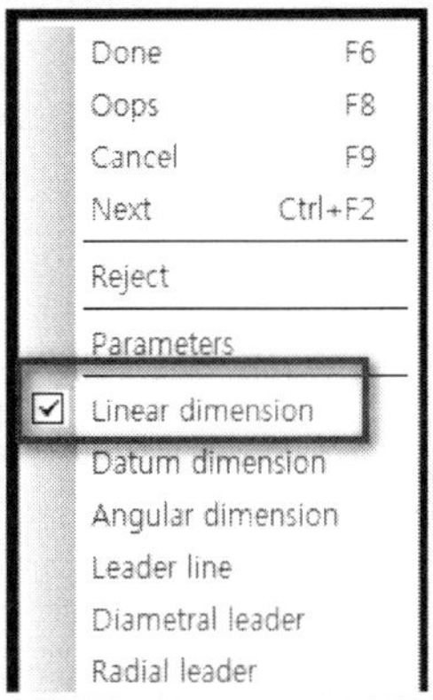

[그림 11-5] Linear Dimension을 선택

⑤ 보드 외곽의 모서리를 클릭하여 Dimension을 생성한다.

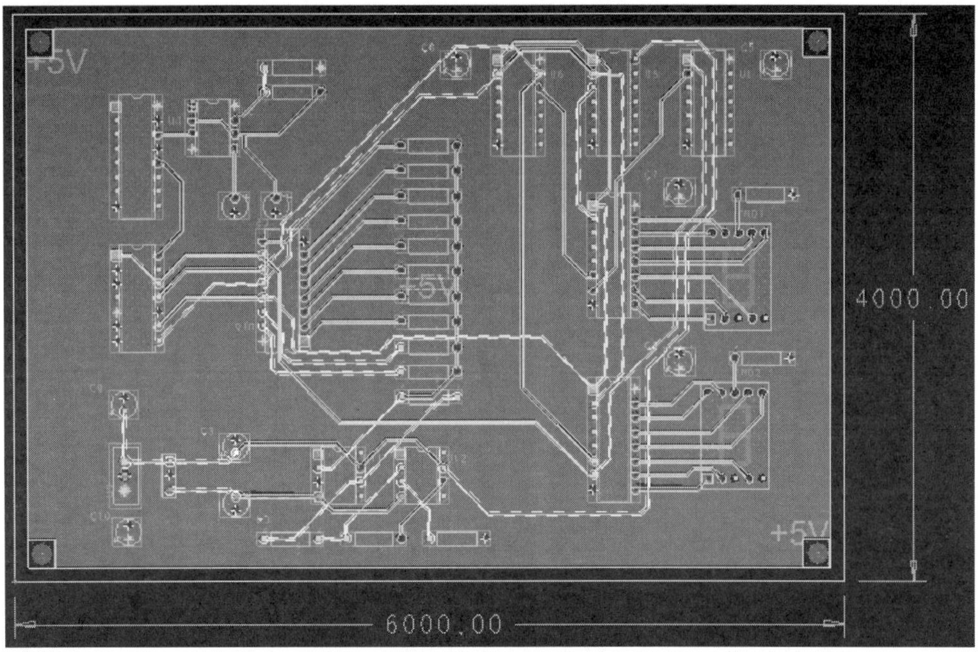

[그림 11-6] 보드 외곽의 모서리를 클릭하여 Dimension을 생성

11 - 2 Silkscreen 정렬하기

학습 목표

- Silkscreen 정렬하기 과정을 이해할 수 있다.

필요지식

부품을 배치하는 과정에서 Rotate하게 되면 Silkscreen 또한 함께 Rotate가 적용되므로 일괄적으로 정렬을 해 줄 필요가 있다. 또한 부품마다 Silkscreen의 크기가 다르다면 일괄적으로 같은 사이즈로 수정이 가능하다.

1. Spin

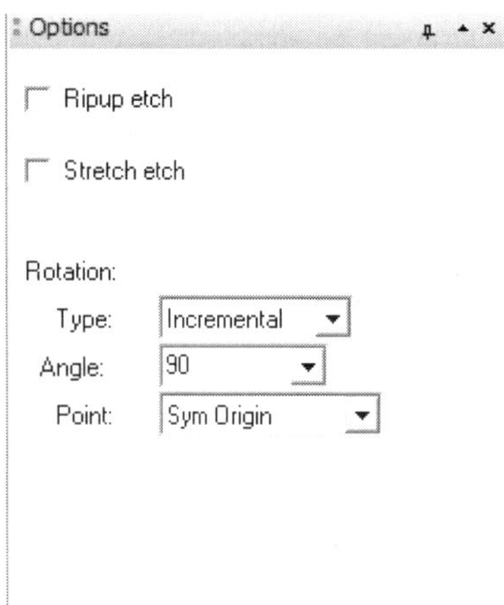

Options
Type : 1) Incremental : 현재 회전된 값을 기준으로 상대적으로 회전 2) Absolute : 현재 회전된 값과 무관하게 절대적으로 회전
Angle : 회전 각도
Point : 회전 기준점

[그림 11-7] SPIN 옵션

2. Change

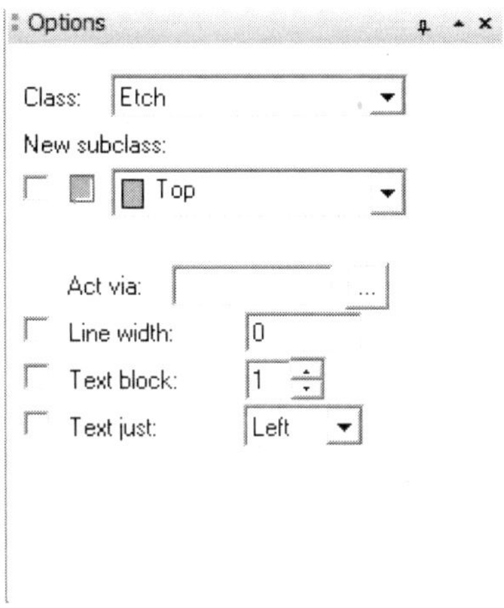

Options
Line width : Add connect 또는 Add Line의 Width를 수정
Text block : Text의 크기를 수정
Text just : Text를 정렬(Left, Right, Center)

[그림 11-8] Change 옵션

수행 내용 Silkscreen 정렬하기

재료 · 자료

- 상세 회로도면, 기구도면, A4 용지, 필기구

기기(장비 · 공구)

- 인터넷 가능한 컴퓨터, 한글 오피스, 프린터

안전 · 유의사항

- 회로동작 및 기능을 충분히 숙지하도록 한다.
- 컴퓨터에 바이러스가 침투하지 않도록 유의한다.

수행 순서

01 Silkscreen 정렬

① 메뉴바 Display-Color/Visibility를 선택한다.

② 오른쪽 상단의 Global Visibility를 Off 후 Apply를 선택한다.

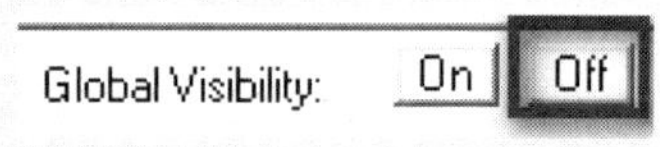

[그림 11-9] Global Visibility를 Off

③ Components-Silkscreen_Top-RefDes를 체크 후 Apply를 선택한다.

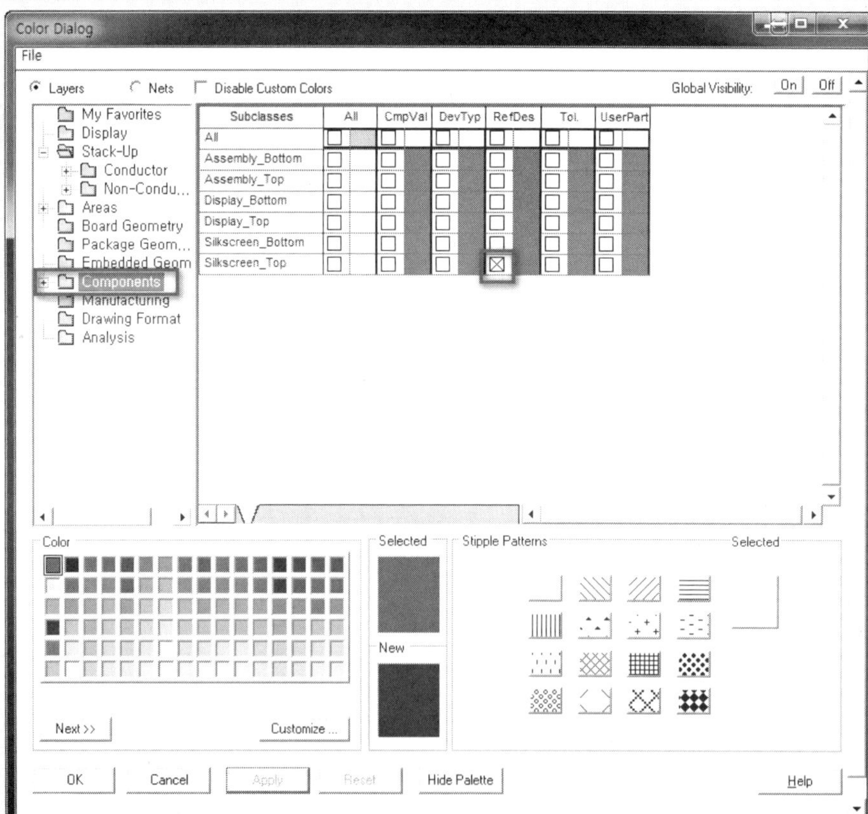

[그림 11-10] Components-Silkscreen_Top-RefDes를 체크 후 Apply를 선택

④ 메뉴바 Edit-Spin을 선택한다.

⑤ 오른쪽의 Option 탭에서 Rotation Type : Absolute, Angle : 0, Point : Sym Origin으로 선택한다.

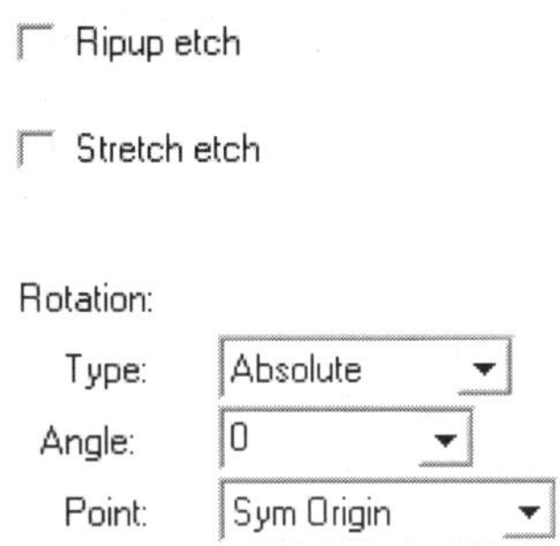

[그림 11-11] Type : Absolute, Angle : 0, Point : Sym Origin으로 선택

⑥ Find 탭에서 text를 제외한 항목을 모두 체크 해제한다.

⑦ 배치된 Silkscreen_top을 모두 선택한다.

⑧ Edit-Change를 선택한다.

⑨ 오른쪽의 Option 탭에서 Text block에 체크, 값을 3으로 설정한다.

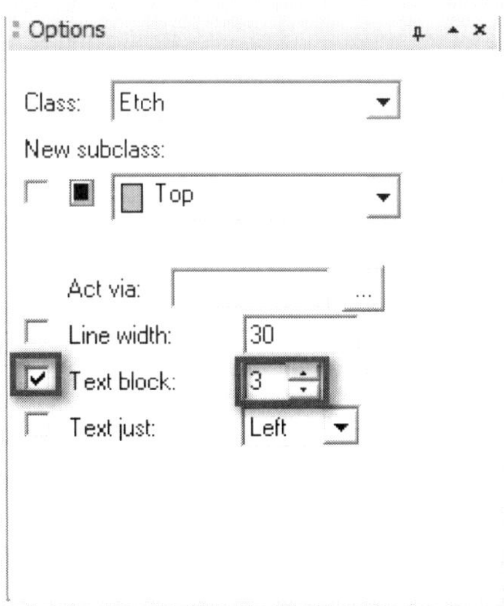

[그림 11-12] Text block에 체크, 값을 3으로 설정

⑩ Find 탭에서 text를 제외한 항목을 모두 체크 해제한다.

⑪ 배치된 Silkscreen_top을 모두 선택한다.

11-3 NC Legend 생성하기

학습 목표

• NC Legend 생성하기 과정을 이해할 수 있다.

필요지식

배치된 모든 Drill에 관한 정보를 출력한다.

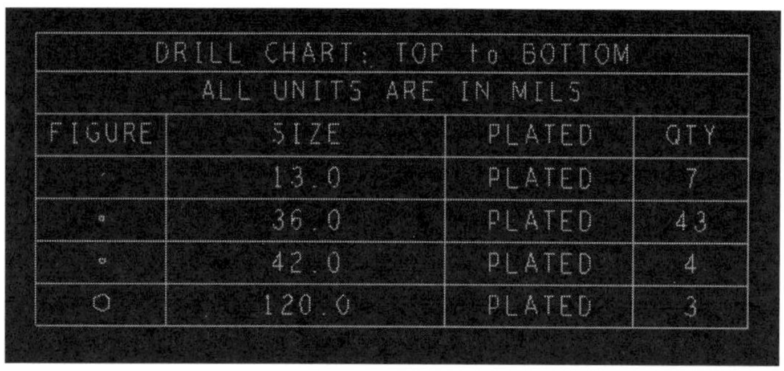

DRILL CHART: TOP to BOTTOM			
ALL UNITS ARE IN MILS			
FIGURE	SIZE	PLATED	QTY
·	13.0	PLATED	7
∘	36.0	PLATED	43
∘	42.0	PLATED	4
○	120.0	PLATED	3

[그림 11-13] 모든 Drill에 관한 정보를 출력

〈표 11-1〉 Drill에 관한 정보

NC Drill	
Figure	각각의 Drill을 구별하기 위한 Symbol
Size	Drill의 사이즈(지름)
Plated/Non-Plated	Drill의 내부 도금 여부
QTY	해당되는 Drill의 개수

수행 내용 NC Legend 생성하기

재료 · 자료

- 상세 회로도면, 기구도면, A4 용지, 필기구

기기(장비 · 공구)

- 인터넷 가능한 컴퓨터, 한글 오피스, 프린터

안전 · 유의사항

- 회로동작 및 기능을 충분히 숙지하도록 한다.
- 컴퓨터에 바이러스가 침투하지 않도록 유의한다.

수행 순서

01 NC Legend 생성

① 메뉴바 Display-Color/Visibility를 선택한다.

② 오른쪽 상단의 Global Visibility를 On 후 Apply를 선택한다.

[그림 11-14] Global Visibility를 ON

③ 메뉴바 Manufacture-NC-NC Legend를 선택한다.

④ 보드 외곽선 아래에 배치한다.

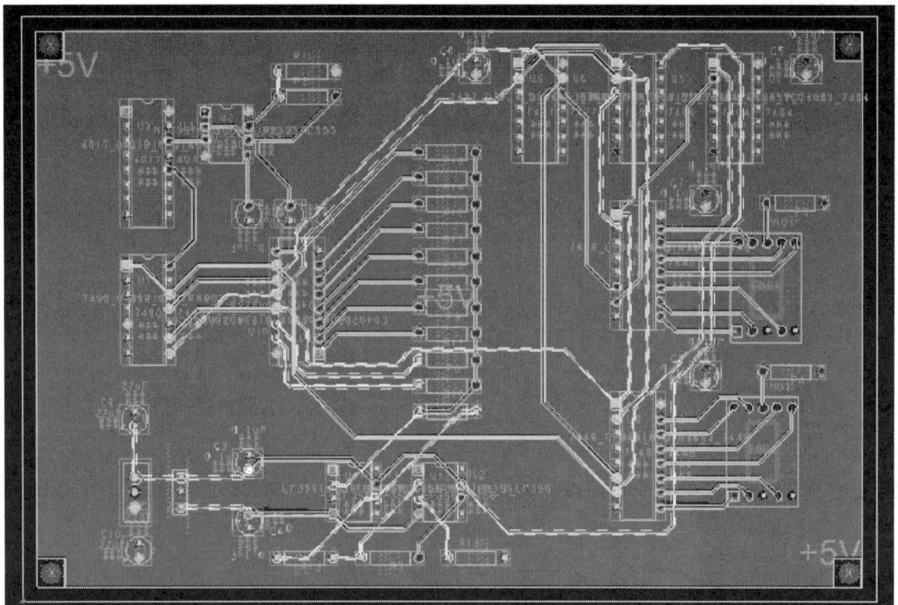

DRILL CHART: TOP to BOTTOM			
ALL UNITS ARE IN MILS			
FIGURE	SIZE	PLATED	QTY
·	35.0	PLATED	20
▫	36.0	PLATED	167
ɑ	42.0	PLATED	36
○	55.0	PLATED	3
×	118.0	NON-PLATED	4

[그림 11-15] 보드 외곽선 배치

11-4 Artwork Film 생성하기

학습 목표

• Artwork Film 생성하기 과정을 이해할 수 있다.

필요지식

작업한 파일을 제조하기 위하여 Artwork Film 파일을 생성한다. 현재 Artwork Film 파일의 일반적인 양식은 Gerber RS274X다. Artwork Film 생성은 Color 설정 후 적용된 Layer를 통해 설정된다.

예를 들어 Color 설정에서 Silkscreen_top 관련 Layer만 보이게 한 후 Artwork Film을 생성하면 해당 필름은 Silkscreen_top이 된다.

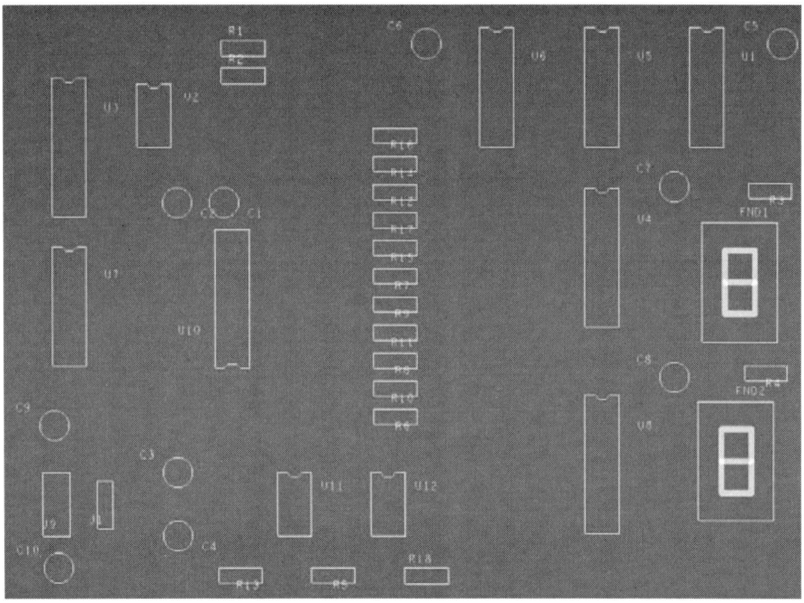

[그림 11-16] Artwork Film을 생성

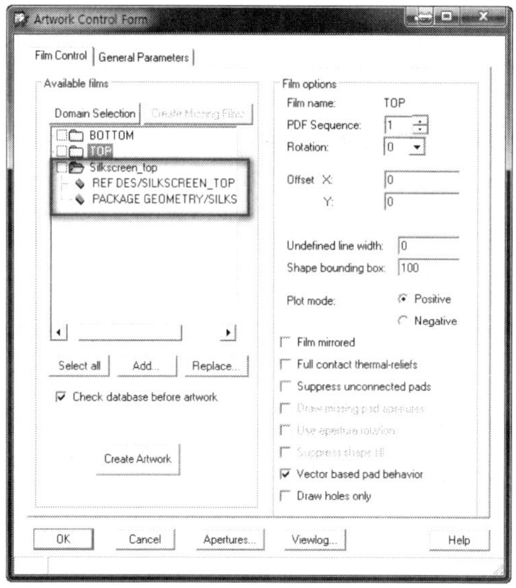

[그림 11-17] Silkscreen_top

수행 내용 Artwork Film 생성하기

재료 · 자료

- 상세 회로도면, 기구도면, A4 용지, 필기구

기기(장비 · 공구)

- 인터넷 가능한 컴퓨터, 한글 오피스, 프린터

안전 · 유의사항

- 회로동작 및 기능을 충분히 숙지하도록 한다.
- 컴퓨터에 바이러스가 침투하지 않도록 유의한다.

수행 순서

01 Artwork Film 생성

(1) Parameters 설정

① 메뉴바-Manufacture-Artwork을 선택한다.

② General Parameter에서 Device type을 Gerber RS274X로 선택한다.

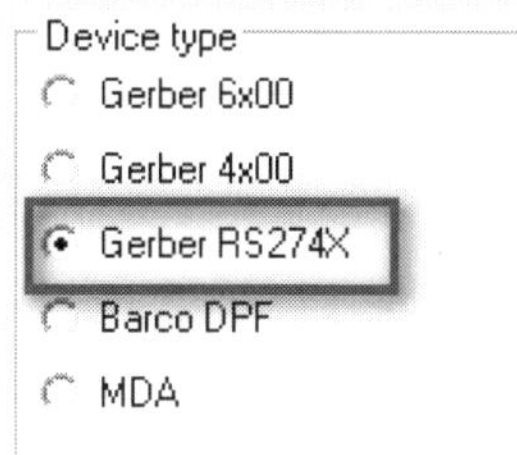

[그림 11-18] Device type을 Gerber RS274X로 선택

(2) Soldermask 설정

① 메뉴 Display-Color/Visibility를 선택한다.

② Color Dialog창의 오른쪽 상단의 Global Visibility : Off 버튼을 클릭한다.

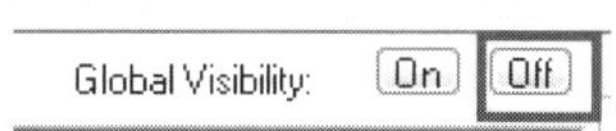

[그림 11-19] 오른쪽 상단의 Global Visibility : Off 버튼을 클릭

③ Stack-Up 폴더- Non-Conductor를 선택한다.

④ Soldermask_Top 항목에서 Pin과 Via에 체크한다.

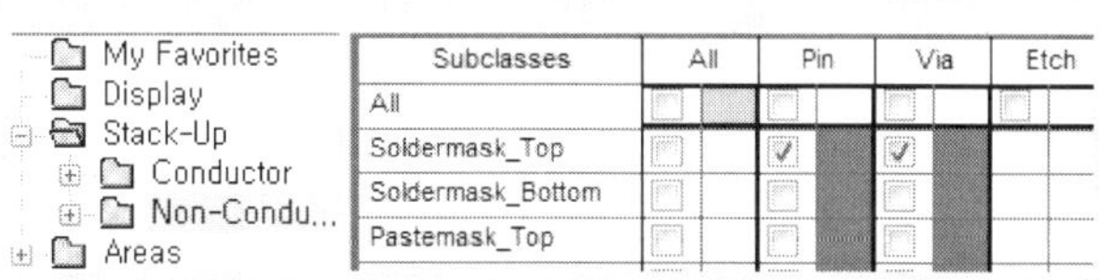

[그림 11-20] Soldermask_Top 항목에서 Pin과 Via에 체크

⑤ Apply를 클릭한다.

⑥ PCB Editor 화면에 Soldermask_Top이 나타난다.

⑦ Artwork의 TOP을 선택한 후 RMB-Add를 선택한다.

⑧ Enter new film name에 [Soldermask_Top]을 작성한다.

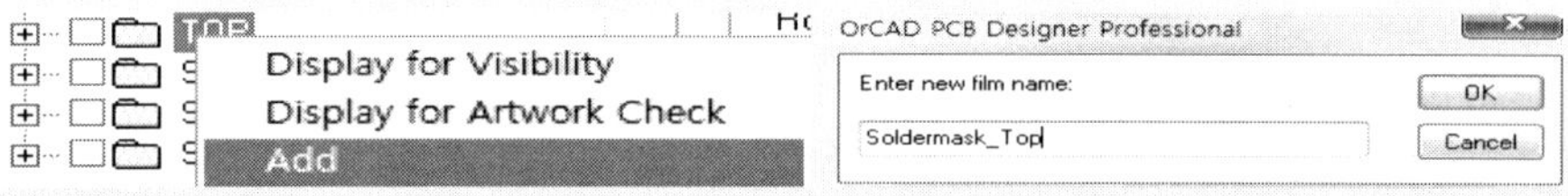

[그림 11-21] Enter new film name에 [Soldermask_Top]을 작성

⑨ OK 버튼을 클릭한다.

⑩ Soldermask_bottom은 Soldermask_top과 ①번에서 ③번까지 동일한 작업을 수행하며, ④번 설정 부분에서 Color 설정을 다음과 같이 수행한다.

- Color 설정 : Stack-up-Non-Conductor-Soldermask_Bottom 항목의 Pin, Via

⑪ 위 ⑦번부터 ⑧번까지 수행 후 ⑨번 File name을 다음과 같이 수행한다.

- New file name : Soldermask_bottom

(3) Silkscreen_top 설정

① 메뉴 Display-Color/Visibility를 선택한다.

② Color Dialog 창의 오른쪽 상단의 Global Visibility : Off 버튼을 클릭한다.

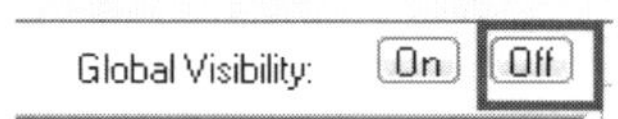

[그림 11-22] 오른쪽 상단의 Global Visibility : Off 버튼을 클릭

③ Package Geomatry-Silkscreen_Top을 체크한다.

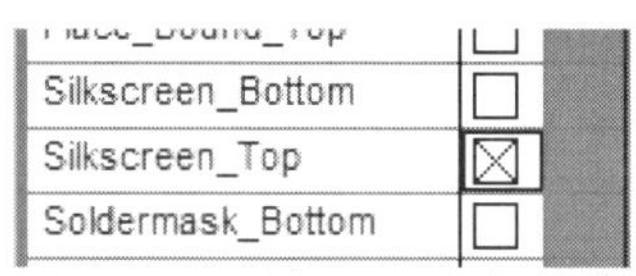

[그림 11-23] Package Geomatry-Silkscreen_Top을 체크

④ Components-Silkscreen_Top-RefDes를 체크한다.

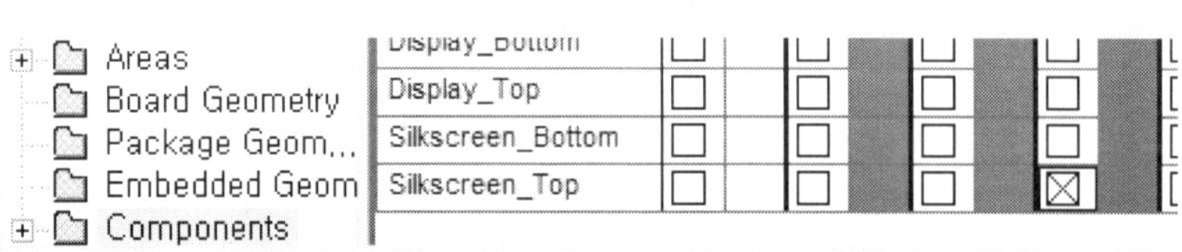

[그림 11-24] Components-Silkscreen_Top-RefDes를 체크

⑤ Apply를 클릭한다.

⑥ PCB Editor 화면에 Silkscreen_Top이 나타난다.

⑦ Artwork의 TOP 선택한 후 RMB-Add를 선택한다.

⑧ Enter new film name에 [Silkscreen_Top]을 작성한다.

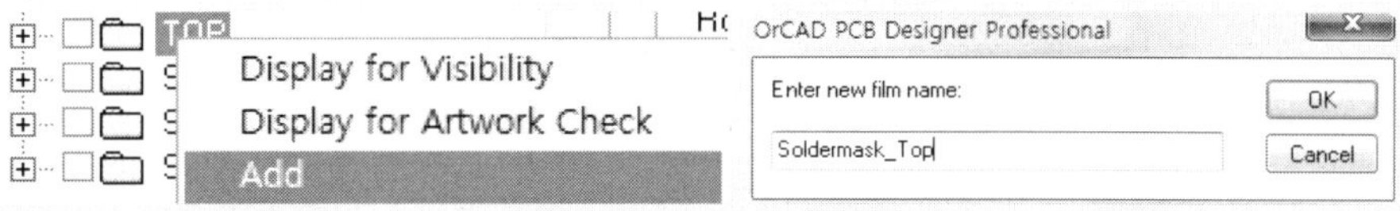

[그림 11-25] Enter new film name에 [Silkscreen_Top]을 작성

⑨ OK 버튼을 클릭한다.

⑩ Undefined line width 항목에 10을 입력한다.

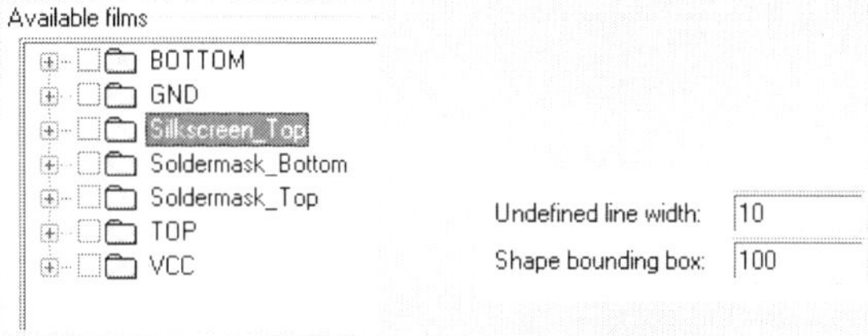

[그림 11-26] Undefined line width 항목에 10을 입력

(4) Drill Draw 설정

① 메뉴 Display–Color/Visibility를 선택한다.

② Color Dialog 창의 오른쪽 상단의 Global Visibility : Off 버튼을 클릭한다.

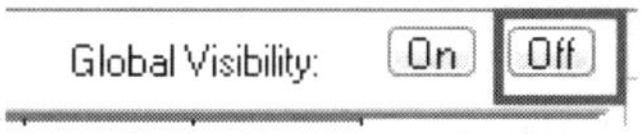

[그림 11-27] 오른쪽 상단의 Global Visibility : Off 버튼을 클릭

③ Board Geometry–Outline을 체크한다.

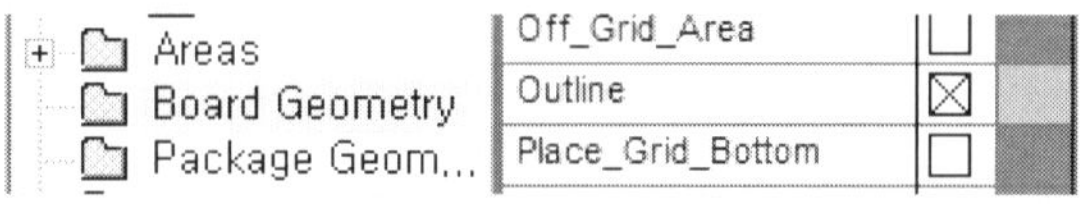

[그림 11-28] Board Geometry–Outline을 체크

④ Manufacture–NClegend-1-2를 체크한다.

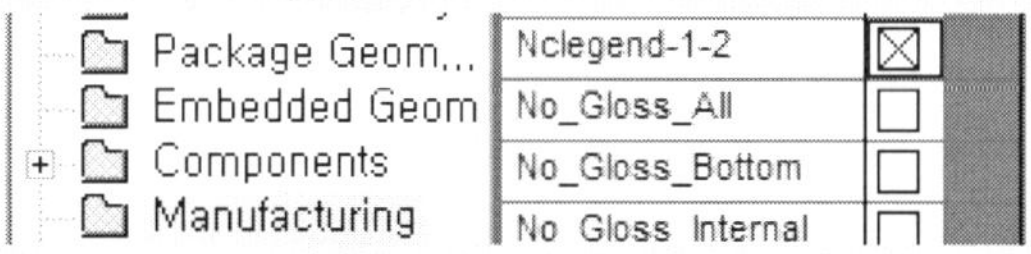

[그림 11-29] Manufacture–NClegend-1-2를 체크

⑤ Apply를 클릭한다.

⑥ PCB Editor 화면에 Drill Draw가 나타난다.

⑦ Artwork의 TOP 선택한 후 RMB－Add를 선택한다.

⑧ Enter new film name에 [Drill_Draw]을 작성한다.

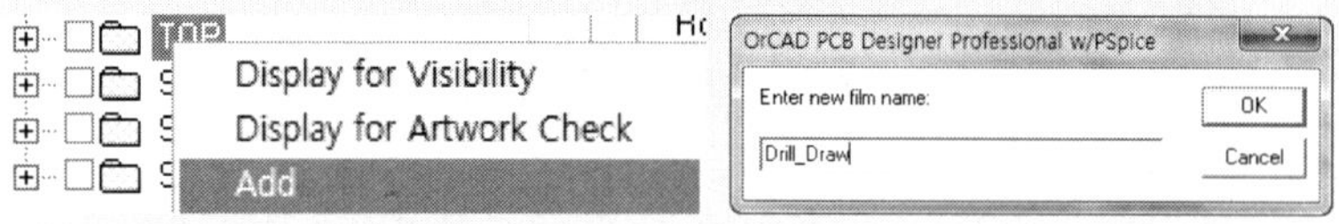

[그림 11-30] Enter new film name에 [Drill_Draw]을 작성

⑨ OK 버튼을 클릭한다.

⑩ Undefined line width 항목에 10을 입력한다.

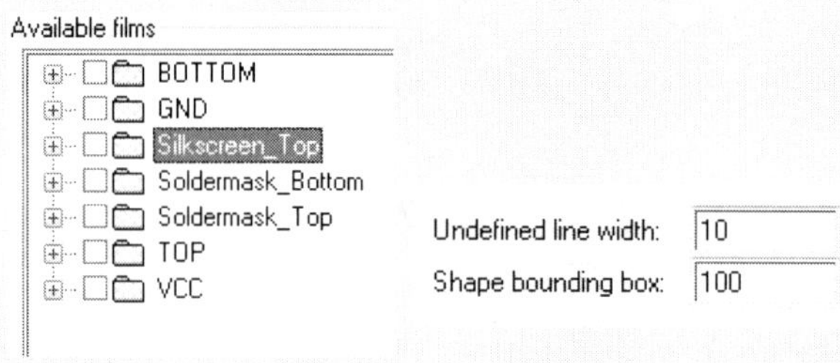

[그림 11-31] Undefined line width 항목에 10을 입력

(5) Artwork Film 생성

① Artwork Control Form에서 Select all을 선택한다.

② Create Artwork을 선택한다.

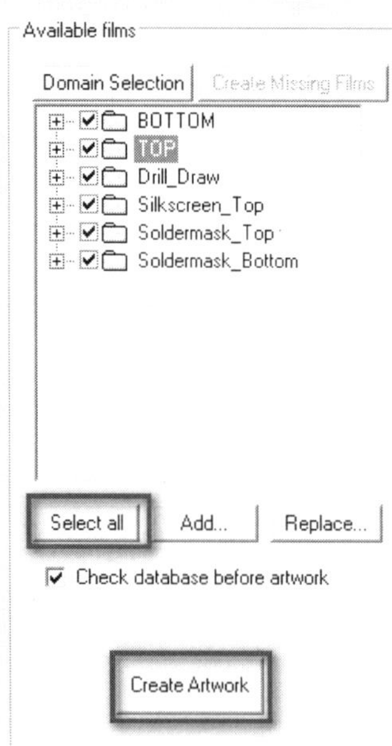

[그림 11-32] Select all을 선택, Create Artwork를 선택

(6) NC Drill 생성

① 메뉴바－Manufacture－NC－NC Legend를 선택한다.

② Drill을 선택한다.

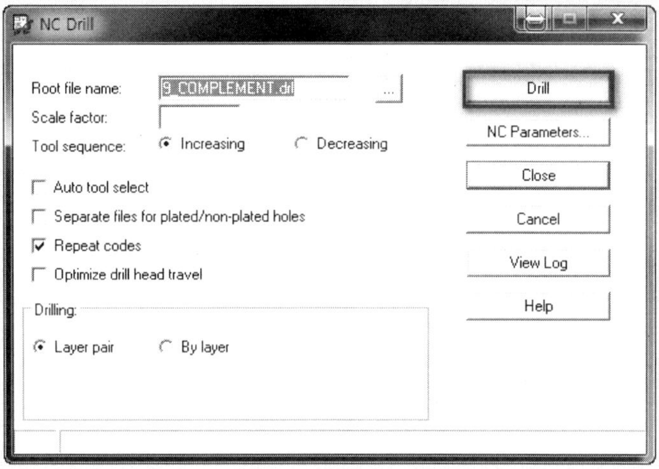

[그림 11-33] Drill을 선택

학습활동.1 교수학습 방법

교수 방법

- PCB 설계의 기본개념, 부품배치, 라이브러리 작성 등을 PCB 실물 기판과 PPT 자료로 제시한 후 설명한다.
- PCB 설계에서 회로 블록의 특성, 신호의 종류, 회로의 구성 등에 따라 회로 블록을 배치하는 방법을 설명한다.
- PCB의 Size, 제품의 기구적인 특성을 고려하여 부품을 배치하고, 고정 부품의 배치를 우선해야 하는 이유와 방법을 설명한다.
- PCB 설계 도구를 선정하는 방법을 설명하고, 사용되고 있는 설계 도구의 장 · 단점을 설명할 수 있도록 지도한다.
- PCB 설계 도구의 사용법은 선수학습으로 되어 있어야 하나, 그렇지 못한 경우에는 설계 도구 사용법을 별도의 시간을 할애하여 교육하여야 한다.
- 라이브러리로 등록되어 있지 않은 부품에 대해서는 부품 스케치부터 지도하여 라이브러리로 등록할 수 있도록 지도한다.
- PCB 설계를 위한 환경 설정 및 각종 Option을 지정할 수 있는 능력을 기르도록 한다.

학습 방법

- PCB 설계 도구를 능숙히 사용할 수 있도록 충분히 연습한다.
- PCB 설계 및 PCB 설계 도구에서 사용되는 다양한 용어를 충분히 숙지하도록 한다.
- PCB 설계가 회로의 전기적 특성에 영향을 줄 수 있음을 강조하여 회로 블록 및 부품의 배치 방법을 숙지한다.
- PCB 설계를 위한 설계 도구의 환경 설정, Option 지정을 필요에 따라 스스로 수행할 수 있도록 하고, 부품배치의 중요성을 강조한다.
- PCB 설계가 완료된 후 Gerber Data를 생성하여 PCB 제작 발주까지 할 수 있는 능력을 배양한다.
- PCB 설계에서 회로 블록간 인터페이스를 효과적으로 실현할 수 있도록 한다.

학습활동.1 평가 및 피드백

평가 준거

• 평가자는 피평가자가 수행 준거 및 평가내용에 제시되어 있는 내용을 성공적으로 수행할 수 있는지를 평가해야 한다.
• 평가자는 다음 사항을 평가해야 한다.

학습내용	평가항목	성취수준		
		상	중	하
Demension하기	- Demension하기 과정을 이해할 수 있다.			
Silkscreen 정렬하기	- Silkscreen 정렬하기 과정을 이해할 수 있다.			
NC Legend 생성하기	- NC Legend 생성하기 과정을 이해할 수 있다.			
Artwork Film 생성하기	- Artwork Film 생성하기 과정을 이해할 수 있다.			

평가 방법

• 평가자는 능력단위 PCB 설계하기의 수행 준거에 제시되어 있는 내용을 평가하기 위해 이론과 실기를 나누어 평가하거나, 종합적인 결과물의 평가 등 다양한 평가 방법을 이용할 수 있다.
• 필기시험

학습내용	평가항목	성취수준		
		상	중	하
Demension하기	- Demension하기 과정을 이해할 수 있다.			
Silkscreen 정렬하기	- Silkscreen 정렬하기 과정을 이해할 수 있다.			
NC Legend 생성하기	- NC Legend 생성하기 과정을 이해할 수 있다.			
Artwork Film 생성하기	- Artwork Film 생성하기 과정을 이해할 수 있다.			

• 체크리스트에 의한 관찰

학습내용	평가항목	성취수준		
		상	중	하
Demension하기	– Demension하기 과정을 이해할 수 있다.			
Silkscreen 정렬하기	– Silkscreen 정렬하기 과정을 이해할 수 있다.			
NC Legend 생성하기	– NC Legend 생성하기 과정을 이해할 수 있다.			
Artwork Film 생성하기	– Artwork Film 생성하기 과정을 이해할 수 있다.			

• 작업장 평가

평가항목	성취수준		
	상	중	하
각 조별로 실습준비 및 실습과정에 있어 효율적이고 성실한 실습태도로 임하고 작업 후에 실습도구 등을 정리한다.			

피 드 백

1. 작업 포트폴리오
   – 제출한 내용을 평가한 후 주요 사항을 표시하여 설명해준다.
2. 필기시험
   – 평가결과 일정 점수 이하인 학생들은 추가 학습 후 그 결과를 제출하도록 한다.
3. 체크리스트를 통한 관찰
   – 실습과정에서 평가한 후 주요 사항을 표시하여 돌려준다.

부록 1	9의 보수기 카운터 회로
부록 2	OrCAD PCB Editor 부가기능
부록 3	실습예제(Astable Multivibrator)
부록 4	실습예제(LED Counter)

1. 목 적

보수의 개념을 익히며 카운터의 동작원리를 이해하고, 상호 유기적으로 연동시켜서 전자 회로의 응용능력을 배양하는 데 목적을 둔다.

2. 이 론

(1) 보수기 카운터의 동작이해

1) 카운터의 이해

카운터는 일정한 시간마다 숫자를 세어주는 장치이다. 일정 시간간격으로 신호를 발생시키고, 신호에 따라서 숫자를 세어나가며 출력하는 기능을 포함한다.

2) 보수의 이해

보수(補數)란 "보충하는 숫자"라는 뜻으로 볼 수 있다. "9의 보수"의 한 예를 생각해 보자. 예를 들어 "3이란 값의 9의 보수는 얼마인가?" 라는 질문을 바꾸어 보면, "3에 대해 얼마를 보충해야 9가 되는가?" 답은 6이다. 이것이 9의 보수이다.

9의 보수기 카운터 회로는 0에서 9까지 카운트하면서 숫자를 출력하고, 한편으로는 출력되는 숫자의 "9의 보수"를 출력하는 회로이다. 따라서 FND1에 표시되는 숫자의 9에 대한 보수를 FND2에 나타내어 각 자리에 다음과 같이 순차적으로 표시한다.

[그림 1-1] 9의 보수 표시 예

(2) 주요 부품의 기능이해

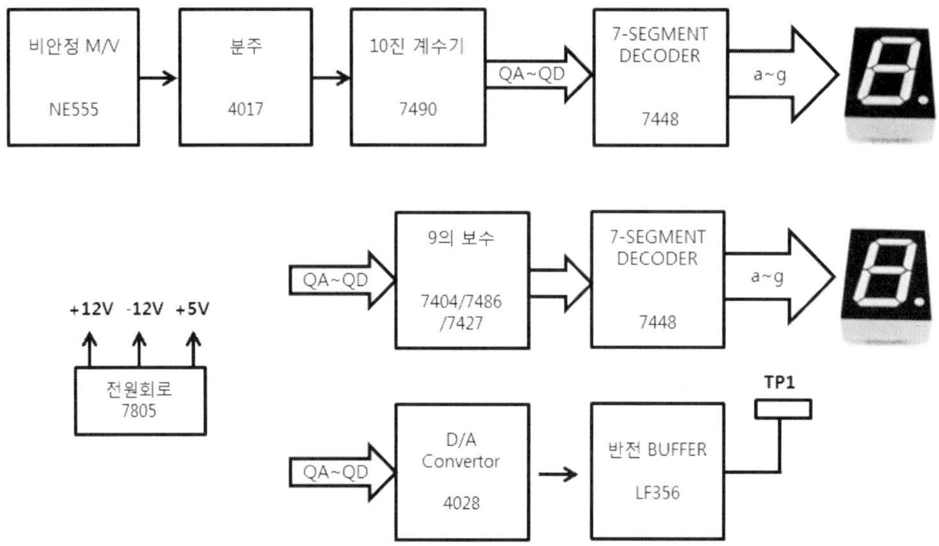

[그림 1-2] 9의 보수기 카운터 회로의 전체 블록도

① 일정 시간마다 신호를 주는 타이머(NE555) : 원래 이름은 비안정 멀티바이브레이터로써 일정 시간간격으로 신호를 발생시킨다. NE555에 연결된 저항 2개와 커패시터의 값을 조절하면 원하는 일정한 간격으로 신호를 발생시킬 수 있는데 여기서는 약 12Hz, 즉 1초에 12번 발생시킨다.

② 필요한 시간간격으로 분산시키는 분주기(CD4017) : NE555에서 발생한 신호를 그대로 카운터로 가져가면 숫자 증가속도가 너무 빠르므로 10배로 느리게 할 필요가 있다. 여기서는 NE555에서 받는 신호를 10번 받으면 1번 출력하여 신호를 1/10으로 분산시켜주는 역할을 한다(이것을 "분주"라고 한다). 1/10씩 분주시켜서 원래의 12Hz를 1.2Hz의 신호로 변환시키는 역할을 한다. 약 0.83초마다 1번의 신호가 발생하게 된다.

③ 분주기에서 받은 신호를 따라 숫자를 세어주는 카운터(74LS90) : 0.83초마다 신호를 받으면 숫자를 1씩 증가시키면서 현재의 숫자를 2진수로 출력하는 장치이다.

④ 시간을 표시하기 위한 표시장치와 구동기(FND, 74LS48)이다.

⑤ 9의 보수로 변환하기 위한 조합회로(7404/7486/7427)이다.

⑥ 디지털 카운터 값을 아날로그로 변환 출력하기 위한 D/A Converter이다.

(3) 기능별 회로설명

① 멀티바이브레이터(NE555) 부분은 NE555는 커패시터 C_1에 충전과 방전이 반복되면서 일정 주기의 신호가 발생되어 3번 핀으로 출력한다.

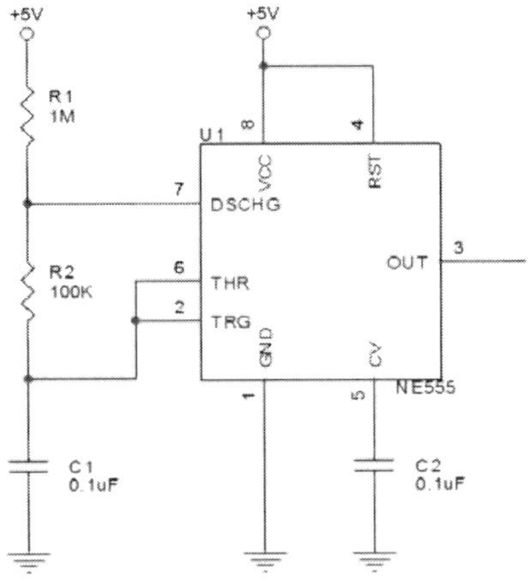

NE555와 주변회로

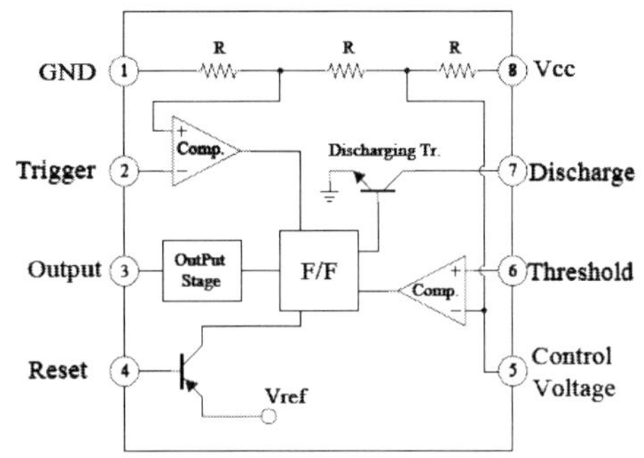

NE555의 핀 배열과 구조

[그림 1-3]

신호의 주기를 조절하기 위해서 R_1, R_2, C_1의 값을 적절하게 선택하면 된다. R_1와 R_2을 통해서 C_1에 입력전압의 2/3까지 충전되며, 충전시간은 $t_1 \fallingdotseq 0.693 \times C_1 \times (R_1 + R_2)$ sec이다. 커패시터 C_1에 충전된 전압은 R_2를 통해서 NE555 7번 핀으로 방전을 한다. 방전시간은 $t_2 \fallingdotseq 0.693 \times C_1 \times R_2$ sec이다.

발진주기는 $T = t_1 + t_2 \fallingdotseq 0.693 \times C_1 \times (R_1 + 2R_2)$ sec이며 발진주파수는 $f = \frac{1}{T}$ $\fallingdotseq \frac{1.44}{C_1(R_1 + 2R_2)}$ Hz이다. 따라서 주어진 회로의 경우 발진 주파수는 12[Hz]이다.

② CD4017(Decade Counter/Divider with 10 Decaded Output)을 이용한 분주회로 원

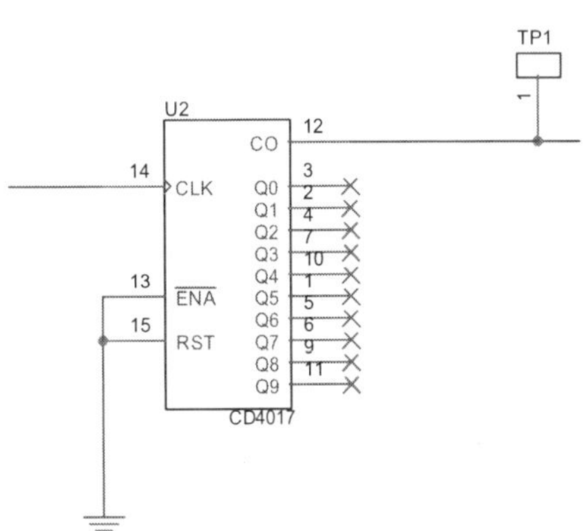

CD4017과 주변회로

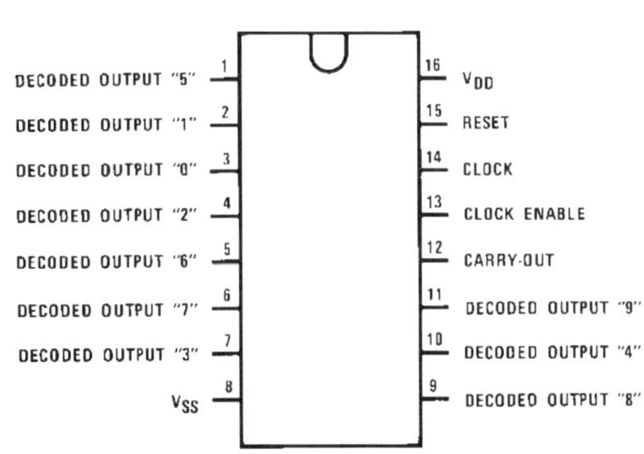

CD4017의 핀 배열도

[그림 1-4]

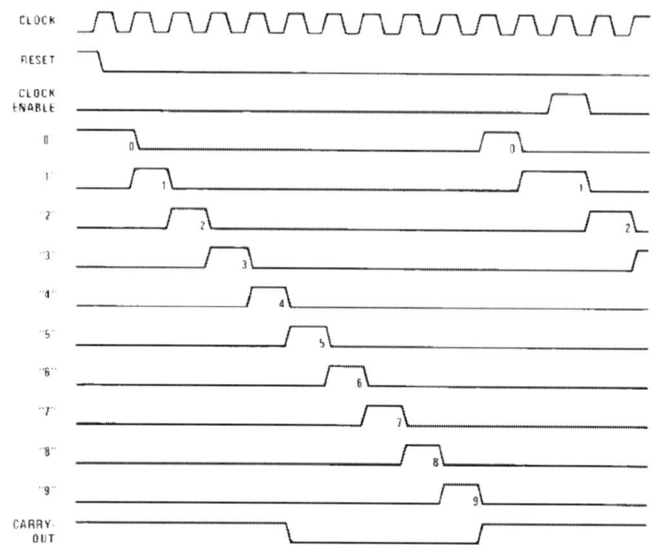

[그림 1-5] CD4017의 출력파형

래 CD4017은 10을 세어주는 카운터 칩이다. CLOCK 입력을 NE555로부터 받으면 위의 파형처럼 출력핀 0부터 9까지 차례대로 신호를 출력하게 된다. 그러나 여기서는 NE555의 파형을 1/10으로 줄이기 위한 용도로 사용하기 위해 CARRY-OUT 신호를 사용한다. CARRY-OUT은 0~4의 출력동안 H상태이고, 5~9의 출력동안 L상태이므로, CLOCK 신호를 10번 받을 때마다 CARRY-OUT 신호는 1번 반복된다. 즉 NE555의 주파수를 1/10으로 줄이는 효과를 낼 수 있다. 따라서 원래 NE555가 12[Hz]의 주파수 신호를 보내면 CD4017의 12번 핀에서는 1.2[Hz]의 주파수 신호가 출력된다.

③ 분주기에서 받은 신호를 따라 숫자를 세어주는 카운터(74LS90)이다.

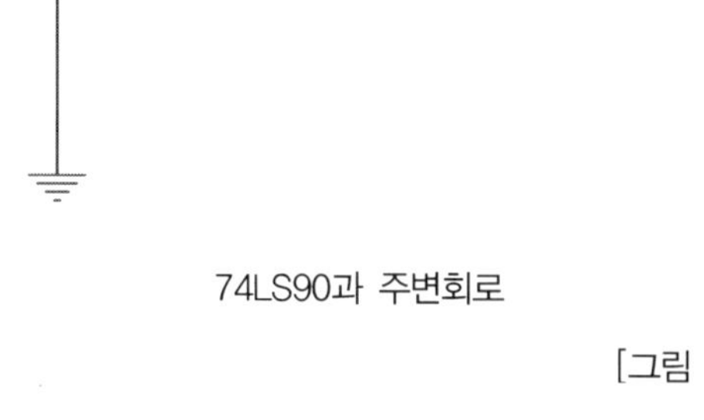

74LS90과 주변회로

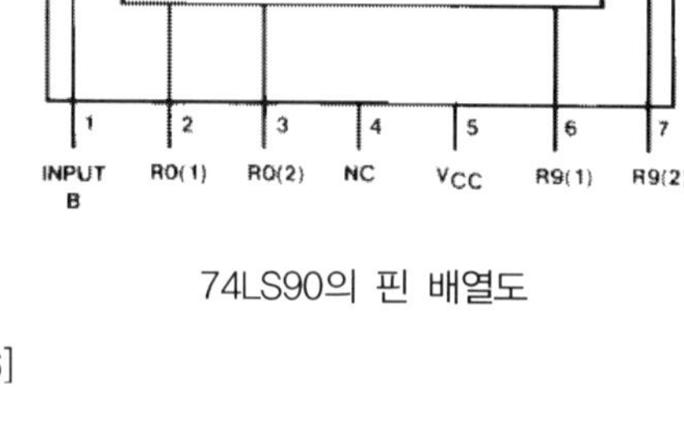

74LS90의 핀 배열도

[그림 1-6]

〈표 1-1〉 74LS90의 진리표

Count	Output			
	Q_D	Q_C	Q_B	Q_A
0	L	L	L	L
1	L	L	L	H
2	L	L	H	L
3	L	L	H	H
4	L	H	L	L
5	L	H	L	H
6	L	H	H	L
7	L	H	H	H
8	H	L	L	L
9	H	L	L	H

74LS90을 [그림 1-6]의 회로와 같이 연결하면 BCD 카운터로 동작한다. BCD 카운터는 클럭 신호를 입력받을 때마다 0~9의 숫자를 증가시키며, 〈표 1-1〉의 진리표대로 2진수 4비트로 출력한다.

④ 시간을 표시하기 위한 표시장치와 구동기(FND, 74LS48)

FND는 7개의 LED를 숫자 표시하기에 적당하게 배열하여 특정 LED만 켜지게 하면 0~9까지의 숫자를 표시하는 장치이다. FND만 단독으로 쓰려면 원하는 2진수 값을 FND의 7개 LED 위치에 맞게 변환하는 회로를 별도로 구현해야 하지만, 2진수 4bit 값을 FND에 맞게 변환해주는 74LS48을 같이 사용하면 편리하다.

74LS48은 2진수 입력(Q0~Q3)을 받은 후 FND의 7개의 LED에 맞게 해당 핀(A~G)에 출력해주어 0~9의 숫자표시를 해준다.

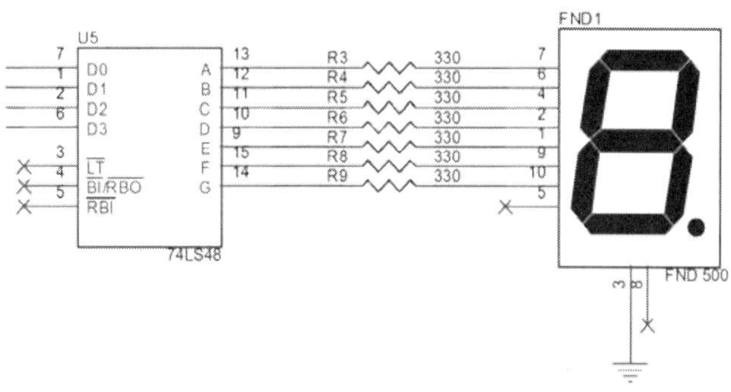

[그림 1-7] 74LS48과 FND 제어회로

⑤ 9의 보수로 변환하기 위한 조합회로(7404/7486/7427)

9의 보수회로를 구현하려면 0~9의 2진수 입력이 〈표 1-2〉의 진리표와 같이 9~0의 2진수 출력으로 동작해야 한다.

〈표 1-2〉

INPUT				OUTPUT			
QD	QC	QB	QA	D3	D2	D1	D0
0	0	0	0	1	0	0	1
0	0	0	1	1	0	0	0
0	0	1	0	0	1	1	1
0	0	1	1	0	1	1	0
0	1	0	0	0	1	0	1
0	1	0	1	0	1	0	0
0	1	1	0	0	0	1	1
0	1	1	1	0	0	1	0
1	0	0	0	0	0	0	1
1	0	0	1	0	0	0	0

위 진리표를 카르노 맵을 사용하여 논리식을 간소화한 후 회로로 구현한다. 74LS90(U3)으로부터 0~9까지 Counter한 값이 입력되면 9의 보수회로와 74LS48(U5)를 통하여 FND1에서 9~0까지 숫자를 표시하게 된다. 즉, FND2는 0~9까지 숫자를 표현하고, FND1은 9~0까지 숫자를 표현하게 되어 FND1이 FND2의 9의 보수로 동작하게 된다. 위의 회로를 제작하기 위해 다음 IC 구조를 참고하여 배선한다.

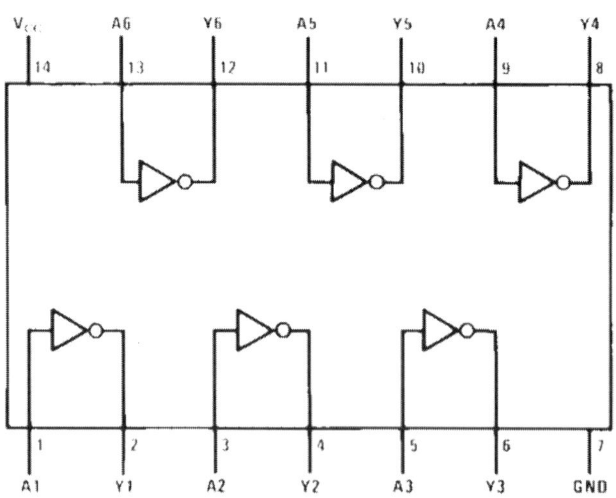

[그림 1-8] 74LS04(Hex Inverting Gates) IC 구조

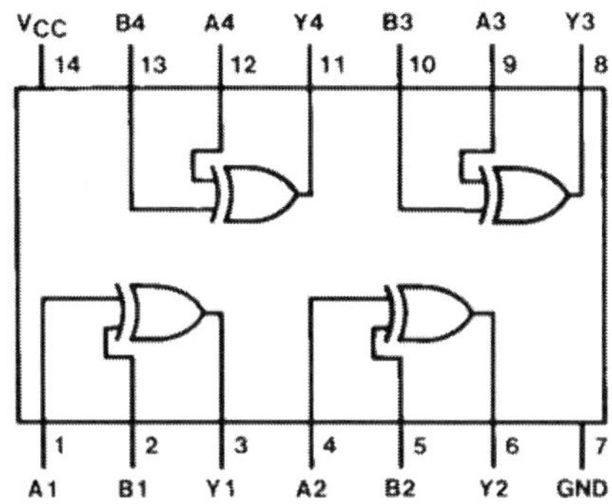

74LS86(Quad 2-Input Exclusive-OR Gate) IC 구조

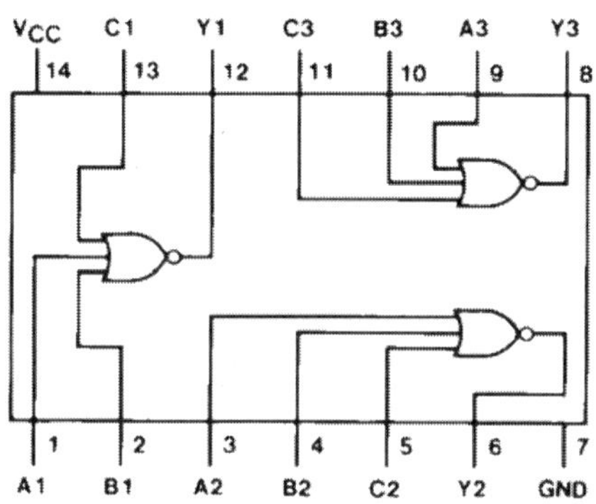

[그림 1-9] 74LS27(Triple 3-Input NOR Gate) IC 구조

⑥ 디지털 카운터 값을 아날로그로 변환 출력하기 위한 D/A Converter이다.

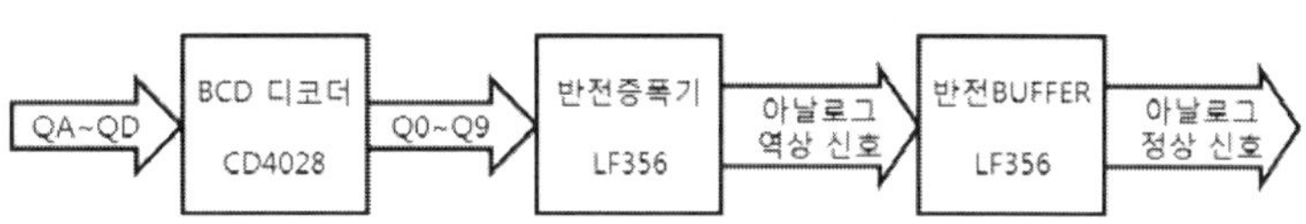

[그림 2-10] D/A Converter의 블록도

⑦ CD4028은 입력받은 4비트 2진수 값에 해당되는 0~9 사이의 핀 값을 H로 출력하는 디코더이다. 예를 들어 "0011"로 입력받으면 Q3에서만 H가 출력되고 나머지 핀은 L이 출력되는 식이다.

〈표 1-3〉 CD4028의 진리표

	D	C	B	A	0	1	2	3	4	5	6	7	8	9	
	0	0	0	0	1	0	0	0	0	0	0	0	0	0	
	0	0	0	1	0	1	0	0	0	0	0	0	0	0	
	0	0	1	0	0	0	1	0	0	0	0	0	0	0	
	0	0	1	1	0	0	0	1	0	0	0	0	0	0	
	0	1	0	0	0	0	0	0	1	0	0	0	0	0	BCD States
	0	1	0	1	0	0	0	0	0	1	0	0	0	0	
	0	1	1	0	0	0	0	0	0	0	1	0	0	0	
1 = HIGH Level	0	1	1	1	0	0	0	0	0	0	0	1	0	0	
0 = LOW Level	1	0	0	0	0	0	0	0	0	0	0	0	1	0	
	1	0	0	1	0	0	0	0	0	0	0	0	0	1	
	1	0	1	0	0	0	0	0	0	0	0	0	1	0	
	1	0	1	1	0	0	0	0	0	0	0	0	0	1	
	1	1	0	0	0	0	0	0	0	0	0	0	1	0	Extraordinary States
	1	1	0	1	0	0	0	0	0	0	0	0	0	1	
	1	1	1	0	0	0	0	0	0	0	0	0	1	0	
	1	1	1	1	0	0	0	0	0	0	0	0	0	1	

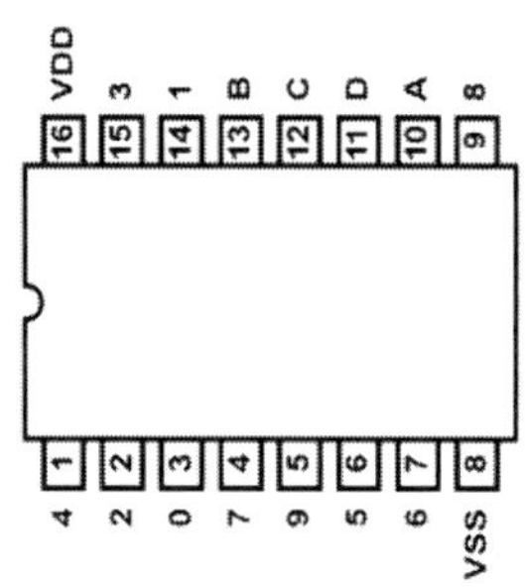

[그림 1-11] CD4028 IC 핀 배열

⑧ [그림 1-11]은 CD4028의 IC 핀 배열이다. 출력 10개의 핀에 각각 연결된 저항은 [그림 1-12]의 회로도와 같이 LF356 반전증폭기(U8)와 연결된다. 저항 10개 중 H로 출력되는 저항만 반전증폭기의 입력저항으로 동작되고, 반전증폭기는 입력저항과 피드백 저항의 비율로 입력전압을 증폭시킨다.

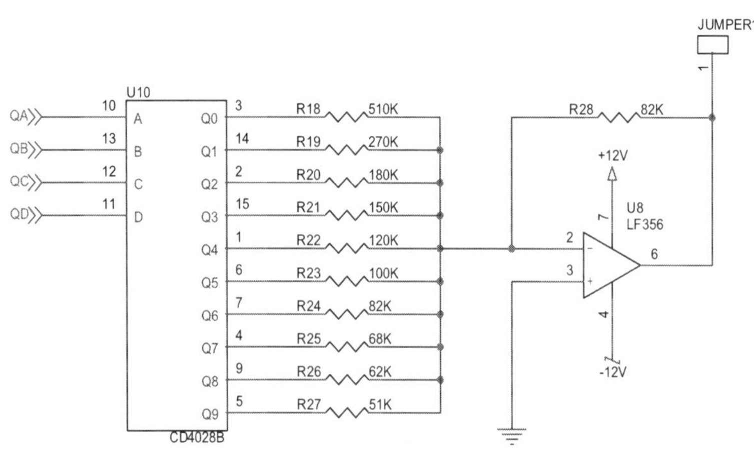

[그림 2-12] CD4028과 LF356을 이용한 D/A Converter

만약에 CD4028(U10) 3번 핀(Q_0)에서 High 신호가 출력된다면 다음과 같은 반전증폭기가 된다.

출력전압 $V_{o1} = -\dfrac{R_{28}}{R_{18}} V_i = \dfrac{82\text{k}\Omega}{510\text{k}\Omega} V_i$

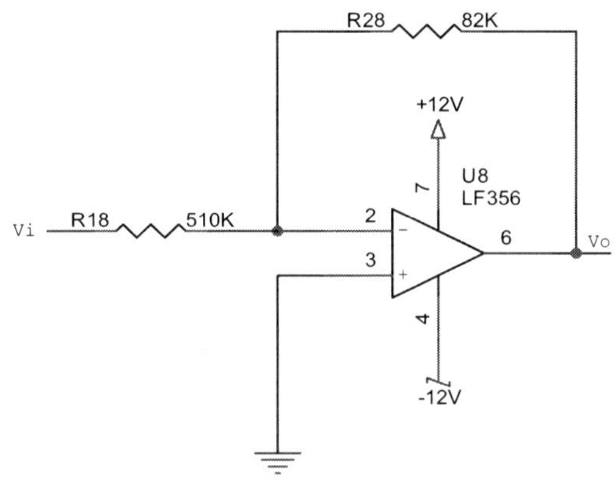

[그림 1-13] 반전증폭기의 저항구성

BCD 입력값이 “1”이면 CD4028(U10) 3번 핀(Q_0)에서만 High 신호가 출력되어 LF356(U8)의 2번 핀(반전 입력)으로 입력되어 $V_{o1} = -\dfrac{82\text{k}\Omega}{510\text{k}\Omega} V_i$ 크기만큼 출력된다.

BCD 입력값이 “2”이면 CD4028(U10) 14번 핀(Q_1)에서만 High 신호가 출력되어 LF356(U8)의 2번 핀(반전 입력)으로 입력되어 $V_{o2} = -\dfrac{82\text{k}\Omega}{270\text{k}\Omega} V_i$ 크기만큼 출력된다.

Q_0에서 Q_9까지 순차적으로 Counter하면 분모값이 점점 작아지기 때문에 LF356(U8)의 출력(V_o)는 점점 커지면서 계단이 10개인 계단파를 출력하게 된다.

$$V_{o1} = -\frac{82\text{k}\Omega}{510\text{k}\Omega} V_i$$

$$V_{o2} = -\frac{82\text{k}\Omega}{270\text{k}\Omega} V_i$$

$$V_{o3} = -\frac{82\text{k}\Omega}{180\text{k}\Omega} V_i$$

$$\vdots$$

$$V_{o8} = -\frac{82\text{k}\Omega}{62\text{k}\Omega} V_i$$

$$V_{o9} = -\frac{82\text{k}\Omega}{51\text{k}\Omega} V_i$$

부록

LF356(U8)이 반전증폭기로 동작하므로 10개의 계단파는 기준점(0V) 아래로 역상으로 출력된다.

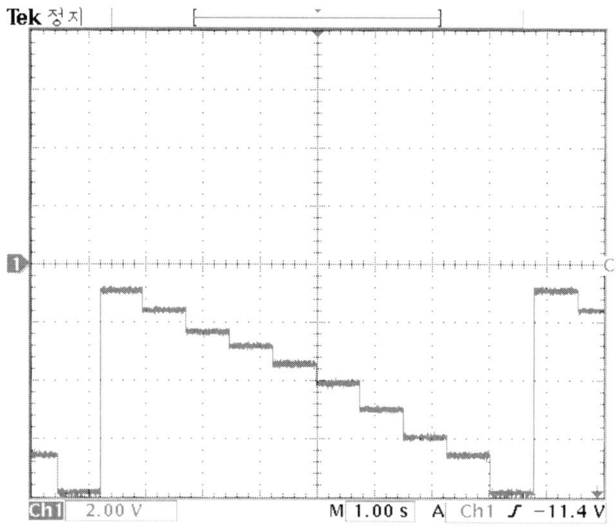

[그림 1-14] 반전증폭기(U8)의 출력파형

다음 그림은 역상으로 출력된 아날로그 파형을 정상으로 다시 뒤집기 위해서 반전증폭기를 활용한 회로이다. 반전증폭기의 입력저항과 피드백 저항을 같은 크기로 연결하면 증폭은 1 : 1이므로 증폭은 없이 반전만 이루어지게 된다.

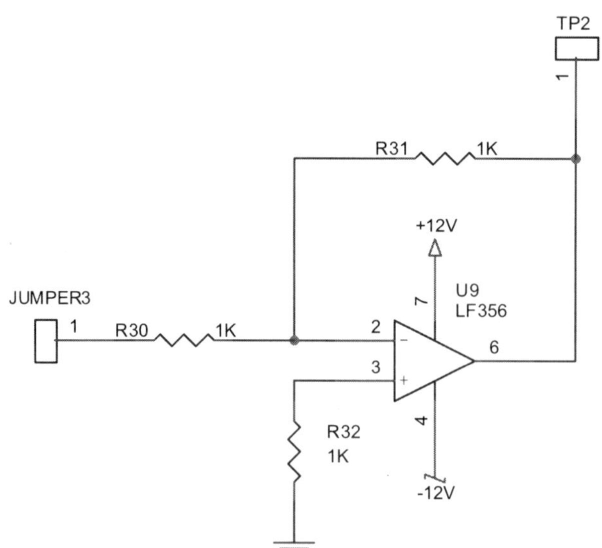

[그림 1-15] LF356을 이용한 반전 Buffer

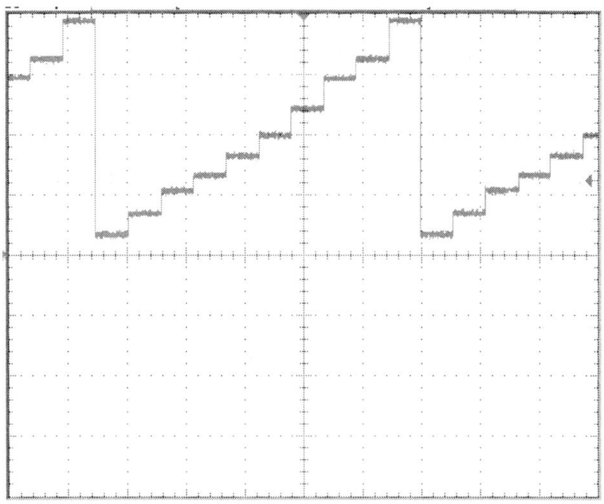

[그림 1-16] 반전 Buffer를 통과한 후의 아날로그 정상 파형

프로젝트 실습 과제 지시서

실습 과제명	9의 보수기 카운터 회로설계 및 제작 측정	실습 소요시간
		12시간

학 과 명		학기 및 주차	학기 주차
교 과 목 명		실 습 일 정	년 월 일 교시
담 당 교 수		실 습 실 명	
실 습 목 표	9의 보수기 회로와 계단파 발생회로를 이해하고 설계 제작 측정할 수 있다.		

사용 장비	실습재료	규 격	수량	안전 및 유의사항
전원공급장치	별첨	±30V, 2A 이상	1	전기인두 작업 시 화상주위
오실로스코프		100MHz 이상	1	전원전압은 정격을 사용
회로시험기			1	장비조작 시 파손에 주의
기본공구셋		니퍼외	1	PCB 기판 파손 주위
기타				

실습 내용 및 방법/실습 도면/실습 관련 세부 사항

1. PCB, 회로도를 참조하여 도면과 같이 9의 보수기 회로를 설계 제작하시오.
2. 설계 부분(DESIGN1)을 요구사항대로 설계하고 완성하여 답안지에 작성하시오.
3. TP1과 TP2의 파형을 측정하여 기록하시오.
4. 위와 같이 동작이 완료되면 보고서를 작성 제출한다.
   가. 주어진 도면을 CAD 프로그램을 사용하여 도면을 작성한다.
   나. 전체도면에 대한 블록도를 작성
   다. 각각 블록에 대한 동작 설명
   라. 조별 발표자료를 PPT로 작성하여 발표 후 제출한다.
   마. 각 작업공정 및 최종 작품을 사진을 촬영하여 보고서에 첨부한다.
   바. 각 조원의 고찰사항을 작성한다.
5. 실습도면 및 실습 관련 세부사항 별첨

평 가 방 법

1. 회로제작 및 설계 : 30점
2. 회로동작 및 측정사항 : 30점
3. 보고서 작성 및 발표 : 40점

3. 동작 요구사항

① 이 회로는 9의 보수로 동작하며 카운터를 이용하여 계단파를 발생시킨다.

② FND1과 FND2가 다음과 같이 9의 보수로 동작하는지 확인한다.

〈카운터 입력에 따른 FND 출력〉

INPUT				FND	
QD	QC	QB	QA	FND2	FND1
0	0	0	0	0	9
0	0	0	1	1	8
0	0	1	0	2	7
0	0	1	1	3	6
0	1	0	0	4	5
0	1	0	1	5	4
0	1	1	0	6	3
0	1	1	1	7	2
1	0	0	0	8	1
1	0	0	1	9	0

4. 도 면

(1) 도면(1)

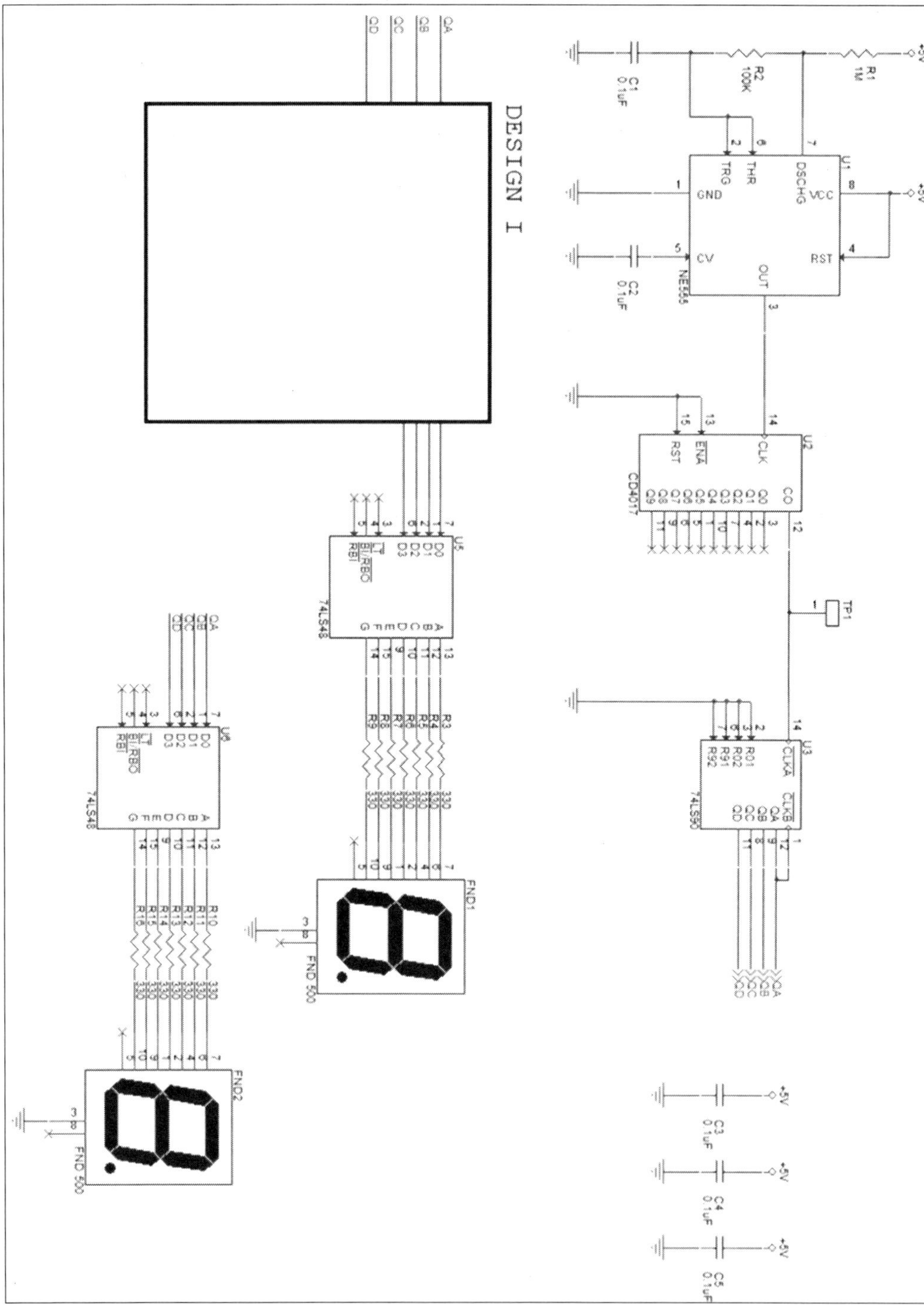
DESIGN I
NE555
CD4017
74LS90
74LS48
FND1
FND2
FND 500
R1 1M
R2 100K
C1 0.1uF
C2 0.1uF
C3 0.1uF
C4 0.1uF
C5 0.1uF
TP1
+5V

(2) 도면(2)

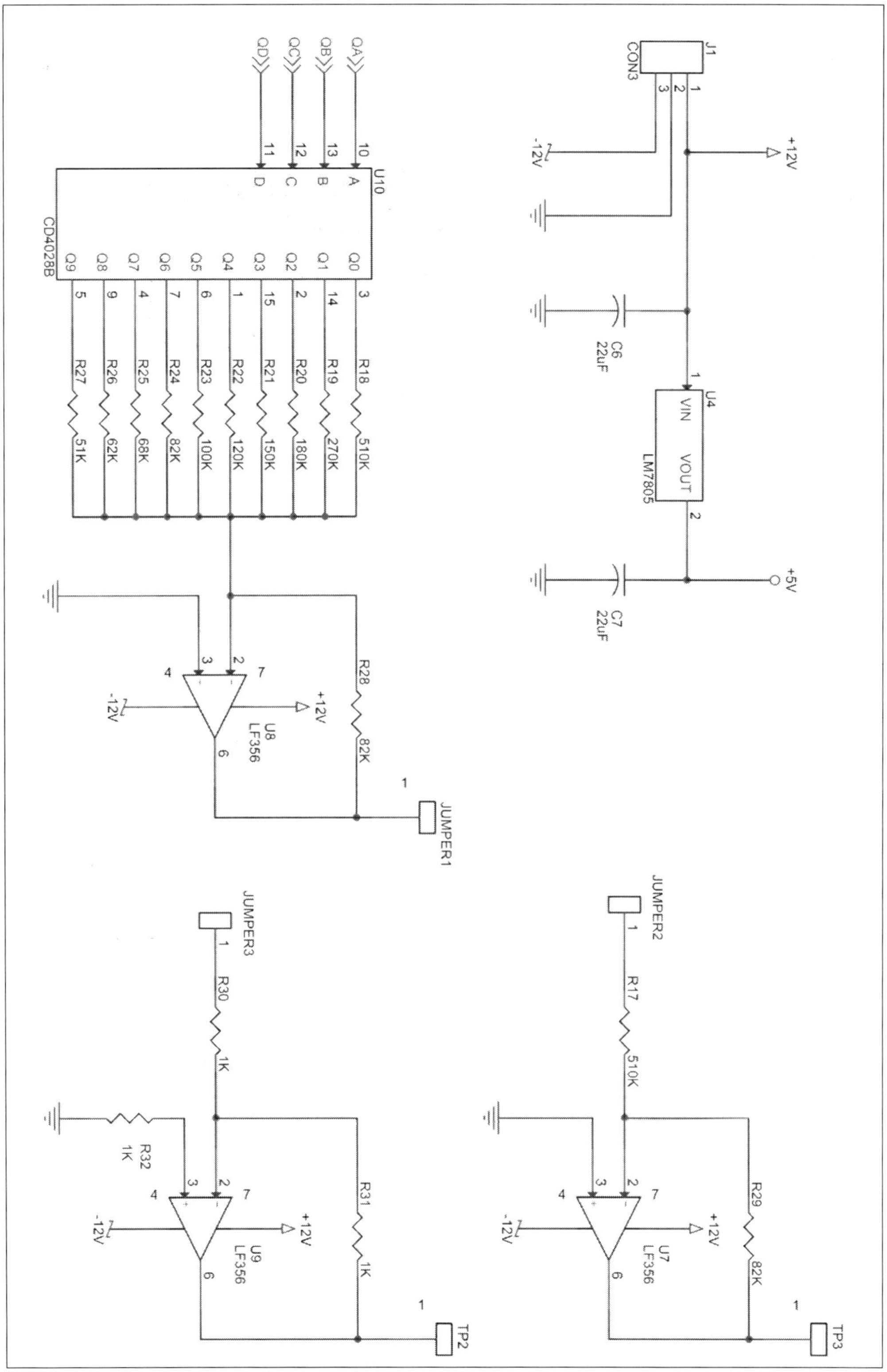
J1
CON3
+12V
-12V
C6
22uF
U4
VIN
VOUT
LM7805
C7
22uF
+5V
QA
QB
QC
QD
U10
CD4028B
R18 510K
R19 270K
R20 180K
R21 150K
R22 120K
R23 100K
R24 82K
R25 68K
R26 62K
R27 51K
U8
LF356
R28 82K
JUMPER1
JUMPER2
R17 510K
U7
LF356
R29 82K
TP3
JUMPER3
R30 1K
R32 1K
U9
LF356
R31 1K
TP2

(3) PCB 패턴도(SILK)

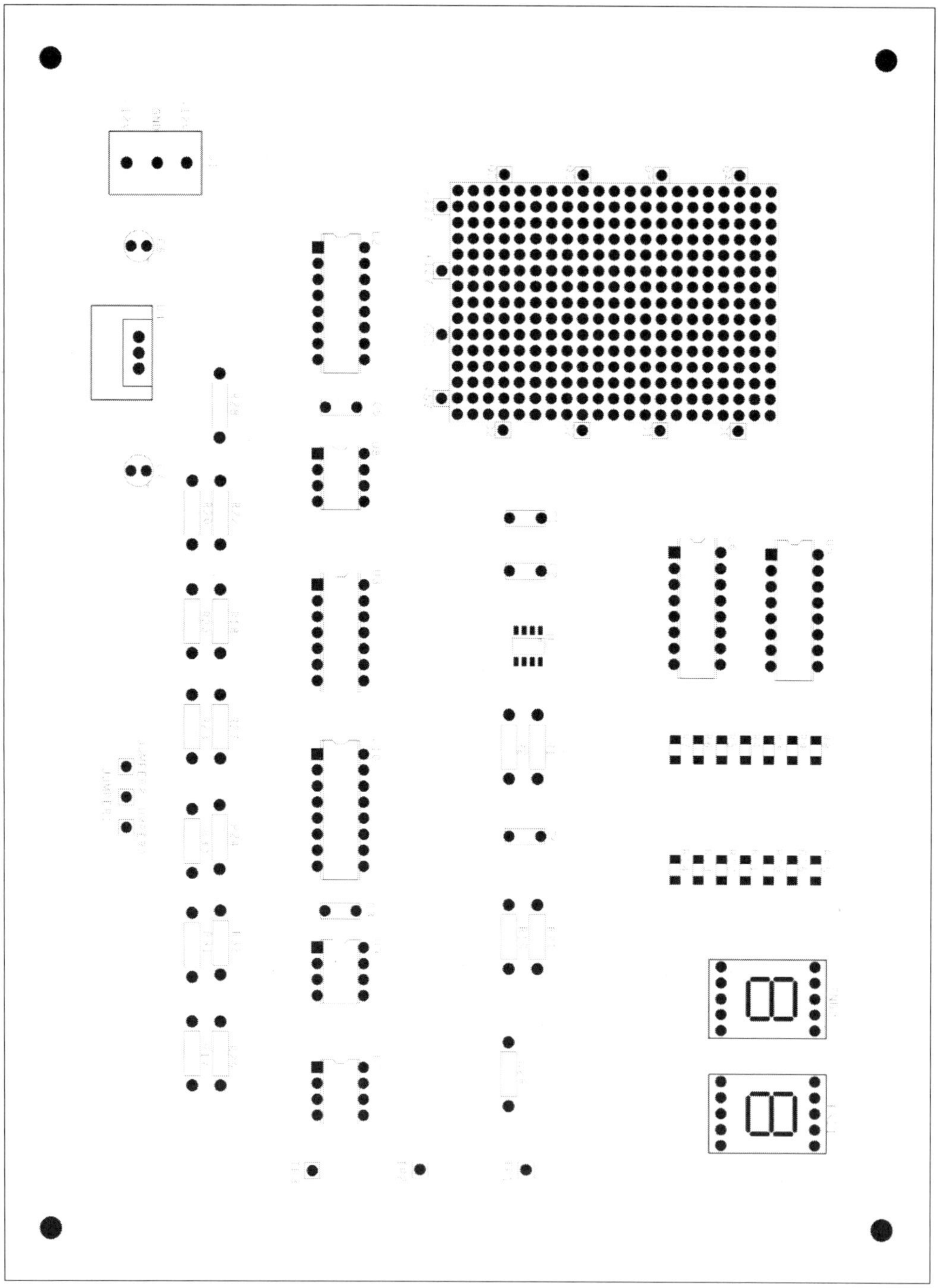

(4) PCB 패턴도(TOP)

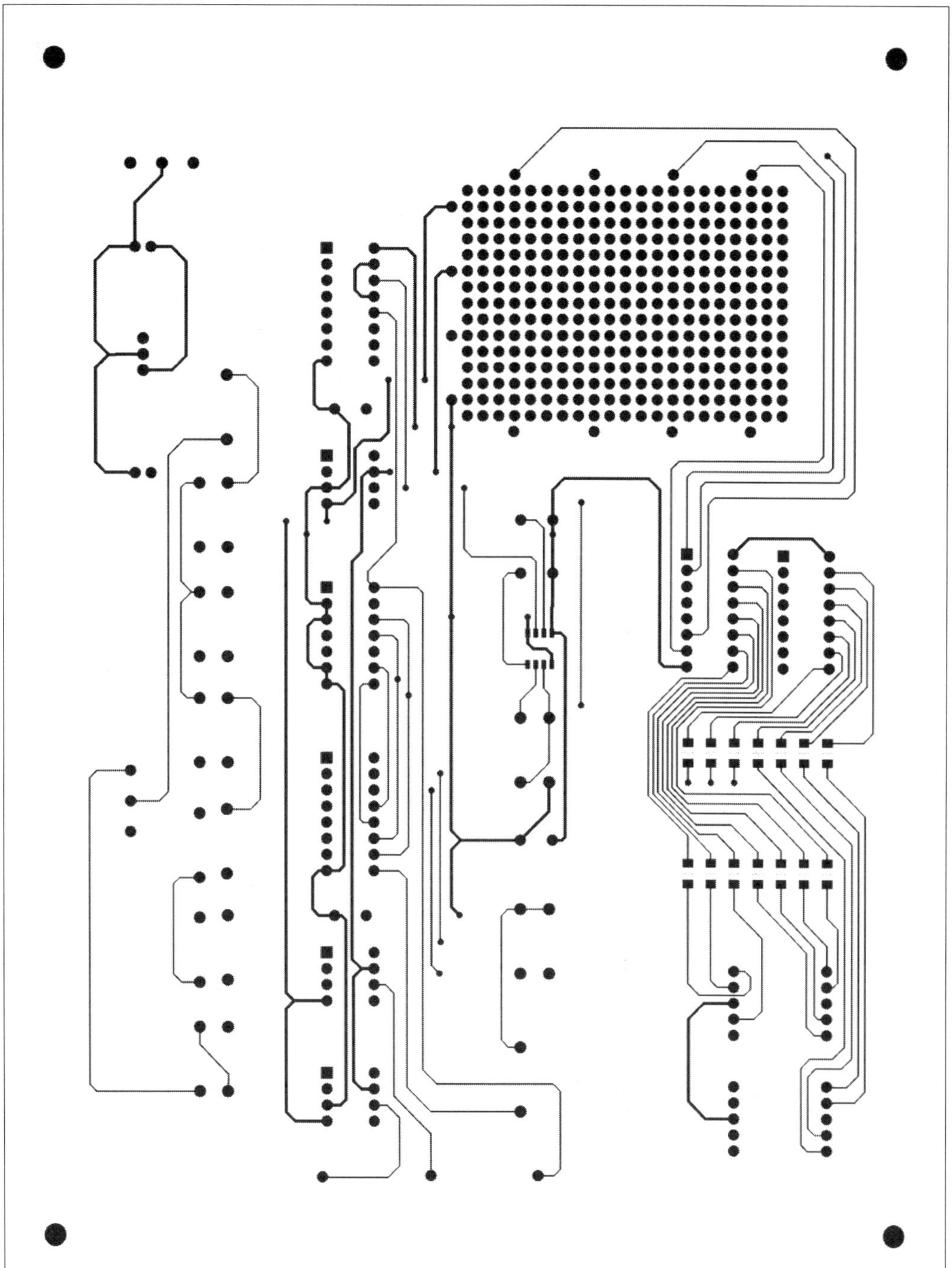

(5) PCB 패턴도(BOTTOM)

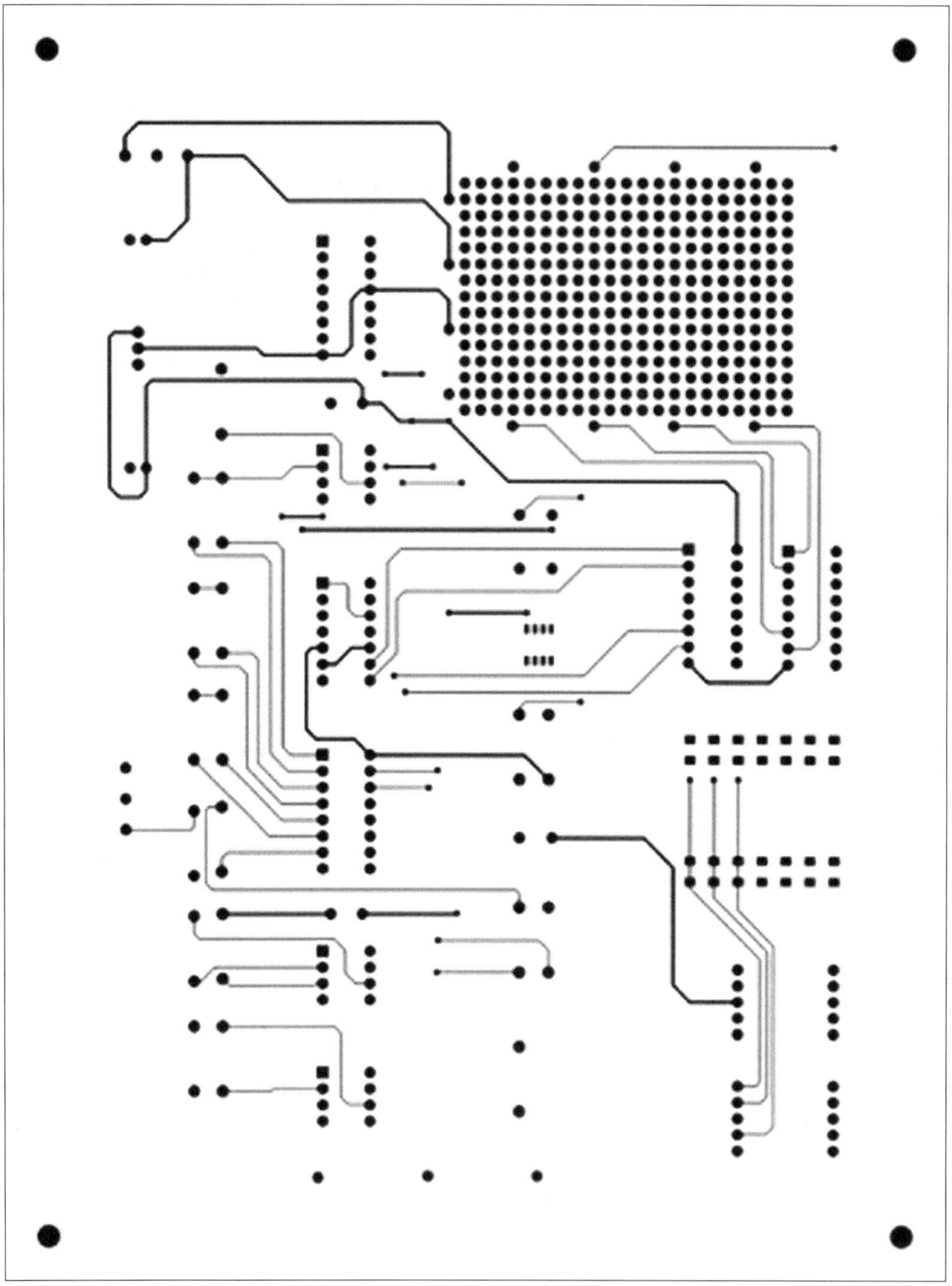

5. 재료목록

번호	재 료 명	규격(치수)	단위	수량	비고
1	IC(SMD)	NE555(SMD타입)	개	1	
2	IC	4017	개	1	
3	IC	74LS04	개	1	
4	IC	74LS86	개	1	
5	IC	74LS27	개	1	
6	IC	74LS48	개	2	
7	IC	74LS90	개	1	
8	IC	LM7805	개	1	
9	IC	4028	개	1	
10	IC	LF356	개	3	
11	FND	500	개	2	
12	저항	1MΩ, 1/4W	개	1	
13	저항	100kΩ, 1/4W	개	2	
14	칩 저항	SMD 330Ω(2012)	개	14	
15	저항	510kΩ, 1/4W	개	2	
16	저항	270kΩ, 1/4W	개	1	
17	저항	180kΩ, 1/4W	개	1	
18	저항	150kΩ, 1/4W	개	1	
19	저항	120kΩ, 1/4W	개	1	
20	저항	82kΩ, 1/4W	개	3	
21	저항	68kΩ, 1/4W	개	1	
22	저항	62kΩ, 1/4W	개	1	
23	저항	51v, 1/4W	개	1	
24	저항	1kΩ, 1/4W	개	3	
25	전해 콘덴서	22μF, 25V	개	2	

6. 조립 전 PCB

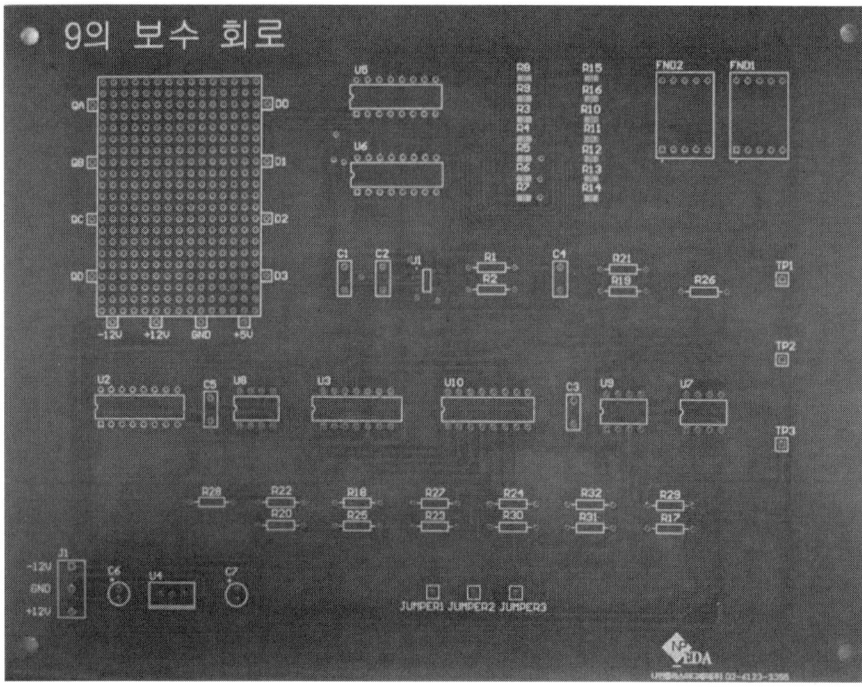

7. 회로설계 답안지

① 주어진 부품을 사용하여 FND1과 FND2가 다음 진리표와 같이 9의 보수로 동작되게 설계하시오.

INPUT				FND	
QD	QC	QB	QA	FND1	FND2
0	0	0	0	0	9
0	0	0	1	1	8
0	0	1	0	2	7
0	0	1	1	3	6
0	1	0	0	4	5
0	1	0	1	5	4
0	1	1	0	6	3
0	1	1	1	7	2
1	0	0	0	8	1
1	0	0	1	9	0

② 주어진 부품과 Datasheet를 참고하여 설계하시오.

③ 사용부품

① 74LS04 (NOT GATE) : 1개

② 74LS86 (XOR GATE) : 1개

③ 74LS27 (3-Input NOR GATE) : 1개

④ 설계과정

㉠ 회로설계

DESIGN 1

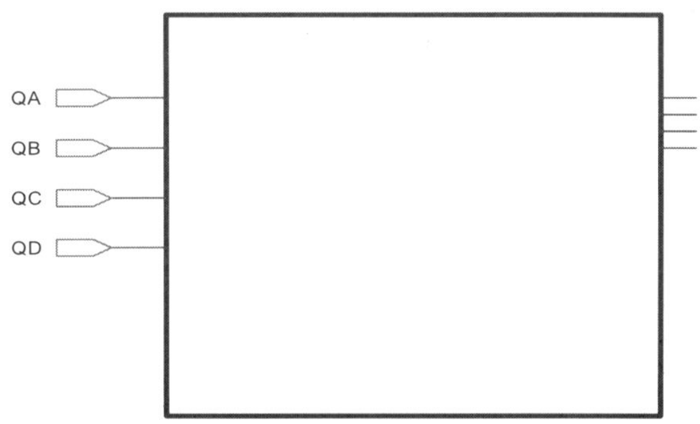

㉡ Datasheet(74LS04)

Connection Diagram

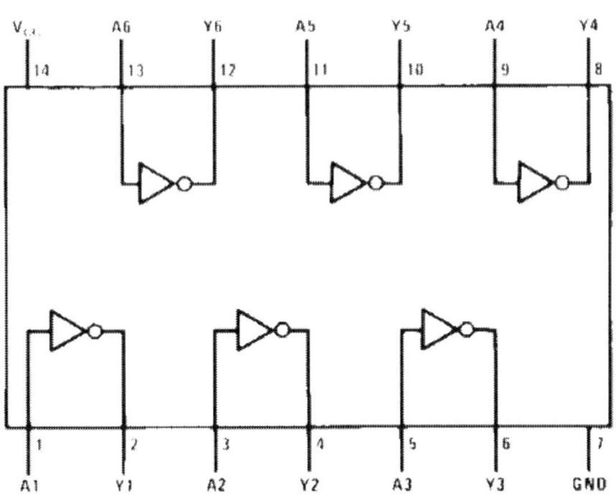

Function Table

$Y = \overline{A}$

Inputs	Output
A	Y
L	H
H	L

H = HIGH Logic Level
L = LOW Logic Level

ⓒ Datasheet(74LS86)

Connection Diagram

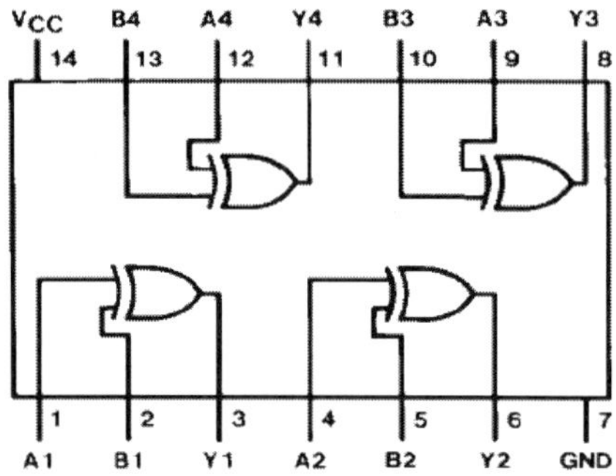

Function Table

$Y = A \oplus B$

Inputs		Output
A	B	Y
L	L	L
L	H	H
H	L	H
H	H	L

H = HIGH Logic Level
L = LOW Logic Level

ⓓ Datasheet(74LS27)

Connection Diagram

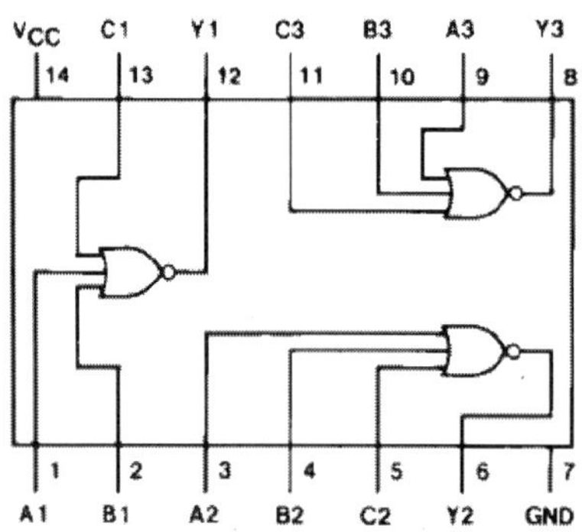

Function Table

$Y = \overline{A + B + C}$

Inputs			Output
A	B	C	Y
H	X	X	L
X	H	X	L
X	X	H	L
L	L	L	H

H = HIGH Logic Level
L = LOW Logic Level
X = Either LOW or HIGH Logic Level

8. 측정 답안지

TP1

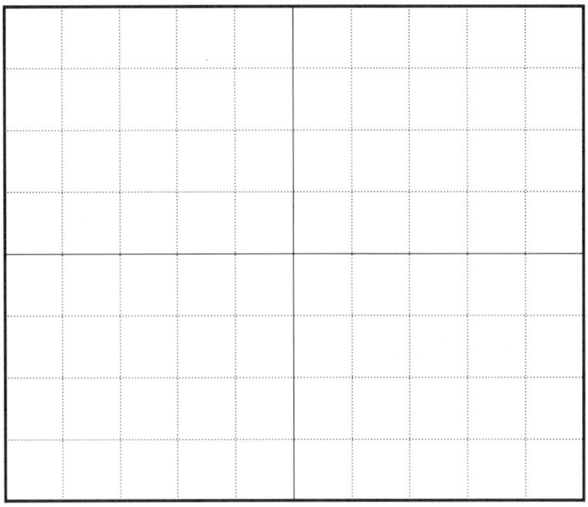

주파수 :

Vp-p :

TP2

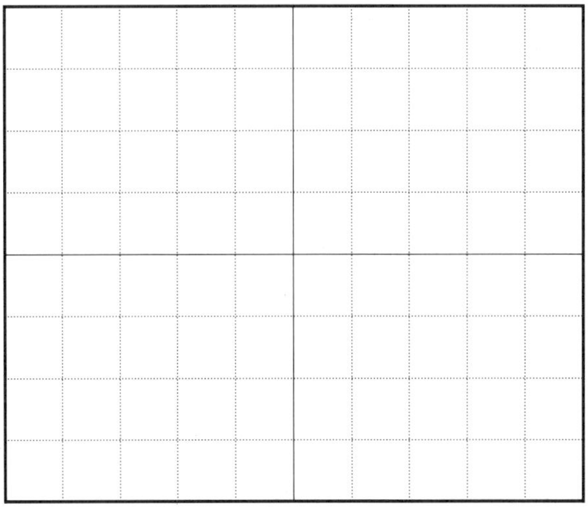

파형명 :

부록 1	9의 보수기 카운터 회로
부록 2	**OrCAD PCB Editor 부가기능**
부록 3	실습예제(Astable Multivibrator)
부록 4	실습예제(LED Counter)

1. Lock Script 사용법, Visibility and Color192 설정

① 메뉴 File－Script를 선택한다.

② Name에 저장할 이름을 작성한다.

③ Record 버튼을 클릭한 후 컬러 설정을 시작한다.

④ 메뉴 Display－Color/visibility 또는 아이콘을 클릭한다.

⑤ 상단의 Global Visibility Off Global Visibility: On Off 버튼을 클릭한다.

⑥ Class－Stack-Up을 선택한 후 Conductor 폴더를 선택한다. Subclass 항목 중 Top과 Bottom을 선택한다.

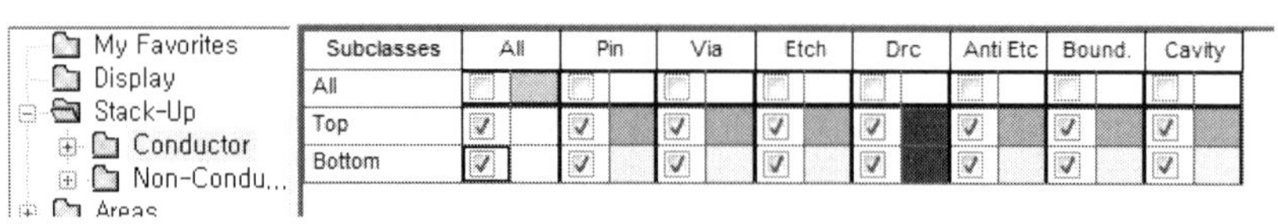

⑦ Class－Board Geometry를 선택한 후 Subclass 항목 중 Outline을 선택한다.

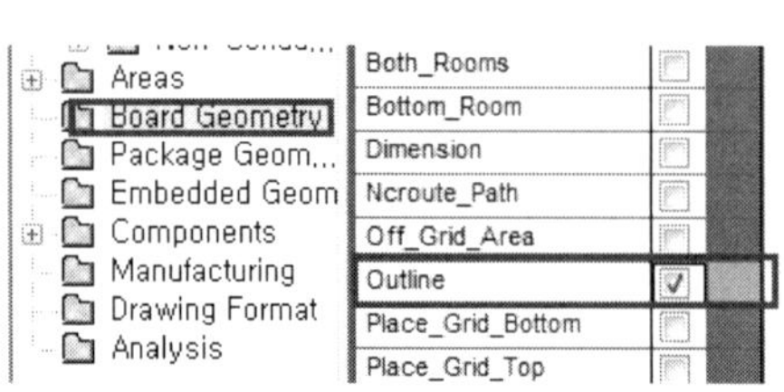

⑧ Class－Package Geometry를 선택한 후 Subclass－Silkscreen_Top을 선택한다.

⑨ 하단의 Color 팔레트에서 색상을 선택한 후 Silkscreen_Top의 오른쪽 컬러창을 선택하여 색상을 변경한다.

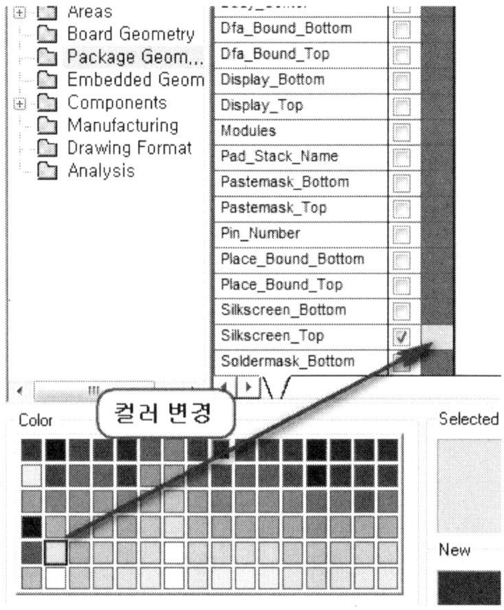

⑩ Class－Components를 선택한 후 Subclass－RefDes의 Silkscreen_Top을 선택한다.

⑪ OK 버튼을 클릭하여 컬러 설정을 종료한다.

⑫ 메뉴 File－Script를 선택한다.

⑬ Stop을 선택한다.

⑭ Working Directory에 Colors.scr 파일이 생성되어 있다.

⑮ Color 설정창을 열어 모든 Global Visibility Off를 선택한다.

⑯ 메뉴 File－Script를 클릭한다.

⑰ Browse 버튼을 클릭하여 colors.scr 파일을 선택한다.

⑱ 하단의 Replay를 선택한다(또는 Command창에 replay colors를 입력한다).

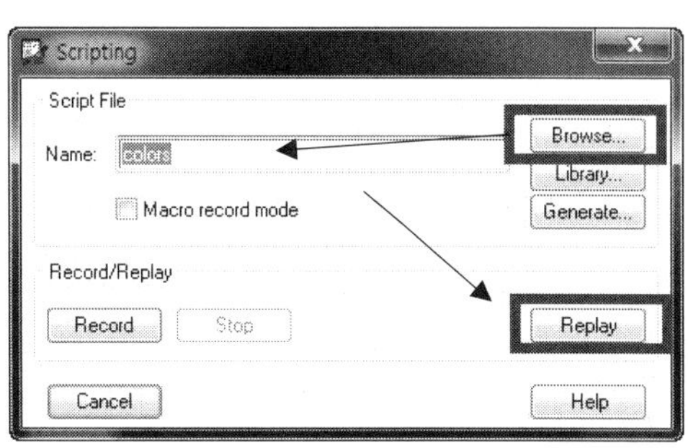

2. Import / Export-Parameters

① 메뉴 File－Export－Parameters를 클릭한다.

② Color Layer에 체크한 후 파일 이름을 colors로 입력한다.

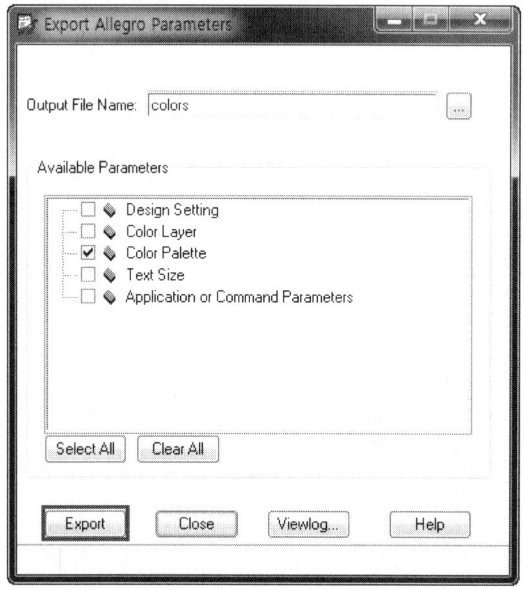

③ 메뉴 File－Import－Parameters를 선택한 후 확장자 prm 파일을 선택한다.

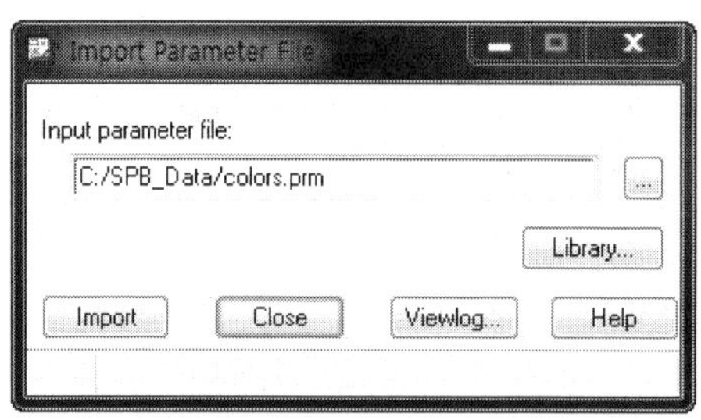

④ 하단의 Import 버튼을 클릭하여 적용시킨다.

3. Find

① 화면의 오른쪽 Slide_Panel－Find 위로 마우스를 가져가면 창이 나타난다.

② Find창의 상단 fix 아이콘을 선택하여 고정시킨다.

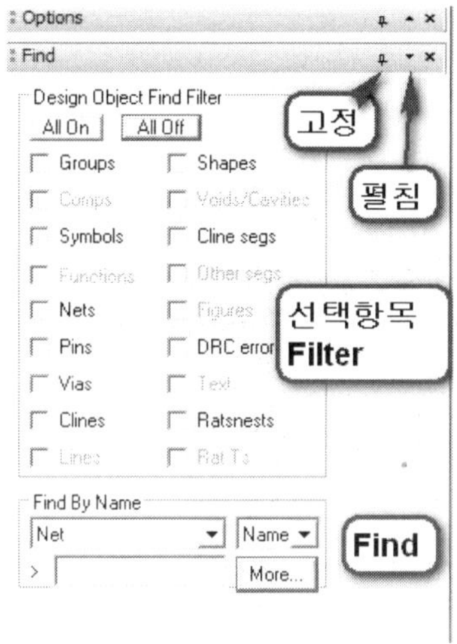

③ 하단의 Find By Name에서 찾고자 하는 항목을 선택한다.

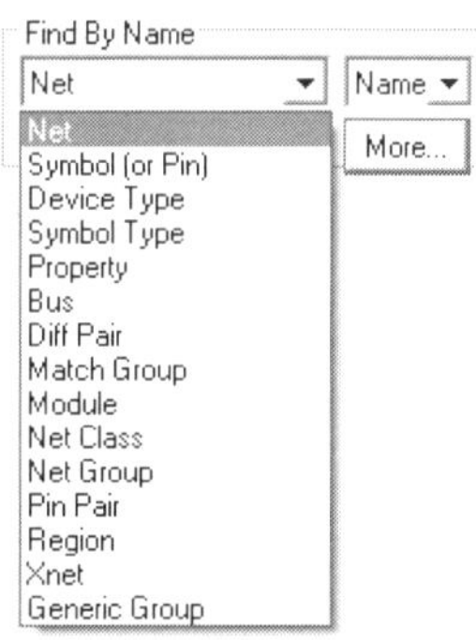

④ 항목을 선택한 후 More 버튼을 클릭하여 대상물을 선택한다.

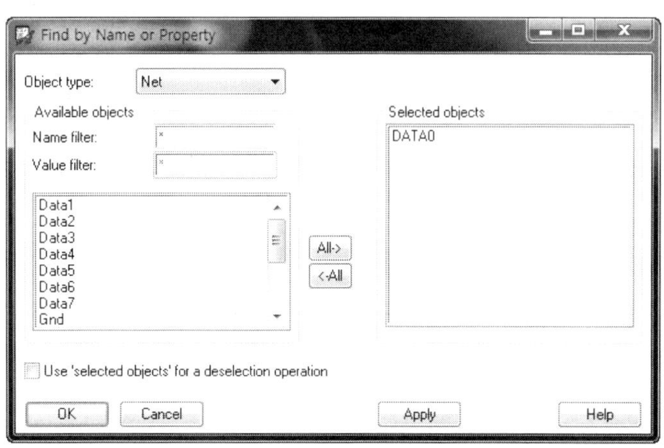

⑤ OK 버튼을 클릭하면 찾고자 하는 대상물이 선택된다.

4. Pre-Selection Mode

Find By Filter에 체크된 항목의 경우 마우스 포인터가 대상물 위로 갈 경우 자동으로 선택이 되면서 속성값을 나타내준다(키보드의 Tab 키를 누르면 나머지 속성도 나타남).

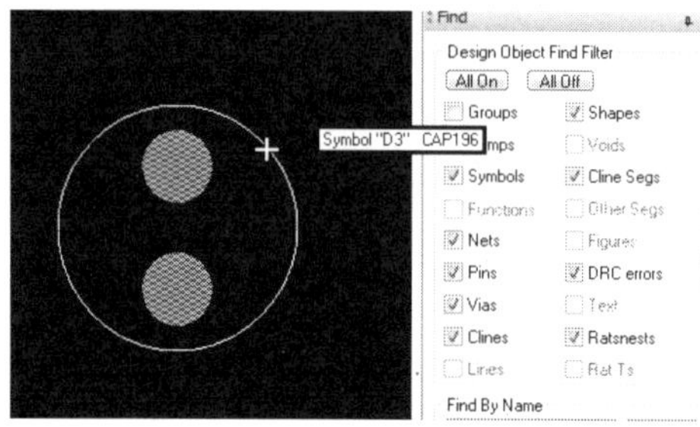

① Pre-Selection을 해제하려면 선택항목의 체크를 해제시킨다.

② Select되었을 때 보이는 속성값의 항목을 변경할 때는 메뉴 Setup－Datatips Customization을 선택한다.

③ 항목을 선택 또는 해제하여 Datatip 설정을 변경한다.

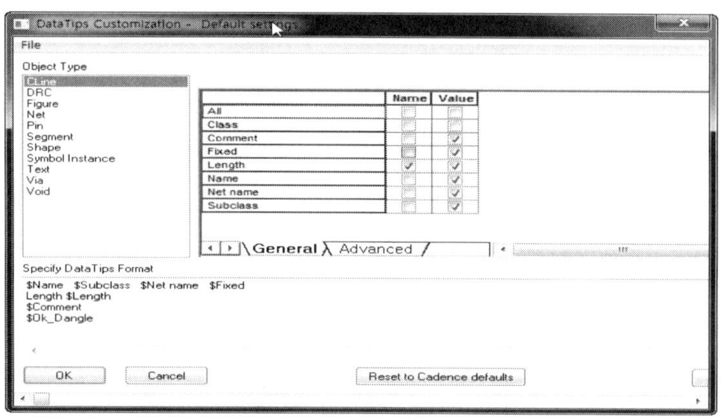

④ Datatip 기능을 사용하지 않을 경우 Datatip Toggle 아이콘  을 클릭한다.

5. Show Element

① 메뉴 Display－Element를 선택한다. 또는  아이콘을 클릭한다.

② 속성을 보고자 하는 개체를 선택하면 Report창을 통해 확인할 수 있다.

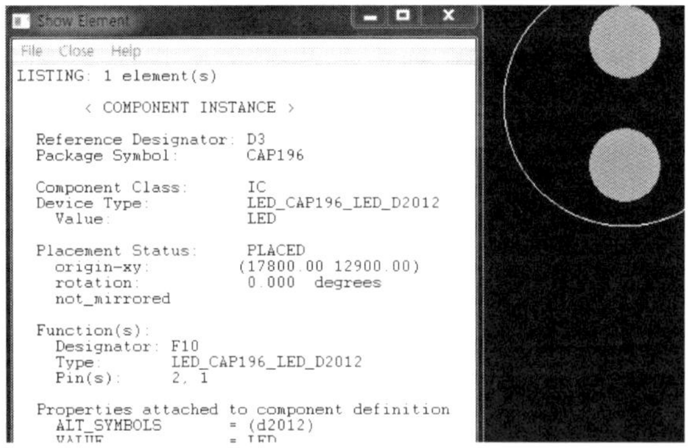

6. Show Measure

① 메뉴 Display－Measure 또는 아이콘을 클릭한다.

② 객체를 선택하면 길이정보, 레이어 등을 Report를 통해 확인할 수 있다.

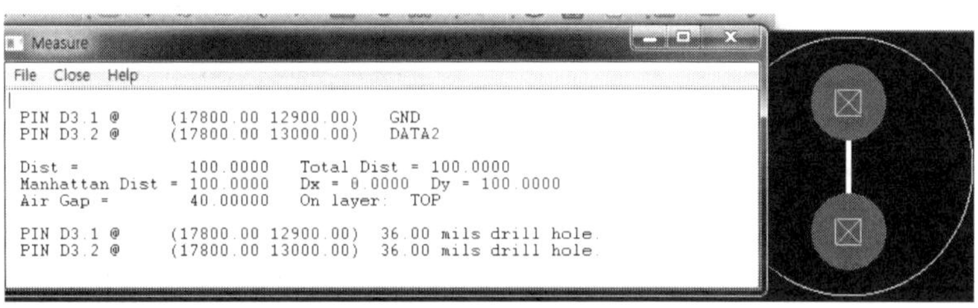

7. Show Constraints

① 메뉴 Display－Constraint 또는 아이콘을 클릭한다.

② 객체를 선택하면 DRC 설정을 Report를 통해 확인할 수 있다.

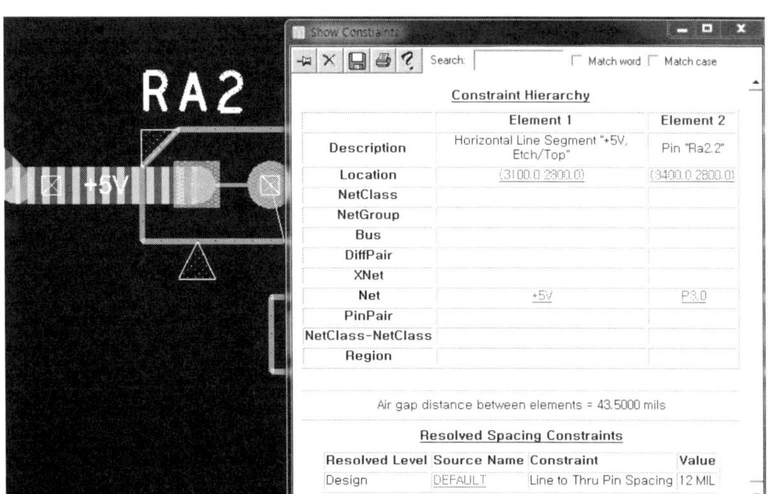

8. Room 배치

① 메뉴 Place－Quickplace를 선택한다.

② Quickplace 창이 뜨면 Place by room을 선택하고 LED를 선택한다.

③ 하단의 Place 버튼을 클릭한다.

④ PCB Editor에서 설정한 Room 영역에 D1에서 D8까지 영역 안으로 배치된다.

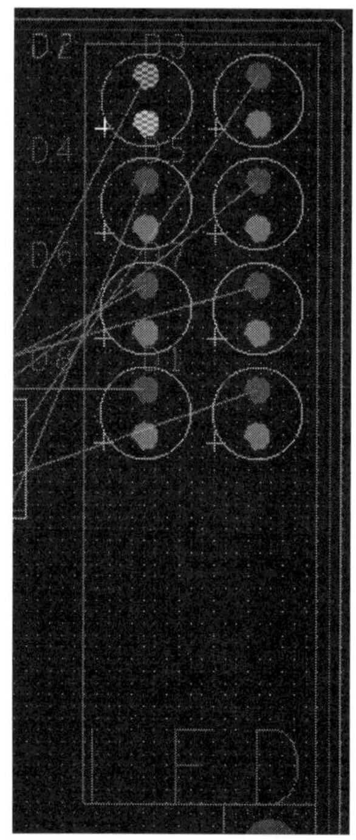

⑤ OK 버튼을 클릭한다.

⑥ Room 영역에 배치된 부품을 Place 아이콘을 클릭한 후 배치한다.

⑦ 배치가 완료되면 RMB－Done을 선택한다.

9. Replicate로 배치

보드 내에 동일한 배치작업을 할 경우 작업이다.

(1) 부품배치 파일 생성

① 메뉴 Setup－Application Mode－Placement Edit를 선택한다.

② Find Filter에서 Symbols만 체크한다.

③ 배치된 부품들을 클릭한다.

④ RMB－Place replicate create를 선택한다.

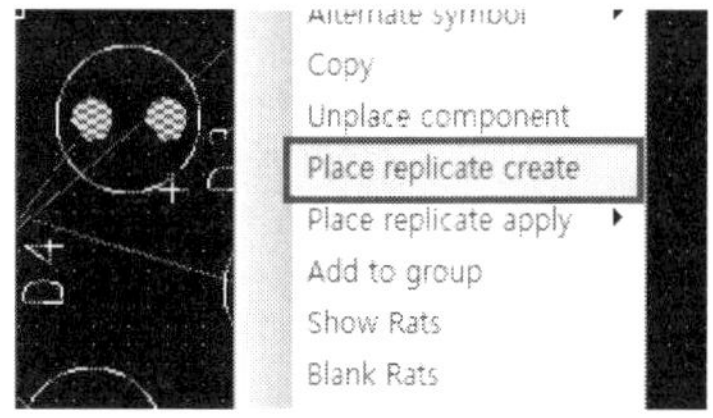

⑤ RMB－Done을 선택한다.

⑥ RMB－Snap pick to－pin을 선택한다.

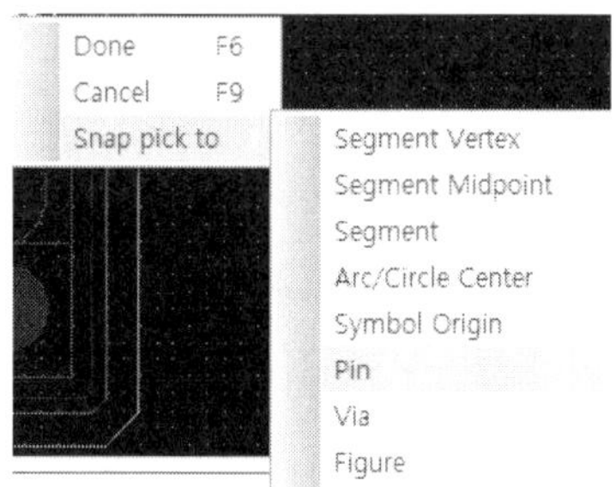

⑦ 선택된 부품들 중 임의의 부품 핀을 클릭한다.

⑧ 확장자 mdd 저장창이 나타나면 이름[led]을 기록 후 저장한다.

(2) 부품배치 파일 수행하기

① 새로운 room 영역의 부품을 선택한 후 RMB－Place Replicate apply－LED(저장한 mdd 파일명)를 선택한다.

② 동일한 배치로 바뀌며 마우스 포인터에 따라 다닌다.

③ 적당한 위치에 클릭하여 배치한다.

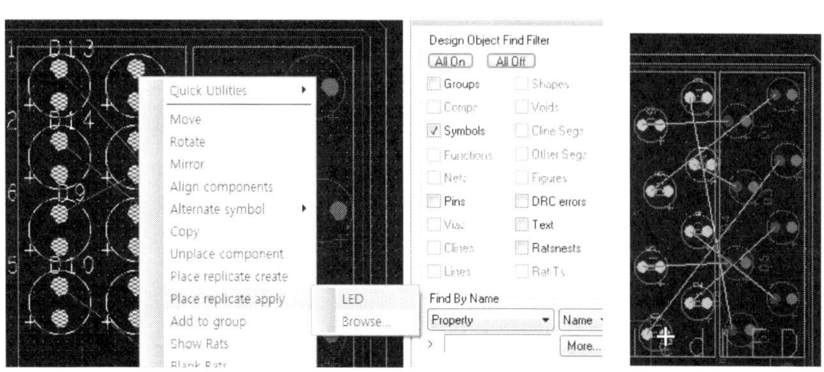

④ 메뉴 Tools－Report를 선택한다.

⑤ Place component Report를 더블클릭한다.

⑥ Report 버튼을 클릭한다.

⑦ Report를 확인한다.

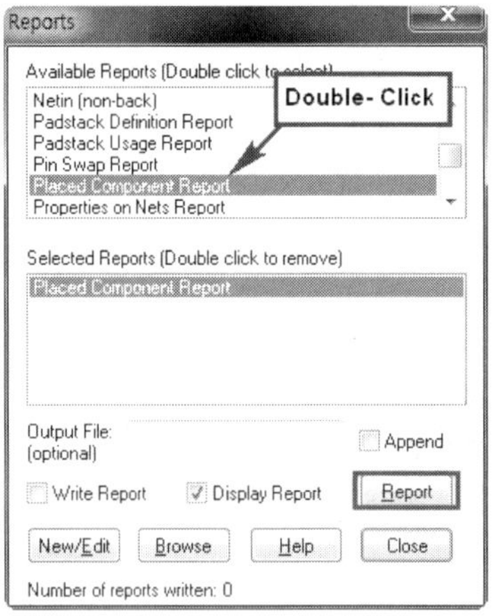

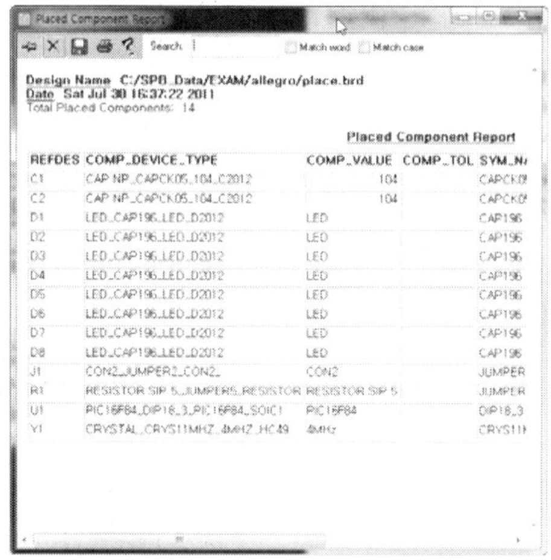

⑧ 메뉴 Display－Status를 선택한다.

⑨ Symbols and nets 항목의 Unplaced symbols 항목을 확인한다.
[녹색 : 완료(정상), 노랑 : 진행 중, 빨강 : 에러 또는 미작업]

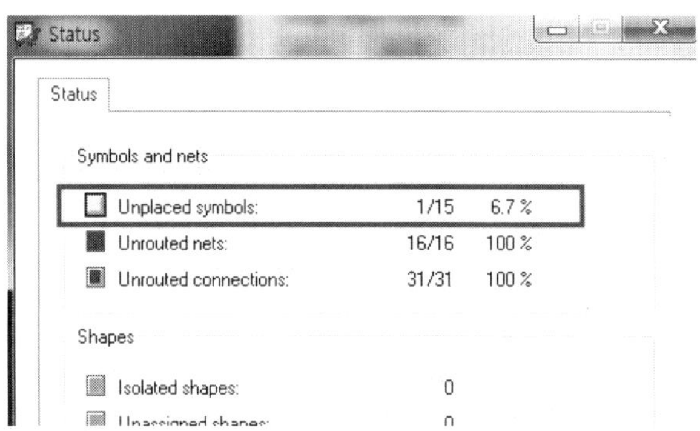

10. ALT_SYMBOLS 사용

회로 부품정보 중 ALT_SYMBOLS 항목에 해당되는 값이 나타난다.

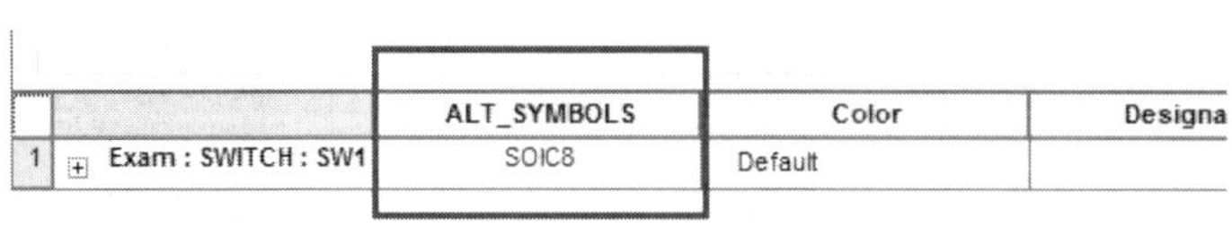

① Place Manual－HIDE 아이콘을 선택한다.

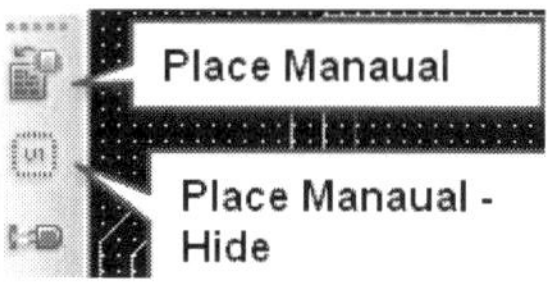

② 배치되어진 SW1을 클릭한다.

③ RMB－Alt Symbol－soic8을 선택한다.

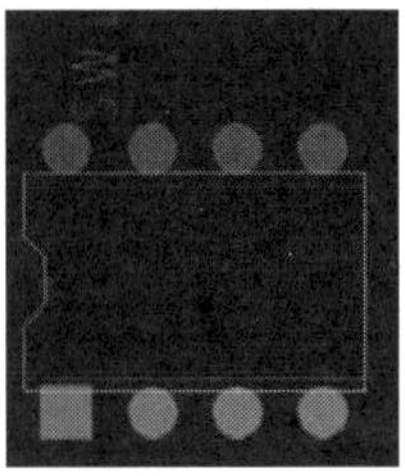

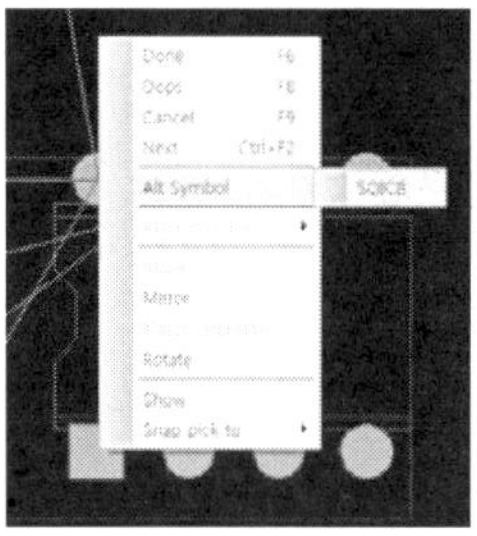

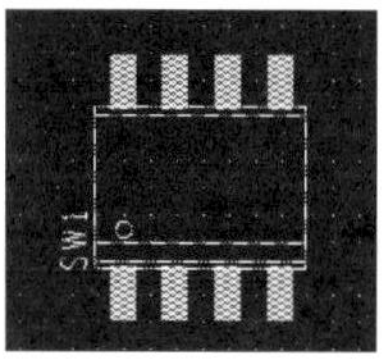

④ 보드 내에 배치한다.

⑤ RMB -Done을 선택한다.

11. Mirror Side 배치

① Color192 아이콘을 클릭한다.

② Package Geometry 폴더의 Assembly_Bottom 항목에 체크를 한다.

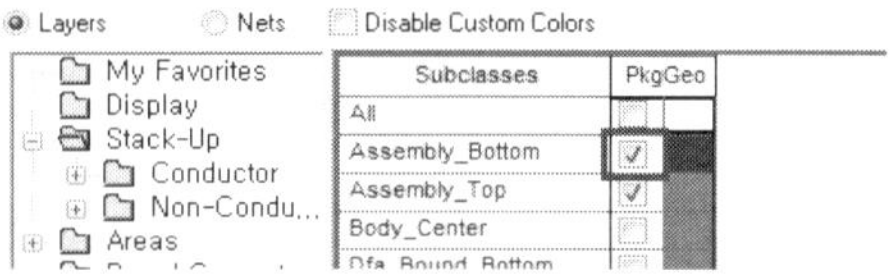

③ Place Manual－H아이콘()을 선택한다.

④ 배치되어진 부품을 선택한다.

⑤ RMB－Mirror를 선택한다.

⑥ 배치를 완료하고 RMB－Done를 선택한다.

12. Align Components

① Placement Edit Mode(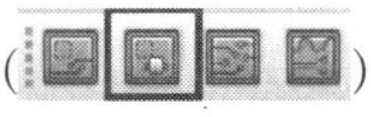) 아이콘을 클릭한다.

② 정렬할 부품을 다중 선택한다.

③ 선택 후 RMB－Align Components를 선택한다.

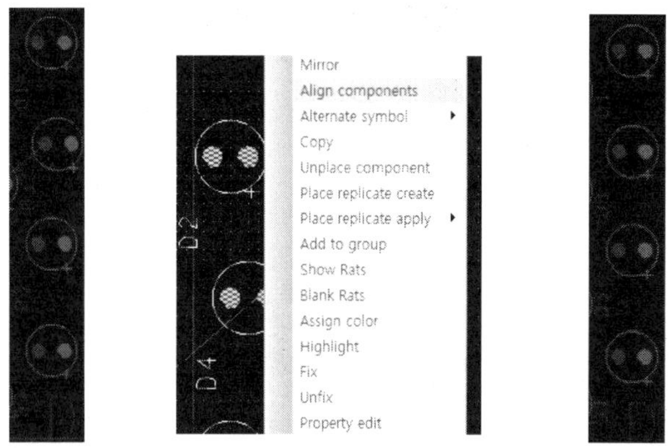

④ Option 탭을 활성화시킨다. 방향/정렬/간격을 설정한다.

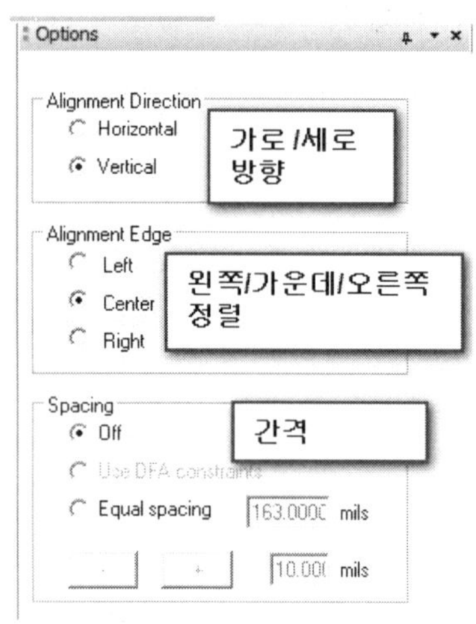

⑤ RMB－Done를 선택한다.

⑥ 메뉴 File－Save as를 선택한다.

⑦ Place.brd로 저장한다.

13. Update Symbols(풋프린트 정보변경)

① Footprint를 수정한 후 기존의 저장되어진 위치에 덮어쓰기로 저장한다.
(예 : cap196을 수정한다. Package Geometry/Silkscreen Top 레이어에 Line으로 +표기를 추가한다.)

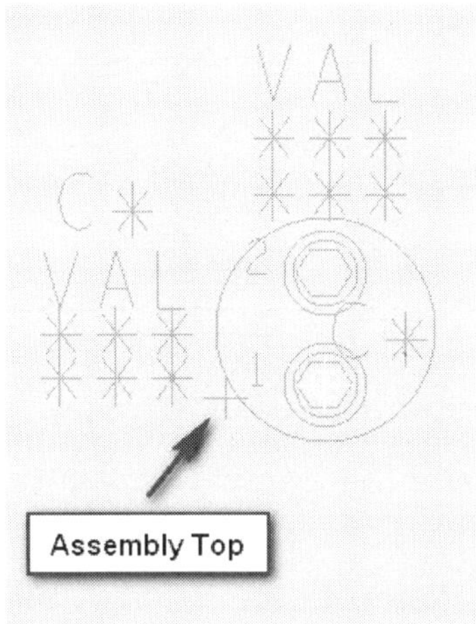

수정

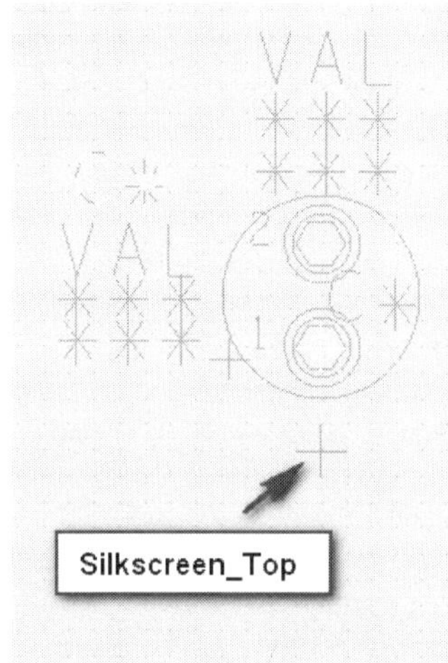

② 작업 파일을 연 후 메뉴 Place－Update Symbols를 선택한다. Package symbols를 선택한 후 cap196에 체크한다. 하단의 Refersh 버튼을 클릭한다.

③ PCB에 배치되어진 부품정보가 갱신된다.

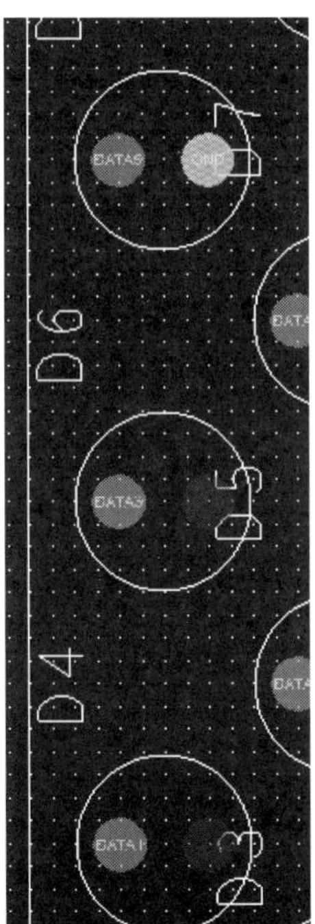

〈변경 전〉

〈Update Symbols〉

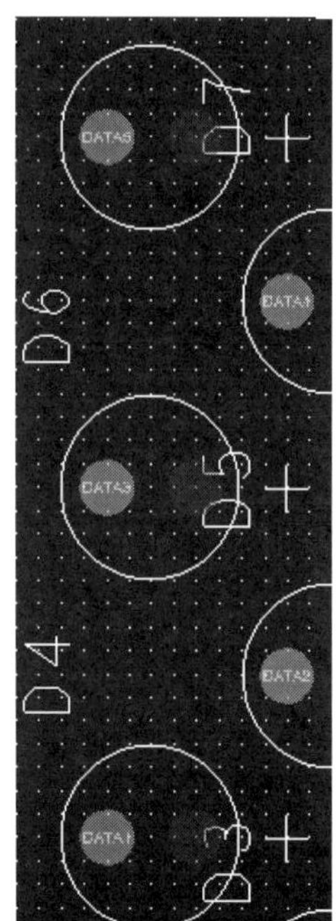

〈변경 후〉

14. Via 삽입

(1) Via 설정

① Constraint Manager의 Physical Constraint에서 Via 항목의 Via를 클릭한다.

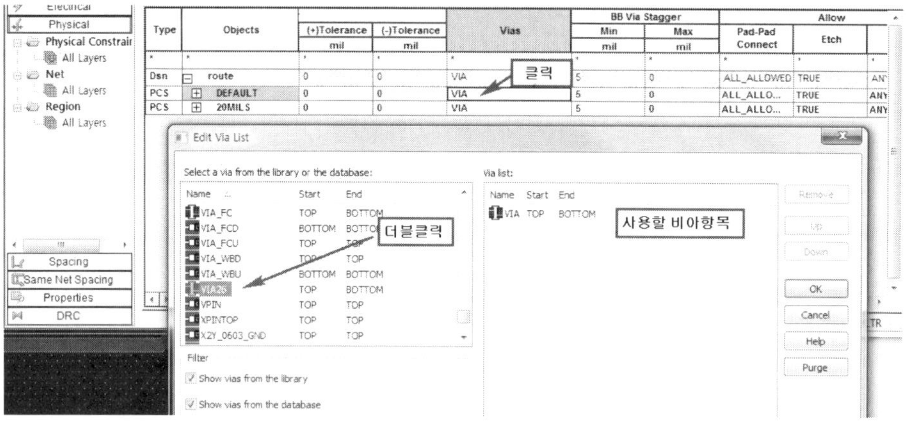

② Edit Via List창이 나타나면 왼쪽의 리스트에서 사용할 비아를 선택한 후 더블클릭하여 오른쪽 창으로 이동시킨다.

③ Via List 항목에서 제거 시에도 선택 후 더블클릭 또는 Remove 버튼을 클릭한다.

④ OK 버튼을 클릭한다.

⑤ Constraint Manager창을 닫는다.

(2) Via 배치

① Add Connect 아이콘을 클릭한다.

② Option 탭의 Act와 Alt에 Top, Bottom 레이어로 설정한다.

③ PCB Editor에서 배선 중 비아를 생성할 곳에서 클릭한다.

④ 그 자리에 더블클릭하면(또는 RMB－Add Via) 비아가 생성되며 작업 레이어는 Alt 레이어로 변경된다.

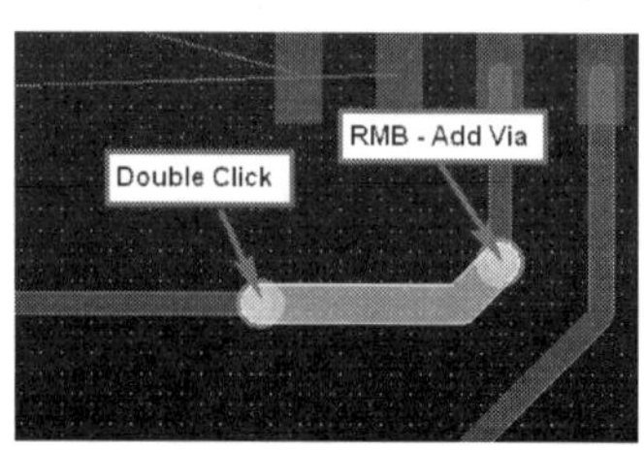

15. Route Mode(Bubble Options)

① Add Connect 아이콘을 클릭한다.

② Option 탭의 Bubble에서 선택한다.

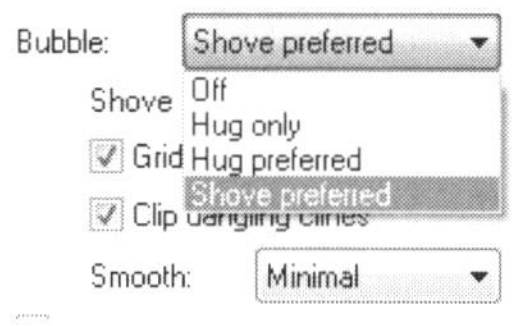

㉠ Off : DRC 적용하지 않는다. Error가 있어도 배선된다.

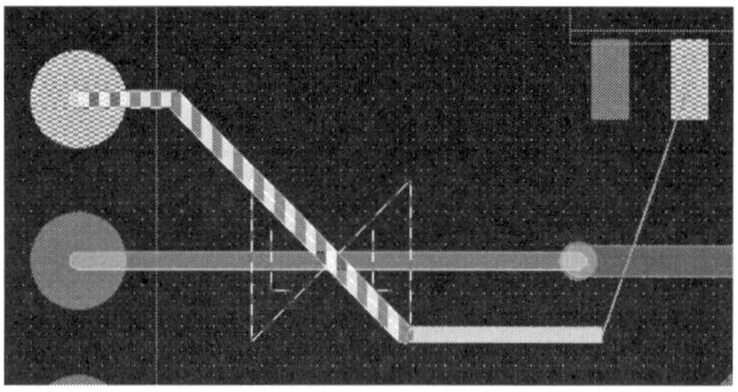

㉡ Hug : 주어진 DRC 값에 의해 배선된다.

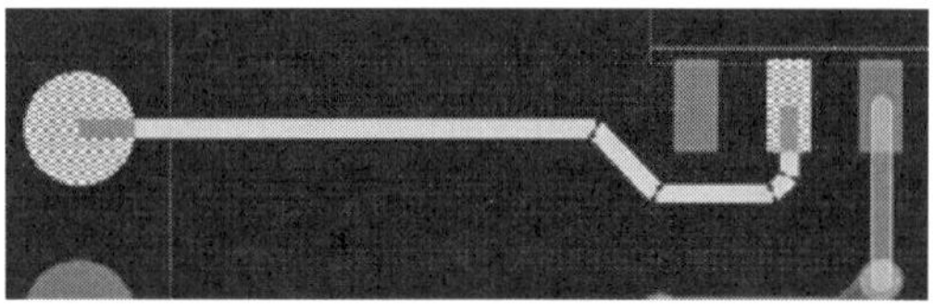

㉢ Shove : 기존 배선이나 via를 밀면서 배선한다.

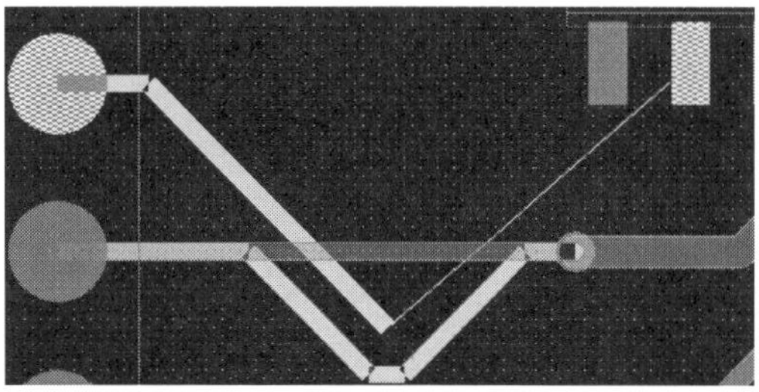

③ Shove via 설정을 Minimal로 설정한다.

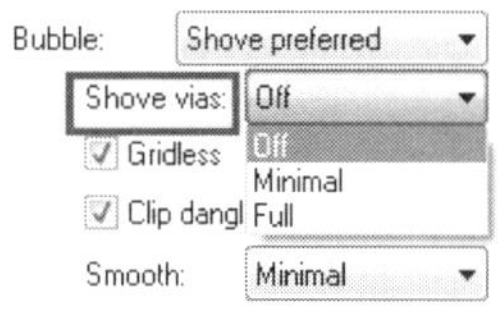

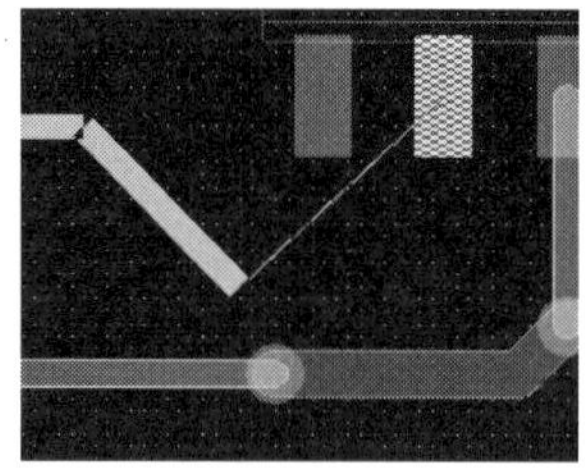

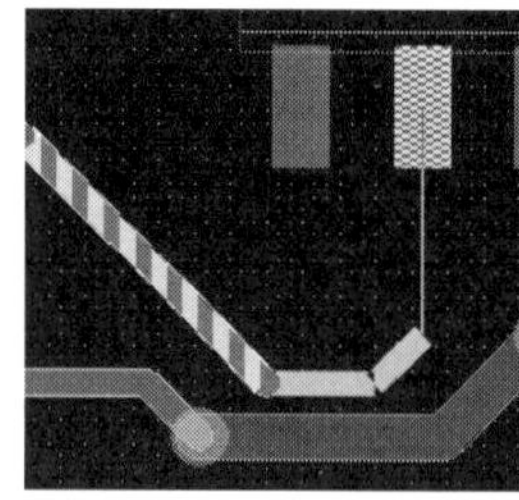

16. Delay Tune 사용

① 메뉴 Route-Delay Tune를 선택한다. 또는 Delay Tune 아이콘을 클릭한다.

② Option에서 Style을 설정한다.

③ 배선을 선택한 후 길이를 맞춘다.

④ CM(Constraint Manager)창에서 확인한다. 길이가 맞지 않을 경우는 RMB-Oops를 선택하여 길이를 설정한다.

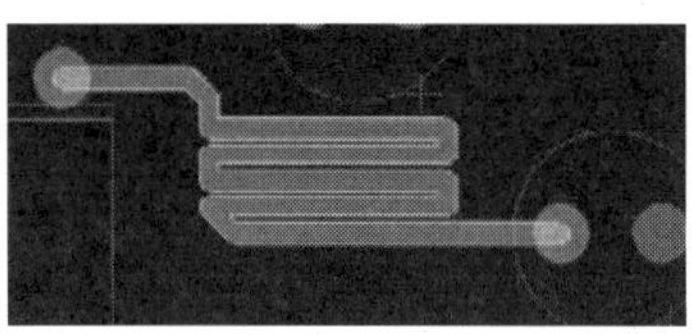

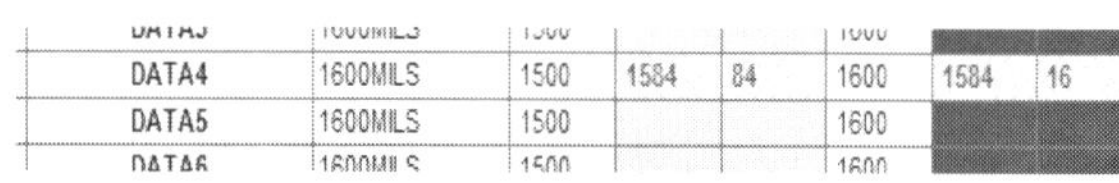

DATA4	1600MILS	1500	1584	84	1600	1584	16
DATA5	1600MILS	1500			1600		

⑤ RMB-Done을 선택한다.

⑥ 메뉴 File-Save As로 저장한다.

⑦ 파일명을 route.brd로 한다.

OrCAD SI 선택 시 Display Etch Length창이 표시된다.

녹색영역에 있도록 배선을 한다.

17. Multi Route

여러 배선(버스)을 한꺼번에 작성할 수 있는 기능이다.

① Add Connect를 선택한 후 RMB- Multi-Line Route를 선택한다.

② 화면에서 Multi Line 시작점을 클릭하면 설정창이 나타난다.

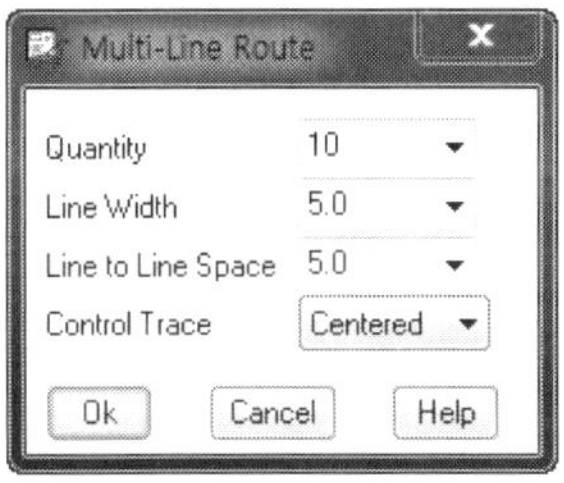

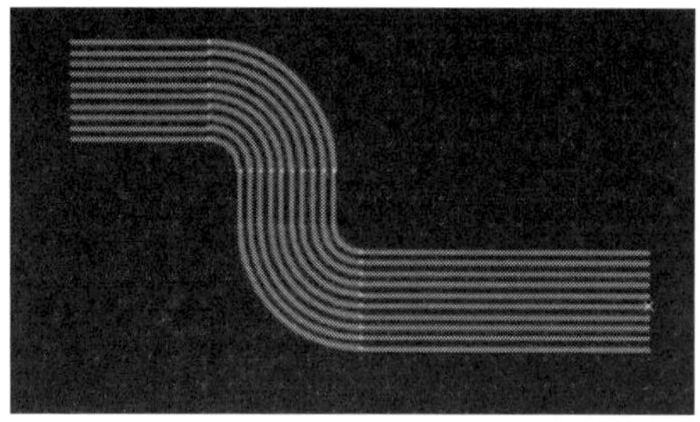

③ Multi Line 작성이 완료되면 각각의 배선을 핀에 연결하여 완성한다.

18. Next / Finish / Target

(1) Next- 작업 중인 배선을 멈추어 놓고 다른 배선작업을 할 수 있다.
배선작업 중 RMB-Next를 선택한다.

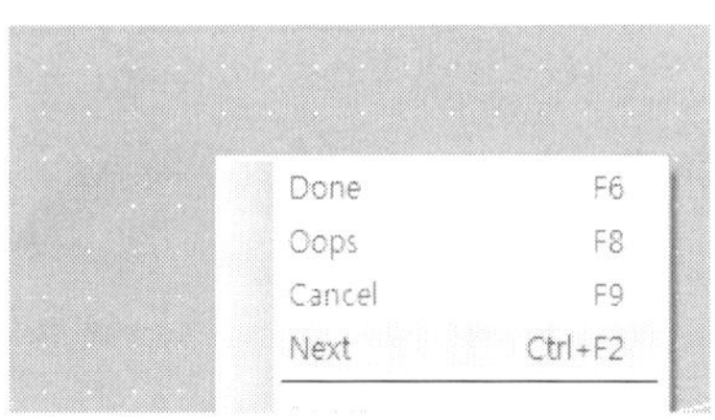

(2) finish-자동으로 배선을 완성시켜주는 기능배선을 선택한 후 RMB-finish를 선택한다.

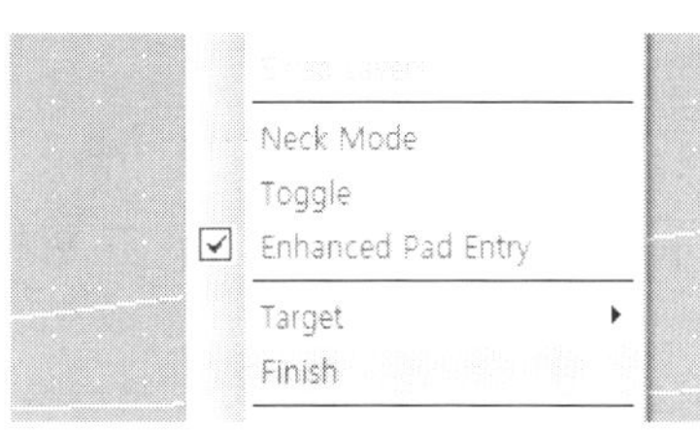

(3) Target-여러 핀에 연결을 해야 할 경우 Rat는 가까운 핀을 기준으로 연결되어 있다. 가까운 핀이 아닌 사용자 설정핀으로 설정할 경우이다.

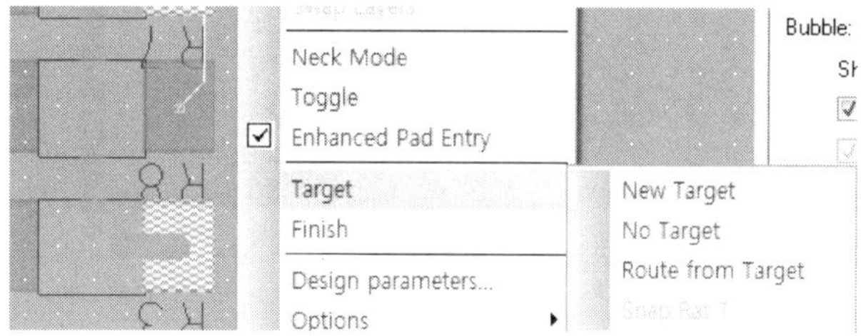

① 다른 핀에 연결하고자 할 때 RMB-Target-New Target을 선택한 후 다른 핀을 선택한다. Rat의 위치가 새로운 목적 핀으로 변경된다.

② 배선 중 RMB-Target-Route from Target을 선택하면 진행 중인 배선을 정지시킨 후 목적 핀에서 배선을 시작한다.

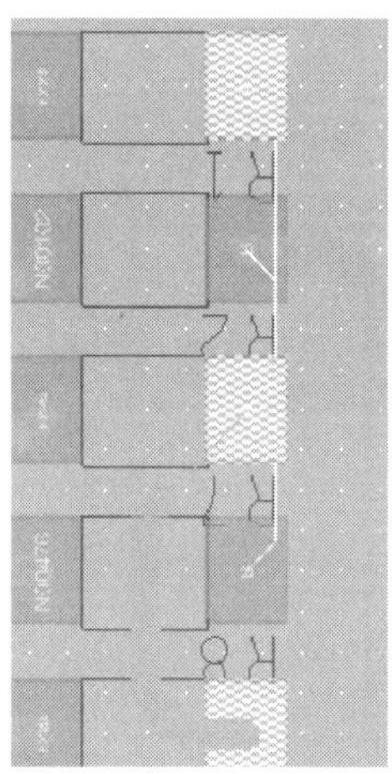
〈여러 핀에 연결된 넷〉

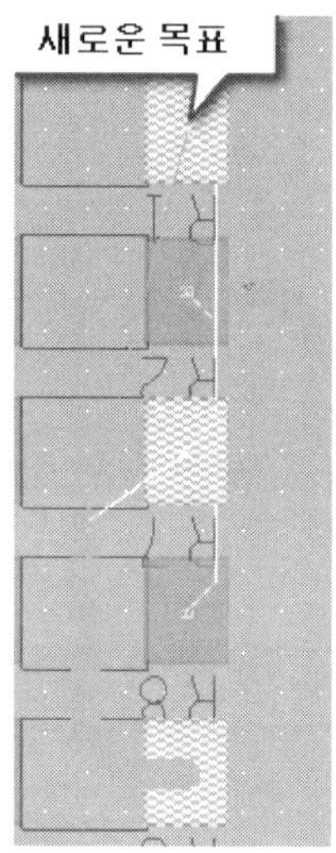

〈New Target〉

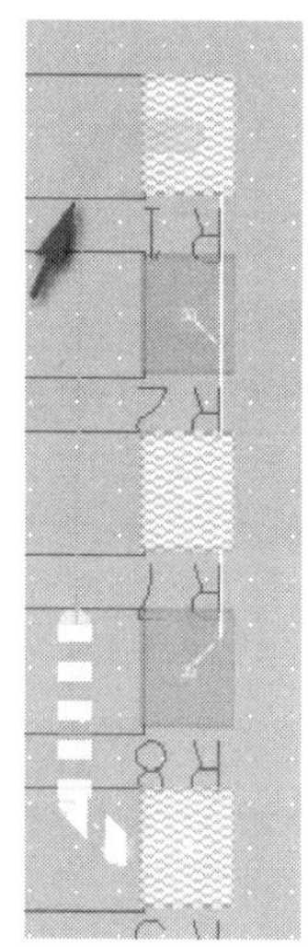
〈Route from Target〉

19. Slide / Vertex / Change Width

- Slide : 배선을 밀고 당기는 등의 수정 기능
- Vertex : 배선에 새로운 꼭지점을 추가하여 꺽인 배선을 생성
- Change : Option 탭에서 설정하며 배선굵기, 레이어 등을 변경

① 메뉴 Route-Slide를 선택하거나 Slide 아이콘을 클릭한다.

② Find 탭에서 Vias와 Cline Segs를 선택하고 나머지 항목은 Off시킨다.

③ Visibility 탭에서 Top 레이어만 보이게 설정한다.

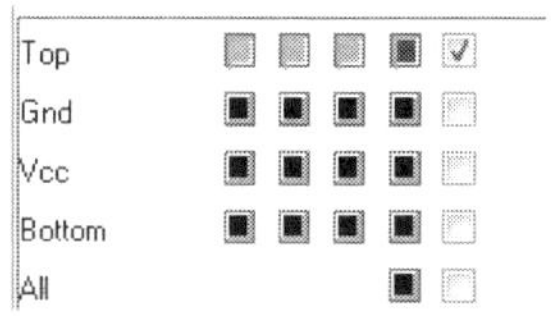

④ Otion 탭에서 Max 45 len : 25로 변경하며 Connect line을 Sliding하는 동안 코너를 45도로 변경한다.

⑤ Connect Line을 클릭하여 배선의 위치를 수정한다.

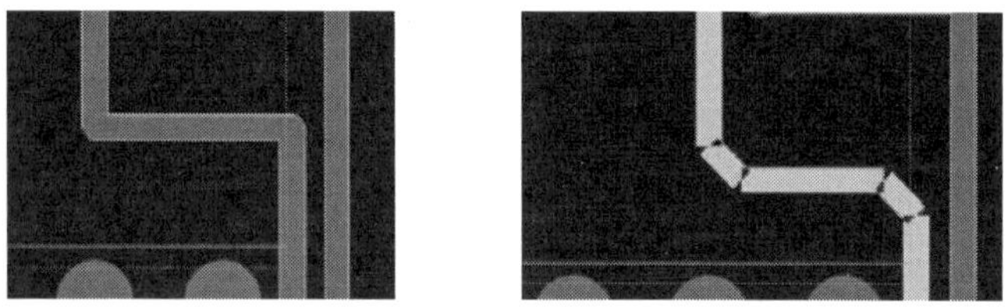

⑥ 수정이 완료되면 RMB -Done을 선택한다.

⑦ 메뉴 Edit－Change를 선택한다.

⑧ Find 탭에서 Cline Segs를 체크하고 나머지는 체크를 해제한다.

⑨ Option 탭에서 Line width : 20으로 설정한다.

⑩ Width를 변경할 Connect Line을 클릭한다.

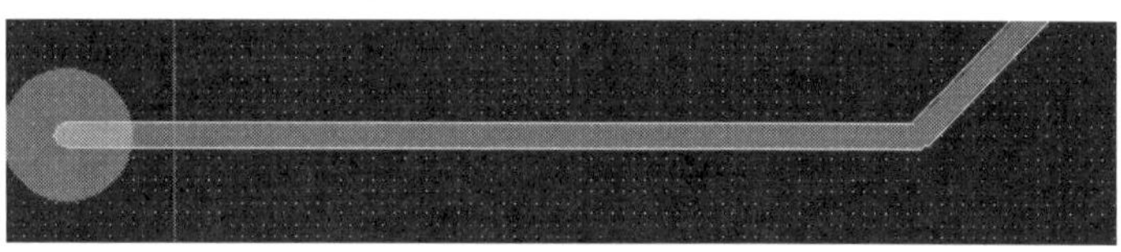

〈변경 전〉

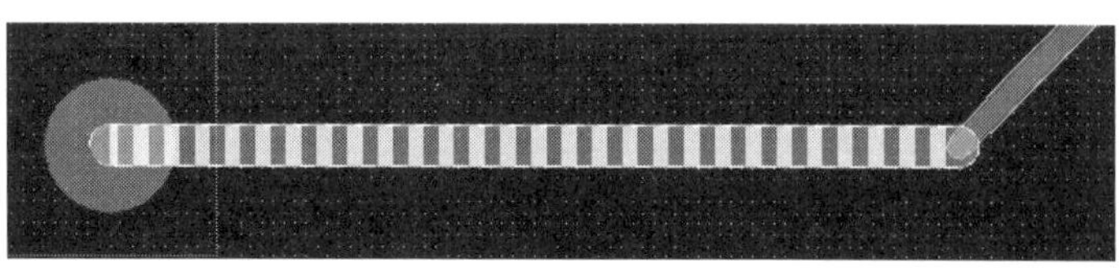

〈변경 후〉

⑪ 변경이 완료되면 RMB－done을 선택한다.

(1) Replace Etch

배선작업 시 신규배선을 우선적으로 적용한다.

① 메뉴 Route－Connect를 선택한다.

② Option 탭의 Replace etch 항목에 체크한다.

③ 기존 배선에 추가하여 배선한다.

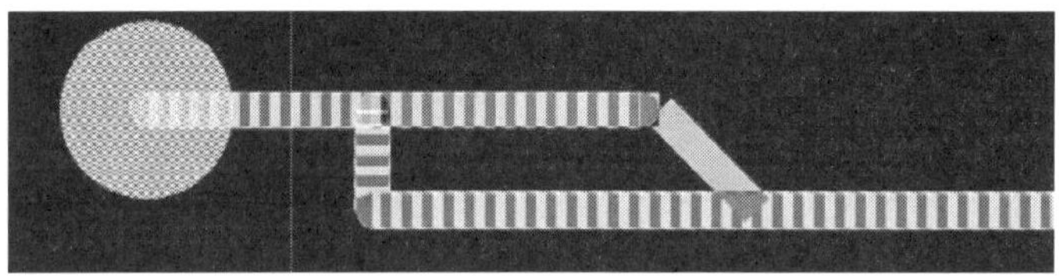

④ 배선이 연결되면 기존 배선은 삭제되고 새로운 배선이 적용된다.

⑤ 완료되면 RMB－Done를 선택한다.

(2) Cut

작성된 배선 중 일부 구간을 잘라낸다.

① 메뉴 Edit－Delete를 선택한다.

② Find 탭에서 Cline Segs를 선택하고 나머지 항목은 체크를 해제한다.

③ RMB－Cut을 선택한다.

④ 잘라낼 시작부분과 끝부분을 클릭한 후 잘라낼 부분이 표시되면 클릭한다.

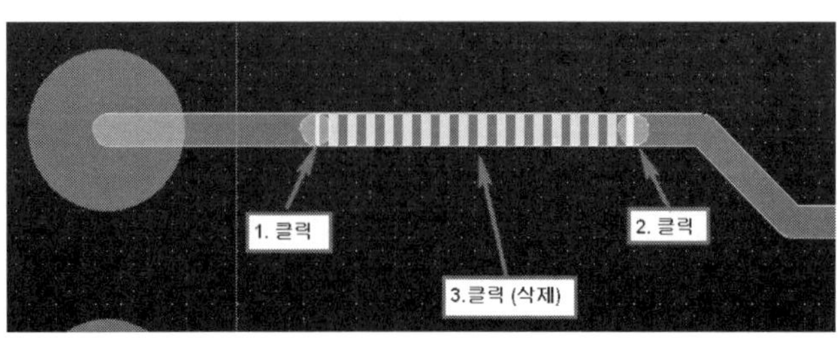

⑤ RMB－Done을 선택한다.

(3) Gloss

배선작업의 후처리 과정으로 일괄 45도 배선처리 등을 해준다.

① 메뉴 Route－Gloss－Line Parameters를 선택한다.

② Convert 90' to 45's와 Extend 45's 항목에 체크를 한다.

③ Corner Type에 45를 설정한다.

④ Gloss 버튼을 클릭한다.

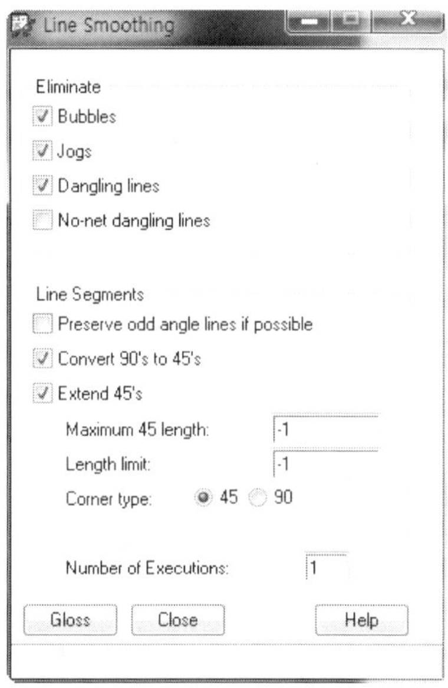

⑤ RMB－Done을 선택한다.

⑥ File－Save As를 선택한다.

⑦ gloss.brd로 저장한다.

20. Edit Padstack

작업 중인 PCB에서 핀의 크기 등의 속성을 변경할 수 있는 기능이다.

① 수정을 요하는 핀을 선택하고 RMB－Modify Design padstack－Single Instance (선택 핀만 수정) 또는 All Instance(동일핀 모두 수정)를 선택한다.

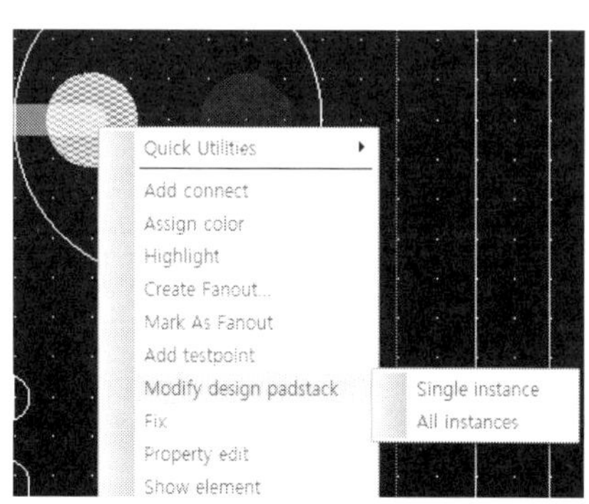

② Padstack Designer에서 수정 후 메뉴 file－Update to Design(and exit)을 선택하면 업데이트가 된다.

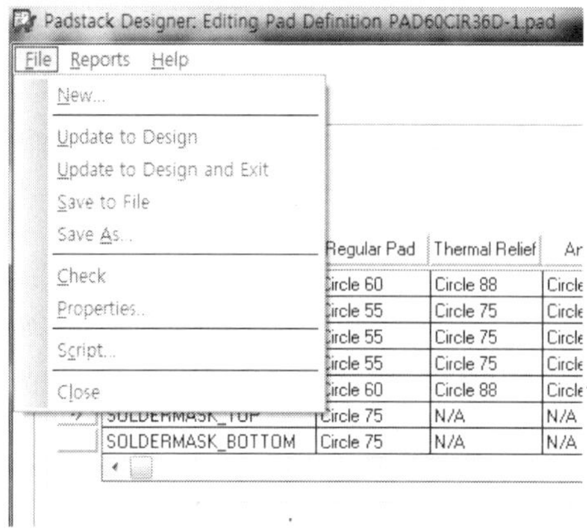

③ Etch Edit Mode에서는 Modify Padstack만 지원되나 General Edit Mode에서는 Modify Padstack과 Replace Padstack을 지원한다.

21. Fillet(Teardrop) / Tapered Trace

① 메뉴 Route－Gloss－Fillet Parameters를 선택한다. Global Options항목에서 필요항목에 체크한다. Fillet Option에서 Desired angle에 Fillet 각도를 설정한다(각도가 작을수록 Fillet 기울기는 커진다).

② Tapered Trace Option의 Tapered Trace에 체크한 후 Desired angle에 값을 입력한다.

③ OK 버튼을 클릭하여 창을 닫는다.

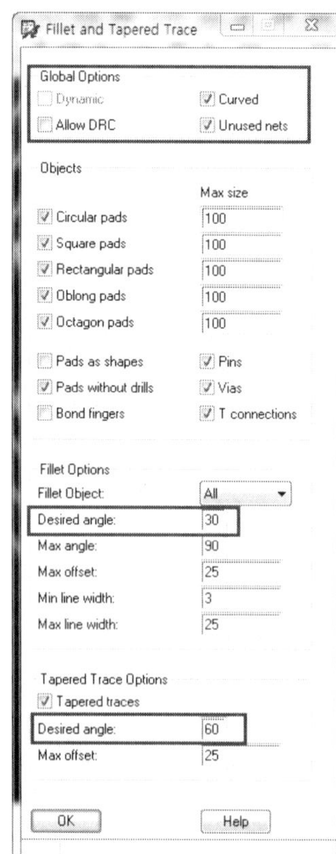

④ 메뉴 Route－Gloss－Add Fillet을 선택한다. Fillet을 생성할 핀을 선택하거나 드래그하여 적용한다.

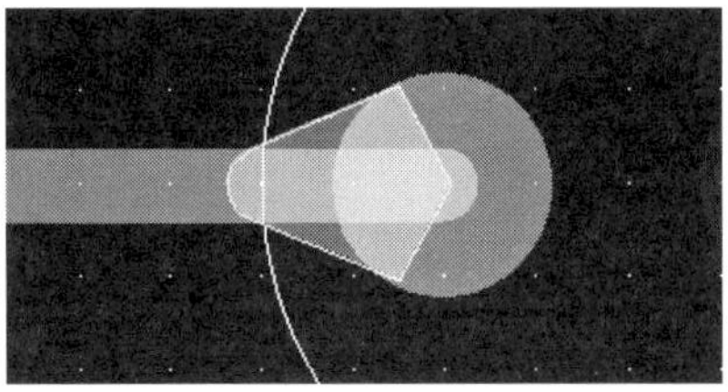

〈30도 적용〉

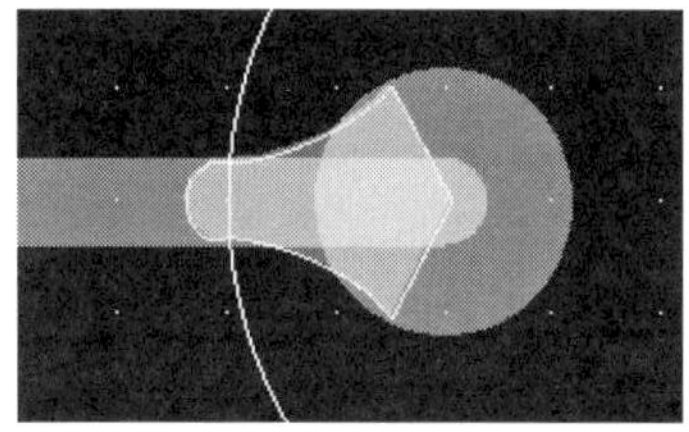

〈Curved 적용〉

⑤ 메뉴 Route－Gloss－Add Tapered를 선택한다.

〈적용 전〉

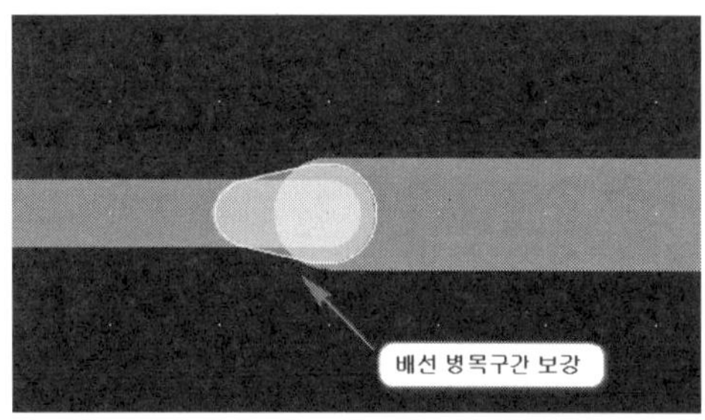

〈적용 후〉

22. Delete Islands

① 메뉴 Shape－Delete Island를 선택한다(또는 Island_Delete 아이콘을 클릭한다).

② Option탭을 확인한다.

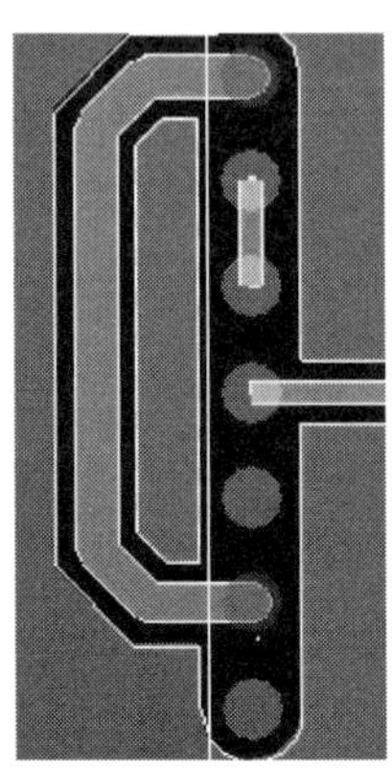

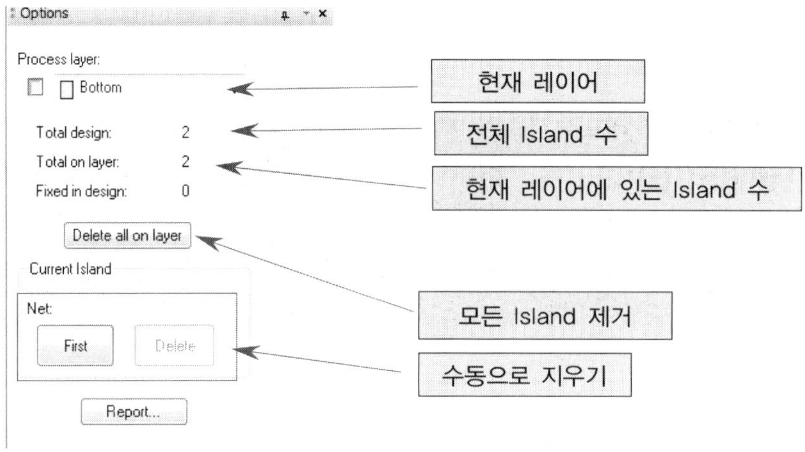

〈Island〉 〈Option 탭〉

③ Island를 제거한다.

④ RMB－Done를 선택한다.

23. Copper void Option

① Copper를 일부 제거하는 기능으로 메뉴 Shape－Manual Void－Polygon/Rectangular…을 선택한다(또는  아이콘을 클릭한다).

② Board에 적용된 Shape에 제거할 부분을 그려준다.

③ RMB－Complete를 선택한 후 추가 제거할 부분을 그린다.

④ 완료가 되면 RMB －Done을 선택한다.

⑤ 그려진 void를 이동 복사 지우고자 할 때는 Shape－Manual Void－Delete/Move/Copy를 선택한다.

24. Merge Shape

① 수동으로 그려진 다수개의 shape를 하나로 합쳐주는 기능으로 메뉴 Shape－Merge shpae를 선택한다.

② 합칠 shape를 선택한 후 RMB－Done을 선택한다.

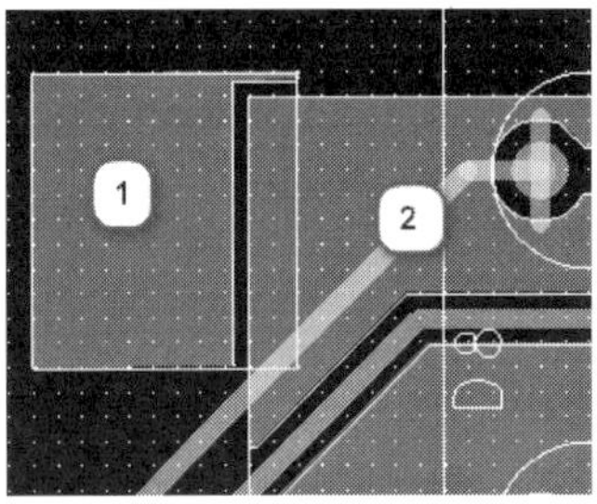

〈Murge 전〉

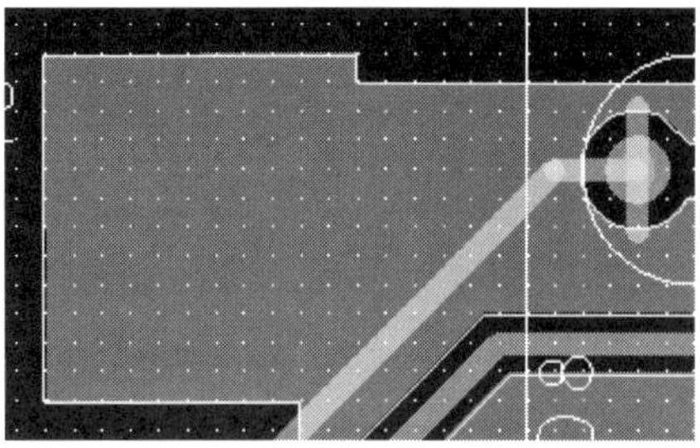

〈Murge 후〉

25. Split Planes(Split Plane 방법)

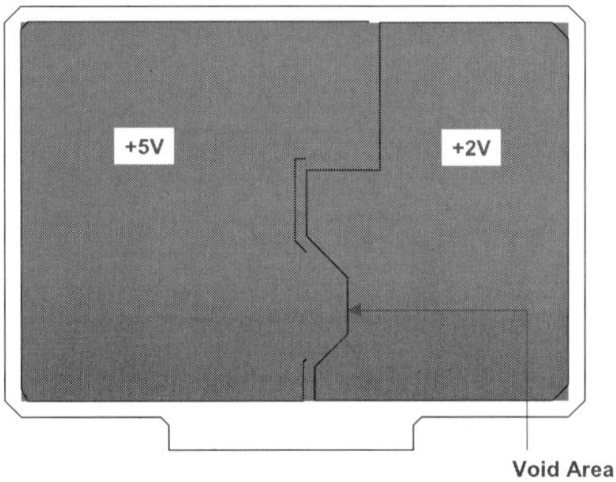

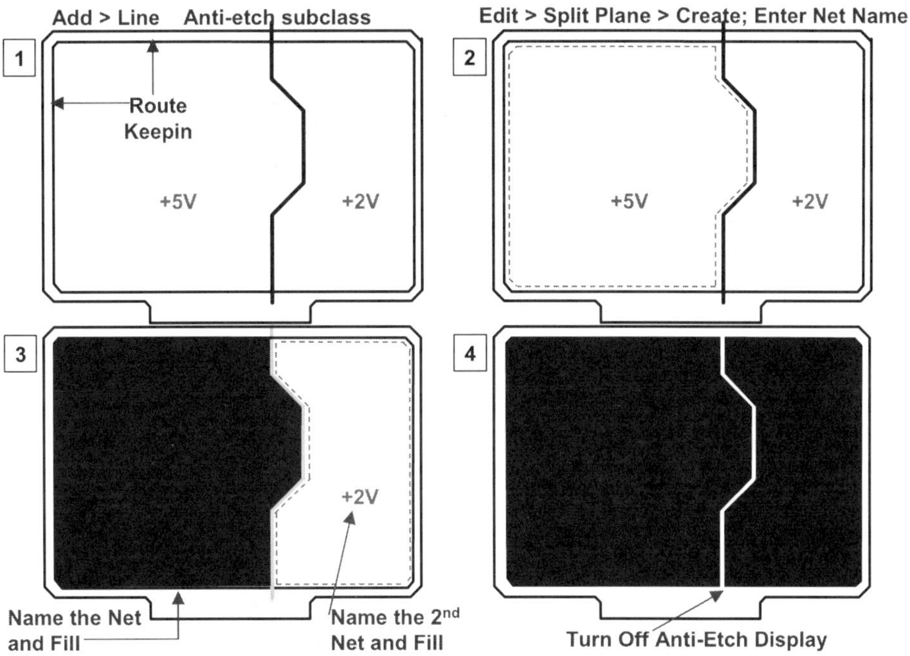

① 메뉴 Add-Line을 선택 후 Option탭의 Class와 subclass를 Anti Etch에 작업할 Plane을 선택한다.

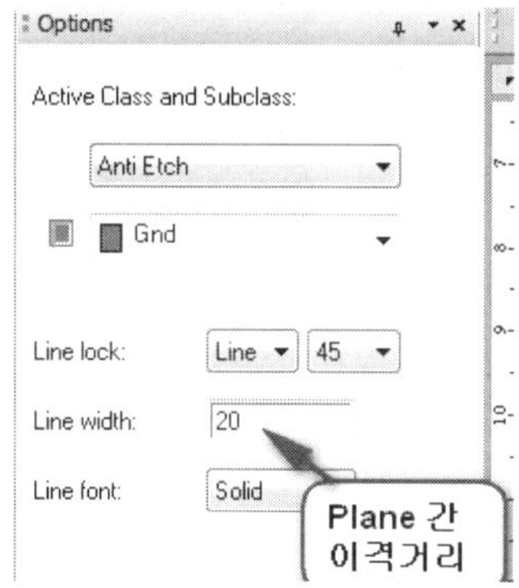

② 나누어질 Plane의 구분선을 그려준다.
그림처럼 분리할 경우 Route Keepin 영역의 끝점까지 그려야 한다(Anti Etch 라인이 보이지 않으면 Color의 Conductor class의 Anti Etc를 On시켜 준다).

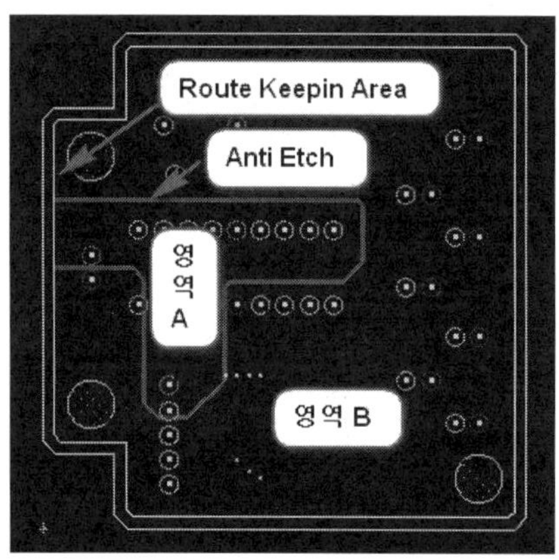

③ 메뉴 Edit-Split Plane-Create를 선택한다. 분할시킬 레이어를 선택하고 Create 버튼을 클릭한다.

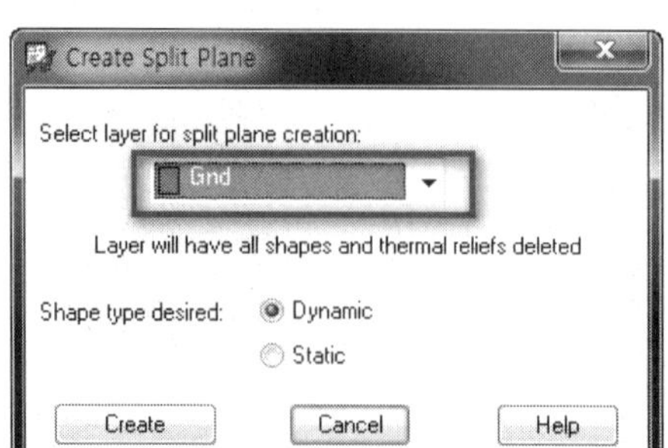

④ 분리될 영역이 활성화되면서 Net를 선택하는 창이 생성된다.

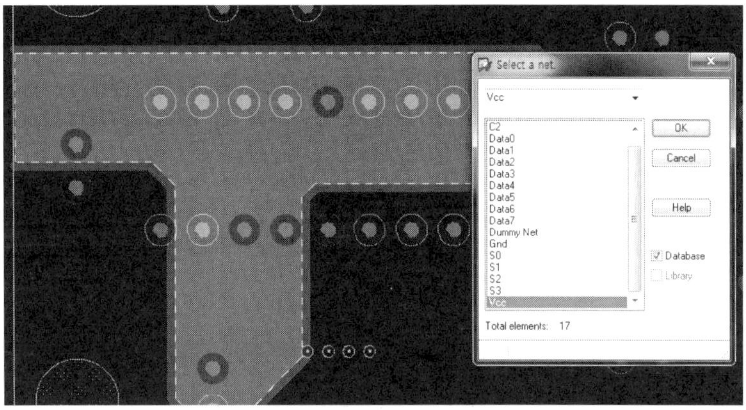

⑤ OK 버튼을 클릭하면 다음의 분리영역이 나타난다.

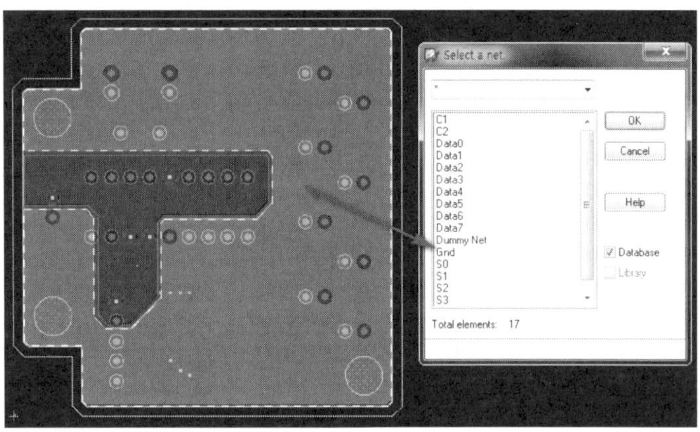

⑥ Net를 선택한 후 OK 버튼을 클릭하면 split plane이 완료된다(여러 영역으로 분리 가능하다).

Anti Etch 라인은 놔두거나 삭제해도 무방하며 Color를 Off시켜도 무방하다.

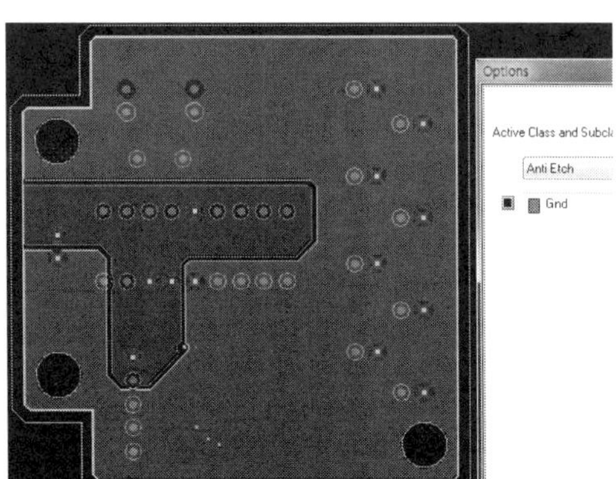

26. Add Text

① 메뉴 Display－Color/Visibility를 선택한다.

② Board Geometry 폴더의 Silkscreen_Top에 체크한다.

③ 메뉴 Add－Text( )를 선택한다. Option탭의 설정을 Board Geometry/Silkscreen_Top으로 설정한 후 Text block size를 적당한 크기로 설정한다.
(예 : size 3일 경우 크기는 50mil (1.2mm)] Board의 정당한 위치에 클릭하여 정보를 입력한다)

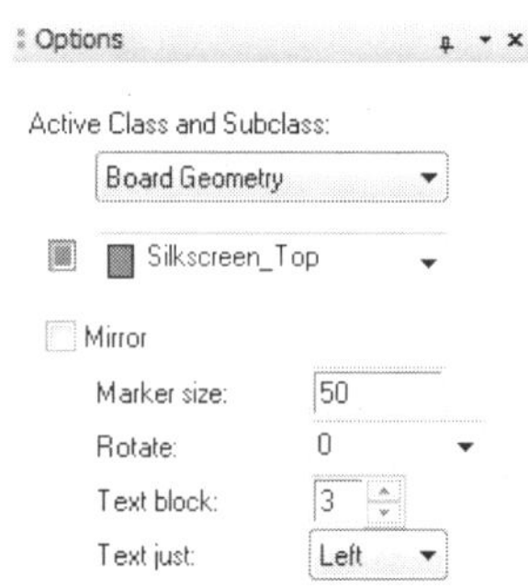

④ 글씨 수정 시 메뉴 Edit－Text( )를 선택한다.

부록 1	9의 보수기 카운터 회로
부록 2	OrCAD PCB Editor 부가기능
부록 3	**실습예제(Astable Multivibrator)**
부록 4	실습예제(LED Counter)

1. New Project

(1) 실행하기

시작 – 모든 프로그램 – Cadence – Release 16.X – OrCAD Capture(Design Entry CIS)를 실행한다.

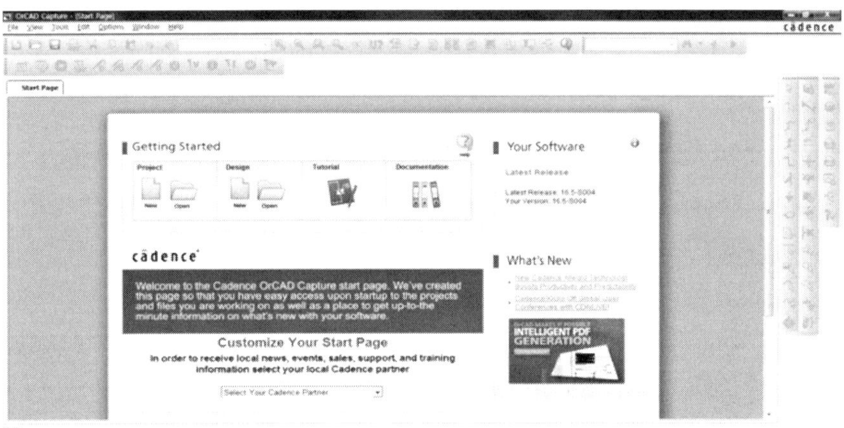

(2) New Project 생성

① 메뉴 File – New – Project를 선택한다.

② New Project창의 Name 필터에 multi를 기입한다.

③ Create a New Project Using에 Schematic을 선택한다.

④ Location 필터에 C:₩SPB_DATA₩Multi를 기입한다.

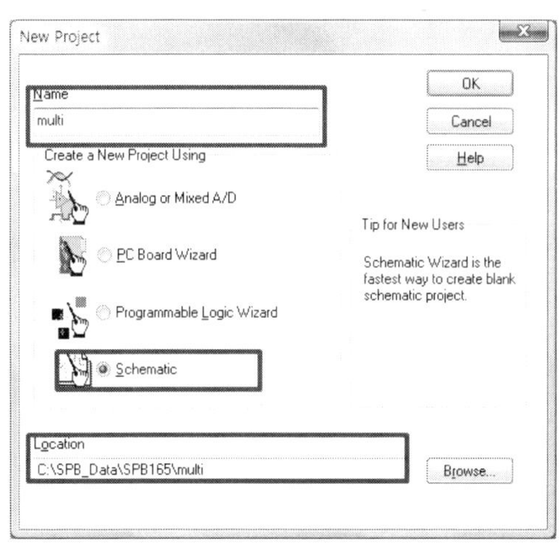

(3) Capture Project Manager

1) Schematic Name 변경

① Project Manager창에서 SCHEMATIC1을 선택 후 마우스 오른쪽 버튼(RMB)-Rename을 선택한다.

② Rename Schematic창에서 Name 필터에 Multivibrator로 기입한다.

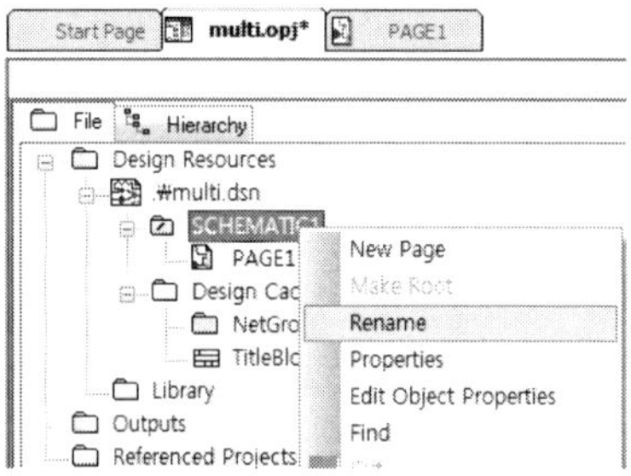

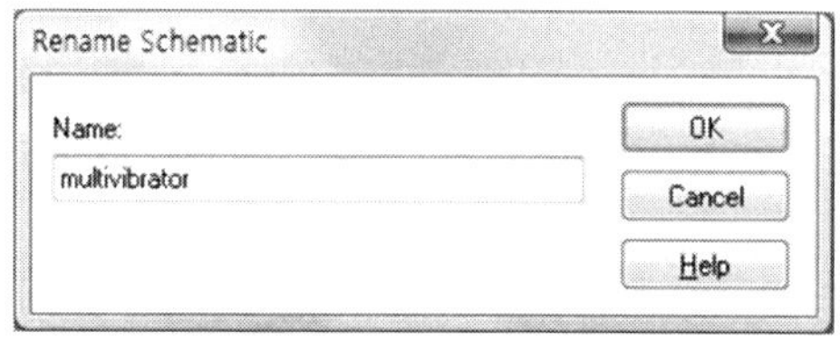

2) Schematic Name 변경

① Project Manager창에서 PAGE1을 선택 후 RMB-Rename을 선택한다.

② Rename Page창에서 Name 필터에 1_Main로 기입한다.

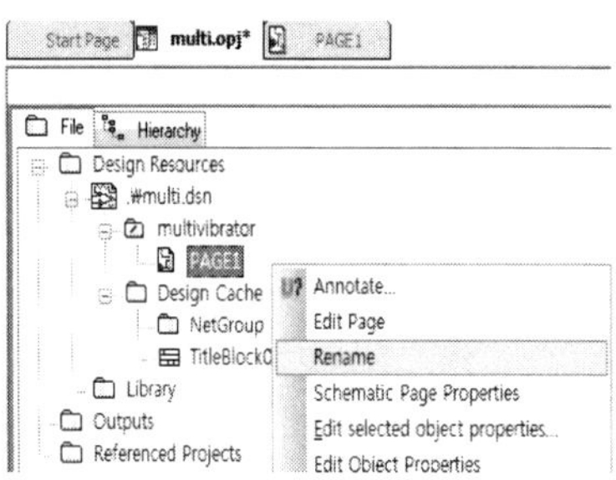

2. 부품배치 / 배선

(1) 부품배치

① Project Manager창에서 multivibrator-1_Main을 클릭한다.

② 메뉴 Place-Part( )를 선택한다.

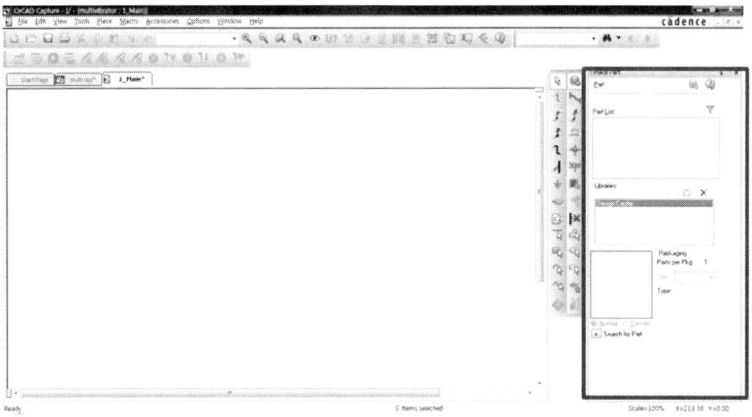

③ Place Part창의 Libraries 항목의 Add Library 아이콘을 선택한 후, 모든 Library (Amplifier.olb~Transistor.olb)를 선택한다.

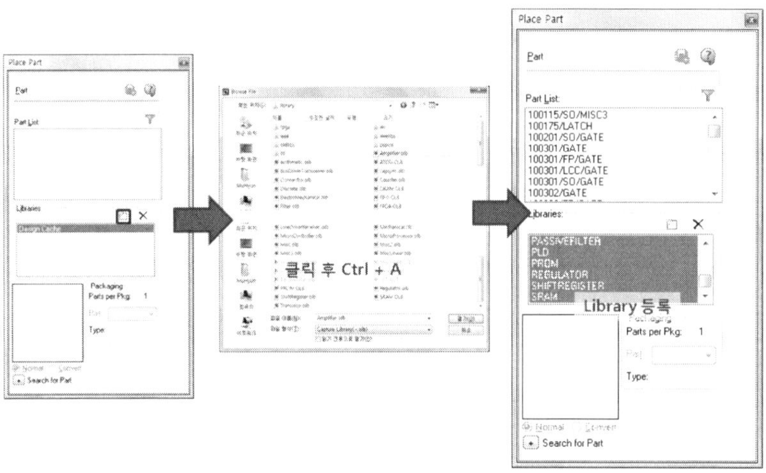

④ Part 필드에 배치하고자 하는 부품을 선택 후(예 : R) enter part 아이콘을 선택한다.

⑤ 선택한 부품은 아이콘을 따라 이동하며 원하는 곳에 클릭하여 배치한다.

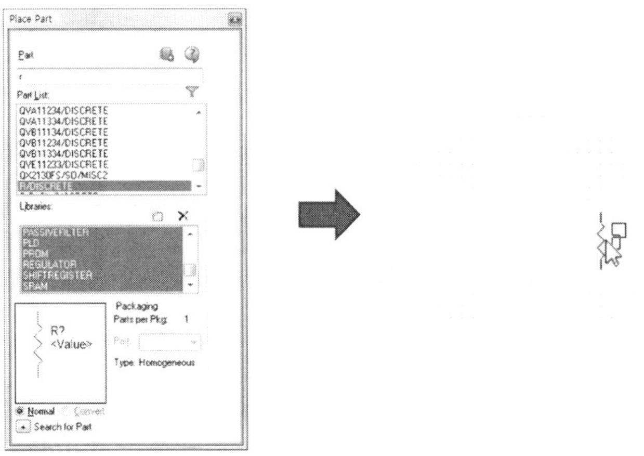

⑥ 부품배치를 종료하기 위해서는 ESC키(또는 RMB－END MODE)를 클릭한다.

㉠ 부품 회전(RMB－Rotate 또는 단축키 : R)

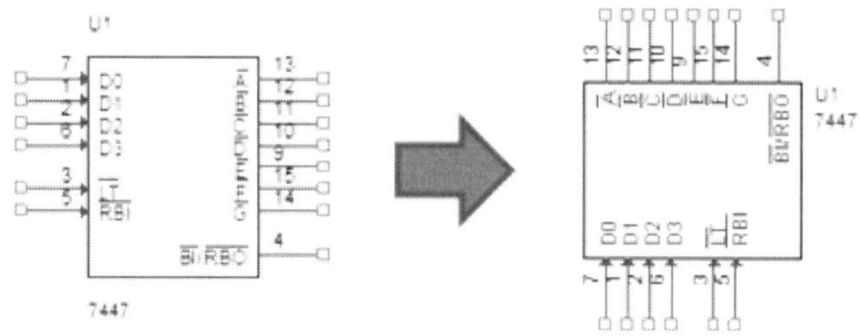

㉡ 부품 상하반전(RMB－Mirror Vertically 또는 단축키 : V)

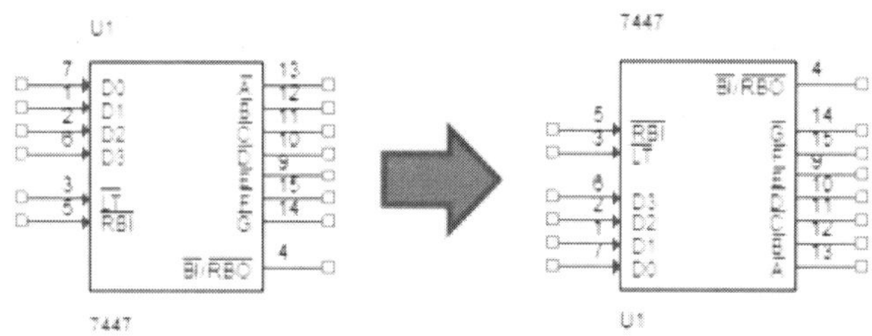

㉢ 부품 상하반전(RMB－Mirror Horizontally 또는 단축키 : H)

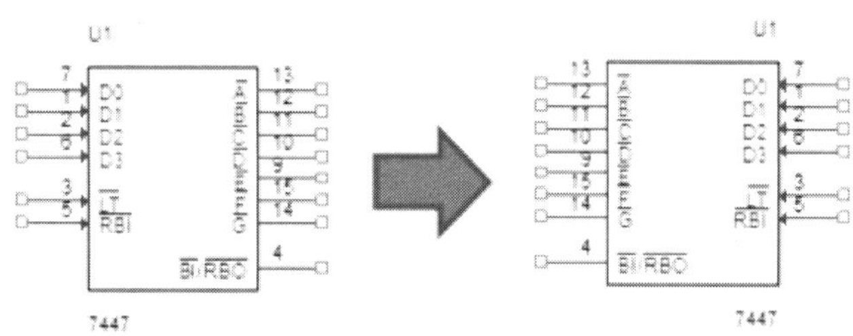

⑦ 부품은 다음과 같이 배치한다.

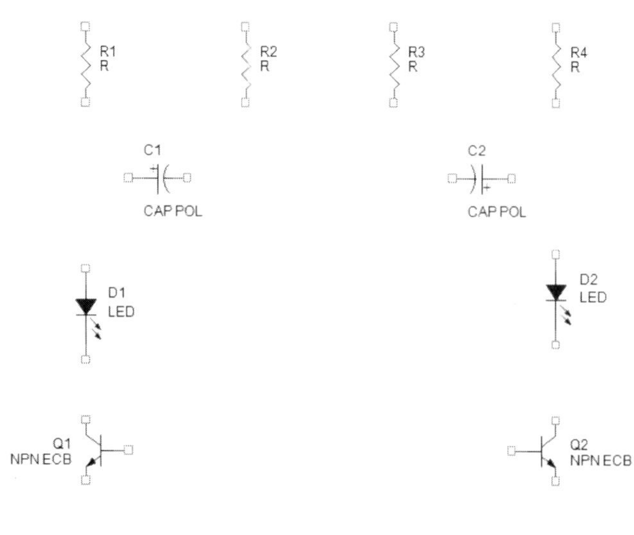

Part	Symbol	Part	Symbol
R (DISCRETE)	R1 R	CAP POL (DISCRETE)	C1 CAP POL
LED (DISCRETE)	D1 LED	NPN ECB (TRANSISTOR)	Q1 NPN ECB

(2) Symbol 배치

① 메뉴 Place−Power, Ground(,)를 선택한다.

② VCC와 GND를 선택한다.

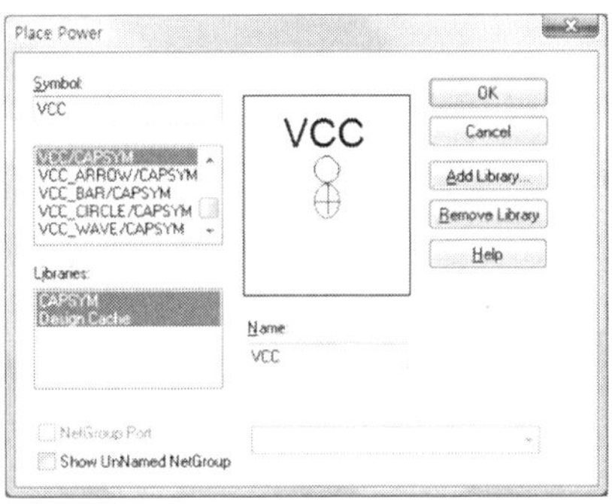

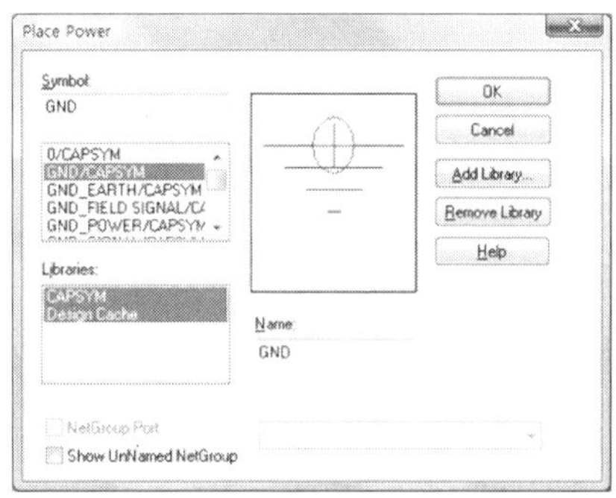

③ VCC와 GND를 다음과 같이 배치한다.

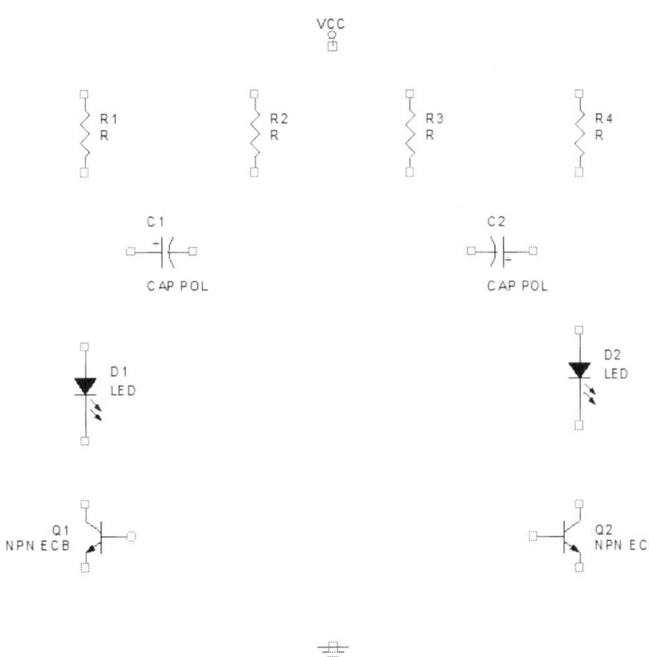

(3) 배 선

① 메뉴 Place－Wire( )를 선택한다.

② 시작점과 끝점을 클릭하여 배선한다.

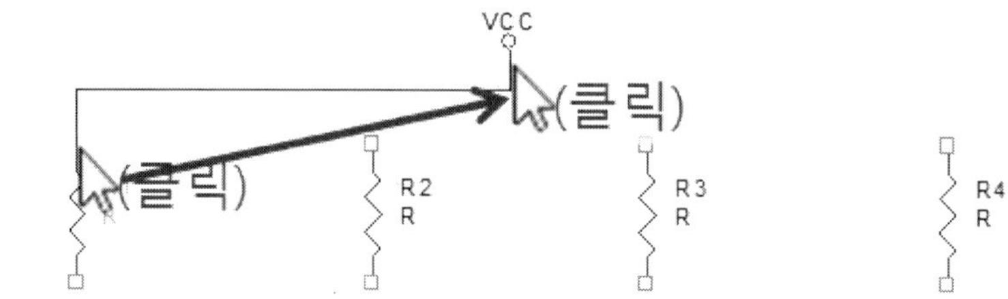

③ 사선 배선은 Shift키를 클릭 후 시작점과 끝점을 클릭한다.

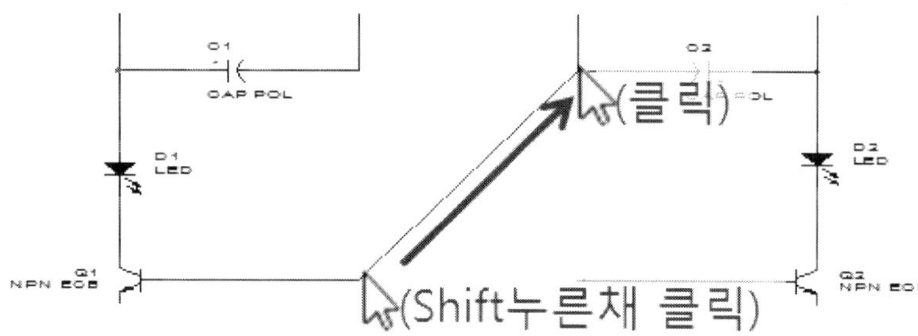

④ 다음과 같이 배선한다.

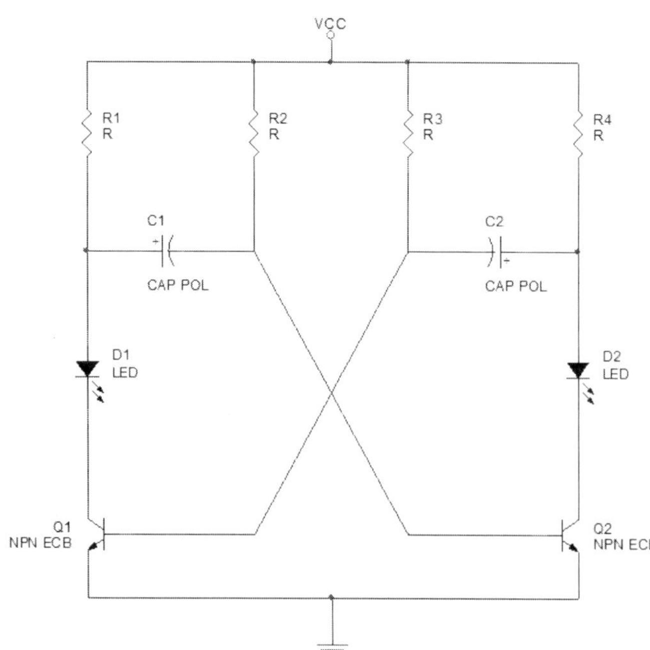

3. PCB Footprint 설정

(1) PCB Footprint 속성 부여

① PCB 설계를 하기 위해서는 Schematic 부품의 속성 중 PCB Footprint 항목에 기입한다.

② PCB Footprint 속성을 부여하기 위하여 부품을 더블클릭하여 속성창을 연다.

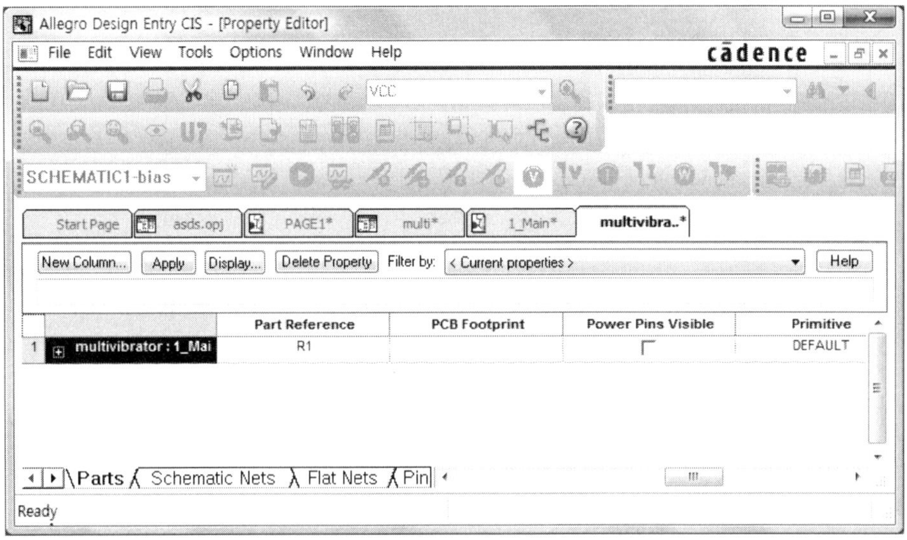

③ PCB Footprint 항목에 다음과 같이 기입한다.

부품 참조번호	부품명	기본 제공 PCB Footprint명	Footprint Symbol
R1~R2	R	RES400	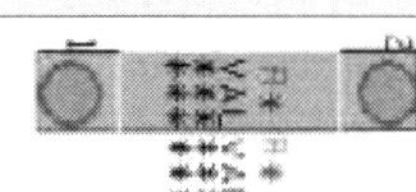
C1~C2	CAP POL	CAP196	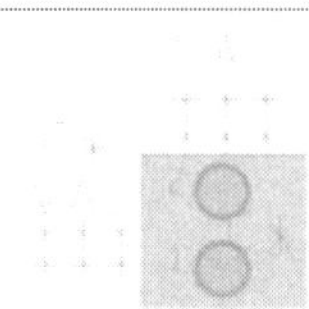
D1~D2	LED	CAP196	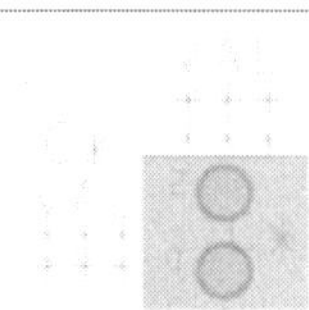
Q1~Q2	NPN ECB	TO92	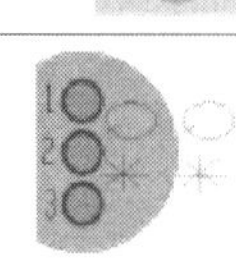

④ 위 Footprint는 부품 리드가 PCB를 관통하여 실장되는 TM(Through-Hole Mount)형이다.

⑤ 전체 부품의 PCB Footprint 속성에 모두 기입한다.

		Part Reference	PCB Footprint
1	⊞ multivibrator : 1_Mai	C1	CAP196
2	⊞ multivibrator : 1_Mai	C2	CAP196
3	⊞ multivibrator : 1_Mai	D1	CAP196
4	⊞ multivibrator : 1_Mai	D2	CAP196
5	⊞ multivibrator : 1_Mai	Q1	TO92
6	⊞ multivibrator : 1_Mai	Q2	TO92
7	⊞ multivibrator : 1_Mai	R1	RES400
8	⊞ multivibrator : 1_Mai	R2	RES400
9	⊞ multivibrator : 1_Mai	R3	RES400
10	⊞ multivibrator : 1_Mai	R4	RES400

㉠ 개별 PCB Footprint 설정방법 : PCB Footprint 속성을 부여할 Part를 더블클릭 후 PCB Footprint 속성에 설정

㉡ 일괄 PCB Footprint 설정방법 : Project Manager에서 Multi.dsn 클릭 RMB-Edit Object Properties 클릭 후 PCB Footprint 속성 설정

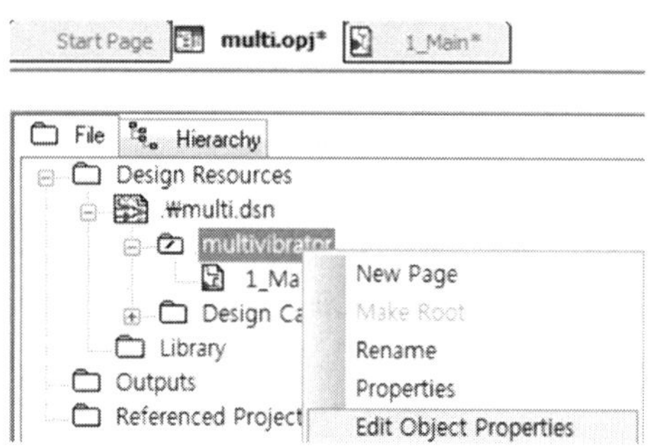

4. Annotate / Design Rules Check / Netlist 생성

(1) Annotate

① Annotate(부품 참조번호 자동부여) 실행을 위해서 Project Manager창을 활성화시킨 다음 메뉴 Tools-Annotate를 선택한다.

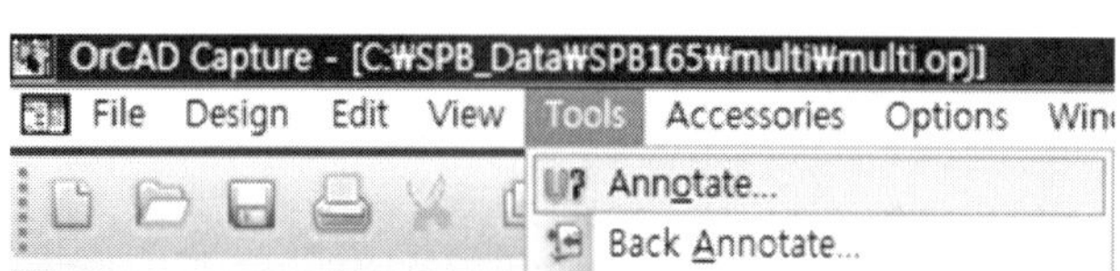

② Annotate창의 Action 항목에서 Unconditional reference update를 클릭 후 OK 버튼을 클릭한다.

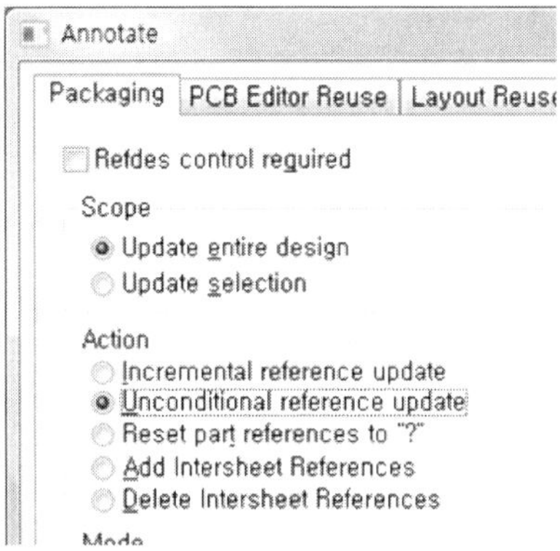

③ Project Manager창에서 multivibrator-1_Main을 클릭한다.

④ 도면의 부품 참조번호를 새롭게 정렬하여 부여한다.

(2) Design Rules Check

① Project Manager창을 활성화시킨 다음 메뉴 Tools-Design Rule Check를 선택한다.

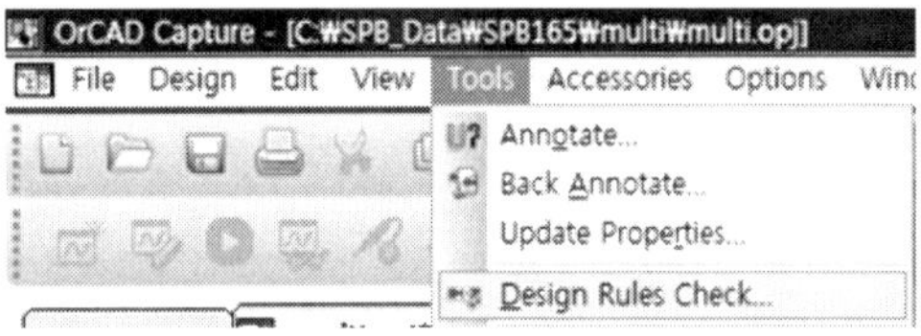

② 검사결과를 보기 위해서 Design Rule Check창에서 Design Rules 항목의 View Output 체크박스에 체크한 후 확인 버튼을 클릭한다.

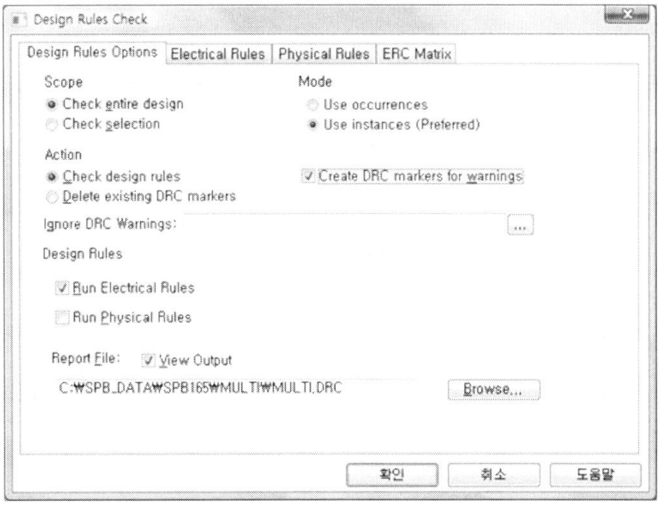

③ DRC 검사가 에러없이 진행될 경우 다음과 같이 출력한다.

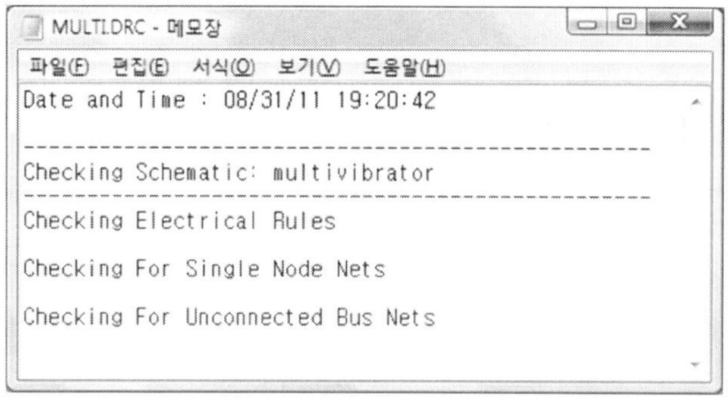

(3) Netlist 생성

① Project Manager창을 활성화시킨 다음 메뉴 Tools－Create Netlist를 선택한다.

② Create Netlist창의 Create or Update PCB Editor Board(Netrev)를 체크한다.

③ Open Board in OrCAD PCB Editor를 체크한다(Allegro PCB Editor가 설치된 컴퓨터는 Open Board in Allegro PCB Editor 체크).

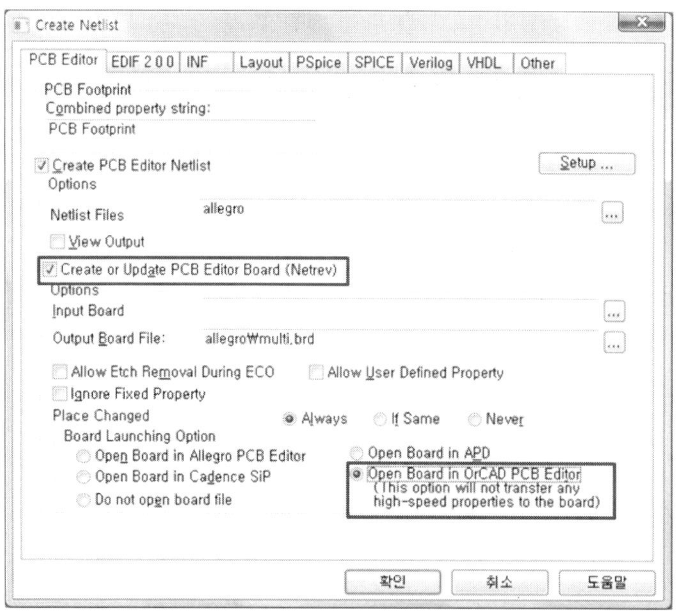

④ Netlist 파일이 PCB Editor Board 파일로 전송되며 PCB Editor 프로그램이 활성화 된다.

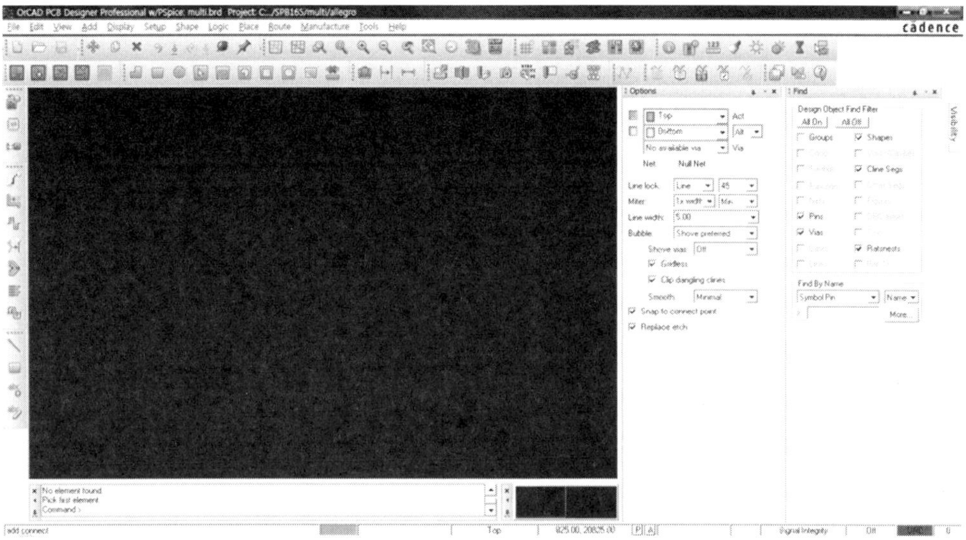

5. PCB Editor 환경 설정

(1) 환경 설정

① PCB 설계를 위한 환경 설정을 하기 위해서는 메뉴 Setup－Design Parameters를 선택한다.

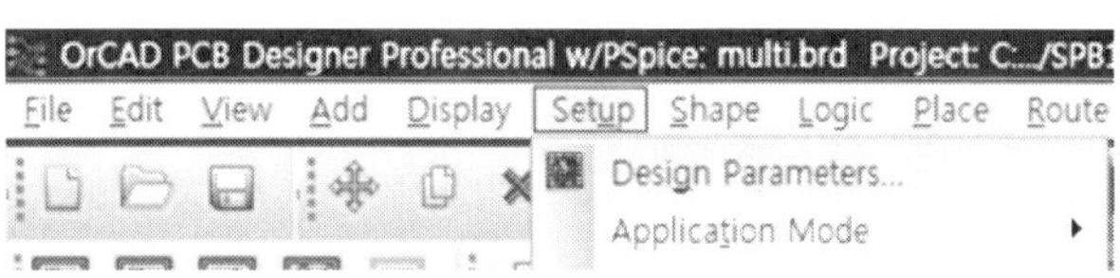

② Design 탭을 선택하여 다음과 같이 기입한다.

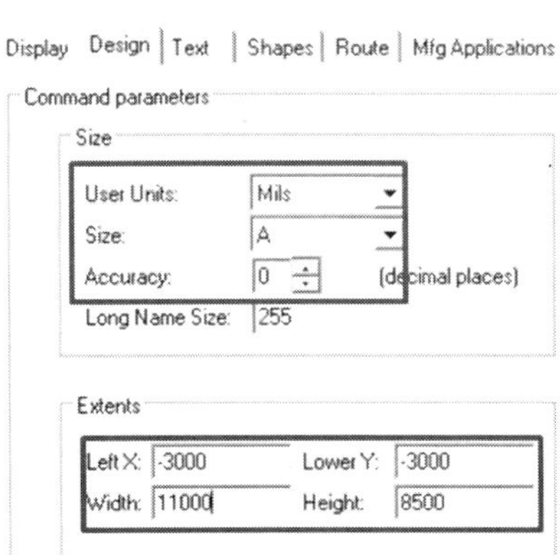

User Units	Mils
Size	A
Accuracy	0
Left X	−3000
Lower Y	−3000

③ Shapes 탭에서 Edit global dynamic shape parameters 버튼을 클릭한다.

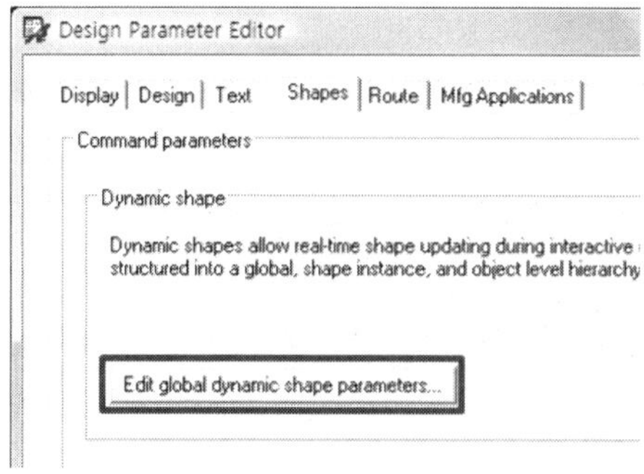

④ Global Dynamic Shape Parameters창이 나타나면 void controls탭을 선택한다.

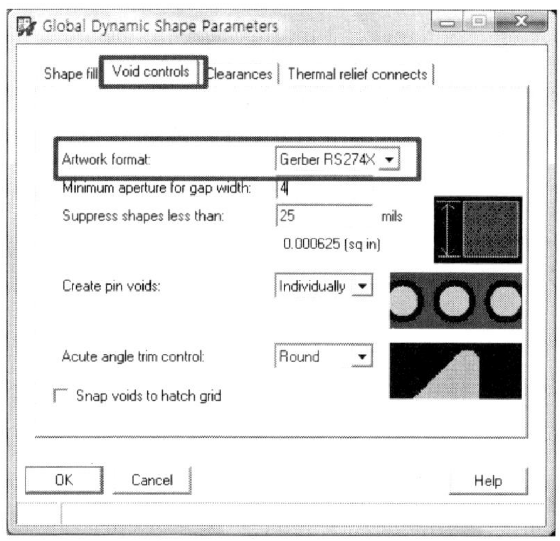

⑤ Artwork format을 Gerber RS274X로 변경한 후 OK 버튼을 클릭한다.

(2) Layer 설정

① PCB 설계 층수를 확인하기 위해서 메뉴 Setup－Cross-Section을 선택한 후 기본 설정값인 2층 Layer를 확인한다.

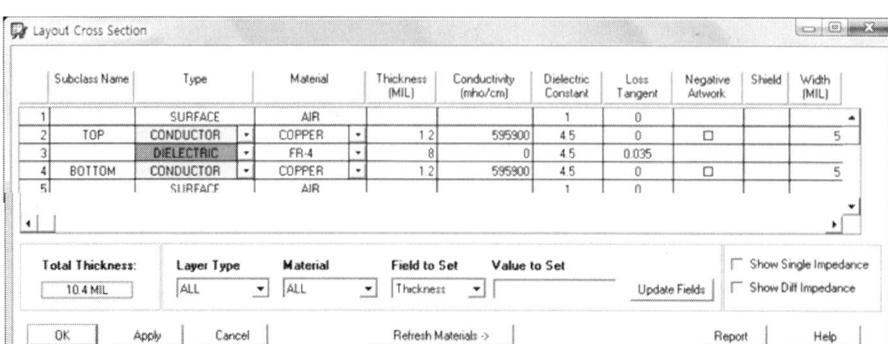

(3) Grid 설정

① Grid 설정을 위해서는 메뉴 Setup－Grids를 선택한 후 Grids On 체크박스에 체크한다.

② Non－Etch의 Spacing x, y를 25으로 변경한 후 OK 버튼을 클릭한다.

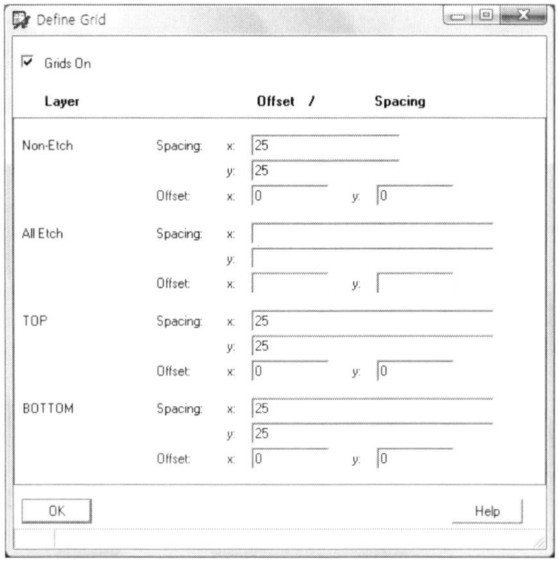

6. Board Outline 생성

① 보드의 Outline을 생성하기 위해서는 메뉴 Setup－Outlines－Board Outline을 선택한다.

② Board Outline창의 Board Edge Clearance를 100Mils로 변경한다.

③ Board Outline 창이 활성화되어 있는 상태에서 Command창에 소문자 x, 한 칸 띄우고 숫자 0, 한 칸 띄우고 숫자 0을 입력한 후 Enter키를 클릭한다.

④ 0, 0 지점에 사각형이 시작되는 것을 확인한 후 다시 Command창에 소문자 x, 한 칸 띄우고 숫자 1500, 한 칸 띄우고 숫자 1500을 입력한 후 enter키를 클릭한다.

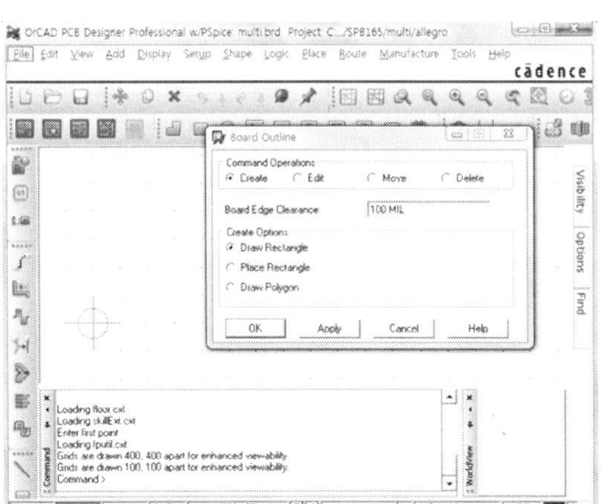

Command〉 x 0 0 Enter↵

Command〉 x 1500 1500 Enter↵

⑤ 생성된 보드 Outline : 외곽선은 연한 회색 라인, Route Keep in 라인(배선 제한 영역)은 주황색 라인, Package Keep in라인은(부품배치 제한 영역) 보라색 영역으로 Board Outline창의 Board Edge Clearance로 조절이 가능하다.

7. PCB 부품배치 / 배선

(1) 부품배치

① 메뉴 Place－Manually()를 선택한다.

② Placement 창에서 부품 선택 후 Board Outline 영역 안에 클릭한다.

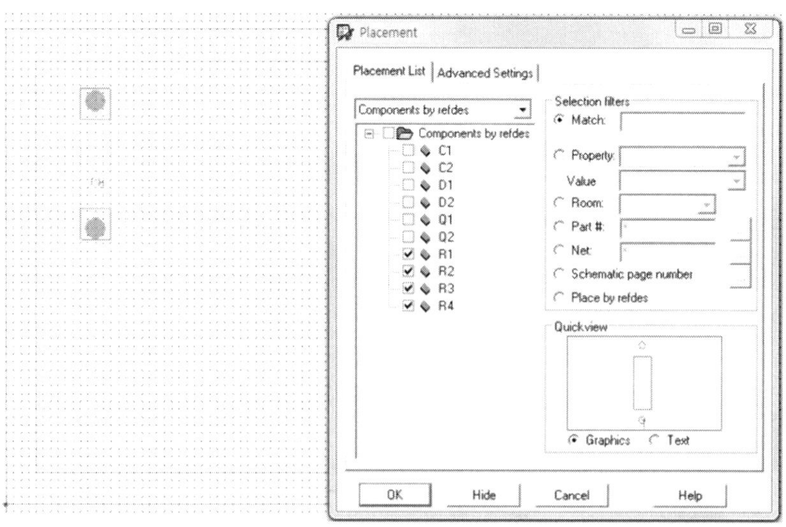

③ 부품 이동(Edit−move,)을 클릭 후 부품을 선택하여 이동한다.

④ 부품 회전(rotate)은 이동 명령어가 실행되어 있는 상태에서 RMB−rotate를 선택 후 마우스 회전한다.

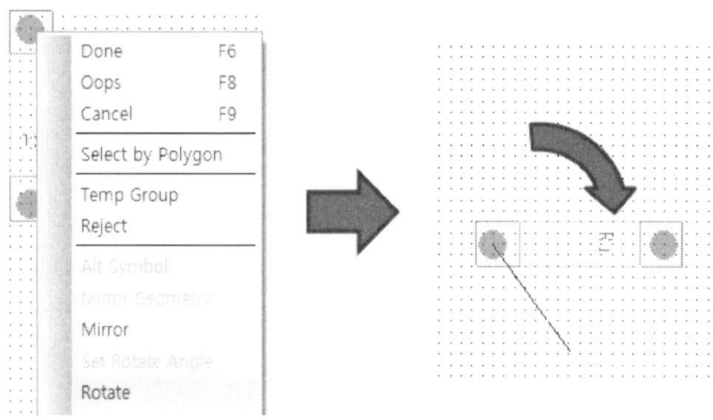

⑤ 부품배치를 완료한다.

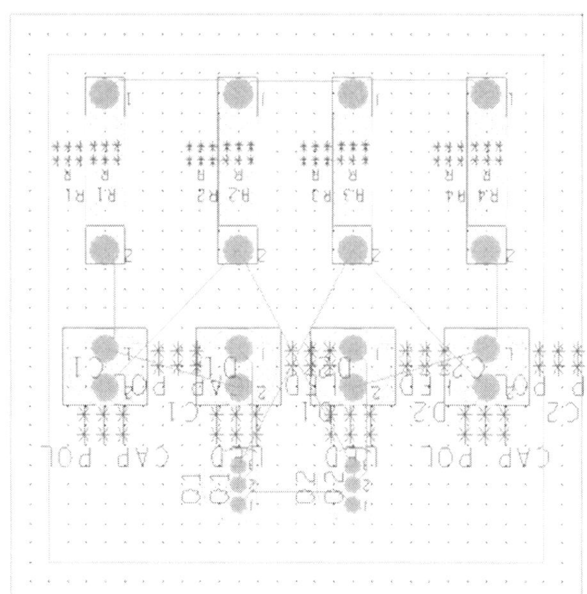

(2) 배 선

① 메뉴 Route-Connect()를 선택한다.

② Rats선을 따라 배선을 한다.

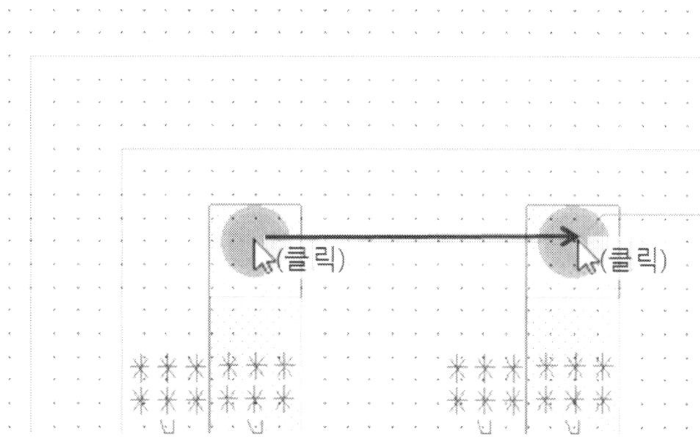

③ 배선 중에 RMB-Swap Layers 선택하면 배선작업면을 변경한다.

④ 배선 중 더블 클릭하면 Via를 생성할 수 있다.

⑤ 완성된 배선작업이다.

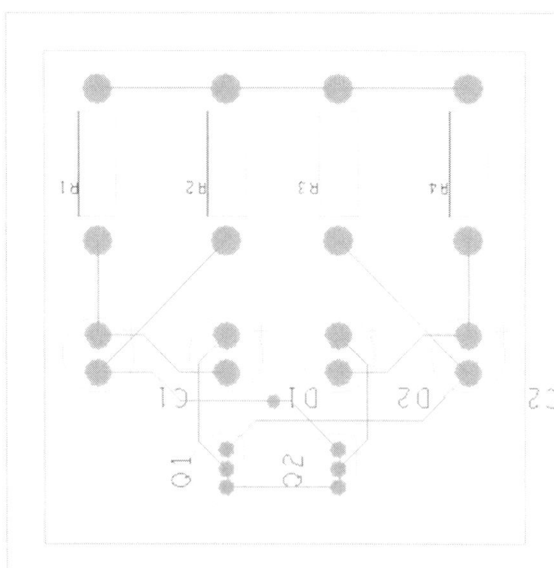

(3) 배치 및 배선 검사

① 메뉴 Display－Status를 선택한다.

② Unplaced symbol 및 Unrouted nets 항목 등이 0%인지를 확인한다.

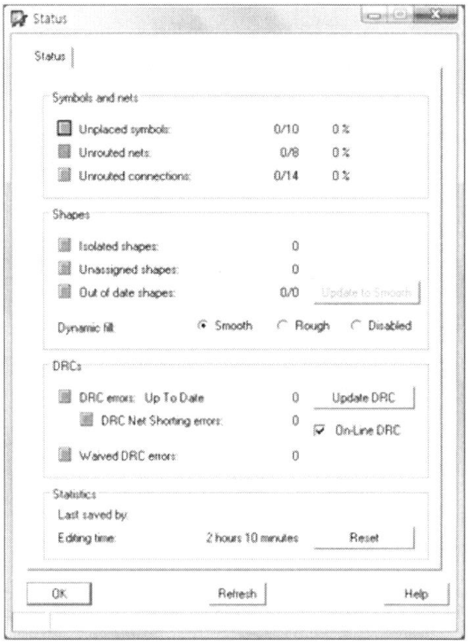

8. Gerber File 생성

(1) Drill Chart

① 드릴 차트를 생성하기 위해서는 메뉴 Manufacture－NC－Drill Legend를 선택한다.

② Drill Legend창이 나타나면 OK 버튼을 클릭한다.

③ 드릴 차트가 마우스에 따라 이동하며 보드 아웃라인 아래쪽에 클릭하여 배치한다.

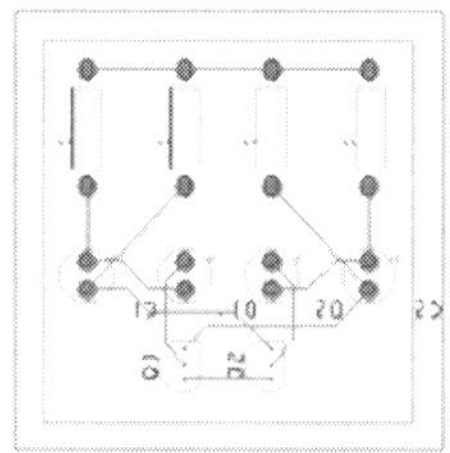

DRILL CHART: TOP to BOTTOM			
ALL UNITS ARE IN MILS			
FIGURE	SIZE	PLATED	QTY
·	13.0	PLATED	1
·	25.0	PLATED	6
∘	36.0	PLATED	8
∘	42.0	PLATED	8

(2) Artwork Film 파일

① 메뉴 Manufacture－Artwork를 선택한다.

② Artwork Control Form창이 나타나면 General Parameters 탭을 선택한다.

③ Device type 항목에서 Gerber RS274X를 체크한다.

④ Format 항목의 Decimal places를 5로 변경한다.

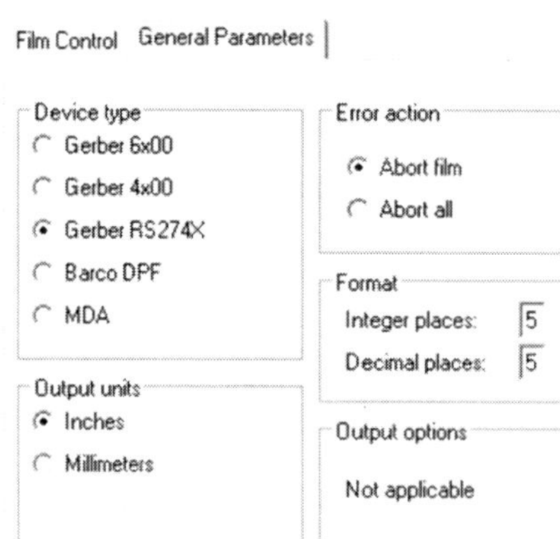

⑤ Film Control 탭을 선택한다.

⑥ Artwork Control Form창을 켜둔 상태에서 메뉴 Display-Color/Visibility를 선택한다.

⑦ Color Dialog창이 나타나면 오른쪽 상단에 Global Visibility Off 버튼을 클릭한다.

⑧ Color Dialog창에서 왼쪽의 Stack-Up 폴더를 선택한 후 오른쪽 Subclasses 항목 중에 Soldermask_Top의 Pin, Via 항목을 체크한다.

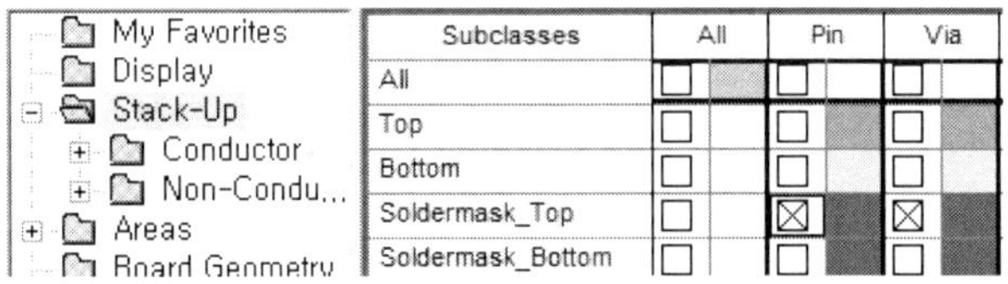

⑨ Apply 버튼 클릭 후 OK 버튼을 클릭하여 Color Dialog창을 닫는다.

⑩ Artwork Contol Form창의 TOP을 선택 후 RMB-Add를 선택한다.

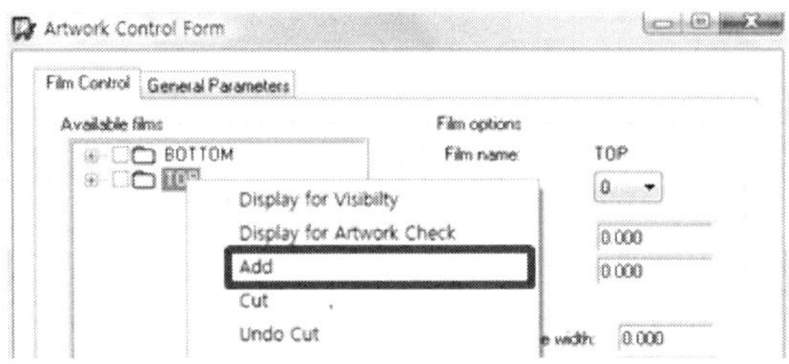

⑪ Soldermask_Top이라고 기입 후 OK 버튼을 클릭한다.

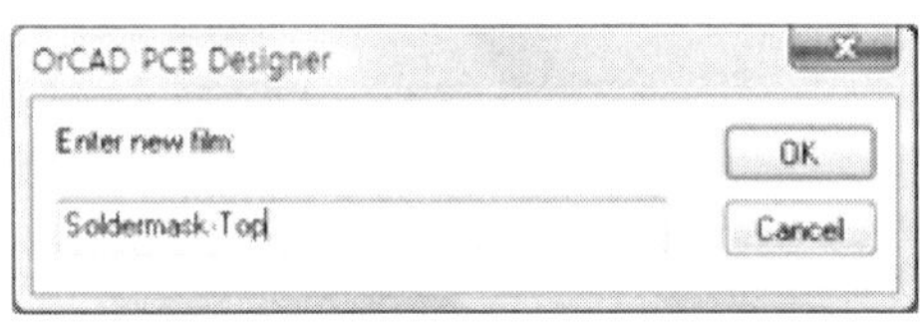

⑫ 다시 메뉴 Display-Color/Visibility...를 선택하여 Color Dialog창의 Global visibility Off 버튼을 클릭한다.

⑬ Color Dialog창에서 왼쪽의 Stack-Up 폴더를 선택한 후 오른쪽 Subclasses 항목 중 Soldermask_Bottom의 Pin, Via 항목을 체크한다.

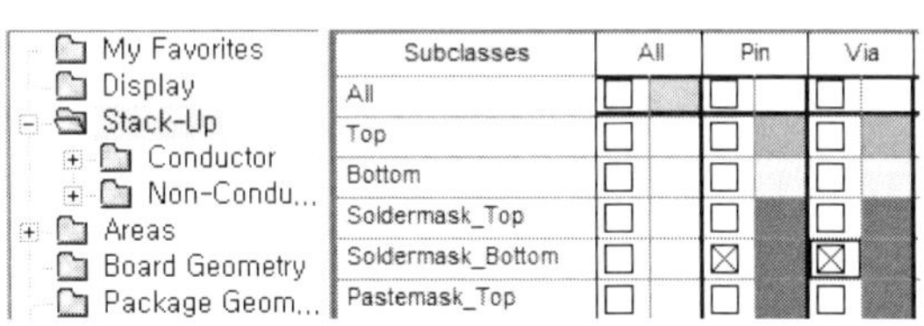

⑭ Apply 버튼을 선택한 다음 OK 버튼을 클릭한다.

⑮ Artwork Control Form창의 Soldermask_top을 선택 후 마우스 팝업 메뉴의 Add를 선택하여 Soldermask_Bottom이라고 입력한 후 OK 버튼을 클릭한다.

⑯ 다시 메뉴 Display-Color/Visibility...를 선택하여 Color Dialog창의 Global visibility Off 버튼을 클릭한다.

⑰ Color Dialog창에서 왼쪽의 Package Geometry 폴더를 선택한 후 오른쪽 Subclasses 항목 중 Silkscreen_Top을 체크한다.

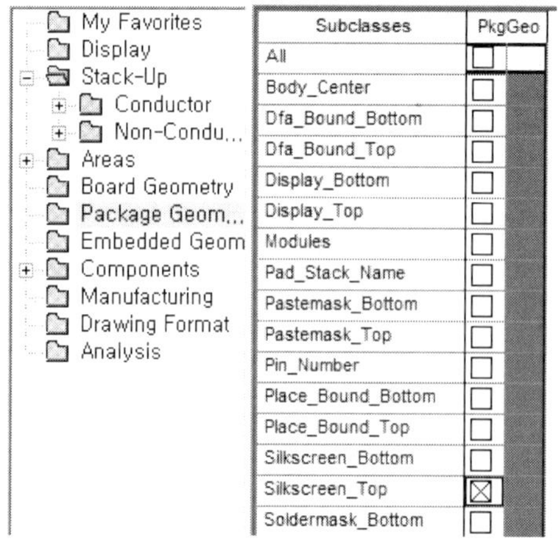

⑱ Color Dialog창에서 왼쪽의 Components 폴더를 선택한 후 오른쪽 Subclasses 항목 중 Silkscreen_Top의 RefDes 항목을 체크한 후 Apply, OK 버튼을 클릭한다.

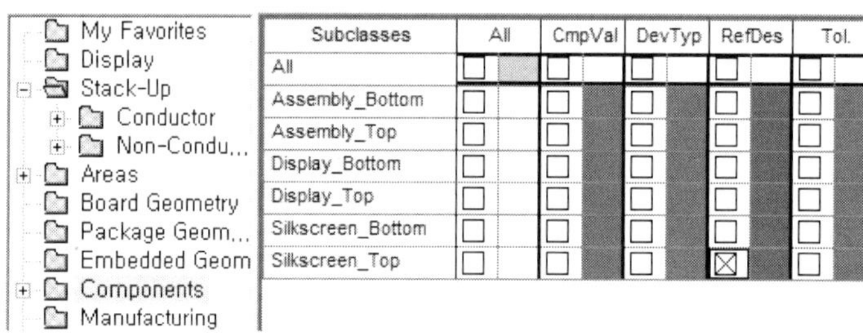

⑲ Artwork Control Form창의 Soldermask_Bottom을 선택 후 마우스 팝업 메뉴의 Add를 선택하여 Silkscreen_top이라고 입력한 후 OK 버튼을 클릭한다.

⑳ Silkscreen_top을 선택 후 Undefined line width에 10을 기입한다.

㉑ 다시 메뉴 Display－Color/Visibility...를 선택하여 Color Dialog창의 Global visibility Off 버튼을 클릭한다.

㉒ Color Dialog창에서 왼쪽의 Board Geometry 폴더를 선택한 후 오른쪽 Subclasses 항목 중 Outline을 체크한다.

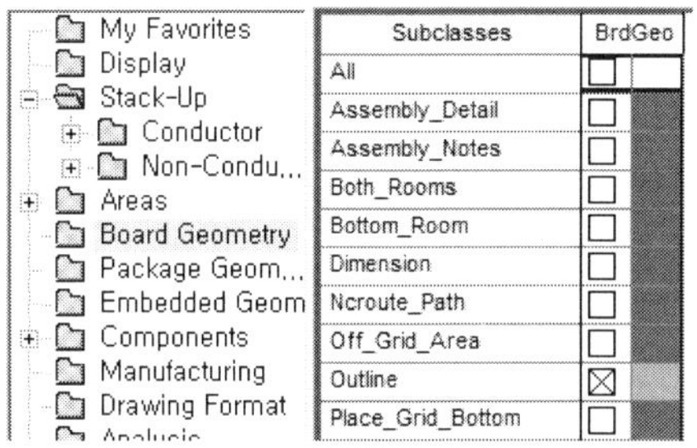

㉓ Color Dialog창에서 왼쪽의 Manufacturing 폴더를 선택한 후 오른쪽 Subclasses 항목 중 Nclegend-1-2를 체크한 후 Apply, OK 버튼을 클릭한다.

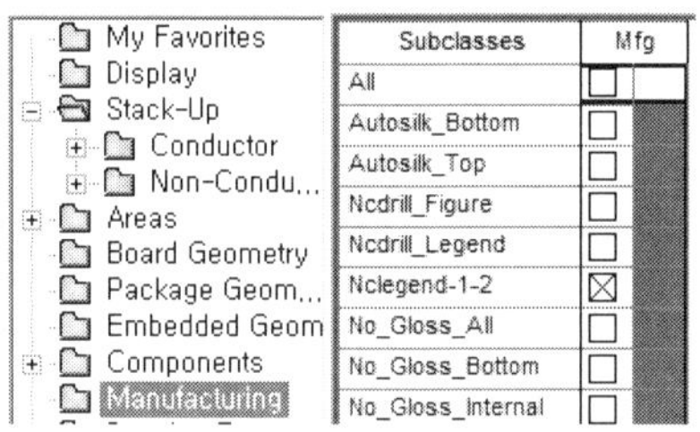

㉔ Artwork Control Form창의 Silkscreen_top을 선택 후 마우스 팝업 메뉴의 Add를 선택하여 Drill_drawing이라고 입력한 후 OK 버튼을 클릭한다.

㉕ Drill_drawing을 선택 후 Undefined line width에 10을 기입한다.

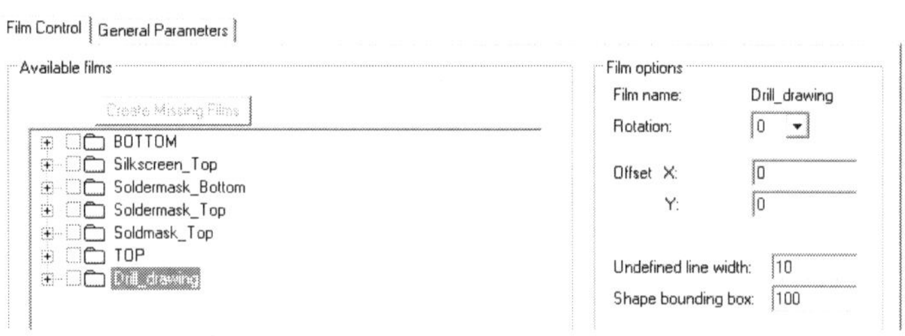

㉖ Select all 버튼을 클릭한 후 Create Artwork 버튼을 클릭한다.

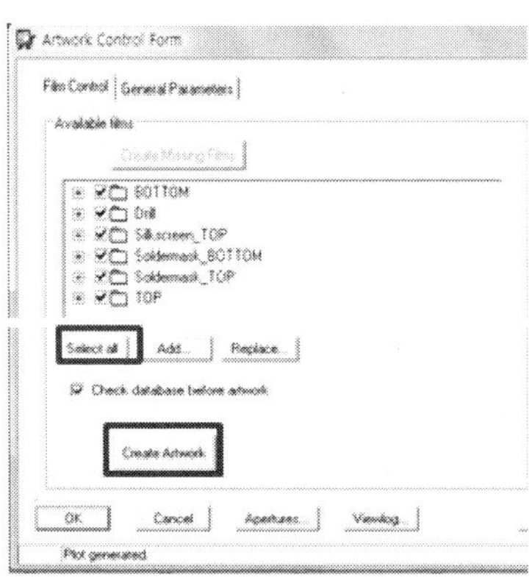

㉗ Gerber File이 생성된다.

(3) NC Drill 파일

① NC-Drill 파일 생성을 위해서 메뉴 Manufacture-NC Drill...를 선택한다.

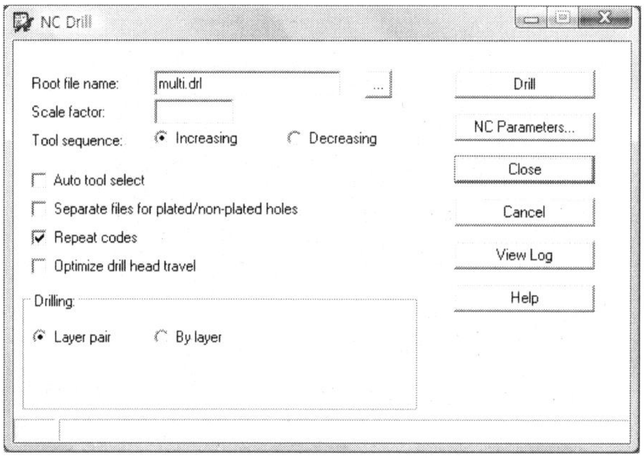

② NC Drill창에서 NC Parameters...버튼을 클릭하여 Excellon format 항목의 format을 5로 수정한 후 Close 버튼을 클릭한다.

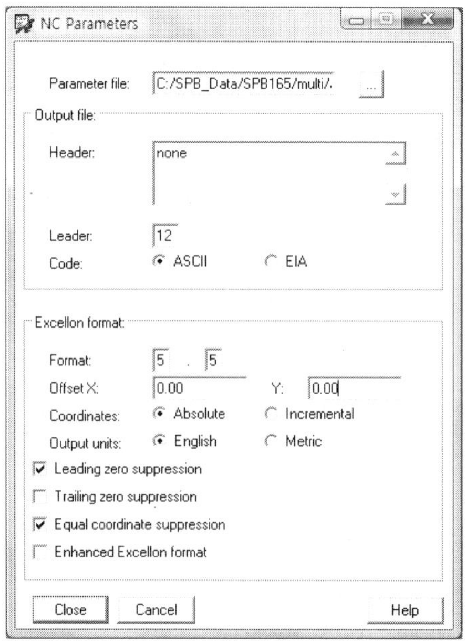

③ NC Drill창의 Drill 버튼을 클릭하여 NC Drill 파일을 생성한 후 Close 버튼을 클릭한다.

④ 타이틀바의 저장경로에 *.art 파일과 *.drl 파일의 Gerber file이 생성 완료된다.

부록 1	9의 보수기 카운터 회로
부록 2	OrCAD PCB Editor 부가기능
부록 3	실습예제(Astable Multivibrator)
부록 4	**실습예제(LED Counter)**

1. New Project 생성

(1) New Project 생성

① 메뉴 File－New－Project를 선택한다.

② New Project 창의 Name 필터에 LED를 기입한다.

③ Create a New Project Using에 Schematic을 선택한다.

④ Location 필터에 C:₩SPB_DATA₩LED를 기입한다.

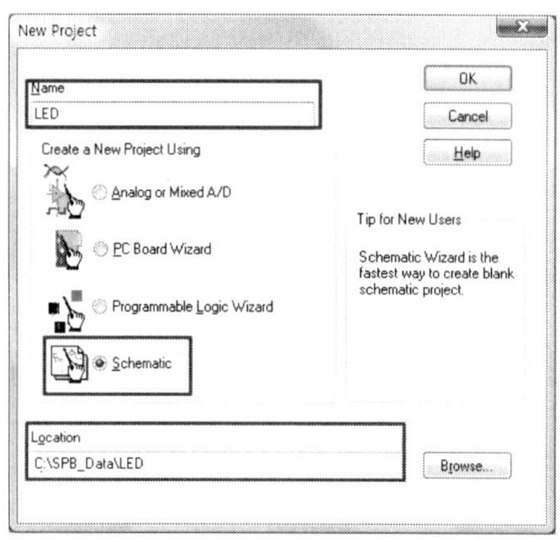

(2) Capture Project Manager

1) Schematic Name 변경

① Project Manager 창에서 SCHEMATIC1을 선택 후 마우스 오른쪽 버튼(RMB)－Rename을 클릭한다.

② Rename Schematic창에서 Name 필터에 LED_COUNTER 로 기입한다.

2) Schematic Name 변경

① Project Manager창에서 PAGE1을 선택 후 RMB－Rename을 선택한다.

② Rename Page창에서 Name 필터에 Main로 기입한다.

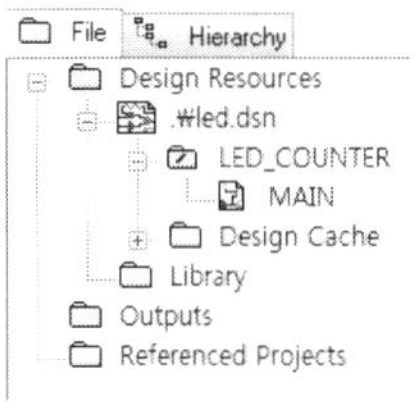

2. 부품배치 / 배선

(1) 부품배치

① Project Manager창에서 LED_COUNTER-Main을 선택한다.

② 메뉴 Place-Part( )를 선택한다.

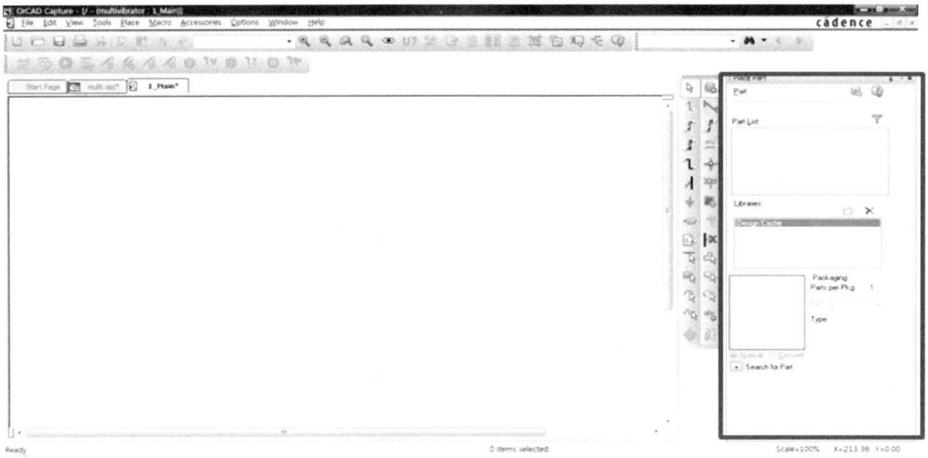

③ Place Part창의 Libraries 항목의 Add Library 아이콘을 선택한 후 모든 Library (Amplifier.olb~Transistor.olb)를 선택한다.

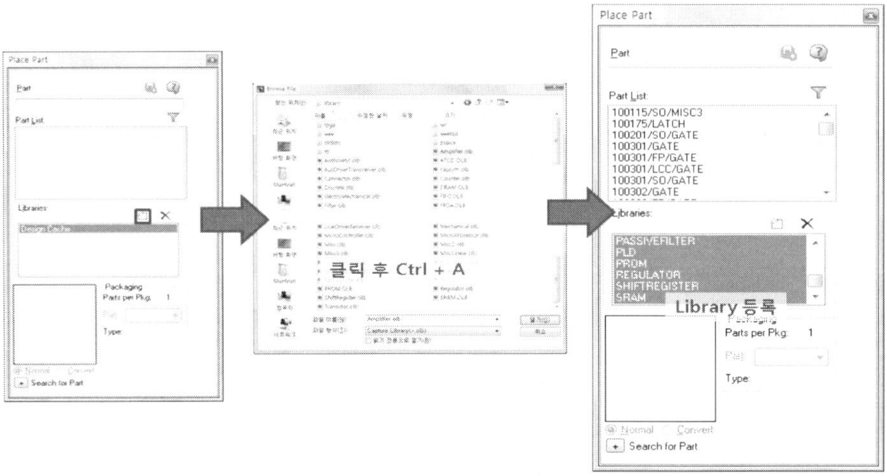

④ 부품은 다음과 같이 배치한다.

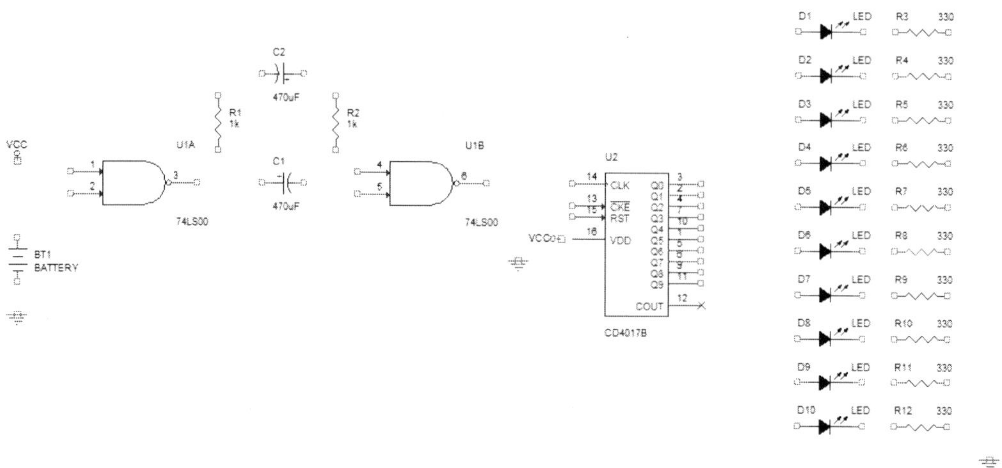

Part	Symbol	Part	Symbol
R (DISCRETE)	R1  R	CAP POL (DISCRETE)	C1 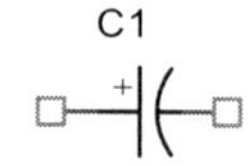 CAP POL
LED (DISCRETE)	D1  LED	BATTERY (DISCRETE)	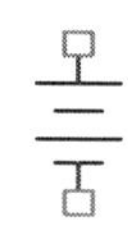 BT1 BATTERY
74LS00 (GATE)	U1A 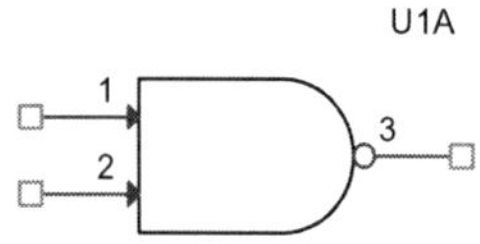 74LS00	CD4017B (GATE)	U3 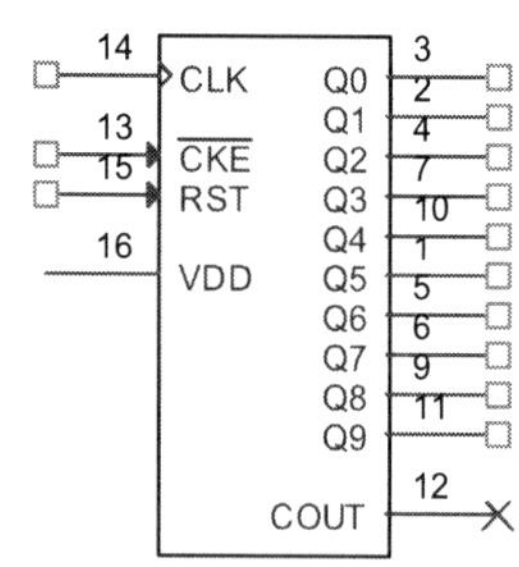 CD4017B
VCC (CAPSYM)		GND (CAPSYM)	

(2) 배 선

① 다음과 같이 배선한다.

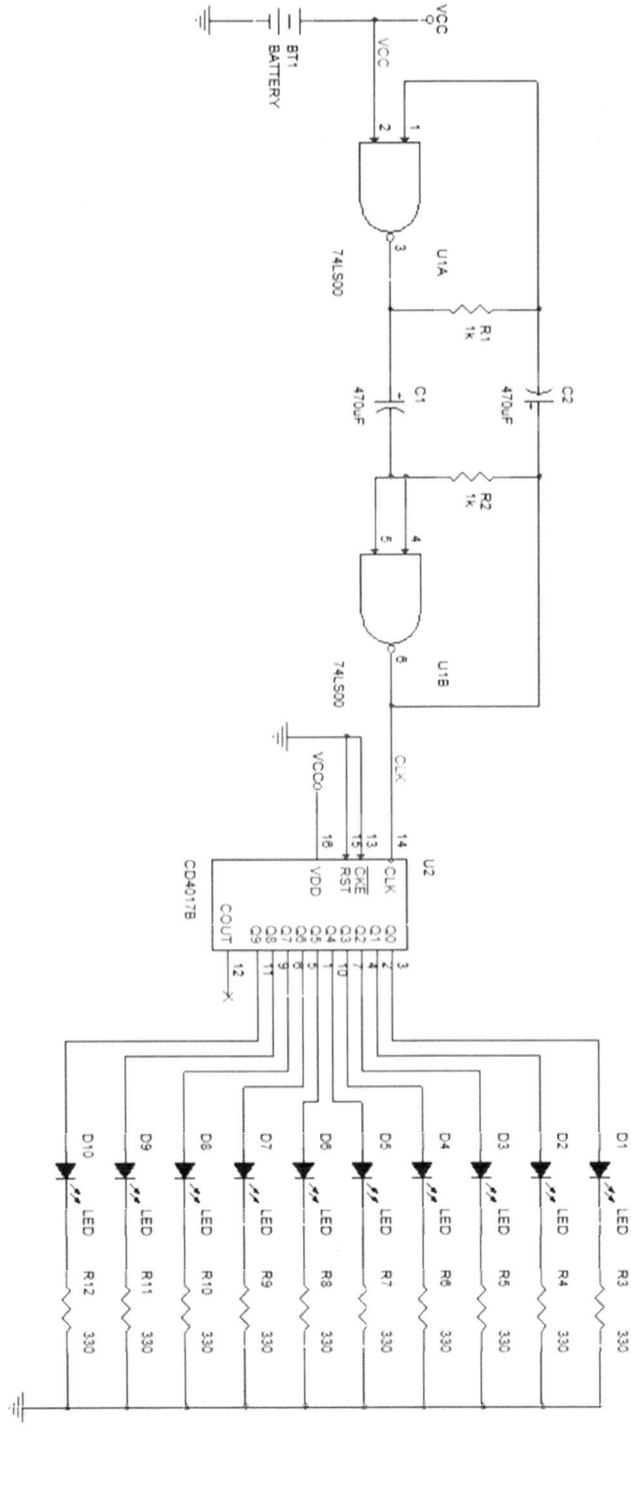

3. Footprint 생성

(1) Battery Holder

BH800S

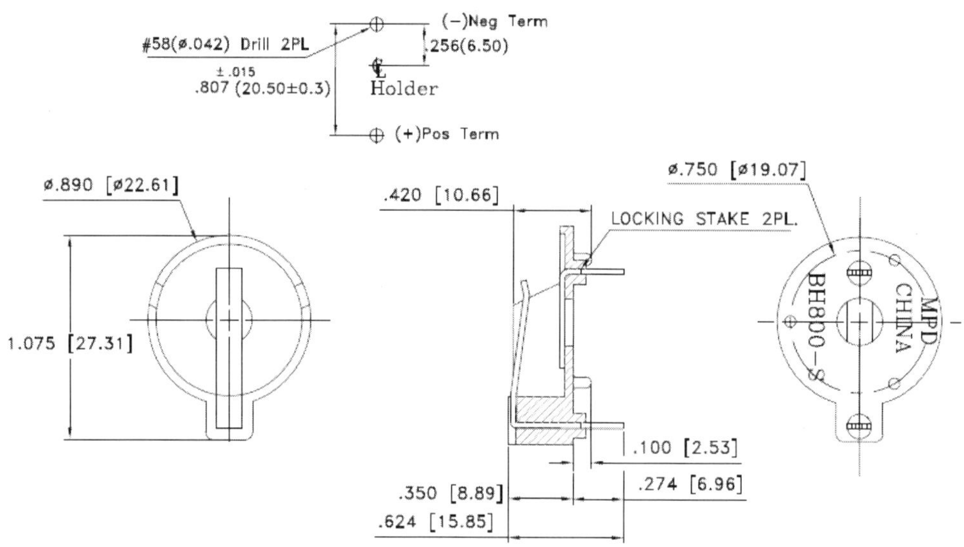

(2) Padstack 생성

① 시작 아이콘－모든 프로그램－Cadence－Release 16.X－PCB Editor Utilities－Pad Designer를 실행한다.

② Units(PadStack 생성 시 사용할 단위)은 Mils를 선택한다.

③ Decimal places(사용할 수치의 소수점 이하 자릿수)를 0으로 선택한다.

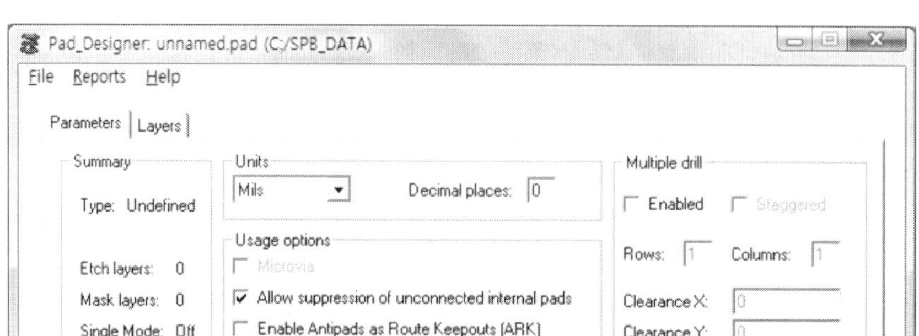

④ Hole type를 Circle Drill로 선택한다.

⑤ Plating(드릴홀의 도금 여부)을 Plated로 선택한다.

⑥ Drill diameter(드릴홀 크기)를 42로 기입한다.

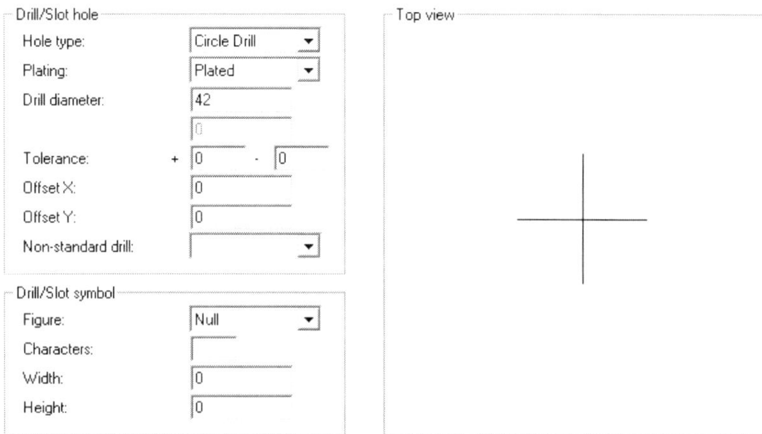

⑦ Layers탭으로 이동한다.

⑧ Regular Pad에 Geometry는 Circle, Width/Height는 75로 설정한다.

⑨ Thermal Relief와 Anti Pad의 Geometry는 Circle, Width/Height는 90으로 설정한다.

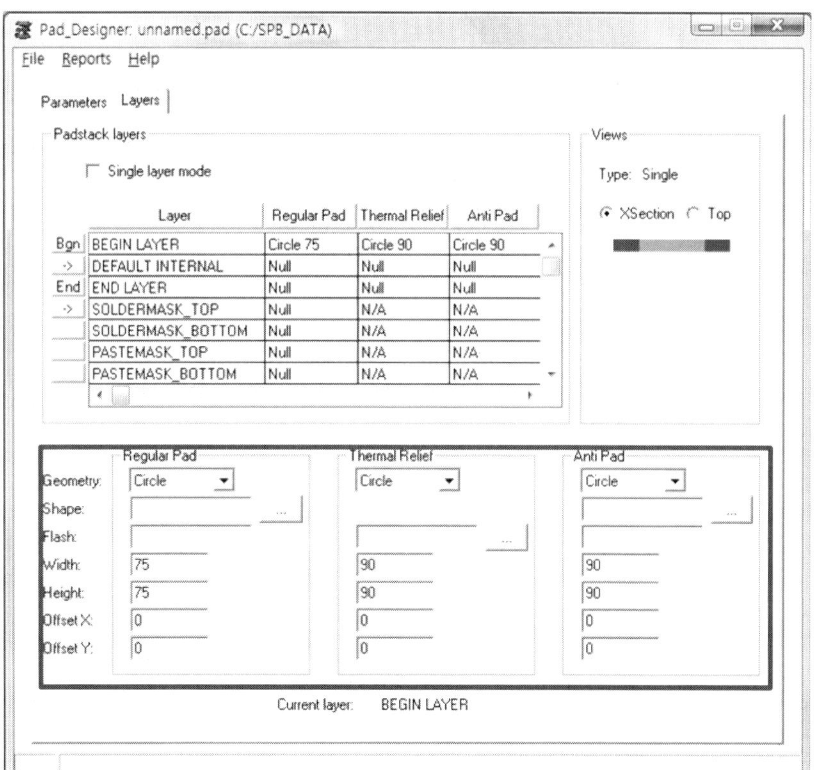

⑩ Bgn항목을 선택 후 RMB－Copy to all을 선택한다.

⑪ Regular layers 선택 후 OK 버튼을 클릭한다.

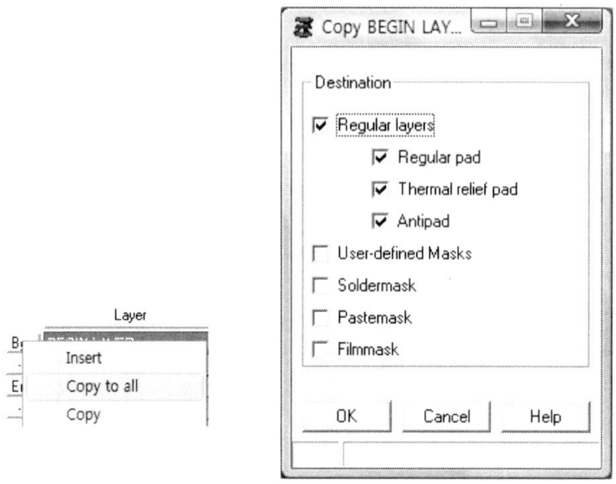

⑫ SOLDERMASK_TOP과 SOLDERMASK_BOTTOM의 Regular Pad에 Geometry는 Circle, Width/Height는 85로 설정한다.

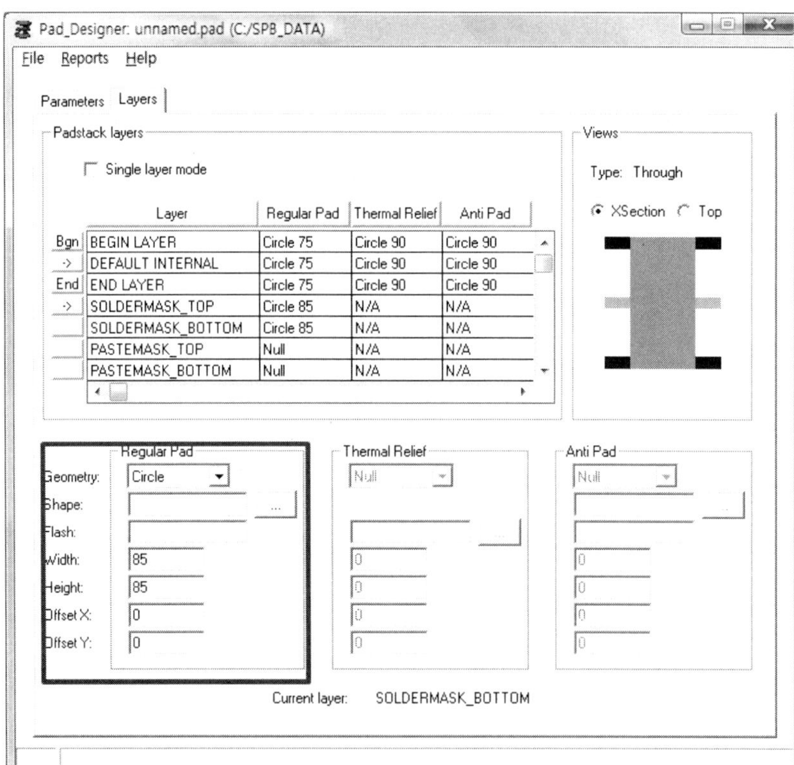

⑬ 메뉴 File-Save As를 선택하여 C:₩SPB_DATA₩PAD에 PAD75CIR42D.pad로 저장한다.

⑭ Regular Pad의 Geometry를 Circle에서 Square로 수정한다.

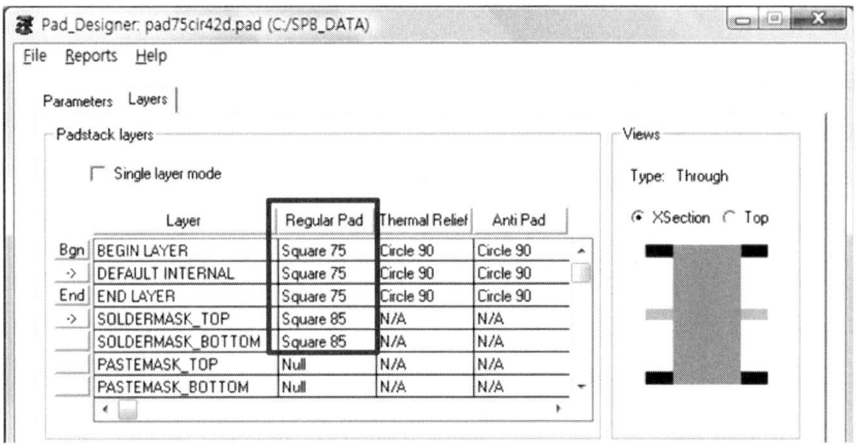

⑮ 메뉴 File-Save As를 선택하여 PAD75SQ42D.pad로 저장한다.

(3) Package Symbol 제작

1) 환경 설정

① 시작 아이콘-모든 프로그램-Cadence-Release 16.X-OrCAD PCB Editor를 실행한다.

② 메뉴 File-New를 선택한다.

③ Drawing Type을 Package symbol로 선택한다.

④ Drawing Name에 있는 Browse 버튼을 클릭 후 C:₩SPB_DATA₩PAD 폴더에 BH800S라고 기입한다.

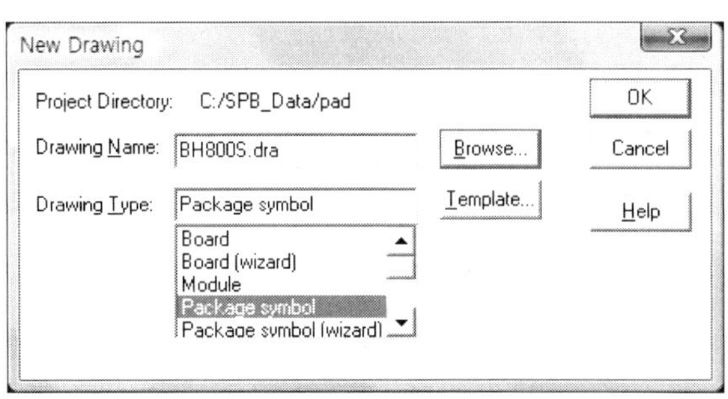

⑤ 메뉴 Setup에서 Design Parameter를 선택한다.

⑥ Design탭을 선택한다.

⑦ User Units는 Mils, Size는 A, Accuracy는 0, Extents의 Left X는 -3000, Lower Y도 -3000으로 기입한다.

⑧ Design Parameter창을 닫는다.

⑨ 메뉴 Setup－User Preferences를 선택한다.

⑩ Categories에서 Path－Library를 선택한다.

⑪ Padpath의 Value 부분을 선택한다.

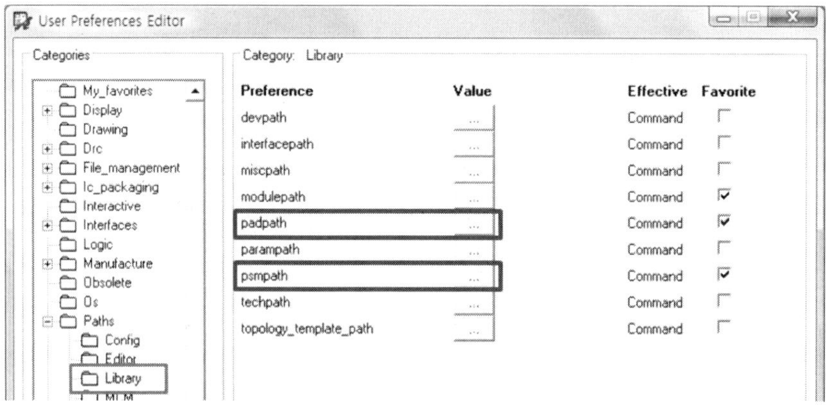

⑫ New를 눌러 C:₩SPB_DATA₩PAD를 추가한다.

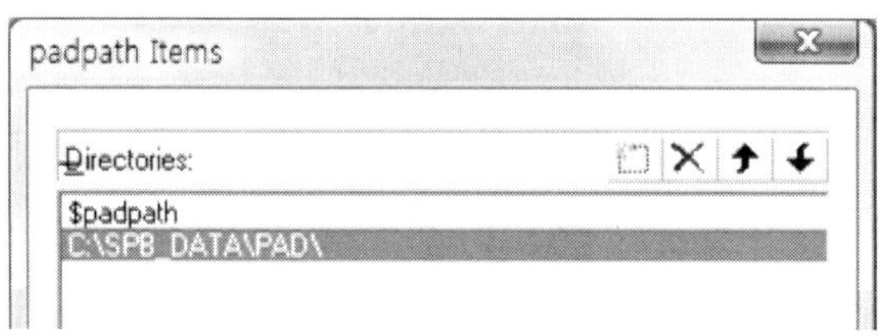

⑬ Psmpath에도 동일하게 설정한다.

2) Pin 배치

① 메뉴 Layout－Pins를 선택한다.

② 오른쪽 Options Panel창에서 Padstack에 제작한 PAD75SQ42D를 선택한다.

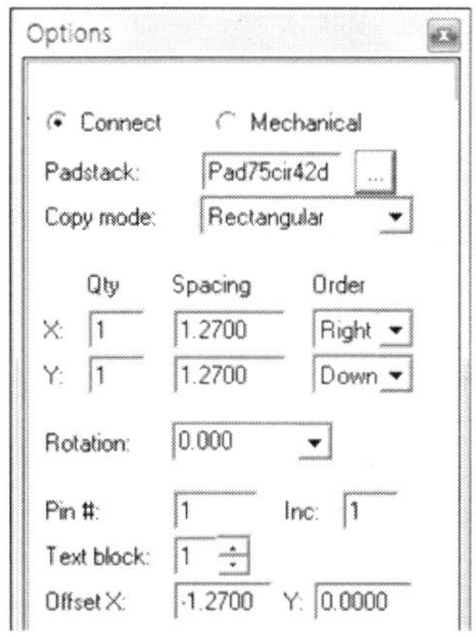

③ Command창에서 x 0 −551 Enter↵ 를 입력한다.

④ 1번 핀 배치 후 RMB−Next를 선택한다.

⑤ 오른쪽 Options Panel창에서 Padstack에 제작한 PAD75CIR42D를 선택한다.

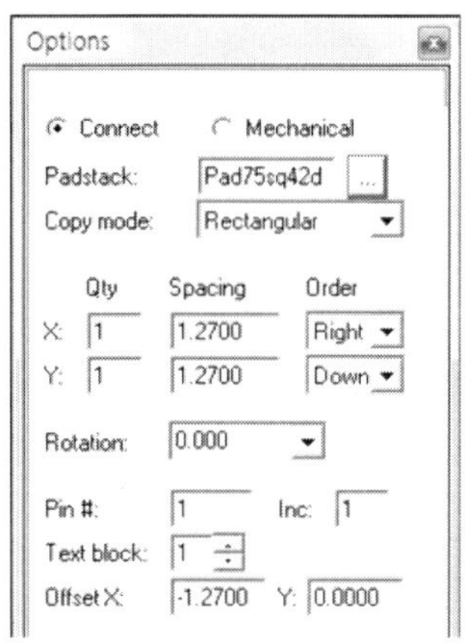

⑥ Command창에서 x 0 256 Enter↵ 를 입력한다.

3) Package Symbol의 Assembly 라인과 Silkscreen 라인 설정

① 메뉴 Add－Circle를 선택한다.

② 오른쪽 Options Panel창에서 Active Class and Subclass 항목에 Package Geometry /Assembly_Top을 선택한다.

③ Line width를 10으로 설정한다.

④ Command창에서 x 0 0 Enter↵, x 445 Enter↵를 차례대로 입력한다.

⑤ RMB－DONE 선택한다.

⑥ 메뉴 Add－Line을 선택한다.

⑦ 오른쪽 Options Panel창에서 Active Class and Subclass 항목에 Package Geometry /Assembly_Top을 선택한다.

⑧ Line width를 10으로 설정한다.

⑨ Command창에서 x −200 −400 Enter↵, iy −230 Enter↵, ix 400 Enter↵, iy 230 Enter↵ 를 차례대로 입력한다.

⑩ RMB－DONE을 선택한다.

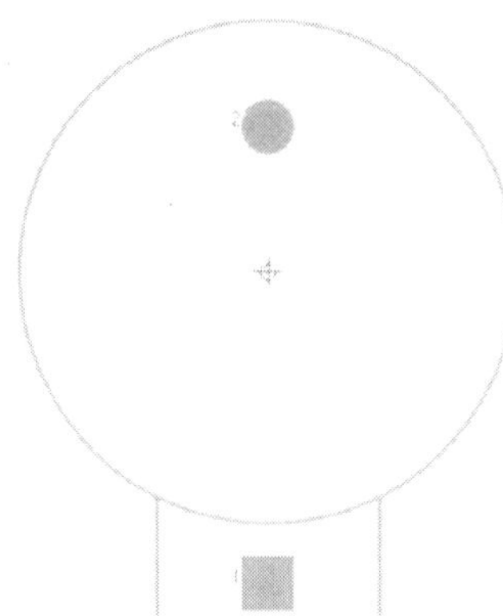

⑪ Active Class and Subclass 항목에 Package Geometry/Silkscreen_Top으로 위의 ①~⑩번을 반복한다.

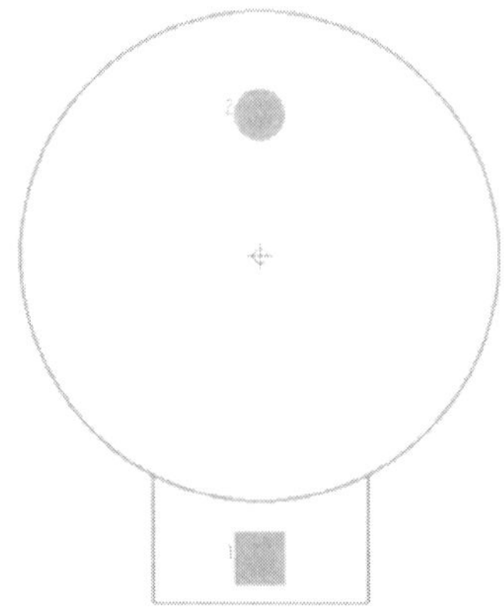

4) Package Symbol의 Place Bound 설정

① 메뉴 Shape－Circular를 선택한다.

② 오른쪽 Options Panel창에서 Active Class and Subclass 항목에 Package Geometry /Place_Bound_Top을 선택한다.

③ Command창에서 x 0 0 Enter↵, x 445 Enter↵를 차례대로 입력한다.

④ RMB－DONE을 선택한다.

⑤ 메뉴 Shape－Rectangular을 선택한다.

⑥ 오른쪽 Options Panel창에서 Active Class and Subclass 항목에 Package Geometry /Place_Bound_Top을 선택한다.

⑦ Command창에서 x －200 －400 Enter↵, x 200 －630 Enter↵, 를 차례대로 입력한다.

⑧ RMB－DONE을 선택한다.

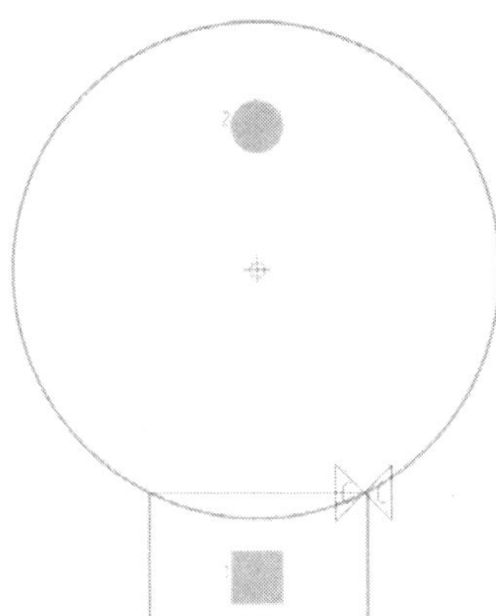

⑨ Package Geometry/Place_Bound_Top 영역이 겹쳐져서 DRC 에러가 발생한다.

⑩ 메뉴 Shape－Merge Shapes를 선택하여 원형 Shape와 사각형 Shape를 선택한다.

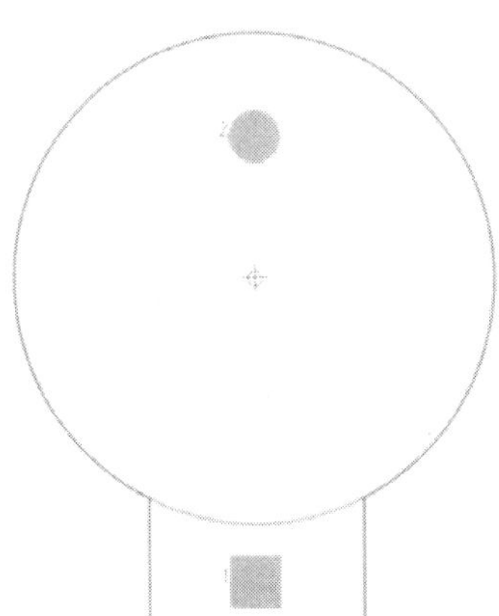

5) Package Symbol의 참조번호 설정

① 메뉴 Layout－Labels－RefDes를 선택한다.

② 오른쪽 Options Panel창에서 Active Class and Subclass 항목에 Ref Des/Assembly_Top을 선택한다.

③ Text Block 5를 입력한다.

④ Package Symbol 내부에 클릭 후 BT*를 입력한다.

⑤ RMB－Next를 선택한다.

⑥ 오른쪽 Options Panel창에서 Active Class and Subclass 항목에 Ref Des/Silkscreen_Top을 선택한다.

⑦ Package Symbol 위쪽에 클릭 후 BT*를 입력한다.

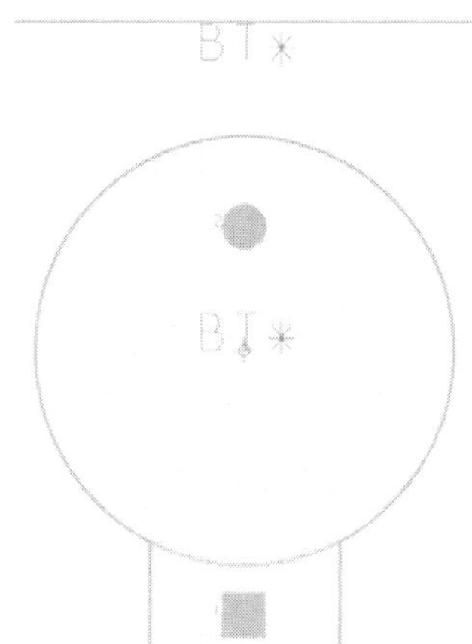

6) Package Symbol 저장

① 메뉴 File－Save를 선택한다.

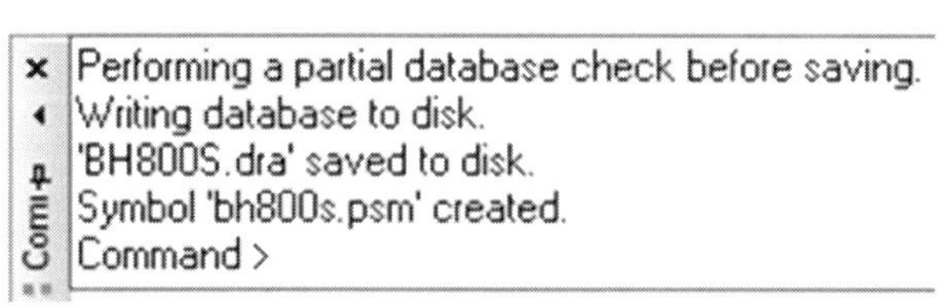

② BH800S.dra와 BH800S.PSM이 저장된다.

4. PCB Footprint 설정

① PCB 설계를 하기 위해서는 Schematic 부품의 속성 중 PCB Footprint 항목에 기입한다.

② Capture의 프로젝트 매니저창에서 led.dsn을 선택 후 RMB-Edit Object Properties 를 선택한다.

③ PCB Footprint 항목에 다음과 같이 기입한다.

부품참조번호	부품명	PCB Footprint명	Footprint Symbol
BT1	BATTERY	BH800S	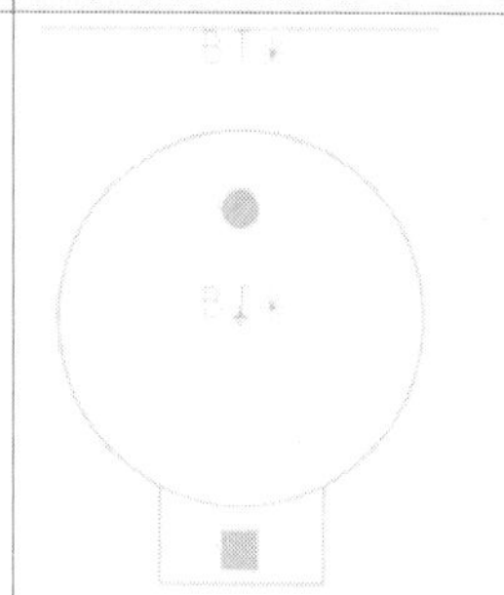
C1~C2	CAP POL	CAP196	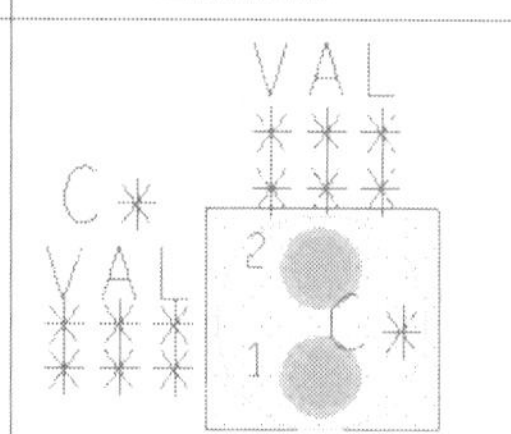
D1~D10	LED	CAP196	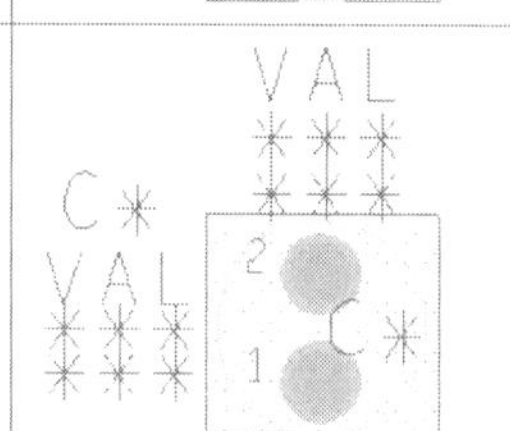
R1~R12	R	RES400	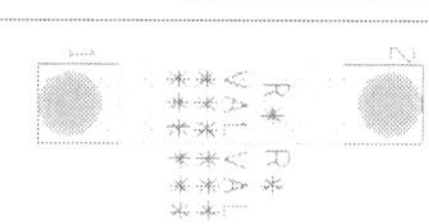
U1	74LS00	DIP14_3	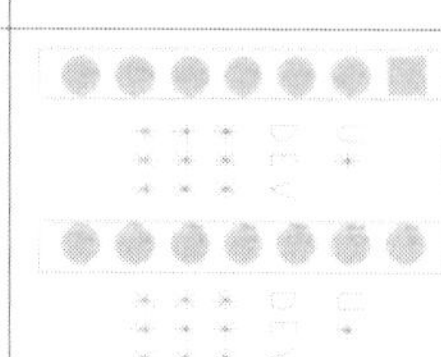
U2	CD4017B	DIP16_3	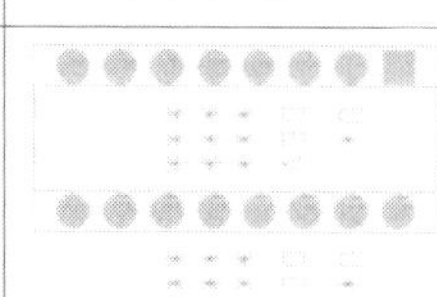

④ 전체 부품의 PCB Footprint 속성에 모두 기입한다.

		Part Reference	PCB Footprint
1	⊞ LED_COUNTER : MAIN : BT1	BT1	BH800S
2	⊞ LED_COUNTER : MAIN : C1	C1	CAP196
3	⊞ LED_COUNTER : MAIN : C2	C2	CAP196
4	⊞ LED_COUNTER : MAIN : D1	D1	CAP196
5	⊞ LED_COUNTER : MAIN : D2	D2	CAP196
6	⊞ LED_COUNTER : MAIN : D3	D3	CAP196
7	⊞ LED_COUNTER : MAIN : D4	D4	CAP196
8	⊞ LED_COUNTER : MAIN : D5	D5	CAP196
9	⊞ LED_COUNTER : MAIN : D6	D6	CAP196
10	⊞ LED_COUNTER : MAIN : D7	D7	CAP196
11	⊞ LED_COUNTER : MAIN : D8	D8	CAP196
12	⊞ LED_COUNTER : MAIN : D9	D9	CAP196
13	⊞ LED_COUNTER : MAIN : D10	D10	CAP196
14	⊞ LED_COUNTER : MAIN : R1	R1	RES400
15	⊞ LED_COUNTER : MAIN : R2	R2	RES400
16	⊞ LED_COUNTER : MAIN : R3	R3	RES400
17	⊞ LED_COUNTER : MAIN : R4	R4	RES400
18	⊞ LED_COUNTER : MAIN : R5	R5	RES400
19	⊞ LED_COUNTER : MAIN : R6	R6	RES400
20	⊞ LED_COUNTER : MAIN : R7	R7	RES400
21	⊞ LED_COUNTER : MAIN : R8	R8	RES400
22	⊞ LED_COUNTER : MAIN : R9	R9	RES400
23	⊞ LED_COUNTER : MAIN : R10	R10	RES400
24	⊞ LED_COUNTER : MAIN : R11	R11	RES400
25	⊞ LED_COUNTER : MAIN : R12	R12	RES400
26	⊞ LED_COUNTER : MAIN : U1	U1A	DIP14_3
27	⊞ LED_COUNTER : MAIN : U1	U1B	DIP14_3
28	⊞ LED_COUNTER : MAIN : U2	U2	DIP16_3

⑤ Design Rules Check/Netlist가 생성된다.

(1) Design Rules Check

① Project Manager창을 활성화시킨 다음 메뉴 Tools－Design Rule Check를 선택한다.

② 검사결과를 보기 위해서 Design Rule Check창에서 Design Rules 항목의 View Output 체크박스에 체크한 후 확인 버튼을 클릭한다.

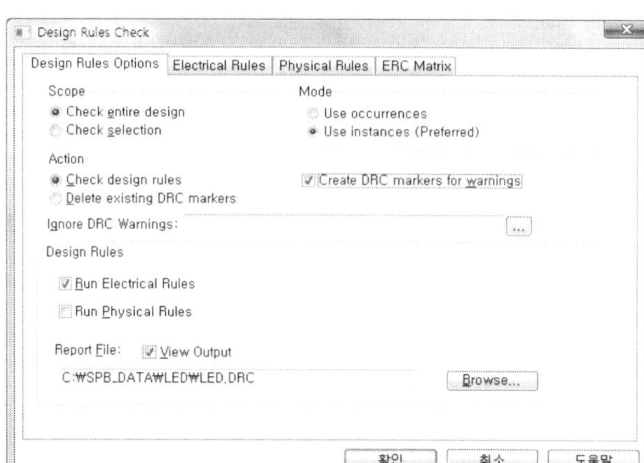

③ DRC 검사가 에러없이 진행될 경우 다음과 같이 출력한다.

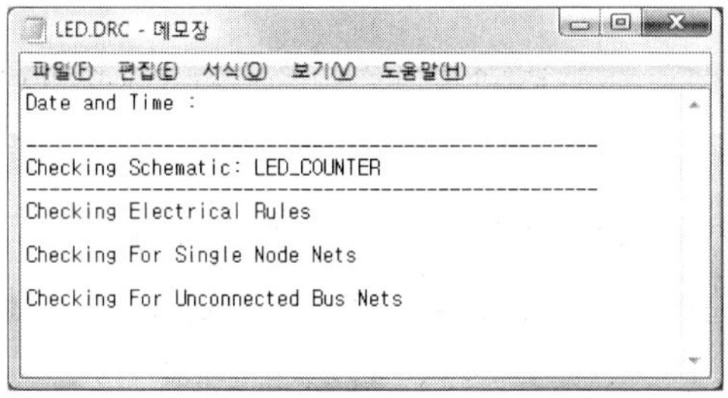

(2) Netlist 생성

① Project Manager창을 활성화시킨 다음 메뉴 Tools－Create Netlist를 선택한다.

② Create Netlist창의 Create or Update PCB Editor Board(Netrev)를 체크한다.

③ Open Board in OrCAD PCB Editor를 체크한다(Allegro PCB Editor가 설치된 컴퓨터는 Open Board in Allegro PCB Editor체크).

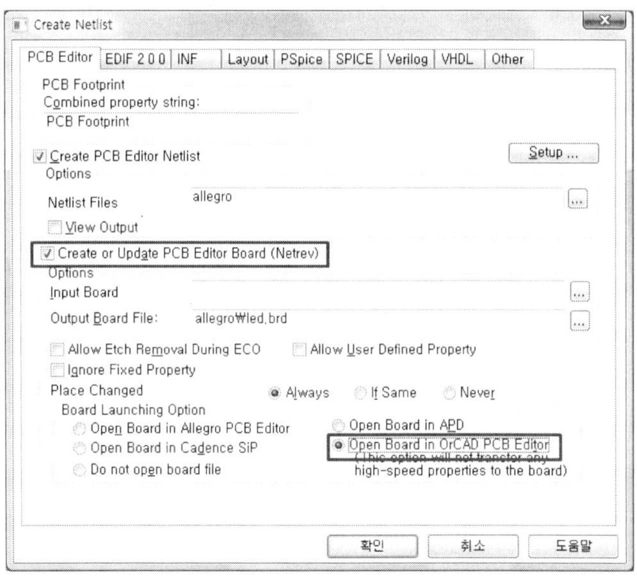

④ Netlist 파일이 PCB Editor Board 파일로 전송되며 PCB Editor 프로그램이 활성화 된다.

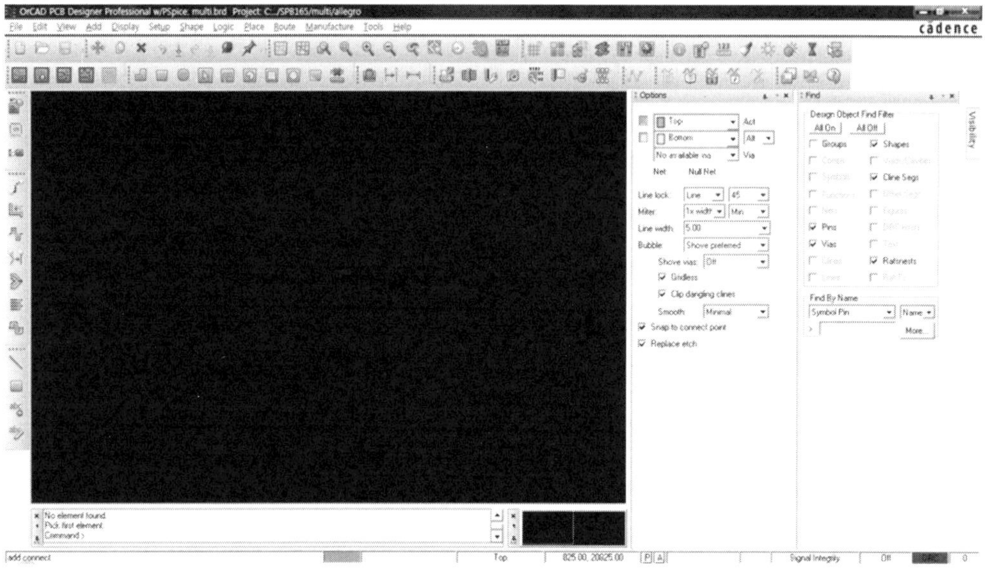

5. PCB Editor 환경 설정

(1) 환경 설정

① PCB 설계를 위한 환경 설정을 하기 위해서는 메뉴 Setup－Design Parameters를 선택한다.

② Design탭을 선택하여 다음과 같이 기입한다.

③ User Units는 Mils, Size는 A, Accuracy는 0, Extents의 Left X는 -3000, Lower Y는 -3000을 기입한다.

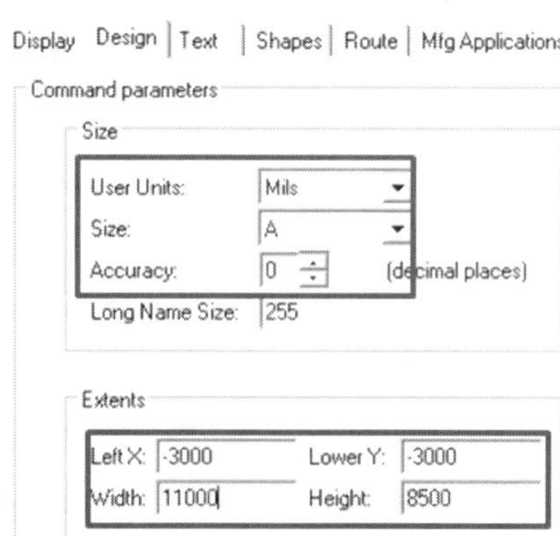

④ Shapes 탭에서 Edit global dynamic shape parameters 버튼을 클릭한다.

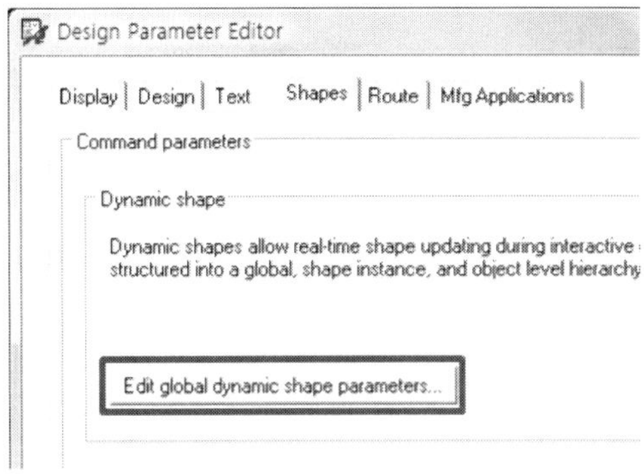

⑤ Global Dynamic Shape Parameters창이 나타나면 void controls탭을 선택한다.

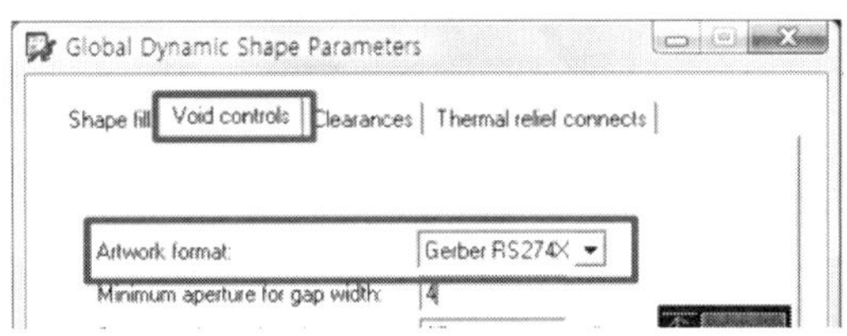

⑥ Artwork format을 Gerber RS274X로 변경한 후 OK 버튼을 클릭한다.

(2) Layer 설정

PCB 설계 층수를 확인하기 위해서 메뉴 Setup－Cross-Section을 선택한 후 기본 설정 값인 2층 Layer를 확인한다.

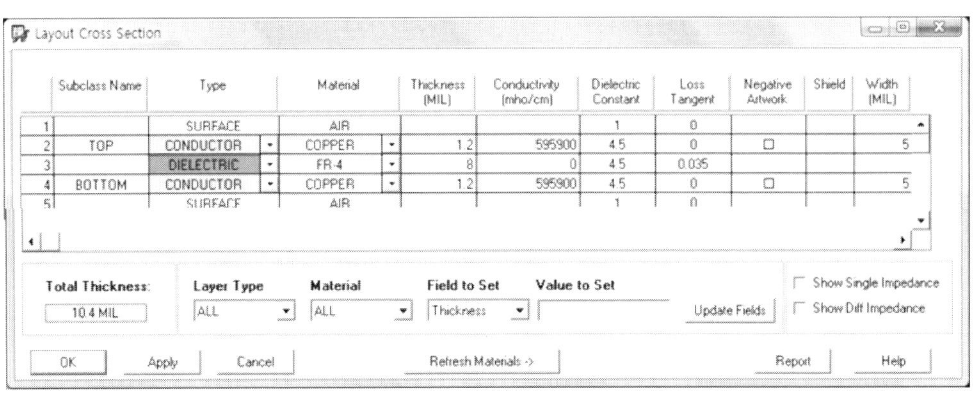

(3) Grid 설정

① Grid 설정을 위해서는 메뉴 Setup－Grids를 선택한 후 Grids On 체크박스에 체크한다.

② Non-Etch의 Spacing x, y를 25로 변경한 후 OK 버튼을 클릭한다.

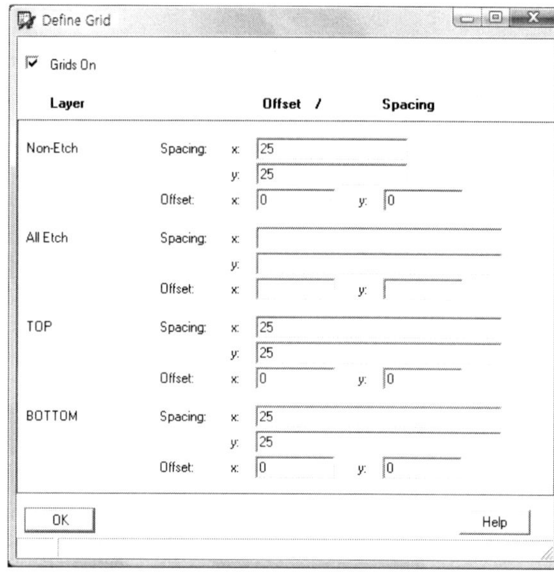

6. Board Outline 생성

(1) OutLine

① 메뉴 Add－Circle을 선택한다.

② 오른쪽 Options Panel창에서 Active Class and Subclass 항목에 Board Geometry /Outline을 선택한다.

③ Command창에서 x 1500 1500 Enter↵, x 3000 Enter↵를 차례대로 입력한다.

④ RMB－DONE을 선택한다.

⑤ 메뉴 Edit－Z-copy를 선택한다.

⑥ 오른쪽 Options Panel창에서 Copy to Class/Subclass 항목에 PACKAGE KEEPIN/ ALL을 선택한다.

OrCAD를 이용한 PCB 설계 및 응용

⑦ Offset 70으로 설정한다.

⑧ 화면에 그려진 외곽선을 클릭한다.

⑨ 오른쪽 Options Panel창에서 Copy to Class/Subclass항목에 ROUTE KEEPIN/ALL을 선택한다.

⑩ Offset 50으로 설정한다.

⑪ 화면에 그려진 외곽선을 클릭한다.

7. PCB 부품배치 / 배선

(1) 부품배치

① 메뉴 Place－Manually를 선택한다.

② Advanced Settings 탭에서 List construction의 Library를 선택한다.

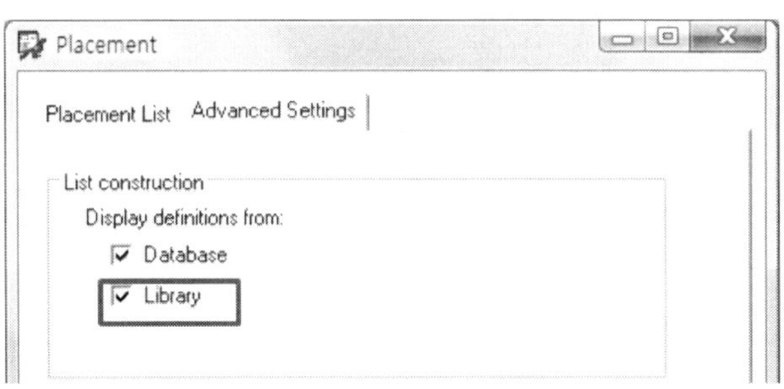

③ Placement List 탭을 선택한다.

④ Package Symbols의 CAP196을 선택한다.

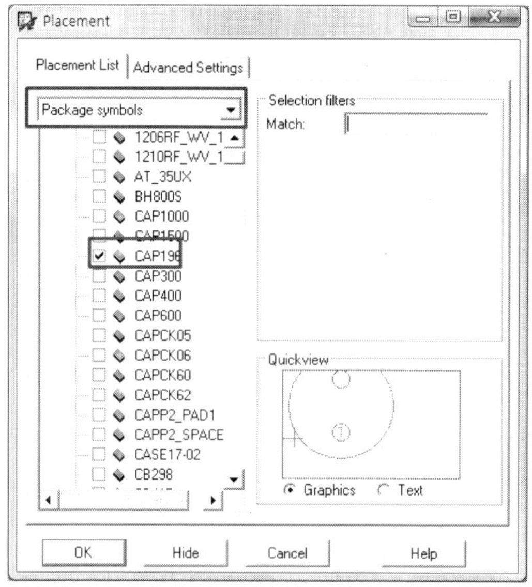

⑤ Command창에서 x 1500 2700 Enter↵를 입력한다.

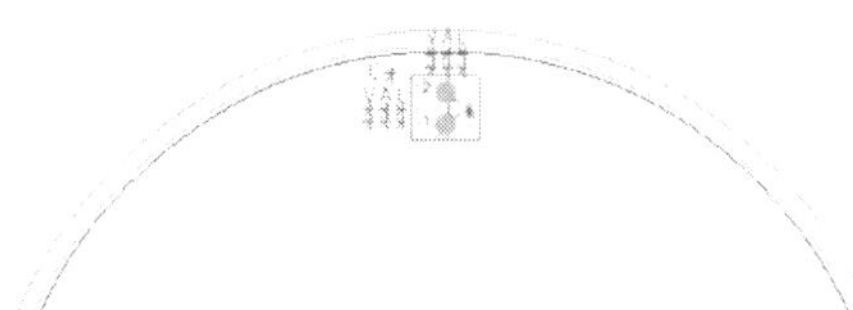

⑥ 메뉴 Edit－Copy를 선택한다.

⑦ 오른쪽 Options Panel창에서 Copy mode는 Polar, Direction은 CW(시계방향), Copies는 9, Angle은 36을 기입한다.

⑧ 배치된 CAP196 Symbol을 선택한다.

⑨ 〈⑤ Command〉창에서 x 1500 1500 Enter↵를 입력 (회전 기준점)한다.

⑩ RMB－DONE을 선택한다.

⑪ 메뉴 Logic－Assign RefDes을 선택한다.

⑫ 오른쪽 Options Panel창에서 Refdes에 ...(Browser)를 선택한다.

⑬ D1선택 후 CAP196을 시계방향으로 선택한다.

⑭ 메뉴 Place－Manually를 선택한다.

⑮ Placement List 탭에서 Components by refdes를 선택한다.

⑯ 부품이 큰 BT1, U1, U2를 먼저 배치한다.

⑰ 다음으로 저항과 커패시터를 배치한다.

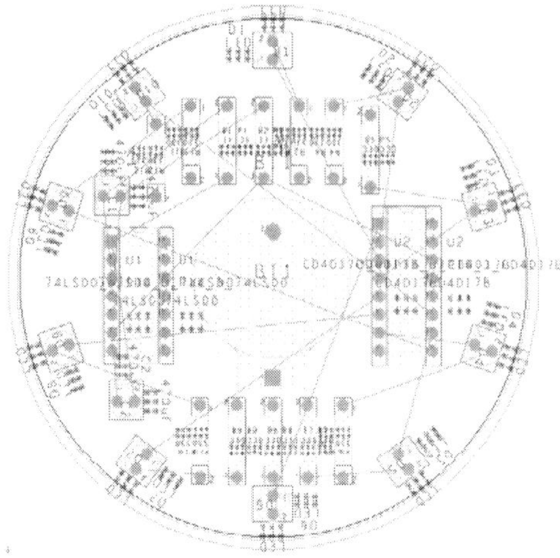

(2) 배선 설정

① 메뉴 Setup－Constraints－Constraint Manager를 선택한다.

② Worksheet selector창에서 Physical 항목에서 Physical Constraint Set－All Layers를 선택한다.

③ DEFAULT의 Line Width에 10을 기입한다.

Type	Objects	Line Width	
		Min	Max
		mil	mil
*	*	*	*
Dsn	⊟ led	10	0
PCS	⊞ DEFAULT	10	0

④ DEFAULT 항목에서 오른쪽 버튼을 클릭 Create－Physical CSet를 선택한다.

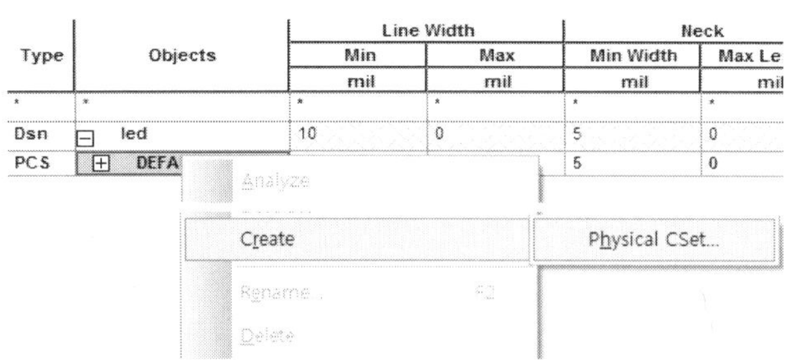

⑤ Create Physical Cset창에서 Physical CSet에 POWER를 기입한다.

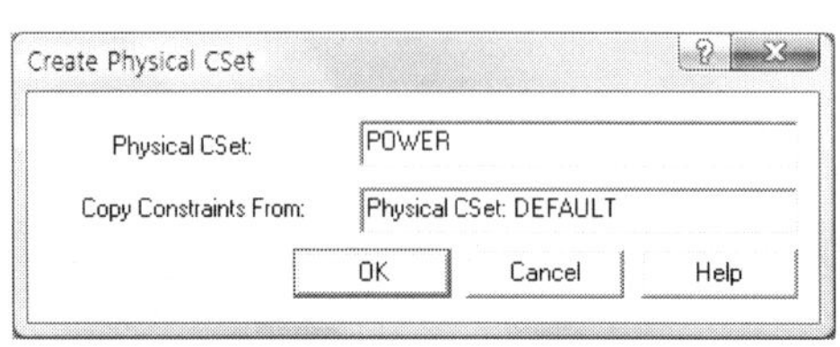

⑥ POWER에 Line Width에 20을 기입한다.

⑦ Worksheet selector창에서 Physical 항목에서 Net－All Layers를 선택한다.

⑧ VCC와 GND의 Referenced Physical C Set에 POWER로 설정한다.

Type	Objects	Line Width Min	Line Width Max
		mil	mil
*	*	*	*
Dsn	⊟ led	10	0
PCS	⊞ DEFAULT	10	0
PCS	⊞ POWER	20	0

⑨ Worksheet selector창에서 Spacing 항목에서 Spacing Constraint Set－All Layers－All를 선택한다.

⑩ Line to Line의 값을 클릭 후 Shift키를 누른 채 Hole to Hole의 값에 클릭하여 전체를 선택한다.

⑪ 10을 입력 후 enter 키를 클릭한다.

⑫ Constraint Manager를 닫는다.

Line To								
Line	Thru Pin	SMD Pin	Test Pin	Thru Via	BB Via	Test Via	Shape	Bond Finger
mil	mil	mil	mil	mil	mil	mil	mil	mil
*	*	*	*	*	*	*	*	*
10	10	10	10	10	10	10	10	10
10	10	10	10	10	10	10	10	10

Thru Pin To								
Line	Thru Pin	SMD Pin	Test Pin	Thru Via	BB Via	Test Via	Shape	Bond Finger
mil	mil	mil	mil	mil	mil	mil	mil	mil
*	*	*	*	*	*	*	*	*
10	10	10	10	10	10	10	10	10
10	10	10	10	10	10	10	10	10

SMD Pin To								
Line	Thru Pin	SMD Pin	Test Pin	Thru Via	BB Via	Test Via	Shape	Bond Finger
mil	mil	mil	mil	mil	mil	mil	mil	mil
*	*	*	*	*	*	*	*	*
10	10	10	10	10	10	10	10	10
10	10	10	10	10	10	10	10	10

Test Pin To								
Line	Thru Pin	SMD Pin	Test Pin	Thru Via	BB Via	Test Via	Shape	Bond Finger
mil	mil	mil	mil	mil	mil	mil	mil	mil
*	*	*	*	*	*	*	*	*
10	10	10	10	10	10	10	10	10
10	10	10	10	10	10	10	10	10

Thru Via To								
Line	Thru Pin	SMD Pin	Test Pin	Thru Via	BB Via	Test Via	Shape	Bond Finger
mil	mil	mil	mil	mil	mil	mil	mil	mil
*	*	*	*	*	*	*	*	*
10	10	10	10	10	10	10	10	10
10	10	10	10	10	10	10	10	10

BB Via To								
Line	Thru Pin	SMD Pin	Test Pin	Thru Via	BB Via	Test Via	Shape	Bond Finger
mil	mil	mil	mil	mil	mil	mil	mil	mil
*	*	*	*	*	*	*	*	*
10	10	10	10	10	10	10	10	10
10	10	10	10	10	10	10	10	10

Test Via To								
Line	Thru Pin	SMD Pin	Test Pin	Thru Via	BB Via	Test Via	Shape	Bond Finger
mil	mil	mil	mil	mil	mil	mil	mil	mil
*	*	*	*	*	*	*	*	*
10	10	10	10	10	10	10	10	10
10	10	10	10	10	10	10	10	10

Shape To								
Line	Thru Pin	SMD Pin	Test Pin	Thru Via	BB Via	Test Via	Shape	Bond Finger
mil	mil	mil	mil	mil	mil	mil	mil	mil
*	*	*	*	*	*	*	*	*
10	10	10	10	10	10	10	10	10
10	10	10	10	10	10	10	10	10

Bond Finger To								
Line	Thru Pin	SMD Pin	Test Pin	Thru Via	BB Via	Test Via	Shape	Bond Finger
mil	mil	mil	mil	mil	mil	mil	mil	mil
*	*	*	*	*	*	*	*	*
10	10	10	10	10	10	10	10	10
10	10	10	10	10	10	10	10	10

Hole To				
Line	Pin	Via	Shape	Hole
mil	mil	mil	mil	mil
*	*	*	*	*
10	10	10	10	10
10	10	10	10	10

(3) 배 선

① 메뉴 Route-Connect를 선택한다.

② Rats 선을 따라 배선한다.

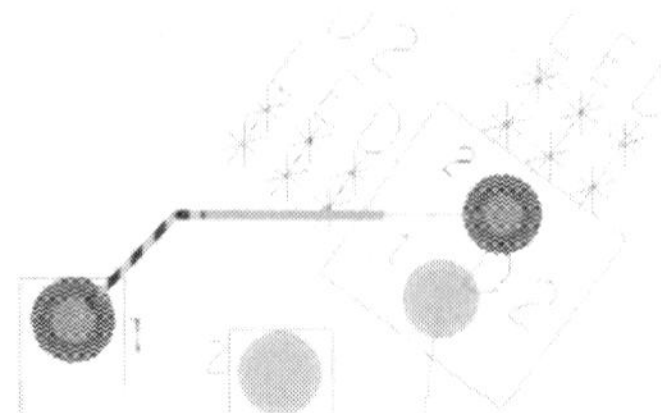

③ 배선 중에 RMB-Swap Layers 선택하면 배선작업 면을 변경한다.

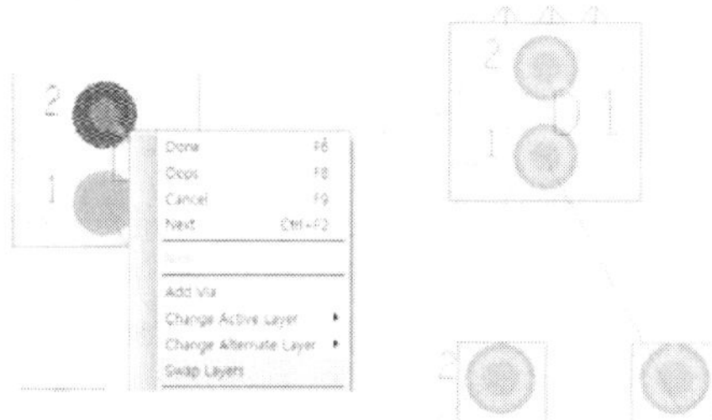

④ 배선 중 더블클릭하면 Via가 생성된다.

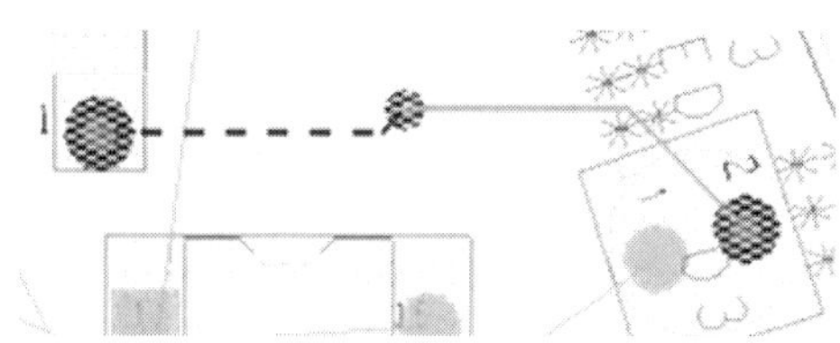

⑤ 완성된 배선작업이다.

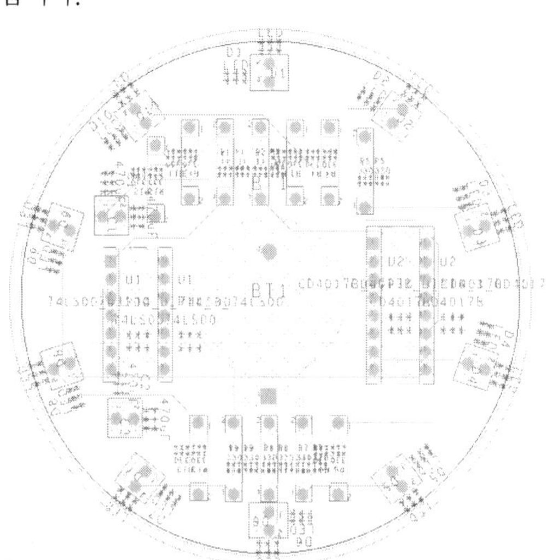

(4) 배치 및 배선검사

① 메뉴 Display－Status를 선택한다.

② Unplaced symbol 항목이 0%인지를 확인한다.

③ Unrouted Connections에 앞에 아이콘을 클릭한다.

④ GND와 VCC를 제외한 나머지 Net이 배선이 되었는지 확인한다.

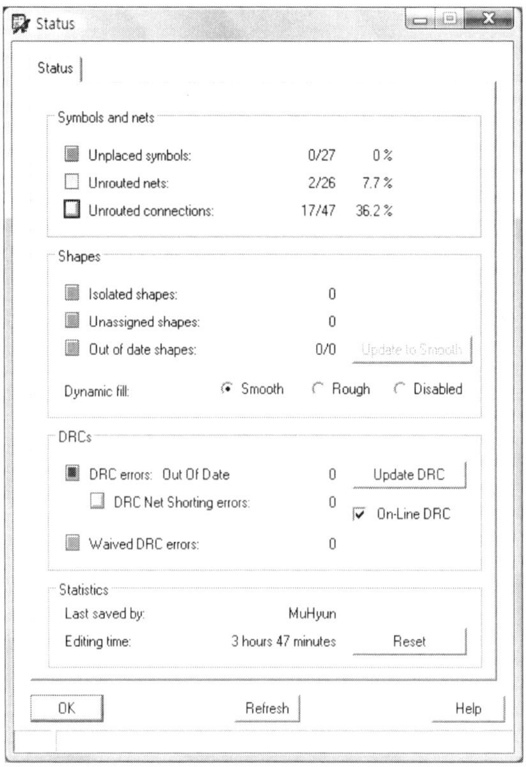

(5) Copper

① 메뉴 Shape－Rectangular을 선택한다.

② 오른쪽 Options Panel창에서 Active Class and Subclass에 Etch/Bottom을 선택한다.

③ Assign net name의 ...(Browse)를 선택한다.

④ GND를 선택한다.

⑤ Command창에서 x 0 0 [Enter↵], x 3000 3000 [Enter↵]를 차례대로 입력한다.

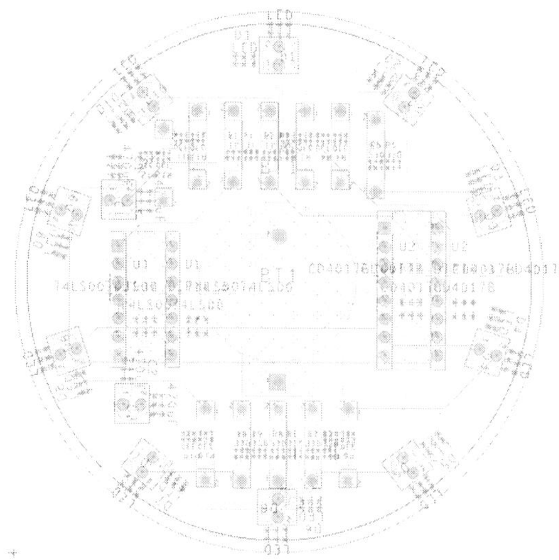

⑥ RMB－Next를 선택한다.

⑦ 오른쪽 Options Panel창에서 Active Class and Subclass에 Etch/Bottom을 선택한다.

⑧ Assign net name의 ...(Browse)을 선택한다.

⑨ VCC를 선택한다.

⑩ Command창에서 x 0 0[Enter↵], x 3000 3000[Enter↵]를 차례대로 입력한다.

(6) Copper 검사

① 메뉴 Display－Status를 선택한다.

② Unplaced Net 및 Unassigned shapes가 0인지 확인한다.

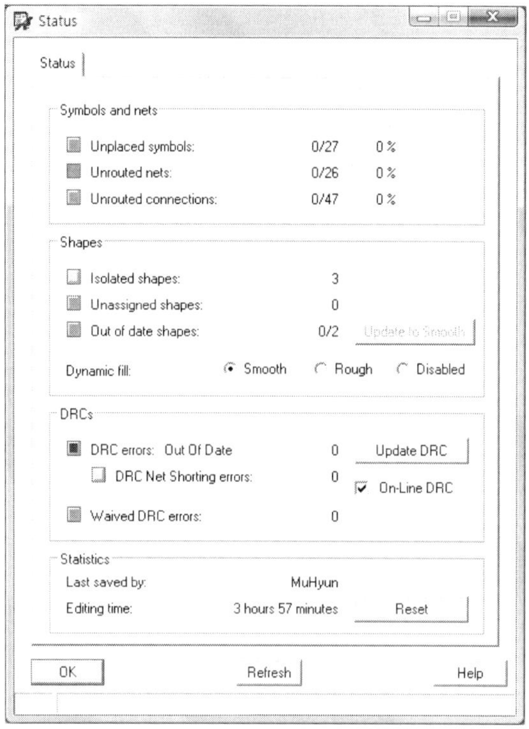

③ Isolated shapes가 1개 이상일 경우 메뉴 Shaper－Delete Islands를 선택한다.

④ 오른쪽 Options Panel 창에서 Process layer에서 TOP면과 BOTTOM면을 선택하여 Delete all on layer를 선택하여 Isolated Shape를 제거한다.

⑤ Isolated Shape를 제거 후 DRC error가 있는지 확인한다.

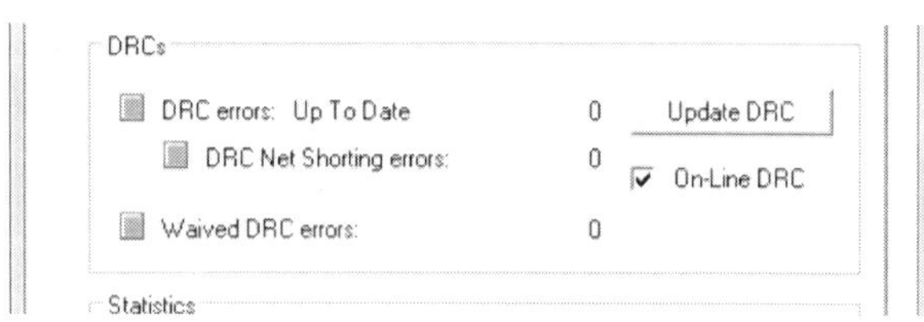

8. Gerber File 생성

(1) Drill Symbol 생성

① 메뉴 Manufacture－NC－Drill Customization을 선택한다.

② Auto generate symbols 버튼을 클릭한다.

③ OK 버튼을 클릭한다.

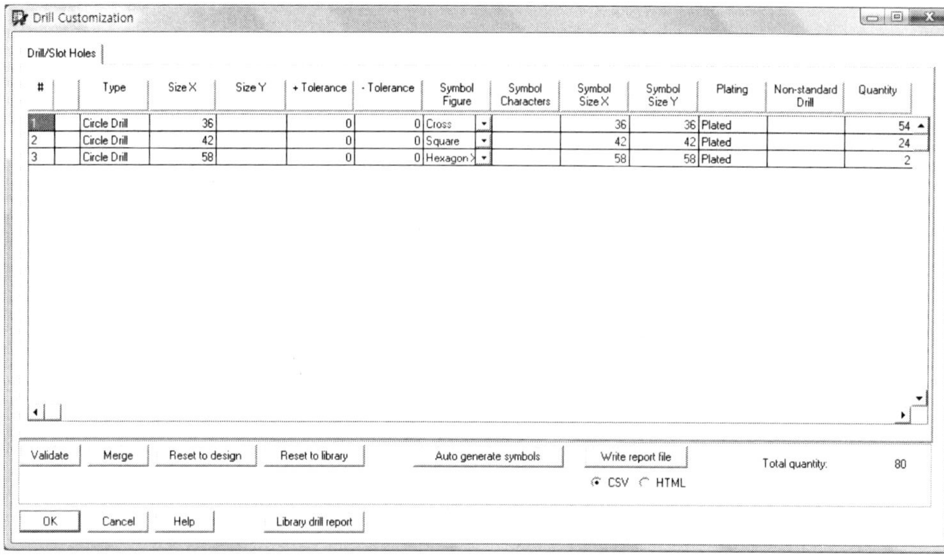

(2) Drill Chart

① 드릴 차트를 생성하기 위해서는 메뉴 Manufacture－NC－Drill Legend를 선택한다.

② Drill Legend창이 나타나면 OK 버튼을 클릭한다.

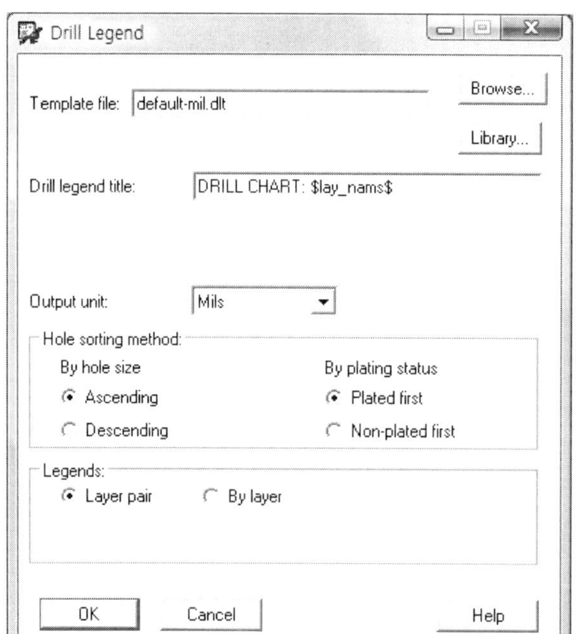

③ Command 창에서 x 0 0 Enter↵ 입력한다.

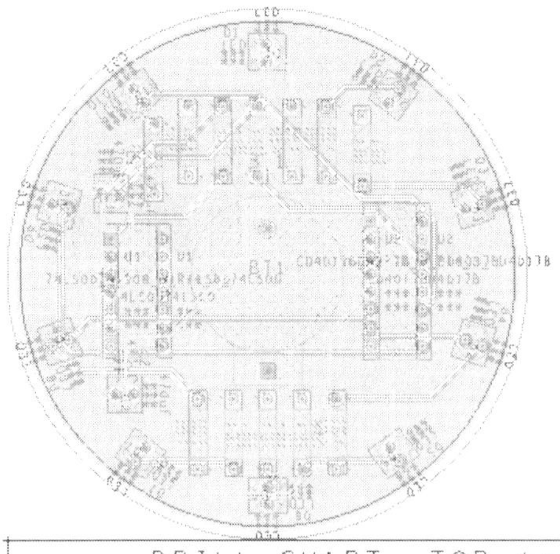

DRILL CHART: TOP to BOTTOM			
ALL UNITS ARE IN MILS			
FIGURE	SIZE	PLATED	QTY
·	36.0	PLATED	54
▫	42.0	PLATED	24
○	58.0	PLATED	2

(3) Artwork Film 파일

① 메뉴 Manufacture－Artwork를 선택한다.

② Artwork Control Form창이 나타나면 General Parameters 탭을 선택한다.

③ Device type 항목에서 Gerber RS274X를 체크한다.

④ Format 항목의 Decimal places를 5로 변경한다.

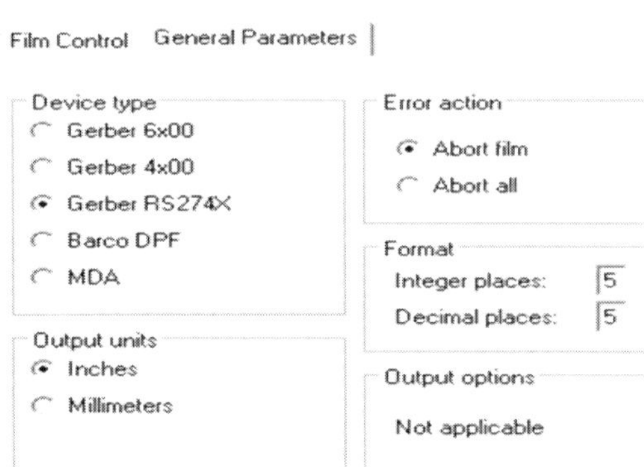

⑤ Film Control 탭을 선택한다.

⑥ Artwork Control Form창을 켜둔 상태에서 메뉴 Display−Color/Visibility를 선택한다.

⑦ Color Dialog창이 나타나면 오른쪽 상단에 Global Visibility Off 버튼을 클릭한다.

⑧ Color Dialog창에서 왼쪽의 Stack-Up 폴더를 선택한 후 오른쪽 Subclasses 항목 중에 Soldermask_Top의 Pin, Via 항목을 체크한다.

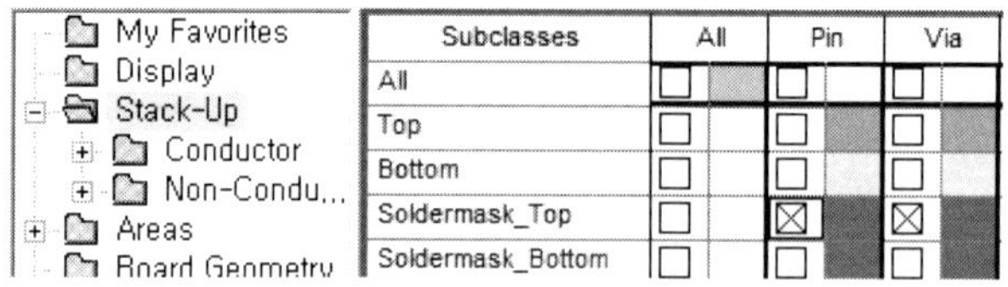

⑨ Apply 버튼을 클릭 후 OK 버튼을 클릭하여 Color Dialog창을 닫는다.

⑩ Artwork Contol Form창의 TOP을 선택 후 RMB-Add를 클릭한다.

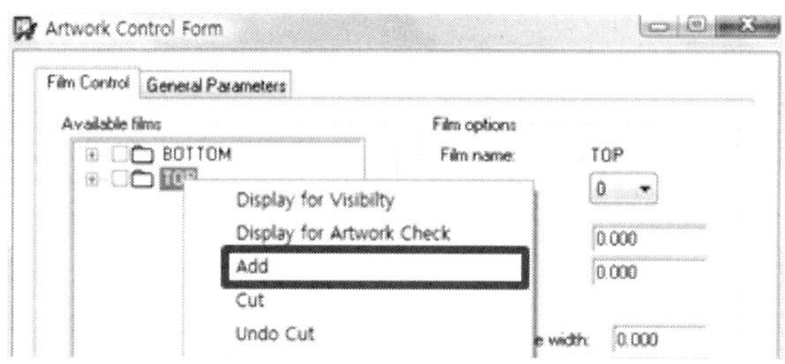

⑪ Soldermask_Top이라고 기입 후 OK 버튼을 클릭한다.

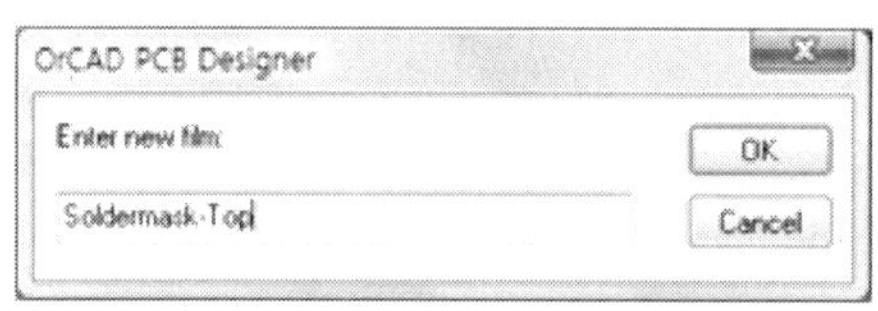

⑫ 다시 메뉴 Display-Color/Visibility...를 선택하여 Color Dialog창의 Global visibility Off 버튼을 클릭한다.

⑬ Color Dialog창에서 왼쪽의 Stack-Up 폴더를 선택한 후 오른쪽 Subclasses 항목 중 Soldermask_Bottom의 Pin, Via 항목을 체크한다.

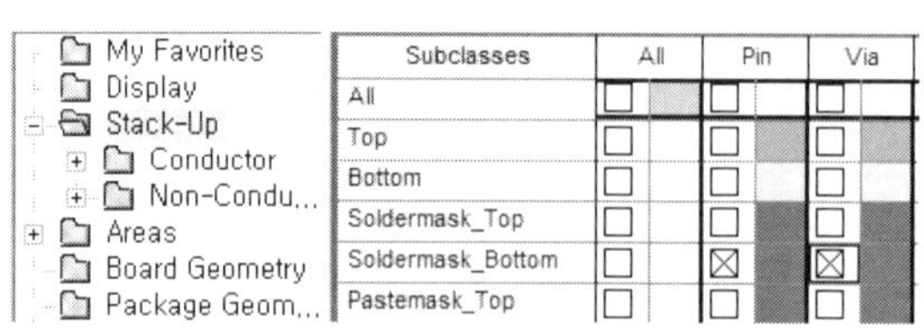

⑭ Apply 버튼을 클릭한 다음 OK 버튼을 클릭한다.

⑮ Artwork Control Form창의 Soldermask_top을 선택 후 마우스 팝업 메뉴의 Add를 선택하여 Soldermask_Bottom이라고 입력한 후 OK 버튼을 클릭한다.

⑯ 다시 메뉴 Display−Color/Visibility...를 선택하여 Color Dialog창의 Global visibility Off 버튼을 클릭한다.

⑰ Color Dialog창에서 왼쪽의 Package Geometry 폴더를 선택한 후 오른쪽 Subclasses 항목 중 Silkscreen_Top을 체크한다.

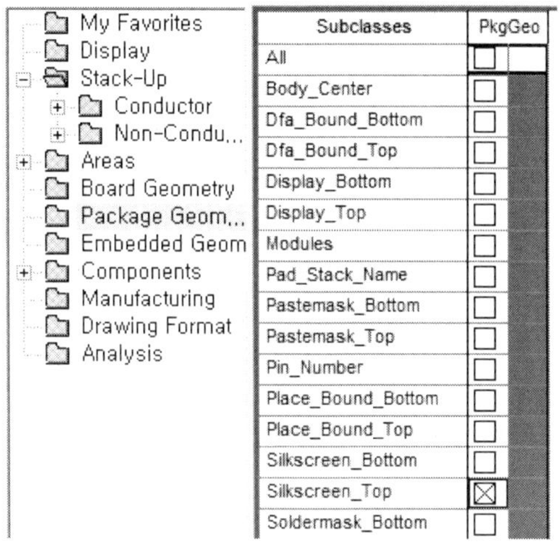

⑱ Color Dialog창에서 왼쪽의 Components 폴더를 선택한 후 오른쪽 Subclasses 항목 중 Silkscreen_Top의 RefDes 항목을 체크한 후 Apply, OK 버튼을 클릭한다.

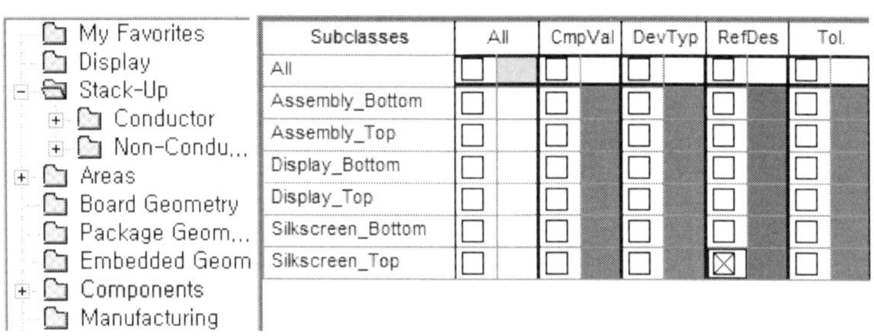

⑲ Artwork Control Form창의 Soldermask_Bottom을 선택 후 마우스 팝업 메뉴의 Add를 선택하여 Silkscreen_top이라고 입력한 후 OK 버튼을 클릭한다.

⑳ Silkscreen_top을 선택 후 Undefined line width에 10을 기입한다.

㉑ 다시 메뉴 Display-Color/Visibility...를 선택하여 Color Dialog창의 Global visibility Off 버튼을 클릭한다.

㉒ Color Dialog창에서 왼쪽의 Board Geometry 폴더를 선택한 후 오른쪽 Subclasses 항목 중 Outline을 체크한다.

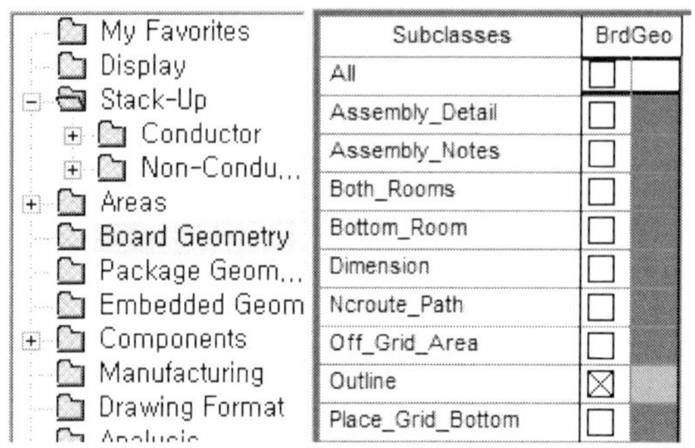

㉓ Color Dialog창에서 왼쪽의 Manufacturing 폴더를 선택한 후 오른쪽 Subclasses 항목 중 Nclegend-1-2를 체크한 후 Apply, OK 버튼을 클릭한다.

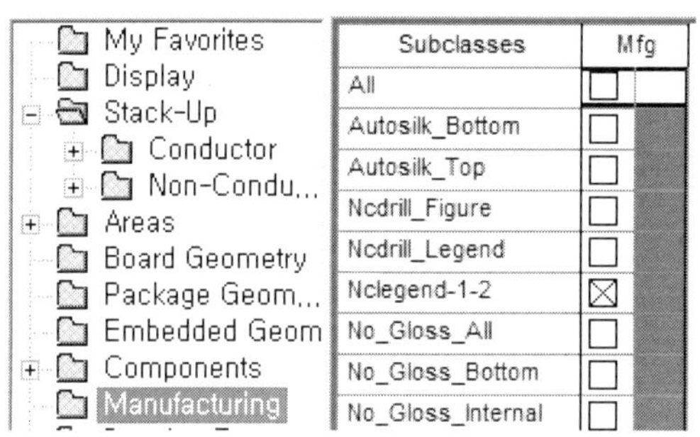

㉔ Artwork Control Form창의 Silkscreen_top을 선택 후 마우스 팝업 메뉴의 Add를 선택하여, Drill_drawing이라고 입력한 후 OK 버튼을 클릭한다.

㉕ Drill_drawing을 선택 후 Undefined line width에 10을 기입한다.

㉖ Select all 버튼을 클릭한 후 Create Artwork 버튼을 클릭한다.

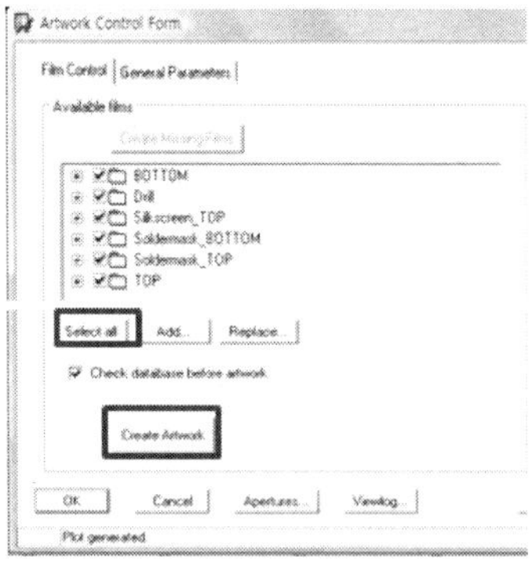

(4) NC Drill 파일

① NC-Drill 파일 생성을 위해서 메뉴 Manufacture-NC Drill...를 선택한다.

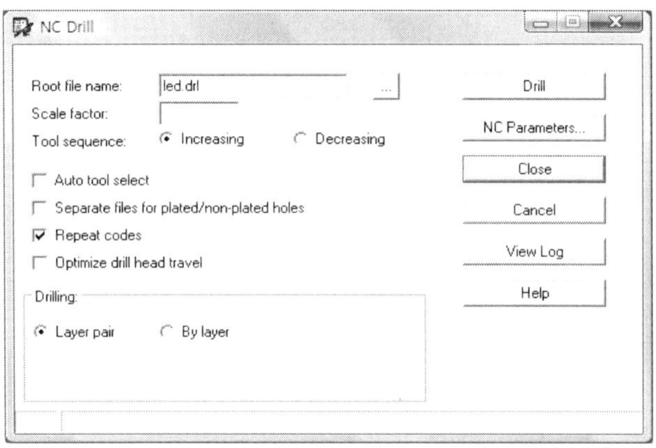

② NC Drill창에서 NC Parameters... 버튼을 선택하여 Excellon format 항목의 format을 5로 수정한 후 Close 버튼을 클릭한다.

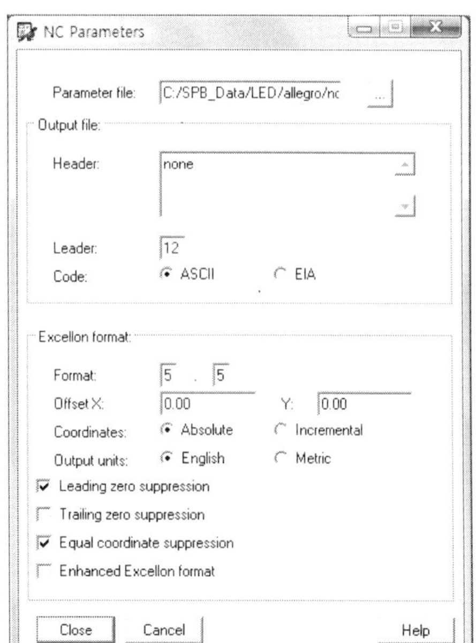

③ NC Drill창의 Drill을 선택하여 NC Drill 파일을 생성한 후 Close를 선택한다.

④ 타이틀바의 저장경로에 *.art 파일과 *.drl 파일의 Gerber file이 생성 완료한다.

참고자료

1. 백동철(2006). PSPICE를 이용한 회로설계 기초와 응용. 서울 : 북두출판사
2. 권호열 외(2012). 전자회로. 서울 : 교육과학기술부
3. 한국공학기술연구원(2010). 전자캐드. 서울 : 구미전자공업고등학교
4. 이성훈 외(2011). 전자회로설계기초. 서울 : 구미전자공업고등학교
5. 백동철 외(2011). 전기전자디지털측정. 서울 : 구미전자공업고등학교
6. 이성훈 외(2011). PCB 설계. 서울 : 구미전자공업고등학교
7. 최민교 외(2012). ATE 설계 및 제작. 서울 : 서울교과서
8. 사)한국전자회로산업협회, "PCB Briefing", 2014.9.18.
9. 온라인사이트. http://www.kpca.or.kr
10. 온라인사이트. http://www.alldatasheet.co.kr
11. 온라인사이트. http://imagesearch.naver.com
12. 온라인사이트. http://endic.naver.com
13. 온라인사이트. http://npit.co.kr

나인플러스IT(주)

cadence
CHANNEL PARTNER

Cadence® IC Design

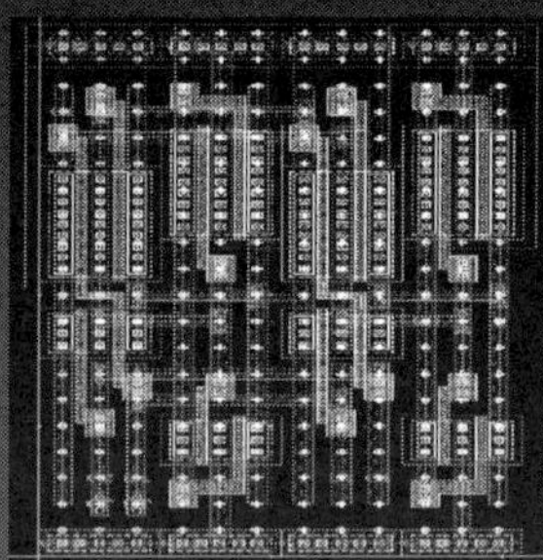

ASIC, Structured custom IC, Analog-Digital Mixed IC, 그리고 Analog IC 등 IC 설계의 Front부터 Back까지 Framework 환경 하에서 설계/개발 수행이 가능합니다.

또한 각각의 Tool이 완전히 Solution 별로 통합화 할 수 있기 때문에 Cadence의 주요한 IC설계 Tool은 어느것이나 주요 반도체 업체에 채용된 업계표준이 되고 있습니다.

PRODUCTS

Virtuoso Schematic & Layout

- Multi-sheet 디자인 및 계층 디자인까지도 별다른 제한없이 쉽고 정확하게 모든 연결성을 확신할 수 있는 기능을 제공합니다.
- Front-to-back Custom Analog, Digital, RF, mixed-signal 디자인에 맞는 완벽한 솔루션을 제공합니다.

Virtuoso Spectre Circuit Simulator

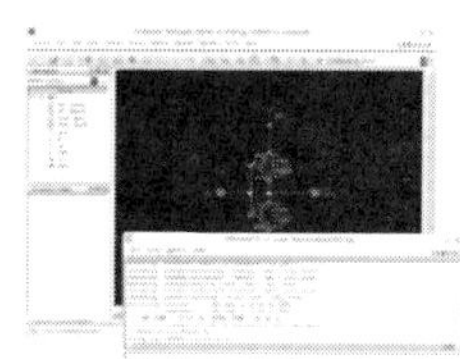

- 네트리스트와 모델의 공통적이고 통합된 데이터베이스를 보장하므로 설계자가 호환성 문제나 해석 문제에 신경을 쓰지 않고 하나의 시뮬레이션 엔진에서 다른 엔진으로 전환할 수 있습니다.
- 다양한 MOSFET models 포함, BSIM3, BSIM4, PSP, HISIM, HVMOS, MOS9, MOS11, EKV...

Assura Design Rules Checker(DRC)

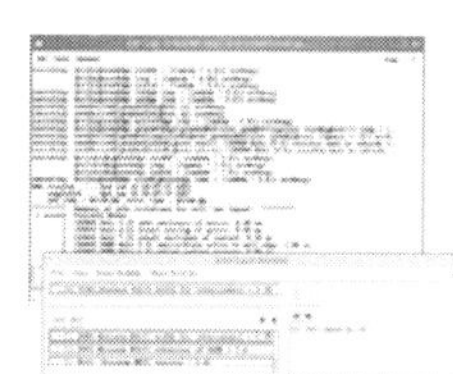

- DRC는 Virtuoso custom design platform내에서 디자인을 검증하는 파트로, Layout Data의 규칙(Metal의 선폭 등)을 상호작용 및 배치동작모드로 빠르고 효과적으로 계층 공정에 대해 유틸화하고 오류정정 및 검증 작업하는 우수한 성능을 제공합니다.

Assura Layout vs. Schematic(LVS)

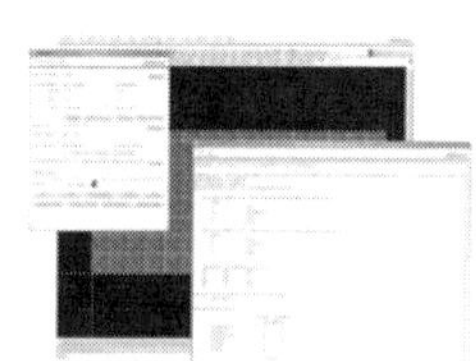

- 파운드리 업체가 입증한 기술 파일을 이용하여 사용자가 작성한 Physical Design의 Layout 연결과 Schematic 또는 Netlist의 Logical Design의 연결 적합여부를 상호작용 및 배치모드로 빠르고 효율적인 검증을 통해 제공합니다.

Cadence QRC Extraction

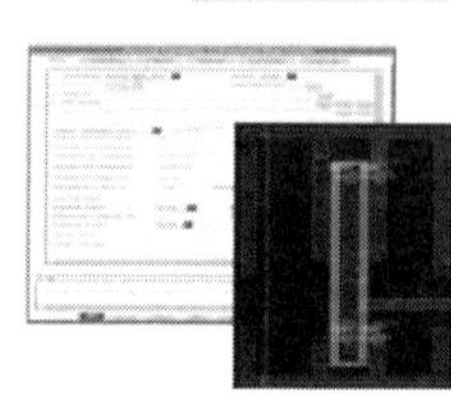

- QRC는 LVS 검증 이후 Transistor-level부터 Cell-level까지 빠르고 정확하게 추출이 가능하며 추출 후에는 Virtuoso Spectre Circuit Simulator를 이용하여 Post-Simulation이 가능합니다.

나인플러스IT (주)

cādence
CHANNEL PARTNER

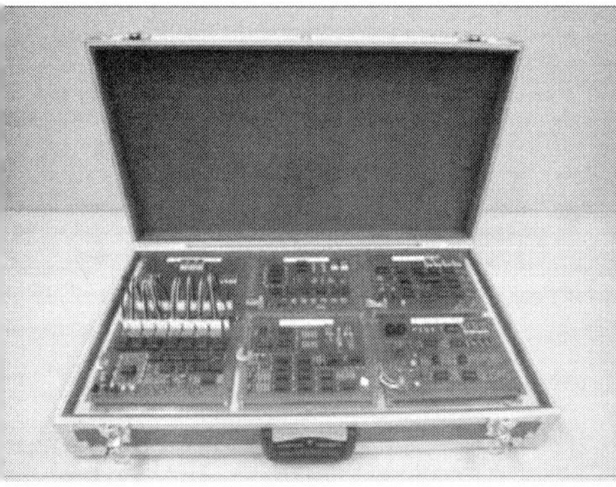

NP-PRO-13061 실습장치

Digital Capstone Design A 세트

교수용 [회로조립 실습 과제 5개 + 과제 해설집]

공급 가격 : 3,300,000원 (VAT 포함)

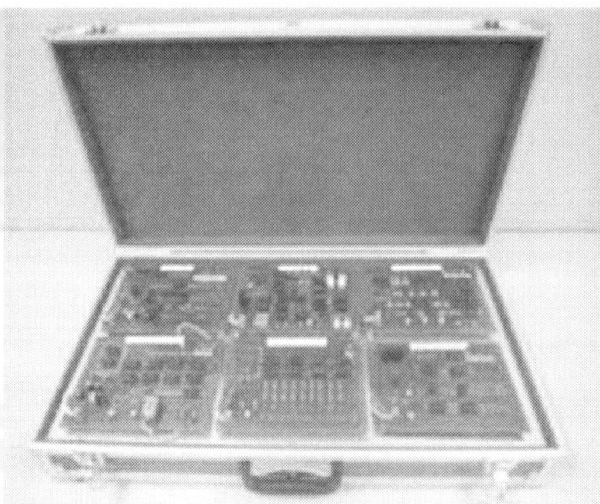

NP-PRO-13062 실습장치

Digital Capstone Design B 세트

교수용 [회로조립 실습 과제 5개 + 과제 해설집]

공급 가격 : 3,300,000원 (VAT 포함)

디지털 프로젝트 실습 세트

9의 보수 카운터기 회로조립 세트

구성 : PCB + 부품 조립 세트 + 해설집

가격 : 각 세트당 55,000원 (VAT 포함가)

교통신호 제어기

농구 점수 및 시간 표시기

Up/Down 카운터 A/D 변환기

너무 재밌어요!

디지털금고

평균값 도출기

수량검출기

엘리베이터

카운터 이용 모터속도조절기

초음파 이용 거리 측정기

나인플러스 IT㈜ 상담/문의 전화 02-6123-3359 담당 : 김재은 jekim@npit.co.kr

저자 소개

- **남상엽**
  - 공학박사
  - 삼성종합기술원 정보시스템연구소 근무
  - 모토로라반도체통신(주) 기술연구소 근무
  - 현재) 국제대학교 교수

- **서춘원**
  - 공학박사
  - 서울시립기능대학 전자과 교수
  - 현재) 김포대학교 컴퓨터네트워크과 교수

- **동성수**
  - 공학박사
  - 삼성전자 네트워크사업부 근무
  - 현재) 용인송담대학교 디지털전자과 교수

- **원영진**
  - 공학박사
  - 현재) 부천대학교 전자과 교수

OrCAD를 이용한
PCB 설계 및 응용

2015년 4월 30일 1판 1쇄 발행

저 자 남상엽 · 서춘원 · 동성수 · 원영진
발행인 남 승 우

발행처 도서출판 상尙 학學 당堂
서울시 동작구 사당로9가길 6(사당동)
TEL : 02) 595-1692~4
FAX : 02) 595-1394
E-mail : namdoo6@unitel.co.kr
신고 : 2-155호 (1968. 11. 29)

정가 25,000원

ISBN 978-89-6587-129-3 93000

〈디자인〉 편집 엄해숙 / 표지 토틀컴